BEATE SANDER

GUTES GEWISSEN UND DENNOCH ERFOLGREICH

BEATE SANDER

GUTES GEWISSEN UND DENNOCH ERFOLGREICH

Börsenerfolgsformel Nachhaltigkeit – Anlage in Aktien, ETFs und Fonds

FBV

Bibliografische Information der Deutschen Nationalbibliothek
Die Deutsche Nationalbibliothek verzeichnet diese Publikation in der Deutschen Nationalbibliografie.
Detaillierte bibliografische Daten sind im Internet über http://dnb.d-nb.de abrufbar.

Für Fragen und Anregungen:
info@finanzbuchverlag.de

Originalausgabe, 1. Auflage 2020

© 2020 by FinanzBuch Verlag, ein Imprint der Münchner Verlagsgruppe GmbH,
Nymphenburger Straße 86
D-80636 München
Tel.: 089 651285-0
Fax: 089 652096

Korrektorat: Silke Panten
Umschlaggestaltung: Sonja Vallant
Umschlagabbildung: shutterstock / Man As Thep, Cienpies Design
Satz: Beate Sander; Satzwerk Huber, Germering
Druck: Florjancic Tisk d.o.o., Slowenien
Printed in the EU

ISBN Print 978-3-95972-335-0
ISBN E-Book (PDF) 978-3-96092-616-0
ISBN E-Book (EPUB, Mobi) 978-3-96092-617-7

Weitere Informationen zum Verlag finden Sie unter
www.finanzbuchverlag.de
Beachten Sie auch unsere weiteren Verlage unter www.m-vg.de

Aus dem Inhalt

Liebe Leserinnen und Leser!

Immer mehr Menschen bevorzugen nachhaltige, ethisch unbedenkliche Kapitalanlagen. Das Interesse, mit gutem Gewissen klug und vorausschauend für Vermögensaufbau und Altersvorsorge zu investieren, wird durch die wohl noch lange anhaltende Null- und Strafzinspolitik befeuert. Das beliebte Sparbuch mutiert im Laufe der Zeit auch durch die Inflationsrate zum schleichenden Kapitalvernichter.

Noch mehr aber wird dieser Trend durch die drohende Erderwärmung infolge des durch CO_2-Ausstoß verursachten Klimawandels verstärkt. Die zahlreichen Naturkatastrophen mit Orkanen, Tsunamis, Überflutungen, Waldbränden, Dürre, Hitze, Wolkenbrüchen und Hagelschlägen senden deutliche Warnsignale aus. Der Aufruf der jungen Generation um Greta Thunberg hinterlässt nicht nur ein deutliches Echo bei den jungen Leuten, insbesondere Frauen.

Aktien, passive ETFs und aktive Aktienfonds von nachhaltig wirtschaftenden Unternehmen sind nicht nur der große Trend bei jungen Leuten, Umwelt- und Naturschützern. Diese Wertpapiere überzeugen auch bei der Rendite. Gute Nachhaltigkeitsprodukte schlagen die gewöhnlichen Aktien, ETFs und Aktienfonds von Jahr zu Jahr immer deutlicher. Daran ändert auch der Kurssturz um rund ein Viertel als Folge des Corona-Crashs langfristig wenig.

Niemand muss also befürchten, bei ethischen Geldanlagen mit gutem Gewissen schlecht abzuschneiden. Dabei geht es heute um weitaus mehr als um die bekannten Ausschlusskriterien wie Waffen, Rüstung, Kinderarbeit, Diskriminierung, Verstoß gegen Menschenrechte. Gewünscht wird ein neuartiger, verantwortungsbewusster Kapitalismus, der Angehörige, Mitarbeiter, Kunden und die Region durch Unterstützung sozialer Projekte mit einbezieht. Dies gilt besonders jetzt, wo neue nachhaltige Geschäftsmodelle als Ausweg aus der Krise gefordert werden.

Wer sein Geld in Unternehmen im Kampf gegen den drohenden Klimawandel unterstützt, leistet seinen Beitrag für bessere Lebensbedingungen. Wieso das? Das durch Aktienkauf geschaffene Eigenkapital ermöglicht es, umweltfreundliche Geschäftsmodelle zu verwirklichen, in Forschung/Entwicklung, Infrastruktur und Künstliche Intelligenz zu investieren. Steigende Aktienkurse helfen mit, Beteiligungen zu finanzieren, preiswerte Belegschaftsaktien auszugeben und bei Mitarbeitern unternehmerisches Denken und Handeln zu fördern.

Viel Lesefreude und Anlageerfolg wünscht Ihnen die Autorin
Beate Sander im Sommer 2020   Beate.S.Sander@t-online.de

❶ Wie und warum mit nachhaltiger Geldanlage zum Börsenerfolg?

1.1 Einführung: Allgemeine Informationen zur erfolgreichen, nachhaltigen Geldanlage

Aktien rechnen sich bei einer Langzeitstrategie. Dazu passt die auf Verlässlichkeit, Wohlergehen der Angehörigen, Kunden und Mitarbeiter ausgerichtete Nachhaltigkeitsstrategie vieler Familienfirmen. Tüchtige Gründer mit dem Erfinder-Gen sind gut für Anleger, die das schnelle Rein/Raus nicht mögen. Auch bei Ihnen sind drei- und vierstellige Kursgewinnträume sowie üppige Dividendenrenditen erfüllbar, wenn Sie breit gestreut und dauerhaft überwiegend in nachhaltig wirtschaftende Firmen rund um den Globus investieren. Seien Sie nicht päpstlicher als der Papst. Konzentrieren Sie sich auf die Hauptgeschäftsfelder. Nutzen Sie niedrige Kurse als Folge der Heimsuchung durch den Corona-Crash.

Nur durchdachte Anlagestrategien, gründend auf Börsenwissen, Marktbeobachtung, Disziplin und Verlässlichkeit versprechen Ihnen Erfolg und können richtig Spaß machen. Die Börse ist kein Kindergeburtstag. Aber der Aufwand an Zeit und Geld kann sich lohnen. Denken Sie an einen Gärtner, der zur richtigen Zeit sät und pflanzt, um eine reiche Ernte einzufahren.

Oft werde ich auf Hauptversammlungen, bei Anlegerkonferenzen, Interviews, TV-Talkshows und meinen zahlreichen Vorträgen im deutschsprachigen Raum gefragt: *„Haben Sie für mich ein paar tolle Anlagetipps auf Lager?"* Meine Antwort lautet: *„So einfach geht dies nicht! Was für mich richtig ist, kann für Sie falsch sein. Jeder hat andere Vorlieben und Ansprüche. Was der eine liebt, kann der andere hassen."* Vermögen, Zeit, Lust und Alter spielen eine Rolle. Einige Grundregeln gelten immer. Auch in einem Strategieorchester spielen mehrere Einflussfaktoren mit. Bei der Auswahl von Aktien, ETFs und Aktienfonds ist der Anlegertyp wichtig.

Bei einer vernünftigen Geldanlage mit persönlichem Zuschnitt dient als Orientierungshilfe die folgende Grobeinteilung:

➢ Schätzen Sie sich als ängstlichen, vorsichtigen, risikoscheuen Typ ein?

➢ Sind Sie erfolgsorientiert mit ausgewogenem Chance-Risiko-Verhältnis?

➢ Lieben Sie Nervenkitzel? Sind Sie risikofreudig? Darf es spekulativ sein?

Typ 1: Auch wenn Sie sich als ängstlich einschätzen, ist es das größte Risiko, keinerlei Wagnis einzugehen. Übertriebenes Sicherheitsstreben kann kostspielig und enttäuschend sein. Das Festhalten am Sparbuch vernichtet seit Einführung der Nullzinspolitik schleichend Ihr Kapital. Was ist also zu tun? Legen Sie nur übriges Geld längerfristig an. Aber pro Order nicht unter 1.000 €. Sonst fressen die Gebühren Ihre Kursgewinne auf. Familienfirmen sind durch Erfinder-Gen und Nachhaltigkeitsstrategie oft besonders erfolgreich. Diese AGs in Perlenfischermanier ausfindig zu machen, sehe ich als wichtige Aufgabe an. Als Fondsliebhaber und ETF-Fan erwarten Sie auch gute Produkte mit Schwerpunkt ethische Geldanlage.

Typ 2: Als erfolgsorientierter Anleger finden Sie Aktienvorschläge und Musterdepots, die auf Sie zugeschnitten sind und mehr Rendite versprechen, als dies ausgeprägt zögerlich handelnde Angsthasen erwarten können.

Typ 3: Als risikofreudiger und spekulativer Anleger mit Lust auf Nervenkitzel ist bei Einzelaktien gelegentlich auch ein schnelles Rein/Raus geboten, um rechtzeitig in Krisenzeiten, bei Gerüchten und Leerverkäufen zu reagieren. Aber bitte nie mit Aktienfonds und möglichst auch nicht bei ETFs, die langfristig ausgelegt sind! Sie sollten im Aktien- und Indexfondssektor über den Gartenzaun blicken und internationale Chancen nutzen. Auch im Sektor Nachhaltigkeit gibt es die hervorragenden Kleinen und Feinen, aufgespürt und verankert in besonderen Kurslisten und Musterdepots für risikofreudige Anleger.

Die wichtigsten Einflussfaktoren für jeden Anlegertyp

Je nachdem, wie Ihr Selbstbild aussieht, gleicht Ihre Anlagestrategie nicht wie ein Ei dem anderen. Ihre Entscheidungen müssen zu Ihrer Persönlichkeit passen. Sobald Sie sich über Ihre Beweggründe, Wünsche, Ziele und Lebenslage im Klaren sind, können Sie Chancen besser nutzen. So vermeiden Sie grobe Fehler. Und Krisen bringen Sie nicht um Ihren nächtlichen Schlaf. Seien Sie kein Angsthase, sondern zuversichtlich. Zu viel Sicherheitsstreben belastet Lebensfreude und Vermögen. Vorsichtige Anleger meiden riskante Manöver, Frauen weitaus öfter als Männer. Risikofreudige Investoren, zu denen ich zähle, legen umgekehrt auch einen unterschiedlich hohen Anteil in sogenannte „ewige" Aktien an, die fair bewertet, substanz- und dividendenstark sind. Da gibt es eine Fülle empfehlenswerter nachhaltiger Aktien.

Aktiv gemanagte Investmentfonds eignen sich nur für langfristige Anlagen: mindestens fünf Jahre, möglichst ein Jahrzehnt und länger. Mit ein paar hundert Euro Vermögensdecke lässt sich als Einmalanlage kein gewinnbringendes Fondsdepot aufbauen. Es sollten ein paar tausend Euro übriges, nicht benötigtes Geld sein. Hier bewähren sich die monatlich oder vierteljährlich laufenden Sparpläne mit einem Einsatz von 25 bis 100 € und mehr. Bei Berechnung der monatlichen Ausgaben runden Sie unbedingt großzügig nach oben auf. Eine Fehlkalkulation bei unerwarteten Ausgaben sollte Sie nicht in Schwierigkeiten bringen und Besorgnis auslösen.

Warum auch Sie mit gutem Gewissen in „verantwortliche" bzw. nachhaltige Aktien, ETFs und Aktienfonds investieren sollten!

Niemand muss befürchten, bei ethischen Geldanlagen mit gutem Gewissen schlecht abzuschneiden. Nachhaltigkeit und soziale Verantwortung erwarten zunehmend mehr Anleger auch von ihren börsennotierten Unternehmen. Die positive Entwicklung seit 2017, mit klarem Aufwärtstrend 2018 und vor allem 2019, unterstützt den Aufwärtstrend. Verstärkend wirkt das Verhalten bei der jüngeren Generation und vor allem bei Frauen. Es wächst in den Zeiten des Null- und Strafzinsmonsters der Wunsch, selbst mit gutem Gewissen aktiv zu sein.

Unterschieden wird zwischen a) verantwortlichen Investments mit Schwerpunkt Umwelt, Soziales, intakter Firmenkultur und b) nachhaltigen Geldanlagen, bei denen die Voraussetzungen strenger sind. Es ist schon beeindruckend, wie stark in Deutschland verantwortliche und nachhaltige Investitionen 2018 gegenüber dem Vergleichsjahr 2014 gestiegen sind: Bei Verantwortlichkeit gab es ein sattes Plus von 249 % und bei Nachhaltigkeit immerhin 72 %. Es lohnt sich also, hier zu investieren. Aktien sind zu einem knappen Drittel an diesem Boom beteiligt. Waren es 2014 gerade mal 437 Milliarden Euro, so stieg das Wertpapier-Anlagevermögen 2017 auf 1.409 Mrd. € und 2018 sogar auf stolze 1.527 Mrd. € an.

Nachhaltigkeit ist mehr als nur ein Umwelt- und Naturschutzanliegen. So schließen die Nachhaltigkeitsfonds im Allgemeinen folgende Negativmerkmale aus: Arbeitsrechtsverletzungen, Korruption und Bestechung, Menschenrechtsverstöße, Umweltzerstörung, Kohleabbau, Waffen und Rüstung, Tabakerzeugnisse, Pornografie, Alkohol, Diskriminierung von Frauen. Denken und handeln Sie nicht kleinkariert und bürokratisch. Nicht jedes Geschäftsmodell muss nachhaltig sein. Stimmen muss die große Linie. Dies gilt auch für die eigene Lebensführung. Gewinnen Sie die kleinen, überschaubaren Spiele und Wettkämpfe! Reiben Sie sich nicht daran auf, wenn große Manöver Sie überfordern. Das könnte so aussehen: Kleine Strecken zu Fuß gehen, Strom und Heizung nicht vergeuden, möglichst auf Kunststoffverpackung verzichten, im Inland öfter mit dem Zug statt dem Flugzeug verreisen. Bei überschrittenem Haltbarkeitsdatum Nahrungsmittel nicht wahllos wegwerfen.

1.2 Was heißt ethische Geldanlage mit gutem Gewissen im Kampf gegen Klimawandel?

Trotz des Nullzinsmonsters mögen viele Bundesbürger aus unterschiedlichen Gründen keine Aktien und beäugen den Kapitalismus misstrauisch. Dabei wissen die meisten Menschen, dass ihr Geld auf Sparbüchern mit jedem Jahr an Wert verliert. Strafzinsen drohen schon bei Sparsummen unter 100.000 €.

Ihnen ist vielleicht auch bewusst, dass dauerhaftes wirtschaftliches Wachstum in führenden Volkswirtschaften wie Deutschland ohne Aktien als das Eigenkapital von Unternehmen undenkbar wäre. Ganz klar steigt der Wunsch, mit gutem Gewissen sein Geld anzulegen. Immer öfter wird gefragt: Wirtschaften die Unternehmen mit Blick auf Nachkommen, Mitarbeiter und Kunden nachhaltig, also umweltfreundlich mit klarer Kampfansage gegen den gefährlichen Klimawandel?

Firmengründer müssen sich einerseits um die Nachhaltigkeit im eigenen Betrieb kümmern, geraten andererseits aber immer öfter in akute Finanzierungs- und Existenznöte, nachdem sich die Öffnung von Veranstaltungen und die Rückkehr zur Normalität in diesen Zeiten der Corona-Pandemie noch länger verzögert als befürchtet. Kurzarbeit wischt längst nicht alle Probleme weg. Homeoffice lässt sich nicht überall umsetzen.

Das Bruttoinlandsprodukt wird in diesem Jahr um mindestens 7 % sinken, möglicherweise aber auch um ein Zehntel. Die Ausgaben summieren sich in Billionenhöhe, wofür letztlich der Steuerzahler aufzukommen hat. Ein Großteil der Bevölkerung, die anfangs all die zahlreichen staatlichen Maßnahmen zur Eindämmung der Corona-Pandemie befürwortet hat, hat kein Verständnis mehr dafür, dass Kindertagesstätten, Schulen und Universitäten weiter geschlossen bleiben. Warum durften Gaststätten, Biergärten und auch Hotels nicht schon ab 1. Mai wieder öffnen? Da lässt sich eine aufgelockerte Bestuhlung und Begrenzung der Gäste doch weitgehend problemlos managen.

Umgekehrt kann der sofort gestartete Nachhaltigkeitskurs in Richtung Bekämpfung des Klimawandels mit fortschrittlicher Logistik und Infrastruktur sowie Nutzung der Digitalisierung ein Alleinstellungsmerkmal und Erfolgsgarant sein. Schließlich verlangen immer mehr Menschen, nicht nur junge Leute, Grüne und Umweltschützer ein ganzheitlich ethisches Unternehmenskonzept. Es geht um handfeste Vorteile, auch wenn man den Bogen nicht überspannen sollte. Kein bloßes Gerede, sondern ein durch Taten untermauertes gutes Image. Kunden achten zusehends darauf, was hinter einem Produkt und einer Dienstleistung steckt.

Institutionelle und private Investoren wollen mit gutem Gewissen anlegen. Sie beteiligen sich eher an Firmen oder kaufen deren Aktien, wenn das auf Nachhaltigkeit getrimmte Konzept stimmt. Gerade jetzt, wo die Aktienkurse gegenüber dem DAX-Allzeithoch von knapp 13.800 Punkten, einem zeitweiligen Tiefstand auf 8.200 Zähler mit zwischenzeitlicher Erholung bis zum 1. Mai 2020 auf rund 10.800 Punkte immer noch relativ niedrig sind, schauen sich immer mehr finanzkräftige Unternehmen nach günstigen Beteiligungsmöglichkeiten um.

Es fehlt nicht an Siegern, die von der Corona-Pandemie profitieren – oft sichtbar an steigenden Aktienkursen gegen den Trend. Dies sind nicht nur die Internet- und Technologiegiganten Alphabet, Amazon, Facebook, Microsoft und Netflix, sondern ebenso zahlreiche Unternehmen aus dem Medizin- und Biotechsektor wie Drägerwerk, Sartorius, Stratec, Gilead, Thermo Fisher, Stryker und Intuitive Surgical. Da wächst auch die Befürchtung, dass sich amerikanische und chinesische Großkonzerne die preiswerten deutschen Mittelständler unter den Nagel reißen, insbesondere, wenn sie familiengeführt sind und nachhaltige Geschäftsmodelle präsentieren.

Bei Nachhaltigkeit geht es auch um effiziente Produktion und Dienstleistungen, die etwas höhere Preise bei Nahrungsmitteln rechtfertigen. Solange Gaststätten und Hotels nur eingeschränkt oder gar nicht öffnen, machen die Essenslieferanten HelloFresh und Delivery Hero aus dem MDAX gute Geschäfte. Wichtig bleiben staatliche Fördermittel und steuerlich absetzbare Ausgaben im Interesse von Umweltschutz. Mitarbeiter sind motivierter, wenn sie sich bezüglich Nachhaltigkeit mit ihrer Firma identifizieren. Sie wechseln seltener bei entspanntem Betriebsklima und dem Gefühl, etwas für die Gesellschaft im Kampf gegen die Erderwärmung mit ihren großen Gefahren zu tun.

Die enge Bindung mit dem Unternehmen verscheucht Wechselgedanken und steht auch Krankfeiern im Wege. Da können Belegschaftsaktien ein gutes Mittel sein, unternehmerisches Denken und Handeln zu fördern und das Zusammengehörigkeitsgefühl zu stärken. Es gilt auch, die Erfahrungen mit dem aus der Notlage geborenen Homeoffice auszuwerten. Lässt sich die Heimarbeit künftig noch ausbauen und verbessern? Worauf ansonsten zuerst geschaut wird, ist Sparen von Strom und Wasser, die Umstellung auf Ressourcen schonende Verpackungen, wozu auch kleinere Kartons und Verzicht auf Kunststofffolien gehören. Werden Fahrräder und kleinere Dienstwagen angeboten, bei Ortsverkehr Elektroautos? Sofern es eine eigene Kantine gibt, sollte gesunde Kost auf dem Speiseplan stehen. Der Grundtenor lautet: weniger Fleisch, mehr Fisch, Gemüse und Salate aus der Region.

Nachhaltigkeit ist ein Handlungsprinzip, um Ressourcen zu nutzen im Kampf gegen Erderwärmung durch den Klimawandel.

Es geht um Umweltschutz, um Bewahrung der natürlichen Regenerationsfähigkeit, um dauerhafte Bedürfnisbefriedigung und ein intaktes Ökosystem. Nachhaltiger leben und wirtschaften betrifft nicht nur die Unternehmensziele, Geschäftsmodelle und Firmenkultur. Jeder Mensch kann hier seinen Beitrag leisten, um die Erkenntnisse der Nachhaltigkeitsforschung umzusetzen, wo immer es möglich erscheint. Nachhaltigkeit heißt, einen Kreislauf zu schaffen, der Umwelt, soziale und gesellschaftliche Leitrichtwerte auf der Grundlage fairer Unternehmensführung verknüpft mit dem Blick auf jüngere und künftige Generationen. In Verbindung mit Homeoffice ist eine nachhaltigere Lebensführung durchaus denkbar.

Eine nachhaltige Unternehmensführung gründet auf drei Säulen: a) Ökonomie (Wirtschaftlichkeit), b) Ökologie (Umweltschutz) und c) Soziales (Gesellschaft, Mitarbeiterkultur). Ziel ist es, die Umwelt zu bewahren und begrenzte Ressourcen zu schonen. Der Klimawandel und die wachsende Mobilität der Stadtbevölkerung sind die großen, globalen Herausforderungen unserer Zeit.

Eine kluge Unternehmensstrategie vollzieht sich auf drei Ebenen: a) Die Gesellschaft vorantreiben (Mensch), b) die Umwelt schützen (Planet) und c) wirtschaftliche Werte schaffen (Profit). Die drei P „People, Planet, Profit" dürften bestimmend sein für unternehmerische Entscheidungen und Aktivitäten, soweit nicht der wirtschaftliche Abschwung durch Covid-19 längerfristig belastet wird und alle anderen Ziele und Vorhaben vorläufig ausbremst und in den Schatten stellt. Vorrangig betrifft dies alles ein gutes Verhältnis zu Mitarbeitern, Kunden und Lieferanten. Einzubeziehen sind auch Regulierer, Finanzteilnehmer und andere Interessengruppen. Zu einer vorrangig auf Aktionärsinteressen zugeschnittenen Shareholder-Politik mit Wachstums- und Ertragsmaximierung bekennen sich nicht mehr so viele Unternehmen. Die Interessen der Stakeholder gewinnen an Bedeutung. Dennoch ist nicht zu vergessen, wer durch Geldzufluss für Schuldenabbau und Investitionen sorgt.

Nachhaltigkeit verträgt sich durchaus mit einem gewandelten Kapitalismusverständnis. Auch Ihre Geldanlage kann dazu dienen, Unternehmen zu unterstützen, die sich durch Umweltschutz für Menschen-, Tier- und Pflanzenwohl einsetzen und faire Arbeitsbedingungen schaffen. Steigende Aktienkäufe bei angesehenen Firmen führen zu höheren Kursgewinnen. Insbesondere Familienunternehmen, die sich an ethischen Werten orientieren, sorgen für sichere Arbeitsplätze. Das durch Aktienverkäufe erworbene Eigenkapital dient dazu, Forschungen in den unterschiedlichsten Bereichen voranzutreiben, Patente zu erwerben und zukunftsfähige Infrastrukturprojekte mit Künstlicher Intelligenz zu verwirklichen. Eigenkapital ermöglicht es, überall dort zu investieren, wo es gelingt, den gefährlichen Klimawandel zu verlangsamen. Die Anlage in Aktien kann dazu beitragen, eine verantwortungsvolle, fachkundige, dem Umweltschutz dienende Strategie und Firmenkultur aufzubauen, die sich in vielen Lebensbereichen als vorteilhaft und zukunftsfähig erweist.

Nachhaltigkeit als vorrangiges Unternehmensziel ist vorteilhaft:

1. Nachhaltigkeit beeinflusst Entscheidungen bei Kauf, Verkauf, Mitarbeitern und Aktienorder.

2. Eine nachhaltige Produktion rechtfertigt höhere Preise in vielen Bereichen, also betrifft keineswegs nur Nahrungsmittel und Getränke.

3. Nachhaltigkeit macht nachprüfbare Qualitätskriterien, Qualitätsstandards und Gütesiegel möglich.

4. Nachhaltigkeit stärkt das positive Firmenimage, wichtig auch beim Aufbau eines langfristigen Aktiendepots.

5. Ein sparsamer Ressourcenumgang senkt die Kosten. Dies gilt vor allem für den energiesparenden Heizungs-, Strom- und Wasserhaushalt.

6. Nachhaltigkeit dient dem Schutz vor unberechtigten Angriffen, vor Verleumdung, hilft aber auch, unfaire Arbeitsbedingungen zu vermindern.

7. Nachhaltiges Handeln verstärkt eine langfristige Mitarbeiter- und Kundenbindung: mehr Zufriedenheit, weniger Wechsel, geringerer Krankenstand.

8. Umweltschutz entwickelt sich zum wichtigen, keineswegs zu einem zu unterschätzenden Wettbewerbsvorteil.

Erfüllen Familienfirmen hohe Erwartungen an Nachhaltigkeit?

Bernd Fröndhoff, Teamleiter Industrie, schreibt im *Handelsblatt*-**Leitartikel vom 17.08.2019, Nr. 164:** *„Die größte Stärke von Familienunternehmen ist: Risiko, Haftung und Kontrolle liegen in einer Hand. – Familiengeführte Unternehmen genießen in Deutschland einen hervorragenden Ruf. Studien weisen das immer wieder nach – auch eine neue Untersuchung der TU München zeigt eindeutig in diese Richtung. Danach erreichten börsennotierte Unternehmen mit starkem Familieneinfluss in den vergangenen 10 Jahren deutlich höhere Kapitalrenditen als AGs mit breit gestreutem Besitz. – Auch der Zuwachs an Arbeitsplätzen ist größer. – Die Frage, wer das bessere Unternehmen ist, entscheidet sich nicht am Typ, sondern an der Qualität der Unternehmensführung. Skandale und Krisen sind eine Folge von Missmanagement und schwacher Kontrolle. Das gilt für alle Unternehmen. – Familien können eine gute Macht in diesem Zusammenspiel sein. Aber dazu müssen sie ihre Stärke richtig ausspielen. Sonst wird sie schnell zur Ohnmacht."*

Fallbeispiel: *Der US-Familienkonzern Amazon zeigt, welch große Chancen eine langfristige Aktienanlage bieten kann. Amazon erfüllt sicherlich nicht in allen Punkten die Nachhaltigkeitsauflagen, wird aber gern in Nachhaltigkeitsaktienfonds aufgenommen. Ein* Handelsblatt-*Auszug vom 4. September 2019, Private Geldanlage:*

"Anleger, die wichtige Zukunftstrends frühzeitig erkennen und langfristig investieren, schaffen möglicherweise Kursgewinne von mehreren hundert Prozent. Wer daran zweifelt, der mag sich nur die Börsenentwicklung von der Aktie des Onlineversandhändlers Amazon ansehen: Am 15. Mai 1997 brachte Gründer Jeff Bezos seinen Onlinehandelskonzern für 18 US-Dollar je Aktie an die Börse. Anleger, die zum Börsengang von Amazon 1.000 Dollar in die Aktien investiert hatten, verfügen nun in Anbetracht mehrerer Aktiensplits, sofern sie sich nicht frühzeitig von der Beteiligung getrennt haben, über Papiere im Wert von einer Million US-Dollar. Es kann sich also auszahlen, frühzeitig auf die kommenden Börsenstars zu setzen."

Deutschlands umweltfreundlichste große und mittelständische börsennotierte Unternehmen, ausgezeichnet mit dem deutschen Nachhaltigkeitspreis von 2015 bis 2018, 1. bis 5. Platz:

2015, große Unternehmen: BASF, deutscher Leitindex DAX, Top 3

2016, große Unternehmen: Symrise, MDAX, Top 5, <u>familiengeführt</u>

2016, große Unternehmen: Evonik Industries, MDAX, Top 3

2016, mittelgroße Firmen: Fuchs Petrolub, MDAX, Platz 1, <u>familiengeführt</u>

2017, große Unternehmen: Deutsche Telekom, DAX, Platz 1

2017, große Unternehmen: TUI AG, Stoxx 600, Platz 3

2018, große Unternehmen: Symrise, MDAX, Platz 1, <u>familiengeführt</u>

Anmerkung: Die von der Jury getroffene Zuordnung groß und mittelständisch deckt sich nicht mit den deutschen Indizes DAX (groß), MDAX (Mid Cap, mittelgroß) und SDAX (klein, Small Cap).

CO_2-Belastung pro Produkt und Einheit (Kilogramm/Liter/kWh)		
Rind	CO_2-Belastung Kilo:	12,30
Butter	CO_2-Belastung Kilo:	9,20
Reis	CO_2-Belastung Kilo:	3,05
Benzin	CO_2-Belastung Liter:	2,18
Diesel	CO_2-Belastung Liter:	2,61
Erdgas	CO_2 10 kWh:	2,02
Heizöl	CO_2-Belastung Liter	2,61
Zement	CO_2-Belastung Kilo:	0,57

Nachhaltigkeit verträgt sich mit einem gewandelten Kapitalismusverständnis. Nachhaltigkeit als ein vorrangiges Unternehmensziel lohnt sich und ist für Anleger vorteilhaft. Ihre Geldanlage dient börsennotierten Unternehmen, die sich für Menschen-, Tier- und Pflanzenwohl einsetzen und um faire Arbeitsbedingungen bemüht sind. Der Aktienkauf bei angesehenen Firmen führt zu einem steigenden Kursgewinn. Familienfirmen, die sich an ethischen Werten orientieren, sorgen für sichere Arbeitsplätze und bemühen sich um ein ausgewogenes Verhältnis von Beruf, Familie, Freizeit. Solange die Corona-Krise anhält, haben zahlreiche Betriebe jedoch andere Sorgen. Es geht ums nackte Überleben.

❷ Das erste große Musterdepot für Nachhaltigkeitsaktien, ETFs, Fonds

2.1 Als Appetitanreger schon jetzt das erste Musterdepot für Ihre persönliche Auswahl

Bei meinen vielen Vorträgen im Jahr 2019/2020 schält sich neben klugen Anlagestrategien im Corona-Crash als wohl wichtigstes Diskussionsthema bei fast allen Zielgruppen der Wunsch heraus, Einzelaktien, ETFs und Aktienfonds ethisch verantwortungsbewusst, also mit gutem Gewissen auszuwählen. In mühevoller Kleinarbeit stelle ich Ihnen jetzt ein Musterdepot bzw. Portfolio vor, aus dem Sie die beliebtesten Produkte aussuchen können. Denken Sie aber daran: Sie sollen es kennen, mögen, verstehen. Kaufen Sie nur das, was Sie immer behalten wollen. Etwas Nervenkitzel als Ausnahme: hier und da ein spekulativer Wert.

Sie müssen nicht befürchten, bezüglich Rendite schlechter abzuschneiden. Ganz im Gegenteil! Allein schon die Tatsache, dass nachhaltige Geldanlagen auch 2019 neue Allzeithochs erreichten und für steigende Aktienkurse sorgten, zeigt, dass Sie mit ethischen Geldanlagen auf dem richtigen Weg sind. Dabei geht es nicht nur um den CO_2-Ausstoß, weniger Wasser- und Energieverbrauch, Tier- und Pflanzenwohl, sondern auch um gesellschaftliche Werte und umweltfreundliche Infrastruktur und Abfallverwertung. Gut gemangte Aktienfonds mit nachhaltiger Ausrichtung erzielen gegenüber anderen Aktienfonds im Ein-, Fünf- und Zehn-Jahresvergleich deutlich bessere Renditen. Firmen, die sich an ethischen Werten orientieren, sorgen für sichere Arbeitsplätze und bemühen sich um ein ausgewogenes Verhältnis zwischen Beruf, Familie, Freizeit, dem eigenen Anspruch und dem Mitarbeiterwohl.

Allerdings bleiben Nachhaltigkeitsfonds und ETFs nicht vom Corona-Crash verschont. Kursverluste um ein Drittel sind zu verkraften. Kurzzeittrader halten dies kaum aus. Aber gerade Aktienfonds gelten als Langzeitinvestment für Jahrzehnte. Da ist nicht über schnellen Verkauf nachzudenken, sondern Aussitzen angezeigt.

Das Nachhaltigkeitsportfolio setzt sich aus umweltfreundlichen globalen Einzelaktien, ETFs und Aktienfonds zusammen. Informieren Sie sich über die Kursentwicklungen im Internet. Nutzen Sie Kursschwäche für Einstieg und Zukauf. Niemand wird mit allen Titeln sein Depot schmücken, sondern eine Auswahl treffen, die den eigenen Vorlieben entspricht und Wissen, Zeit, Lust, Verständnis berücksichtigt. Übertreiben Sie nicht. Auch ein paar gewöhnliche Aktien gehören ins Depot.

Bezüglich Aufnahmebedingungen bestehen unterschiedliche Auffassungen. Einige Nachhaltigkeitsfonds nehmen Titel auf, die längst nicht alle Experten und Wettbewerber gutheißen. Statt zu meckern, sollten Sie nur bei solchen Aktien zugreifen, die Ihren eigenen ethischen Wertvorstellungen entsprechen. Es geht auch um die Ablösung fossiler Energieträger zugunsten Wind- und Solarenergie.

Wem es zu riskant ist, in nachhaltige Aktien anzulegen, dem bieten sich passiv gemanagte ETFs und Aktienfonds mit individuellem Zuschnitt für eine Anlage mit gutem Gewissen an.

Kurse im Crash: 3 nachhaltige ETFs und 2 Aktienfonds				
Name, Fondsgesellschaft	WKN	Kurs am 01.05.20	Hoch/Tief 52 Wochen	Kursverlauf 1, 3, 5 Jahre
UBS ETF MSCI EMU Socially Responsible	A1W 3BS	18,15 €	22,65/14,30 €	-7 %/2 Jahre alt
	Umfang 1,34 Mrd. €, Alter 2 J., Gebühr **0,28 %**, thesaurierend. Schwerpunkte: Finanzen, Konsum, Industrie. Wichtige Anteile: ASML, Siemens, L'Oréal, Allianz, SAP, Adidas.			
iShares Core MSCI Europe UCITS ETF	A0M ZWQ	21,25 €	26,80/16,75 €	-11/-4/-1 %
	Umfang 5,92 Mrd. €, Alter 13 J., Gebühr **0,12 %**, ausschüttend. Schwerpunkte: Pharma, Konsum. Große Anteile: BP, Nestlé, Roche, Novartis, HSBC, AstraZeneca, SAP, LVMH.			
UBS ETF SICAV MSCI World Socially Resp.	A1J A1R	86,35 €	101,7/66,65 €	+3/+21/+36 %
	Umfang 1,66 Mrd. €, Alter 9 Jahre, Gebühr **0,25 %**, ausschüttend. Schwerpunkte: Konsumgüter, Software USA. Große Anteile: Microsoft, P&G, Walt Disney, Home Depot, Salesforce, Roche, PepsiCo, Adobe, McDonald's, Amgen.			
Aktienfonds Pictet Water P EUR	933 349	330,85 €	402,8/267,3 €	+1/+12/+32 %
	Umfang 5,40 Mrd. €, Alter 20 J., Ausgabeaufschlag: **5,0 %**, Verwaltungsgebühr **1,60 %**, thesaurierend. Größte Anteile: Danaher, American Water, Veolia, Xylem, Aqua America, Thermo Fisher, Ecolab, Waste Management, Severn Trent.			

Aktienfonds	A0R CWA	333,10 €	383,1/276,2 €	-7/+8/+14 %
Vontabel Fund MTX Sustainable Asian	Umfang 691 Mio. €, Alter 12 J., Ausgabeaufschlag: 5,0 %, Verwaltungsgebühr **1,20 %**, thesaurierend. Schwerpunkte: Software, Finanzen, Energie, Konsum. Große Anteile: Tencent, Alibaba, Taiwan Semiconductor, Samsung, CNOOC.			

Die Mittelabflüsse bei ETFs und Aktienfonds als Folge des Corona-Crashs sind besonders heftig, oft über ein Drittel Abschlag gegenüber dem Jahreshoch. Dies ist insofern schwer nachvollziehbar, als insbesondere bei Aktienfonds, aber auch bei den börsennotierten Indexfonds sehr häufig der Verkaufsknopf gedrückt wurde. Dabei handelt es sich doch um Langzeitanlagen, wo braves Aussitzen und Abwarten im Allgemeinen durchaus vernünftig erscheint.

Bei den Nachhaltigkeitsaktien dominiert eindeutig Skandinavien.

Meine Übersicht bringt vor allem skandinavische Nachhaltigkeitsaktien mit guten Wachstums- und Ertragschancen. Hier können Sie sich im Mehrjahresvergleich von den hohen Kursgewinnen überzeugen. Großteils winken auch üppige Dividenden. Aber Sie müssen langfristig anlegen, dürfen sich nicht vom Crashgeschrei verunsichern und zum Totalausverkauf hinreißen lassen.

Nachdem auch beim Tagesgeld Minuszinsen anfallen, wird es Zeit, in Aktien, ETFs oder aktive Aktienfonds einzusteigen. Es geht um Ihre Altersvorsorge, die Aufbesserung Ihrer eher sinkenden Rente. Sie wollen sich im Ruhestand doch etwas leisten können und nicht auf Grundsicherung angewiesen sein. Sparbuch, Tages- und Festgeld sind schleichende Kapitalvernichter. So erhalten Sie nicht Ihr Vermögen, sondern müssen erleben, wie es stetig schrumpft und Ihnen auch noch der Freibetrag von jährlich 801 Euro verloren geht.

Da die Kursliste mit 15 Ethikaktien nicht umfangreich ist, bietet sich ein Vergleich nahe der Höchststände Mitte Februar 2020 und der Lage Anfang Mai 2020 an. Welche Aktien blieben stabil? Welche Werte stürzten extrem ab? Welche Strategie lässt sich daraus ableiten? Sicherlich sind Sie überrascht, dass vor allem etliche Growth-Nachhaltigkeitsaktien dem Crash Paroli bieten konnten.

Kurse im Crash: 15 Auslandsaktien ethische Geldanlage				
Aktie, Unternehmen	WKN	Kurs am 05.05.20	Hoch/Tief 52 Wochen	Kursverlauf 1, 3, 5 Jahre
Ballard Power	A0R ENB	9,45 €	14,30/2,90 €	+200/+266/+358 %
Coloplast	A1K AGC	145,75 €	147,1/92,95 €	+58/+112/+126 %
Geberit	A0MQWG	407,40 €	416,9/390,4 €	+15/+32/+81 %

Aktie, Unternehmen	WKN	Kurs am 05.05.20	Hoch/Tief 52 Wochen	Kursverlauf 1, 3, 5 Jahre
Genmab	565 131	231,00 €	231,0/144,8 €	+51/+208/+215 %
Mowi ASA	924 848	15,70 €	23,70/12,45 €	-18/+4/+40 %
Nel ASA	A0B 733	1,13 €	1,54 €/0,44 €	+34/+331/+546 %
Orsted	A0N BLH	91,25 €	104,0/66,90 €	+36/+165/+11 %
Plug Power	A1J A81	3,95 €	6,15 €/1,60 €	+63/+91/+64 %
PowerCell	A14 TK6	23,95 €	32,90/6,35 €	+152/+560/+4183%
SolarEdge	A14 QVM	103,50 €	131,0/39,05 €	+144/+583/+275 %
Stora Enso	871 004	10,35 €	13,05/7,35 €	-4/+7/+34 %
Symrise	SYM 999	91,80 €	100,1/71,20 €	+9/+45/+77 %
Tomra Systems	872 535	30,70 €	33,45/18,85 €	+12/+178/+238 %
UPM Kymmene	881 026	25,00 €	30,60/20,65 €	+1/+3/+54 %
Vestas Wind	913 769	79,95 €	98,15/63,40 €	+1/+2/+98 %

Kurse vor Crash: 15 Auslandsaktien ethische Geldanlage

Aktie, Unternehmen	WKN	Kurs am 10.02.20	Hoch/Tief 52 Wochen	Kursverlauf 1, 3, 5 Jahre
Ballard Power	A0R ENB	9,30 €	14,30 €/2,90 €	+214/+248/+364 %
Coloplast	A1K AGC	146,00 €	147,6/93,75 €	+56/+101/+131 %
Geberit	A0MQWG	407,40 €	416,9/376,1 €	+15/+32/+81 %
Genmab	565 131	220,70 €	229,7/144,8 €	+48/+20/+219 %
Mowi ASA	924 848	15,80 €	23,70/12,45 €	-18/+3/+64 %
Nel ASA	A0B 733	1,10 €	1,54 €/0,44 €	+48/+344/+597 %
Orsted	A0N BLH	92,35 €	104,0/66,90 €	+38/+171/+12 %
Plug Power	A1J A81	3,95 €	6,15 €/2,35 €	+56/+71/+58 %
PowerCell	A14 TK6	21,15 €	21,55/4,15 €	+179/+472/+4142%
SolarEdge	A14 QVM	114,15 €	131,0/39,00 €	+163/+605/+359 %
Stora Enso	871 004	12,15 €	13,05/9,10 €	-3/+7/+35 %
Symrise	SYM 999	92,35 €	100,1/71,20 €	+9/+49/+81 %
Tomra Systems	872 535	30,05 €	33,45/18,85 €	+11/+183/+244 %
UPM Kymmene	881 026	25,45 €	31,30/20,90 €	+7/+21/+99 %
Vestas Wind	913 769	78,75 €	97,80/63,75 €	-1/+5/+111 %

2.2 Wann Einzelaktien? Wann ETFs? Wann Aktienfonds?

Betrachten Sie die Kurslisten vom Kapitel 2.2 mit Nachhaltig-keits-ETFs und Aktienfonds gegenüber Einzelaktien, so werden Sie schnell bemerken, dass die Aktien- und Indexfonds offen-sichtlich unter dem Corona-Crash viel stärker leiden als die Ein-zelaktien, die ich als ethische Anlage mit gutem Gewissen für Sie ausgesucht habe. Eigentlich wäre eher eine gegensätzliche Ent-wicklung zu erwarten gewesen. Aber so wie sich auch die Welt verändern dürfte und nie wieder so sein wird wie zuvor, gibt es auch bei den Aktien interessante Erkenntnisse. Nicht die niedrig bewerteten, substanz- und dividendenstarken Value-Werte blie-ben weitgehend stabil. Viel eher hielten sich die attraktiv bewer-teten, offensiven Wachstumswerte aus den Zukunftsmärkten hielten wacker. Technologie, Biotech und Medtech notieren teil-weise sogar entgegen dem Trend nahe Jahreshoch.

Wann entscheide ich mich vor allem für gute Einzelaktien?

Es ist schon erschreckend zu lesen, dass die Bundesbürger weiterhin einen Großteil ihres Geldvermögens zinslos auf Sparbüchern, Giro-, Ta-gesgeld- und Festgeldkonten parken und bei steigender Inflationsrate Milliardenverluste verbuchen! Warum nicht endlich die Hälfte der Ersparnisse breit gestreut in Aktien anlegen? Über DAX und Dow Jones mit je 30 Titeln gibt es umfas-sende Informationen. Hier ist es ziemlich einfach, Spitzentitel auszuwählen und Kursschwankungen zu nutzen für Kombinationsgeschäfte mit Aktienverkäufen nahe Jahreshoch und Erwerb von chancenreichen Aktien, die übertrieben abgestraft oder Opfer von fragwürdigen Leerverkäufen wurden. Mitten im Crash bieten sich freilich viel mehr Aktien an, die übertrieben stark abgestraft wurden gegenüber Titeln, die noch nahe dem Jahreshoch notieren. Da stellt sich die Frage: Horte ich noch ir-gendwo Geld, worauf ich nun zugreifen kann? Heben Sie Ihre verborgenen Schätze! Zu Einzelaktien rate ich, wenn Sie über genug Geld, Zeit und Wissen verfügen. Wer sich auskennt, sollte in Marathonaktien und gute Nebenwerte mit langjährigem Kurs-plus und verlässlicher Dividende investieren. Da bietet sich auch die Kursliste mit den Nachhaltigkeitstiteln an, wo fast alle Vorzeichen grün sind. Falls möglich, erwer-ben Sie Belegschaftsaktien. Außerdem lohnt es sich, in Zukunftsmärkten flexibel zu investieren, etwa Hightech, Software, Internet, Robotik, Biotech und Medtech.

Wann bevorzuge ich dagegen die preiswerten Indexfonds bzw. ETFs (Exchange Traded Funds)?

Immer dann, wenn es sich um einen bekannten Index mit wenig Titeln handelt, wie DAX und Dow Jones mit nur 30 Werten, hat ein aktives Fondsmanagement kaum eine Chance, den Vergleichsindex zu schlagen. Der Ausgabeaufschlag und die ziemlich hohe jährliche Verwaltungsgebühr bewirken, dass Bluechips-Aktienfonds zu 80 bis 90 % gegen die Benchmark verlieren.

Fehlt es an Motivation, Wissen und Geld für breite Streuung, sind die preiswerten ETFs mit niedriger Verwaltungsgebühr allererste Wahl. So decken Sie wichtige Märkte ab. Ein ETF gewinnt zwar gegen keinen Vergleichsindex. Aber er verliert auch nicht. Starinvestor Warren Buffett empfahl seiner Frau Astrid, nach seinem Tod mit einem ETF in den S&P-500-Index zu investieren. Für das schnelle Rein/Raus eignen sich weder ETFs noch Aktienfonds. Im Juli 2019 flossen ETFs weltweit 57,2 Mrd. US-Dollar neues Geld zu.

Wann entscheide ich mich für aktiv gemanagte Aktienfonds?

Die aktiv gemanagten Aktienfonds grundsätzlich zu verdammen, ist keineswegs gerechtfertigt, zumal sie für Langzeitanleger mit wenig Interesse an ständiger Kontrolle und begrenzter Kapitaldecke bestens geeignet sind. Es gibt hervorragende Aktienfonds, die sich auf Dividenden-Aristokraten, deutsche und internationale Nebenwerte spezialisieren oder sich auf bestimmte Branchen und Themen in Zukunftsmärkten konzentrieren und auf diese Weise für eine breite Streuung sorgen.

Engagierte Fondsmanager sind nicht die Schummler und Faulpelze, die den Vergleichsindex kaum verändern. Der oft erhobene Ausgabeaufschlag von bis zu 5 % ist nicht entscheidend, wenn Sie für ein Jahrzehnt und vielleicht noch länger anlegen. Halten Sie eher Ausschau nach guten Nachhaltigkeitsaktienfonds oder Schwerpunkt Familienfirmen. Im Zuge der Corona-Pandemie und dem dadurch verursachten Crash bringen gute Aktienfonds aus dem Gesundheitswesen, Schwerpunkt Biotechnologie und Medizintechnik, erfreuliche Renditen. Nutzen Sie die günstigen Kaufkurse als Folge des Corona-Crashszenarios!

Innovative Fondsmanager, die auf Markttrends flexibel reagieren, können den Vergleichsindex deutlich abhängen. Dies gilt für die Ausrichtung auf hohe Dividenden oder Zukunftsmärkte mit Industrie 4.0, Internet der Dinge, Digitalisierung, vernetzter Welt, Robotik, selbst fahrenden Autos. Es betrifft Aktienfonds im Technologiesektor und Gesundheitswesen, die den demografischen Wandel umsetzen. Auf der einen Seite forschungs- und kapitalstarke Pharmariesen. Auf der anderen Seite innovative Biotechfirmen, die neue Wirkstoffe und Verfahren erkunden.

All dies ist ein Füllhorn für kreative Aktienfonds. Binnen 12 Monaten wuchs 2019 das in Aktienfonds angelegte Vermögen um über ein Zehntel auf 104 Mrd. €. Derzeit ist jedoch ein empfindlicher Kapitalabfluss zu beobachten, nachdem Panik und Hysterie auch das Börsenklima belasten und unüberlegte, verlustreiche Komplettausräumungen von Wertpapierdepots begünstigen.

Geschieht also völlig Unerwartetes wie der blitzschnelle Ausbruch der Corona-Pandemie in China mit über 45.000 Lungenkrankheitspatienten und rund tausend Todesopfern in wenigen Wochen, so können weder Aktienfonds noch ETFs auf die Verlierer- und Gewinneraktien rechtzeitig reagieren. Da ist es für kundige Aktienliebhaber eine spannende Herausforderung, übertrieben abgestürzte Titel beispielsweise aus dem Touristik- und Luxusgüterbereich preiswert zu erwerben und umgekehrt vielleicht auch einen Teil der nach oben springenden Aktien von Mundschutz und Gesichtsmasken, Hygieneartikeln, Nahrungsergänzungsmitteln und stärkenden Immunpräparaten zu verkaufen.

So lohnt sich für fachkundige Anleger gerade jetzt ein gezielter Blick auf die Geschehnisse im Gesundheitswesen. Was tut sich im Pharma-, Medizintechnik- und Biotechnologiesektor bei Neuentwicklungen zur Vorbeugung, Diagnostik und Behandlung? Wer bringt bei dem auf Hochtouren laufenden Kampf gegen das Corona-Virus den ersten wirksamen Impfschutz auf den Markt? Das Gesundheitswesen wird auch international zu den großen Zukunftsmärkten zählen.

Ist da das Mainzer Biotechunternehmen BionTech, WKN A2P SR2, gemeinsam mit dem amerikanischen Großkonzern Pfizer auf gutem Wege? Nach einem Kurssprung auf über 100 € gegenwärtig für 45 € zu haben? Welche Kombinationstherapie macht das Rennen? Wie sieht es mit Antikörpern und Präparaten zur Stärkung der Immunabwehr aus? Wer wird mit milliardenschweren Einnahmen belohnt? Entwickeln sich die von Goldman Sachs genannten beiden Medtech-Aktien Diasorin, WKN A0M TB2, und Orion, WKN A0J 3QM, tatsächlich zu den großen Überfliegern?

Orientiert sich ein Aktienfonds an einem Index mit vielen Werten, wie Nasdaq 100, Nikkei 225 oder S&P 500, haben engagierte Manager mit fairen Gebühren die Chance, den Vergleichsindex weit hinter sich zu lassen. Das Rezept kann folgendermaßen aussehen: Die besten Werte übergewichten, die schlechtesten entfernen, vielleicht etwas Gold oder bestimmte Rohstoffe beimischen. Dies gilt auch für Nebenwerte und Schwellenländer, wo ein akuter Nachrichtenmangel besteht.

Bei Aktienfonds verbieten eigentlich ein Ausgabeaufschlag von rund 5 % und eine Jahresgebühr im Schnitt von etwa 1,5 % ein spekulatives schnelles Rein und Raus. Dagegen würde ich keinen aktiven Aktienfonds für den DAX, TecDAX oder Dow Jones mit lediglich 30 Titeln auswählen. Da sind die Gestaltungsmöglichkeiten doch deutlich eingeschränkt. Viel bessere Chancen eröffnet der Nasdaq.

2.3 Die wichtigsten Schritte für Ihre schnelle Einzelaktienanalyse

Die Erfolgsformel für den Börsenerfolg lautet: vom Buch zum Internet – vom Internet zum raschen, bequemen Aktienhandel.

Bei meinen Kurslisten scheiden sich großteils die Geister: einerseits begeisterte Zustimmung, gelegentlich mit Schmähworten als Seitenfüller abgetan. Davon abgesehen, dass es schneller geht, 10 Seiten Fließtext zu schreiben, als eine Kursliste zu erstellen, mache ich mir die Mühe aus gutem Grund. Es geht nicht darum, ohne Internet auszukommen, sondern es bestmöglich und zeitsparend zu nutzen. Gute Börsenbücher bieten als Wissensquelle die Grundlage und Fundgrube für den erfolgreichen Aktienhandel in eigener Regie. Das Internet versorgt Sie mit aktuellen Nachrichten. Beides ist absolut unverzichtbar. Börse vollzieht sich zumindest im Duett.

Um ins Internet zu kommen, müssen Sie den Aktiennamen in korrekter Rechtschreibung eingeben. Das ist mitunter schwierig, z. B. bei Aroundtown und Grand City Properties, Carl Zeiss Meditec, MorphoSys und Siemens Healthineers. Auch die sechsstellige WKN muss stimmen. Wer das große O statt der Null eingibt, läuft auf, weil es das O an der Börse nicht gibt. Ärgerlich sind auch Verwechslungen wie D:0, 8:B, J:I:L, C:6:0, um nur einige Fehlerquellen zu nennen. Noch schwieriger wird es, wenn nur die zwölfstellige ISIN vorliegt. Sie wird aus Platzgründen meist nur in winziger Schrift ohne Leerschritte abgedruckt, sodass man schon Adleraugen braucht, um sie zu entziffern. Als Vergleich bietet sich das bisweilen sehr mühsame Eintragen der IBAN bei Überweisungen an.

Der Kurs und das 52-Wochen-Hoch/-Tief zeigen, worauf es bei der Aktien-, ETF- und Aktienfondsauswahl ankommt. Das Internet bringt aktuelle Zahlen. Vergleiche mit damals sind nicht nutzlos. Ähnliches gilt für den Mehrjahresüberblick. In Bezug auf ein Jahr erkennen Sie den Auf- oder Abwärtstrend, stellen fest, ob es jetzt besser oder schlechter ist zu ordern. Je länger die Zeitspanne, umso aufschlussreicher und interessanter ist die Datengegenüberstellung heute und früher.

Nicht jeder Anleger weiß auswendig, ob die Titel zum DAX, MDAX, TecDAX oder SDAX gehören, ob er beim Euro Stoxx 50, Stoxx 50, Dow Jones, Nasdaq oder S&P 500 suchen muss. Da in den Printmedien weder der TecDAX noch der DAXplusFamily 30 oder GEX abgebildet werden, sind Grundinformationen hilfreich. Das Kurs-Gewinn-Verhältnis zeigt an, ob die Aktie niedrig oder hoch bewertet ist. Das KGV eignet sich als Bewertungsmesser vor allem in der gleichen Branche.

In den Zeiten der Nullzinspolitik, die wohl noch lange anhalten wird, spielt die Dividende eine immer wichtigere Rolle. Steigt die Ausschüttung verlässlich und regelmäßig? Ist sie bescheiden oder üppig mit über 4 %, 5 % oder sogar 6 %? Bei ETFs und Aktienfonds ist der Hinweis „thesaurierend" oder „ausschüttend" interessant. Thesaurierend unterstützt den so wichtigen Zinseszinseffekt, weil hier die Dividende in neue Anteile angelegt wird. Die Abgeltungsteuer wird immer fällig. Ein kleines Firmenprofil rundet den ersten Überblick ab. Bei ETFs, Aktien- und Mischfonds gibt es noch Gebührenhinweise, Angaben zum Alter und zum Anlagekapital.

Das Eingangstor ist geöffnet. Wie gehen Sie nun im Internet vor?

Die Internetplattform der ARD-Börse (boerse.ard.de) bietet viele Vorteile für den einfachen und raschen Überblick. Für ergänzende Infos empfehlen sich onvista und finanzen.net. Gehen Sie – beispielsweise von Ihrer Ausgangsbasis Buch oder Börsenkolumne – am besten in folgender Reihenfolge vor:

1. Schritt: Ganz oben die WKN oder den Namen der Aktie in korrekter Rechtschreibung eingeben.

2. Schritt: Auf der linken Seite die aktuellen Kursnachrichten einholen mit Blick auf das Jahreshoch und -tief.

3. Schritt: Auf der rechten Seite den Chart ansehen: aktuell bis zu 10 Jahre. Zeigt er einen deutlichen Aufwärts- oder Abwärtstrend? Sind die Kursschwankungen hoch oder niedrig? Welche Einschätzungen ergeben sich aus den Unterstützungs- und Widerstandslinien?

4. Schritt: Danach einen Blick auf die Börsenplätze werfen, Zeitangabe und Häufigkeit des Handels beachten, bei Tradegate und Börse Stuttgart beispielsweise von 08:00 bis 22:00 Uhr. Als Schlusspunkt werden Sie über die Kursentwicklung in unterschiedlichen Zeiträumen informiert.

Sind Sie bisher zufrieden, weitermachen! Sind Sie enttäuscht, abbrechen und die nächste interessante Aktie kurz analysieren!

5. Schritt: Auf der ARD-Startseite, bei größeren Gesellschaften in aller Regel angeboten, die Position „Firmennachrichten" anklicken. Bei Aktien aus deutschen Indizes zählen diese Basisdaten zum Standardprogramm.

6. Schritt: Soweit als begrüßenswerte Neuerung vorhanden, das Firmenprofil studieren. Bezüglich Auswahl und Streuung ist es schon wichtig, womit das Unternehmen sein Geld verdient, in welchen Ländern und Branchen gearbeitet wird, wo die Schwerpunkte des Geschäftsmodells liegen, inwieweit Beteiligungen zum Wachstum zählen usw.

7. Schritt: Unter der Kurzbeschreibung des Geschäftsmodells finden Sie Angaben zum Streubesitz, zu Ankeraktionären und Beteiligungsgesellschaften. Höhere Beteiligungen der Weltmarktführer BlackRock und Vanguard sind ein positives Signal für Stabilität und Ansehen.

8. Schritt: Die Abbildung „Bilanz" bringt die Aktiva-Seite mit den Vermögenswerten im 5-Jahresvergleich. Entscheidend ist nicht, ob das Anlage- oder Umlaufvermögen dominiert. Aber ein Plus beim Anlagevermögen wie Häuser, Grundstücke, Fahrzeuge, Geschäftsausstattung sprechen für mehr Stabilität, als wenn alles gemietet wird. Schrumpfen sollte die AG im angebotenen 5-Jahreszyklus nicht.

9. Schritt: Die Abbildung „Bilanz" mit der Passiva-Seite ist besonders interessant, zeigt sie doch das Verhältnis von Eigenkapital und Fremdkapital, den Schulden bzw. Verbindlichkeiten auf. Eine gesunde Eigenkapitalbasis gilt als wichtiges Anlagekriterium. Liegt dagegen die Eigenkapitalquote bei 80 oder 90 %, so ist schon zu hinterfragen: Investiert das Unternehmen zu wenig? Fallen sogar Strafzinsen an? Erfreulich ist, wenn die Verschuldung sinkt, umgekehrt das Eigenkapital steigt.

10. Schritt: Bei der Abbildung „G&V" ist kein Bilanzbuchhalterwissen notwendig. Vergleichen Sie im Fünf-Jahresvergleich Umsatz, operatives Ergebnis und Jahresüberschuss. Ansteigende Tendenz ist wünschenswert. Bei einem Jahresfehlbetrag heißt es grundsätzlich: *„Hände weg von dieser Aktie!"* Schaumschlägerei leitet gewöhnlich den Zusammenbruch ein.

11. Schritt: Cashflow, Wertpapierdaten und Bewertungskennzahlen bieten weitere Entscheidungshilfen. Es interessiert das Ergebnis je Aktie im 5-Jahresvergleich. Bezüglich der Ausschüttung geht es nicht nur um eine prozentual hohe, sondern vor allem um verlässlich steigende Dividenden. Was sagt Ihnen folgender Fünf-Jahresvergleich?

> ➤ **Unternehmen A: 1,25 €, 2,50 €, 1,10 €, 1,60 €, 1,25 €**
> ➤ **Unternehmen B: 1,25 €, 1,50 €, 1,80 €, 2,05 €, 2,35 €**
> ➤ **Unternehmen C: 3,00 €, 0,00 €, 2,80 €, 2,50 €, 1,00 €**

Daumen hoch B: Den Aktionären gefällt die verlässlich steigende Ausschüttung im Fünf-Jahresvergleich. Daumen runter A: Die starken Kursschwankungen verunsichern. In 5 Jahren wurde fast nichts erreicht. Grottenschlecht C: Starker Beginn, sehr schwaches Ende.

12. Schritt: Nur wenn Sie bislang überzeugt sind und die Aktie kaufen wollen, sind weitere Finanznachrichten auf der Wesite mit Geschäftsbericht, neuestem Quartalsbericht, Prognose und Pressenachrichten hilfreich.

2.4 Kurzvorstellung der ausgewählten Firmen und deren Aktien aus „verantwortlichen" Aktienfonds und ETFs vom Musterdepot

Wie schon erwähnt, sind die in den Fonds berücksichtigten „verantwortlichen" Unternehmen nur selten in sämtlichen Bereichen als nachhaltig einzustufen. Entweder werden nur wesentliche Ausschlusskriterien eingehalten oder bemerkenswerte Geschäftsfelder herausgestellt. Mir selbst reicht dies meist aus. Ebenso wichtig sind mir hohe verlässliche Ausschüttungen, Substanzstärke sowie faire Bewertung im defensiven Value-Bereich und Wachstum in wichtigen Zukunftsmärkten beim Growth-Sektor.

Die im Musterdepot aufgeführten stark gewichteten Aktien bei den ETFs und „verantwortlichen" Aktienfonds stellen sich hier alphabetisch geordnet vor. Entscheiden Sie selbst, was Ihnen so gut gefällt, dass Sie mit gutem Gewissen investieren wollen. Üben Sie dabei die zielgerichteten Schritte der schnellen Selbstanalyse ein, damit dies künftig nur wenige Minuten dauert. Und brechen Sie sofort ab, wenn Sie unzufrieden sind. Sie vergeuden nur Zeit, wenn Sie sich auf Nebenschauplätzen aufhalten, die nicht zielführend sind und keine Anhaltspunkte für die Folgen liefern.

Im Crash: Globale Nachhaltigkeitsaktien vom Musterdepot ETF/Aktienfonds und dem neuen Index DAX 50 ESG

Aktie/Unternehmen	WKN	Kurs am 01.05.20	Hoch/Tief 1 Jahr €	Kursverlauf 1, 3, 5 Jahre
Adidas	A1EWWW	208,45 €	316,9/160,0	-7/+18/+207 %
DAX: globaler Anbieter von Sportschuhen/Bällen/Kleidung, bekannte Marken				
Adobe	871 981	323,20 €	357,3/229,7	+27/+160/+370 %
Nasdaq 100: führender Hersteller von Softwareprodukten für digitale Inhalte				
Alexion Pharma	899 527	99,65 €	121,5/66,35	-22/-21/-39 %
Nasdaq 100: Arznei/Therapien bei lebensbedrohlichen seltenen Erkrankungen				
Alibaba	A11 7ME	183,60 €	208,0/132,0	+11/+73/+153 %
China: Asiens größte Einzelhandelsfirma mit Onlinemarktplätzen und Cloud				
Allianz	840 400	169,65 €	232,7/116,5	-17/+10/+39 %
DAX: weltweiter Dienstleister für Erstversicherungen, Vorsorge und Vermögen				

Aktie/Unternehmen	WKN	Kurs am 01.05.20	Hoch/Tief 1 Jahr €	Kursverlauf 1, 3, 5 Jahre
American Wat.	A0N J38	110,95 €	130,3/85,55	+18/+61/+152 %
S&P 500: führender Spezialist für Wasserversorgung und Abwasser in Amerika				
Amgen	867 900	214,65 €	225,0/148,1	+35/+55/+65 %
Nasdaq 100: biotechnologische Entwicklung von Arzneimitteln: Krebs, Rheuma				
ASML	A1J 4U4	270,50 €	294,3/165,7	+86/+266/+239 %
Euro Stoxx 50, NL: Marktführer optische Lithografie-Systeme Halbleiterindustrie				
AstraZeneca	886 455	90,80 €	92,60/65,40	+42/+87/+82 %
Stoxx 50, GB: Biopharmazie, Arzneimittel Krebs, Herzkreislauf, Entzündungen				
BASF	BAS F11	46,70 €	73,25/37,35	-35/-47/-47 %
DAX: Chemikalien, Veredelungsprodukte, Desinfektionsmittel, Pflanzenschutz				
Bayer	BAY 001	60,14 €	78,35/44,85	+6/-37/-43 %
DAX: vier Segmente: Medikamente, Gesundheit, Ernährung, Tierarzneimittel				
Beiersdorf	520 000	95,60 €	117,3/77,60	-1/+4/+23 %
DAX: Körper- und Hautpflege wie Nivea, Pflastermarken und Klebebänder				
BMW	519 000	54,05 €	77,05/36,60	-28/-38/-49 %
DAX: reine Premium-Markenstrategie, Sportwaren, Motorräder, E-Mobilität				
BP PLC	850 517	3,65 €	6,45/2,45 €	-43/-31/-43 %
Stoxx 50, GB: führender Versorger in 80 Ländern: Treibstoff, Strom, Heizung				
CNOOC	A0B 846	1,05 €	1,60/0,75 €	-34/+1/-29 %
China: globaler unabhängiger Erdöl-, Gasförderungs- und Produktionskonzern				
Continental	543 900	77,20 €	149,3/51,45	-47/-61/-69 %
DAX: Zulieferer Autoindustrie, Komponenten/Module/Reifen, Fahrzeugplattform				
Covestro	606 214	30,70 €	48,90/23,55	-37/-53 %/IPO
DAX: Hightech-Materiallösungen, Polymerwerkstoffe, Hart-/Weichschaumstoff				
Daimler	710 000	31,20 €	59,25/21,05	-42/-48/-55 %
DAX: hochwertige Limousinen und Nutzfahrzeuge, innovative Technologie				
Danaher	866 197	150,35 €	158,6/112,3	+27/+97/+167 %
S&P 500: Entwickler/Hersteller/Vermarkter medizinischer/gewerblicher Produkte				
Deutsche Bank	514 000	6,75 €	10,35/4,45 €	-7/-57/-72 %
DAX: Strategie 2020: Effizienz, Optimierung Risikoprofil, Unternehmensführung				

Aktie/Un-ternehmen	WKN	Kurs am 04.05.20	Hoch/Tief 1 Jahr €	Kursverlauf 1, 3, 5 Jahre
Dt. Börse	581 005	141,60 €	158,7/93,20	+22/+68/+117 %
DAX: Europa-Börsen-Organisation, Wertpapierbörse Frankfurt, Xetra-Handel				
Dt. Post	555 200	27,15 €	35,00/19,00	-8/-8/+9 %
DAX: führender Logistik-Dienstleister, Kernmarken Deutsche Post und DHL				
Dt. Telecom	555 750	13,25 €	16,75/10,45	-11/-6/-2 %
DAX: Festnetz/Mobilfunk/Internet/TV/Systemgeschäft Deutschland, USA, Europa				
Ecolab	854 545	176,90 €	196,0/116,5	+10/+50/+76 %
S&P 500: Weltmarktführer bei Wasser-, Hygiene- und Energietechnologien				
FMC	578 580	71,00 €	81,00/53,50	-3/-9/+1 %
DAX: Weltmarktführer Dialysetechnologie bei Nierenfunktionsstörungen				
HeidelCement	604 700	42,00 €	73,05/29,10	-38/-45/-30 %
DAX: Baustoffindustrie: Betongrundstoffe, Zement, Zuschlagstoffe Sand, Kies				
Henkel	604 843	80,90 €	97,40/61,60	-10/-32/-17 %
DAX: Markenprodukte chemiebasiert: Wasch-, Spezial- und Reinigungsmittel				
Home Depot	866 953	200,00 €	228,1/134,3	+11/+42/+109 %
Dow Jones: Baumarkt mit 40.000 Baustoffen, Heimwerker-, Gartenprodukten				
HSBC	923 893	4,60 €	8,00 €/4,40	-35/-26/-27 %
Stoxx 50, GB: internationale Bank und Finanzdienstleister mit Hauptsitz London				
Infineon	623 100	16,15 €	23,00/10,25	-18/-8/+70 %
DAX: Halbleiterprodukte, komplette Systemlösungen, Standardkomponenten				
Linde	A2D SYC	163,40 €	209,0/130,8	+7/+56 %/IPO
DAX: Neuausrichtung des Geschäftsmodells auf Gase seit Fusion mit Praxair				
L'Oréal	853 888	247,70 €	280,0/199,0	+9/+49/+69 %
Euro Stoxx 50, FR: marktführender Konzern für Haar- und Kosmetikprodukte				
Lufthansa	823 212	8,05 €	21,90/7,00 €	-60/-42/-24 %
DAX-Abstieg: Luftfahrtkonzern für Passagierbeförderung, Logistik, Catering				
LVMH	853 292	340,00 €	443,0/279,5	+1/+62/+145 %
Euro Stoxx 50, FR: weltweiter Luxusgüteranbieter unterschiedlicher Branchen				
McDonald's	856 958	166,20 €	201,4/116,4	-1/+41/+122 %
Dow Jones: Die US-Schnellrestaurantkette mit neuem Sortiment erhöht die Div.				

Aktie/Un-ternehmen	WKN	Kurs am 05.05.20	Hoch/Tief 1 Jahr €	Kursverlauf 1, 3, 5 Jahre
Merck	659 990	101,90 €	125,6/76,35	+11/+1/+15 %
DAX: Produkte Gesundheitsvorsorge, Selbstmedikation, Flüssigkeitskristalle				
Microsoft	870 747	162,95 €	175,5/106,0	+42/+174/+312 %
Dow Jones: PC-Software, Windows-Betriebssysteme, Anwenderprogramme				
Munich Re	843 002	194,05 €	283,9/142,0	+1/+31/+46 %
DAX: Rückversicherung mit kalkulierbaren Risiken und Erstversicherung ERGO				
Nestlé	A0Q 4DC	90,55 €	92,25/84,95	+40/+46/+86 %
Stoxx 50, CH: Nahrungsmittel-, Gesundheits- und Wellnesskonzern, 80 Länder				
Novartis	904 278	80,10 €	96,40/65,20	+44/+36/+57 %
Stoxx 50, CH: Entwicklung, Produktion, Vermarktung Arzneimittel & Impfstoffe				
PepsiCo	851 995	121,70 €	137,7/94,40	+5/+16/+38 %
S&P 500: Getränke-/Lebensmittelkonzern: Limonade, Säfte, Tee-, Kaffeedrinks				
Proc. & Gamble	852 062	106,60 €	118,2/88,90	+13/+34/+47 %
Dow Jones: über 100 Marken für Schönheit, Hygiene, Gesundheit, Haushalt				
Roche	851 311	247,60 €	252,6/225,0	+33/+18/+37 %
Stoxx 50, CH: innovative Produkte für Diagnose/Therapie, Schwerpunkt Krebs				
Salesforce	A0B 87V	148,20 €	181,5/114,2	+2/+86/+130 %
S&P 500: Marktführer Cloud-Computing-Lösungen mit Service/Kundendienst				
Samsung	881 823	796,00 €	1.028/621,0	+13/+9/+71 %
Südkorea: Hochtechnologie, Halbleiter, Smartphones, Fernsehgeräte, Batterien				
SAP	716 460	107,70 €	129,6/82,15	-5/+15/+56 %
DAX/TecDAX: Entwickler/Anbieter von Unternehmenssoftware in 180 Ländern				
Severn Trent	A0L BHG	27,15 €	32,20/21,05	+14/-3/-9 %
GB: Wasserversorgung, Wasseraufbereitung, Abwasser; 4,5 Mio. Haushalte				
Siemens	723 610	83,35 €	120,0/58,75	-22/-38/-17 %
DAX: Elektronik/Elektrotechnik/KI: Industrie, Energie, Gesundheit, Infrastruktur				
Taiwan Semi.	909 800	48,95 €	55,15/33,30	+25/+72/+158 %
Taiwan: Technologie, internationaler Anbieter hochwertiger Halbleiterprodukte				
Thermo Fisher	857 209	304,05 €	321,4/230,0	+23/+96/+162 %
S&P 500: weltweiter Wissenschaftspartner für Pharma-/Biotechnologieindustrie				

Aktie/Unternehmen	WKN	Kurs am 05.05.20	Hoch/Tief 1 Jahr €	Kursverlauf 1, 3, 5 Jahre
Tencent	A11 38D	48,05 €	50,00/36,00	+6/+66/+158 %
China: Asiens größtes, meist genutztes Internetportal; viele Zusatzfunktionen				
Veolia Environ.	501 451	19,30 €	29,05/16,10	-9/+9/+17 %
Frankreich: Die gesamte Bandbreite von Umweltschutzdienstleistungen: Wasseraufbereitung, Wärme-/Stromerzeugung, Abfallentsorgung, Infrastruktur				
Walt Disney	855 686	96,60 €	139,0/75,75	-21/-3/+1 %
Dow Jones: Zeichentrick- und Spielfilmproduzent, Betreiber von Freizeitparks				
Waste Manag.	893 579	93,60 €	118,4/97,15	-3/+37/+104 %
S&P 500: umfassende Abfall- und Umweltdienstleistungen; Recycling-Anlagen				
Xylem	A1J MBU	59,50 €	83,95/52,80	+14/+33/+86 %
USA: Marktführer hochentwickelter Technologien und Geräte Wasserwirtschaft				

Was tun, wenn Sie diese Aktien aus den „verantwortlich" eingeschätzten Fonds und dem DAX 50 ESG teilweise missbilligen und bezüglich der Nachhaltigkeit ernsthafte Zweifel anmelden?

Bei meinem Einzelaktien-Musterdepot zum Beginn dieses Kapitels wurden die Kriterien, um als nachhaltig eingestuft zu werden, wesentlich strenger gefasst als bei den meisten Aktienfonds, die deshalb unter „verantwortlich" laufen. Aber selbst bei meiner Auswahl würde bei strenger Handhabung so mancher Titel durchfallen. Das gilt vor allem für den neuen Nachhaltigkeitsindex DAX 50 ESG.

Fallbeispiel: *Mowi ASA, früher Marine Harvest, gilt als nachhaltig, weil der ohnehin begrenzte Fischbestand in den Meeren nicht weiter verringert wird und die Leute nicht befürchten müssen, durch Kunststoff in den Fischmägen möglicherweise gesundheitlich geschädigt zu werden. In Skandinavien gibt es beste Bedingungen für eine umweltverträgliche Zucht von Lachs und Meeresfrüchten. Eine Gruppe von Umweltschützern hält diese Aktie nicht für nachhaltig, weil Antibiotika eingesetzt werden. Freilich muss man hier vorsichtig und verantwortungsbewusst dosieren. Aber ich habe volles Verständnis dafür, dass der Fischzüchter es nicht darauf ankommen lässt, bei Bakterienbefall untätig zuzusehen, wie die Fische durch die Krankheit verenden und er selbst mit seiner Familie pleitegeht und seine Mitarbeiter gekündigt werden müssen. Aus diesem Grund bin ich hier sehr viel toleranter. Mir kommt es auf die große Linie, das tragende Geschäftsmodell an. Überprüfen Sie doch einmal selbst, ob Sie überall dort, wo es möglich wäre, im Alltag immer an eine nachhaltige Lebensführung denken und sich entsprechend verhalten bzw. einschränken.*

Nach welchen Grundsätzen oder ob überhaupt Einzelaktien aus diesem ETF- und Fondsdepot auswählen?

Als ETF- und Aktienfondsliebhaber können Sie die fünf vorstehenden Produkte auf den Seiten 18/19 mit einem Gesamteinsatz ab 1.000 € bis zu 5.000 € pro Titel direkt ins Depot nehmen, ohne sich dann noch um die abgebildeten Aktien zu kümmern. Dies hat den Vorteil, dass Sie mit fünf Transaktionsgebühren auskommen, dennoch breit streuen und nur ein paarmal im Jahr nachschauen sollten, wie sich die Kurse entwickeln und wo es sich vielleicht anbietet, den Bestand noch aufzustocken. Nachteilig ist, dass Sie Einzelaktien kaum beobachten und übertriebene Kursabstürze nicht für Einstieg und Zukauf nutzen werden.

Wenn es Ihnen nicht nur um Nachhaltigkeit geht, sondern Sie zufrieden sind, wenn das Unternehmen nicht durch das Raster Ausschlusskriterien fällt und weitgehend nachhaltig wirtschaftet, kaufen Sie das, was Ihnen gefällt und zum Portfolio passt. Orientieren Sie sich an den Kursentwicklungen im Ein- und Mehrjahresvergleich. Machen Sie die Schnellanalyse mit den zwölf Schritten, um möglichst sicherzugehen und Ihre Auswahl zu bestätigen.

Und sollte der Corona-Crash aufgrund der Covid-19-Pandemie noch länger andauern, wovon ich ausgehe, müssen Sie daran denken, dass niemand eine Glaskugel besitzt und verbindlich voraussagen kann, wie sich die Aktienkurse 2021/2022 entwickeln und wo die Höchst- und Tiefkurse liegen. Sie machen nichts falsch, sondern sicherlich alles richtig, wenn Sie Zug um Zug bzw. schrittweise während der gesamten Bodenbildungsphase die Tiefkurse bei übertrieben abgestürzten Qualitätsaktien zum Einstieg und Zukauf nutzen. Umgekehrt gibt es selbst in diesem aktuellen Crash einige Titel, die sich entgegen dem Trend nach oben bewegen, möglicherweise sogar auf Jahres- oder Allzeithoch notieren. Da bietet sich dann der eine oder andere attraktive Teilverkauf an.

Zögerliches Zaudern und Zögern, also wegen der Annahme neuer Tiefstände immer weiter nur abzuwarten, bringt Sie möglicherweise um die besten Chancen. Und wer garantiert Ihnen, dass bei einem neuen Absturz wieder dieselben Aktien im tiefen Kellerloch versinken? Dies betrifft nicht nur den Einzelaktiensektor, sondern nicht minder den ebenfalls heimgesuchten ETF- und Aktienfondsbereich.

Als besonders verhängnisvoll erwies sich, sein Depot komplett mit Stoppkursen abzusichern. Als der DAX im März 2020 bis auf 8.200 Punkte abstürzte und zeitweilig ein Minus von 40 % auf den Kurstafeln stand, wurden sämtliche Depots durch die computerunterstützten Verkaufsorders binnen eines Tages nahezu komplett ausgeräumt. Schon wegen dieser Gefahr empfehle ich, sich Stoppkurse nur mental zu merken und sich die Entscheidung nicht aus den Händen nehmen zu lassen. Schließlich garantieren Stoppkurse keinen gewünschten Ausführungspreis.

❸ Auf der Suche nach weiteren nachhaltigen ETFs und Aktienfonds

3.1 Wandelt sich das Anlageverhalten durch die Corona-Pandemie? Kurslistenvergleich bei Höchstständen und mitten im Crashszenario

Immer wieder werde ich gefragt: Verändern sich Ihre Einschätzungen und Ihre Handelsaktivitäten durch den gegenwärtigen Crash? Was machen Sie anders als zuvor? Verlieren oder gewinnen die Nachhaltigkeitsaktien, ETFs und aktiv gemanagten Aktienfonds?

Die Welt wird sich verändern und damit auch manche lieb gewonnene Gewohnheit. Auch das Börsengeschehen ist kritisch zu beleuchten. Bisherige Einschätzungen und Ratschläge gelangen auf den Prüfstand. Überraschungen bleiben nicht aus. Mir kommt dabei zugute, dass ich dieses Nachhaltigkeitsbuch bereits Anfang Februar 2020 startete, als das Corona-Virus noch gar kein Thema war und die Indizes rund um Dow Jones und DAX sich von einem zum nächsten Hoch präsentierten.

So verfüge ich über einige Kurslisten vom Februar 2020, die ich nun im Mai 2020, also mitten im Crash, gegenüberstellen kann. Die stärksten Tiefstände von Ende März 2020 mit einem Kursabschlag von rund 40 % beim DAX auf kümmerliche 8.200 Punkte – immerhin von knapp 13.800 Punkten im Februar 2020 ausgehend – scheinen zunächst einmal weit entfernt. Was keineswegs heißt, dass wir nicht noch tiefere Kurse erleben werden. Denn selbst wenn sich jetzt deutliche Lockerungen bezüglich der einschneidenden Eingriffe in die persönliche Freiheit, begleitet von zahlreichen Verboten, Einschränkungen und Verhaltensmaßnahmen, abzeichnen: Die wirtschaftlichen Einbrüche sind verheerend. Das Bruttoinlandsprodukt wird 2020 um rund 7 % einbrechen. Die Halbjahresberichte der Unternehmen werden sich großteils in der Verlustzone bewegen. Es wird einige Jahre dauern, bis der wirtschaftliche Kahlschlag behoben ist. Immerhin wird an die erhoffte Erholung die einmütige Forderung aus Politik und Wirtschaft erhoben, neuartige Geschäftsmodelle auf eine nachhaltige Infrastruktur im Kampf um den Klimawandel auszurichten.

Als überraschende Erkenntnis beim Kurslistenvergleich ergibt sich: Selbst hoch bewertete Growth-Aktien aus den Zukunftsmärkten Technologie, Künstliche Intelligenz, Internet, Gesundheitswesen mit Medizintechnik und Biotechnologie können sich im Crash behaupten. Aus diesen Branchen kommen neue Höchststände, die es selbst in diesem Crash auch gibt.

Sie brauchen sich nur die Seiten 19/20 mit meiner Aktienauswahl zur ethischen Geldanlage anzuschauen. Da ist vom Crash wenig zu spüren. Viel düsterer präsentieren sich da etliche Value-Aktien, zumal dort das „Streichorchester Dividenden" zu verheerenden Kurseinbrüchen führt. Bei zahleichen Unternehmen aus DAX & Co. zählen verlässliche Ausschüttungen zur Firmenkultur. Gerade die deutschen Sparer mit niedrigem Einkommen und bescheidener Rente haben sich bewusst für dividendenstarke Aktien entschieden. Schließlich war beim DAX binnen 30 Jahren eigentlich nur mit Dividenden eine vernünftige Rendite zu erzielen. Der Kursindex beim DAX mit gerade mal 4.750 Punkten zeigt, dass der Renditegewinn vornehmlich von den Ausschüttungen stammt. Wer hier streicht, verursacht bezüglich Vertrauens- und Imageverlust einen größeren Schaden, auch wenn zähneknirschend aus volkswirtschaftlicher Sicht die Streichung oder Kürzung vernünftig und geboten erschien, sofern Kurzarbeit und weitere Staatshilfen gefordert wurden. Wir brauchen uns hier nur die Kursentwicklung vom DAX-Neuling MTU Aero anzusehen.

Wie sollten Sie als Anleger mit dieser Situation umgehen? Was erscheint klug? Welche Fehler sind unbedingt zu vermeiden?

Langfristig bringt es gar nichts, sein Depot im Crash komplett auszuräumen, denn mit Ausnahme Japan war die Erholung nach jedem Crash deutlicher als zuvor. Vor dem Crash 2000 bis 2003 lautete das Allzeithoch beim DAX rund 8.000 Punkte. Der Tiefstand lag bei 2.200 Zählern. Danach ging es bis auf 10.000 Zähler aufwärts. Die Weltwirtschaftskrise 2008/09 führte im März 2009 zu einem neuen Tiefstand beim DAX auf 3.600 Punkte. Danach setzte vor allem deshalb, weil es keine Alternative zur Null- und Strafzinspolitik gab, eine zehnjährige Rallye bis auf fast 13.800 Punkte beim DAX im Februar 2020 ein. Der Tiefstand lag Ende März 2020 bei 8.200 Punkten. Im Mai 2020 bewegen wir uns in einer Zone bzw. Bandbreite zwischen 10.000 und 11.000 Punkten.

Es empfiehlt sich auch nicht, nur auf eine niedrige Bewertung zu schauen und sich allein auf substanzstarke Value-Aktien zu konzentrieren. Die Zukunftsmusik spielt woanders. Mischen Sie Ihr Depot aus Value und Growth. Dann können Sie auch voll und uneingeschränkt auf gute Nachhaltigkeitsaktien zugreifen.

3.2 Das Nachhaltigkeitsangebot bei ETFs und Aktienfonds ebenso im Aufwärtstrend wie die Rendite

Die meisten Aktien bei den neuen ETFs und Aktienfonds decken sich mit der Auswahl beim abgebildeten Musterdepot. Das ist ein gutes Anzeichen. Und je öfter bestimmte Einzelwerte vorkommen, umso sicherer dürfen Sie sein, dass die wichtigsten Nachhaltigkeitsmerkmale erfüllt werden, es also um deutlich mehr als nur um die Einhaltung der strengen Ausschlusskriterien wie Rüstung, Waffenhandel, Pornografie, Rauschgift, Kinderarbeit, Diskriminierung von Frauen, Kohleabbau und Raubbau mit den Ressourcen geht.

Lassen Sie sich nicht die gute Laune verderben, wenn Sie gelegentlich andere Vorstellungen von Nachhaltigkeit und dem Bezug zum demografischen Wandel haben. Niemand zwingt Sie, bestimmte Aktien, ETFs und Aktienfonds zu kaufen. Deshalb schielen Sie bitte nicht schon im Vorfeld nach einem Anwalt, um zu klagen, sollte die Anlage danebengehen. Fühlen Sie sich für Ihr Handeln verantwortlich.

Die drei Nachhaltigkeitsfonds und vier ETFs ermöglichen es, auch bei kleinem Geldbeutel oder wenig Zeit und Lust eine nachhaltige Geldanlage zu starten! Vor allem die börsennotierten ETFs bzw. Indexfonds, die ein Börsenbarometer möglichst genau nachbilden, finden immer mehr Anhänger. Schließlich fällt kein Ausgabeaufschlag an. Zudem ist die jährliche Verwaltungsgebühr bei den passiv gemanagten Produkten sehr niedrig. Jedoch gibt es noch nicht für jeden ETF Sparpläne.

Die lange Zeit vorherrschenden Einschätzungen, Nachhaltigkeitsanlagen seien zwar gut für das Gewissen, aber schlecht für die Performance im Depot, werden von Jahr zu Jahr überzeugender widerlegt. Die weltweit anlegenden aktiven Aktienfonds schneiden im Mehrjahresvergleich besser ab als die Produkte ohne ethische Auflagen. Eindrucksvoll präsentiert sich der Vorsprung bei der Rendite 2019 und im laufenden Jahr 2020. Ethische ETFs erobern immer größere Anlegerkreise – und dies nicht nur bei jungen Leuten und Grünen.

Wie angekündigt, bietet sich auch bei aktiven Aktienfonds und ETFs ein Kursvergleich im Bereich Allzeitniveau und Corona-Crash an. Auch die aktiv gemanagten Aktienfonds und die passiven ETFs büßten durch Covid-19 und den aktuellen Crash deutlich Kursgewinne ein. Hier wurde überdurchschnittlich viel abverkauft. Einerseits war dies unvernünftig, weil Fonds als Langzeitanlage gelten und sich gute Produkte im Mehrjahresvergleich wieder erholen – immer vorausgesetzt, dass neue Trends eingearbeitet werden. Andererseits gibt es kein innovatives Stock Picking, also den Zukauf übertrieben abgestrafter Titel und den Teilverkauf bei den Siegeraktien, die es in geringerer Anzahl auch im Corona-Crash gibt.

Kursentwicklung kurz vor den Höchstständen: Das Nachhaltigkeitsportfolio 2 mit Aktienfonds und ETFs

Name, Fondsgesellschaft	WKN	Kurs 21.2.20	52-Wochen-Hoch/Tief	Kursentwicklung 1, 3, 5, 10 Jahre
Deka Portfolio nachhaltig global	**658 871**	55,15 €	56,00/47,50 €	**+16/+25/+45/+169 %**
	Umfang: keine Angabe, Alter 19 J., Ausgabeaufschlag **3,75 %**, Gebühr **1,53 %**, ausschüttend. Hauptanteile: Allianz, Merck & Co., Coca-Cola, Allianz, Roche, Geberit, Swisscom, Vivendi.			
Uni 21. Jahrhundert-Net-Fonds	**975 787**	37,40 €	38,25/30,45 €	**+24/+30/+25/+114 %**
	Umfang 503 Mio. €, Alter 21 J., Ausgabeaufschlag **0,0 %**, Gebühr **2,2 %**, ausschüttend. Klima-/Demografiewandel, Umwelt, Technologie. Hauptanteile: Apple, Alphabet, Microsoft, Visa.			
UniNachhaltig Aktien global	**A0M 80G**	121,85 €	122,9/96,70 €	**+26/+38/+52/+177 %**
	Umfang 716 Mio. €, Alter 11 J., Ausgabeaufschlag **5,0 %**, Geb. **1,20 %**, ausschüttend. Hauptanteile: Apple, Microsoft, Boston Scient., Alphabet, United, Mastercard, Adobe, Starbucks, AXA.			
Amundi Index Solut. MSCI Europ.	**A2H 9QZ**	53,55 €	54,30/46,75 €	**+19 %**/erst 2 J. alt
	Umfang 65 Mio. €, Alter 2 Jahre, Gebühr 0,15 %, ausschüttend. Große Anteile: Nestlé, Roche, Novartis, AstraZeneca, BP, SAP, HSBC, Total, LVMH, ASML, Royal Dutch, GSK.			
VanEck Vectors Sustainable	**A12HWR**	85,80 €	97,70/80,55 €	**+22/+33/+51 %**
	Umfang 355 Mio. €, Alter 7 Jahre, Gebühr 0,30 %, ausschüttend. Hauptanteile: Daiichi Sankyo, Apple, ASML, Qualcomm, Tokyo Electron, Sony, Hoya, Atlas Copco, Adidas, Nintendo.			
iShares Dow Jones Eurozone Sust.	**A0F 5UG**	13,45 €	14,40/11,95 €	**+18/+29/+35/+114 %**
	Umfang 182 Mio. €, Alter 14 Jahre, Gebühr 0,41 %, ausschüttend. Ethik-ETF ohne Tabak/Alkohol/Glücksspiel. Hauptanteile: SAP, Sanofi, Siemens, Unilever, Iberdrola, Adidas, AXA, Danone.			
Lyxor MSCI EMU ESG Trend Lead.	**LYX 0YJ**	22,90 €	23,80/19,75 €	**+18 %**/erst 2 J. alt
	Umfang 8 Mio. €, Alter 2 Jahre, Gebühr 0,20 %, thesaurierend. Ziel: geringer CO_2-Ausstoß. Hauptanteile: SAP, Total, Allianz, Siemens, L'Oréal, Iberdrola, Schneider Elec., Danone, Essilor.			

Mitte Februar 2020 herrschte noch eine schöne, heile Aktienfonds- und ETF-Welt. Ein knappes Vierteljahr später ist dies nicht mehr der Fall. Beim Vergleich fällt auf, dass es bei der Einjahresübersicht nur noch rote Vorzeichen gibt. Und auch beim Blick auf die Kursentwicklung in 3, 5 und 10 Jahren kommt kaum Freude auf.

Kursentwicklung mitten im Crash: Das Nachhaltigkeits-portfolio 2 mit denselben Aktienfonds und ETFs

Name, Fonds-gesellschaft	WKN	Kurs 06.05.20	52-Wochen-Hoch/Tief	Kursentwicklung 1, 3, 5, 10 Jahre
Deka Portfo-lio nachhal-tig global	658 871	46,25 €	55,60/39,80 €	-7/+5/+16/+107 %
	Umfang: keine Angabe, Alter 19 J., Ausgabeaufschlag **3,75 %**, Gebühr. **1,53 %,** ausschüttend. Hauptanteile: Allianz, Merck & Co., Coca-Cola, Allianz, Roche, Geberit, Swisscom, Vivendi.			
Uni 21. Jahr-hundert-Net-Fonds	975 787	31,70 €	38,25/25,95 €	-5/+6/-1/+68 %
	Umfang 503 Mio. €, Alter 21 J., Ausgabeaufschlag **0,0 %,** Ge-bühr **2,2 %,** ausschüttend. Klima-/Demografiewandel, Umwelt, Technologie. Hauptanteile: Apple, Alphabet, Microsoft, Visa.			
Uni Nach-haltigkeit global	A0M 80G	102,70 €	122,9/83,15 €	-3/+11/+22/+115 %
	Umfang 716 Mio. €, Alter 11 J., Ausgabeaufschlag **5,0 %,** Geb. **1,20 %,** ausschüttend. Hauptanteile: Apple, Microsoft, Boston Scient., Alphabet, United, Mastercard, Adobe, Starbucks, AXA.			
Amundi In-dex Solut. MSCI Europ.	A2H 9QZ	42,05 €	54,30/33,60 €	-14 %/nur 2 Jahre alt
	Umfang 65 Mio. €, Alter 2 Jahre, Gebühr 0,15 %, ausschüt-tend. Große Anteile: Nestlé, Roche, Novartis, AstraZeneca, BP, SAP, HSBC, Total, LVMH, ASML, Royal Dutch, GSK.			
Van Eck Vectors Sustainable	A12 HWR	85,80 €	97,70/80,55 €	-5/+1/+6 %/IPO
	Umfang 355 Mio. €, Alter 7 Jahre, Gebühr 0,30 %, ausschüt-tend. Hauptanteile: Daiichi Sankyo, Apple, ASML, Qualcomm, Tokyo Electron, Sony, Hoya, Atlas Copco, Adidas, Nintendo.			
iShares Dow Jones Euro-zone Sust.	A0F 5UG	10,65 €	14,40/8,60 €	-15/-11/+1/+65 %
	Umfang 182 Mio. €, Alter 14 J., Gebühr 0,41 %, ausschüttend. Ethik-ETF ohne Tabak/Alkohol/Glücksspiel. Hauptanteile: SAP, Sanofi, Siemens, Unilever, Iberdrola, Adidas, AXA, Danone.			
Lyxor MSCI EMU ESG Trend Lead.	LYX 0YJ	18,50 €	23,80/14,90 €	-11 %/nur 2 Jahre alt
	Umfang 8 Mio. €, Alter 2 Jahre, Gebühr 0,20 %, thesaurierend. Ziel: geringer CO_2-Ausstoß. Hauptanteile: SAP, Total, Allianz, Siemens, L'Oréal, Iberdrola, Schneider Elec., Danone, Essilor.			

Während sich die Nachhaltigkeitsaktien im Wachstumsbereich großteils wacker schlagen und dem Corona-Crash Paroli bieten, sieht dies im Vergleich zur Kursliste knapp drei Monate zuvor ziemlich traurig aus. Schließlich sollten Aktienfonds und ETFs langfristig angelegt werden und krisenfester sein.

3.3 Nachhaltigkeitsaktien mit Kennzahlen: Kompakte Auswahl von ETFs & Aktienfonds

Wer die Wahl hat – hat die Qual. So lautet ein altes Sprichwort. Da ist viel Wahres dran. Aber Sie können dies auch positiv einschätzen. Konkurrenz belebt das Geschäft und macht es möglich, schlecht und gut zu erkennen und abzugrenzen. Wie überall im Privat- und Berufsleben gibt es Fleißige und Faule, Kluge und Dumme. Ich treffe für Sie eine Auswahl. Die endgültige Entscheidung liegt bei Ihnen. Wieder bietet sich die Chance, einige interessante Nachhaltigkeitsaktien auszuwählen. Die neue Liste bringt wichtige Angaben zum KGV und zur Dividendenrendite.

Würden Nachhaltigkeits-ETFs und Aktienfonds nicht laufen, käme wohl kaum jemand auf den Gedanken, sie zu entwickeln, zu konzipieren und werbewirksam zu vermarkten. Gewissermaßen ist dies ein Spiegelbild der erfolgreichen nachhaltigen Wertpapieranlage. Machen Sie mit! Längerfristig lohnt es sich.

Die meisten Aktien bei den neuen ETFs und Aktienfonds decken sich mit der Auswahl beim Musterdepot. Aber es kommen weitere Nachhaltigkeitsaktien hinzu: sie werden bei der Beschreibung von ETFs und Aktienfonds oft als „verantwortliche" Unternehmen bezeichnet. Hier handelt es sich, wie ich schon darauf hinwies, nicht um Gesellschaften, die in sämtlichen wichtigen Geschäftsfeldern ethisch tadelfrei handeln, sondern schwerpunktmäßig nachhaltige Unternehmensziele verwirklichen.

Oft werden bei den „verantwortlichen" Firmen nur bestimmte Merkmale herausgestellt. Dies könnten die allgemeinen Ausschlusskriterien sein wie Waffen, Rüstung, Rauschgift. Ebenso kann das Schwergewicht auf umweltfreundlicher Infrastruktur mit geringem CO_2-Ausstoß beruhen. Vielleicht zeichnet sich das Unternehmen auch durch eine vorbildliche Firmenkultur mit ethischen Leitwerten aus.

Gerade jetzt, in den Zeiten der Covid-19-Pandemie und des dadurch verursachten Corona-Crashs mit verheerenden wirtschaftlichen Schäden, stellt sich die Frage nach zukunftsfähigen, nachhaltigen Geschäftsmodellen. Unser Leben wird anders verlaufen als bislang – weniger Lebensstandard und Wohlstand, vermehrte Sorgen um Arbeitsplatz, Rente und auskömmlichen Ruhestand. Viele kleine und mittleren Unternehmen mit existenziellen Sorgen, die Kurzarbeit anmelden und Überbrückungskredite beanspruchen, müssen nachhaltig wirtschaften und sich tragfähige Nischen im Kampf gegen Erderwärmung und Klimawandel aufbauen.

Weitere globale Nachhaltigkeitsaktien-Auswahl aus ETFs und „verantwortlichen" Aktienfonds mit KGV & Dividende

Aktie/Unternehmen	WKN	Kurs am 25.2.20	Hoch/Tief 52 Wochen	Kursverlauf 1, 3, 5 Jahre
Adidas	A1EWWW	287,45 €	316,9/195,0 €	+47/+103/+379 %
DAX: KGV 26, Div.-Rendite 1,3 %; führender Sportartikelhändler, Bälle/Schuhe				
Adobe	871 981	328,00 €	358,4/231,3 €	+43/+198/+376 %
Nasdaq 100: KGV 51, Div. 0,0 %; Softwarespezialist Digitalinhalte, PDF-Stand.				
Alibaba	A11 7ME	194,00 €	209,0/132,0 €	+22/+96/+154 %
China: Börsenwert 505 Mrd. €; sonst keine Angabe; Onlinemarktplatz, Cloud				
Allianz	840 400	215,90 €	232,6/193,0 €	+15/+36/+49 %
DAX: KGV 11, Div. 4,1 %; führender Erstversicherer und Vermögensverwalter				
Alphabet	A14 Y6F	1.301,8 €	1.420/917,5 €	+33/+63/+176 %
Nasdaq 100: KGV 28, Div. 0,0 %; Mutterkonzern von Google, Suchmaschine				
Amazon	906 866	1.824,0 €	2.023/1.417 €	+28/+132/+453 %
Nasdaq 100: KGV 76, Div. 0,0 %; Weltmarktführer Onlinehandel, KI und Cloud				
American Water	A0N J38	126,25 €	130,3/87,95 €	+45/+86/+194 %
S&P 500: KGV 36; Div 1,6 %; führend bei Wasserversorgung, Abwasser USA				
Amgen	867 900	195,65 €	203,6/200,9 €	+26/+35/+65 %
Nasdaq 100: KGV 17, Div. 2,9 %; Biotechkonzern, Arzneimittel Krebs, Rheuma				
Apple	865 985	269,65 €	301,7/151,3 €	+80/+114/+136 %
Dow Jones: KGV 23, Div. 0,8 %; Marktführer Smartphones und MP3-Player				
ASML	A1J 4U4	272,45 €	293,8/155,4 €	+65/+134/+189 %
Euro Stoxx 50, NL: KGV 34, Div. 0,8 %; Optik-Lithografie-Systeme, Halbleiter				
AstraZeneca	886 455	90,80 €	92,60/65,40 €	+42/+87/+82 %
Stoxx 50, GB: Biopharmazie, Arzneimittel Krebs, Herzkreislauf, Entzündungen				
Atlas Copco	A2J LJK	28,10 €	33,05/20,55 €	+38/+57/+78 %
Schweden: KGV 21, Div. 2,4 %; Börsenwert 40 Mrd. €, Maschinenbaukonzern				
AXA	855 705	22,80 €	25,60/20,55 €	+12/+21/+37 %
Euro Stoxx 50: FR, KGV 9,0, Div.-Rendite 5,6 %; Erstversicherungskonzern				
Ballard Power	A0R ENB	10,50 €	14,30/2,55 €	+222/+451/+321 %
Kanada TSX: Börsenwert 2,4 Mrd. €, sonst keine Angaben, Brennstoffzellen				

Aktie/Unternehmen	WKN	Kurs am 25.2.20	Hoch/Tief 52 Wochen	Kursverlauf 1, 3, 5 Jahre
Bank of America	858 388	29,00 €	32,45/23,45 €	+19/+41/+126 %
S&P 500: KGV 11,4 Div. 2,1 %; weltweit führendes Geldinstitut in 150 Ländern					
Boston Scientif.	884 113	38,20 €	41,60/30,65 €	+6/+63/+162 %
S&P 500: KGV 40, Div. 0,0 %; internationaler Produzent von Medizingeräten					
BP PLC	850 517	5,10 €	6,75 €/5,20 €	-10/+19/+19 %
Stoxx 50, GB: KGV 11, Div. 7,0 %; Strom, Heizung, Wärme, auch Biodiesel					
CNOOC	A0B 846	1,45 €	1,70 €/1,20 €	-13/+20/+10 %
China: KGV 8,1; Div. 5,8 %; Erdöl-, Gasförderungs- und Produktionskonzern					
Coca-Cola	850 663	51,30 €	56,00/39,30 €	+31/+31/+34 %
Dow Jones: KGV 26, Div. 2,7 %; Weltmarktführer kohlensäurehaltiger Getränke					
Coloplast	A1K AGC	122,95 €	134,1/85,00 €	+51/+104/+104 %
Dänemark: KGV 43, Div. 1,8 %; Produkte für Patienten mit Intimkrankheiten					
Daiichi Sankyo	A0F 57T	61,50 €	70,50/31,00 €	+90/+182/+336 %
Nikkei 225: KGV 54, Div. 0,9 %; internationaler Pharma- und Chemiekonzern					
Danaher	866 197	138,45 €	156,6/121,5 €	+25/+71/+135 %
S&P 500: KGV 39, Div. 0,4 %; Medizintechnologie, elektronische Testsysteme					
Danone	851 194	67,45 €	82,10/65,70 €	+1/+8/+12 %
Euro Stoxx 50: FR, KGV 17, Div. 2,8 %; Milchprodukte, medizinische Nahrung					
Ecolab	854 545	171,60 €	196,0147,2 €	+17/+45/+65 %
S&P 500: KGV 32, Div. 0,9 %; führend bei Wasser-/Hygiene-/Energietechnik					
Essilorluxottica	863 195	129,45 €	145,0/95,85 €	+23/+23/+30 %
Euro Stoxx 50, FR: KGV 29, Div. 1,5 %; optische Produkte Kurz-/Weitsichtigkeit					
Facebook	A1J WVX	183,80 €	203,8/141,0 €	+29/+43/+164 %
Nasdaq 100: KGV 23, Div. 0,0 %; soziales Netzwerk, über 1 Mrd. aktiver Nutzer					
Geberit	A2P M5R	47,30 €	51,45/38,95 €	+29/+22/+49 %
SMI, CH: KGV 29, Div. 2,2 %; Neubau und Sanierung weltweit, Sanitärsysteme					
Genmab	565 131	222,00 €	229,7/144,8 €	+55/+20/+248 %
Dänemark: KGV 58, Div. 0,0 %; Antikörper, neue Therapien Krebs, Rheuma					
GlaxoSmithKline	940 561	19,45 €	22,05/17,10 €	+16/+16/+22 %
GSK, Stoxx 50, GB: KGV 18, Div. 4,8 %; Medikamente HIV/AIDS, Tuberkulose					

Aktie/Unternehmen	WKN	Kurs am 25.2.20	Hoch/Tief 52 Wochen	Kursverlauf 1, 3, 5 Jahre
Grieg Seafood	A0MUHR	11,65 €	15,00/9,90 €	+1/+34/+274 %
Norwegen: KGV 10, Div. 4,9 %; weltweiter Fischzüchter atlantischer Lachs				
Home Depot	866 953	223,25 €	223,4/159,3 €	+39/+83/+156 %
Dow Jo: KGV 22, Div. 2,4 %; Baumarkt, Baustoffe/Heimwerker-/Gartenprodukte				
Hoya Corp.	856 625	81,50 €	91,50/53,30 €	+51/+83/+156 %
Japan: KGV 22, Div. 1,1 %; Technologie/Maschinenbau, medizinische Geräte				
HSBC	923 893	6,55 €	8,00 €/6,40 €	-4/+1/+13 %
Stoxx 50, GB: KGV 11, Div. 7,1 %; globaler Finanzdienstleister, Sitz London				
Iberdrola	A0M 46B	10,25 €	11,35/7,30 €	+40/+91/+97 %
Euro Stoxx 50, Spanien, KGV 19, Div. 3,5 %; Versorger Elektrizität/Erdgas				
Johnson & Jo.	853 260	120,65 €	140,8/113,5 €	+2/+14/+51 %
Dow Jones, KGV 17, Div. 2,7 %; Marktführer Gesundheitsprodukte, Pharmazie				
JPMorgan	850 628	105,60 €	128,2/87,30 €	19/+34/+119 %
Dow Jones, KGV 12, Div. 2,7 %; weltweite Bank Privat- und Geschäftskunden				
L'Oréal	853 888	252,70 €	280,0/219,2 €	+15/+54/+75 %
Euro Stoxx 50, FR: KGV 30, Div. 1,7 %; Marktführer Haar-/Kosmetikprodukte				
LVMH	853 292	380,20 €	443,0/300,9 €	+30/+115/+164 %
Euro Stoxx 50, FR: KGV 23, Div. 1,9 %; Luxusgüter für zahlreiche Branchen				
Mastercard	A0F 602	278,60 €	281,9/194,6 €	+51/+187/+269%
Nasdaq 100, KGV 36, Div. 0,5 %; führend bei elektronischen Zahlungssystemen				
McDonald's	856 958	200,80 €	200,8/153,6 €	+30/+39/+139 %
Dow Jones, KGV 25, Div. 2,3 %; Schnellrestaurantkette mit neuem Sortiment				
Merck & Co.	A0Y D8Q	68,00 €	82,80/64,80 €	-2/+20/+52 %
Dow Jones, KGV 16, Div. 3,0 %; Medikamente, Impfstoffe, Tiergesundheit				
Mowi ASA	924 848	19,30 €	23,70/18,00 €	-5/+18/+69 %
Norwegen: Marine Harvest, KGV 17, Div. 4,8 %; Fischzucht/Meeresfrüchte				
Nel ASA	A0B 733	0,95 €	1,55 €/0,45 €	+76/+183/+544 %
Norwegen, keine Angaben KGV/Div.; Brennstoffzellen-/Wasserstoffkonzern				
Nestlé	A0Q 4DC	90,55 €	92,25/77,50 €	+20/+42/+48 %
Stoxx 50, CH: KGV 24, Div. 2,6 %; Nahrungsmittel, Gesundheit und Wellness				

Aktie/Un-ternehmen	WKN	Kurs am 28.2.20	Hoch/Tief 52 Wochen	Kursverlauf 1, 3, 5 Jahre
Nintendo	864 009	302,00 €	384,2/235,8 €	+25/+52/+218 %
Nikkei 225, Japan, KGV 16, Div. 2,2 %; führend bei Video-/Computerspielen				
Novartis	904 278	80,10 €	82,60/67,20 €	+31/+45/+15 %
Stoxx 50, CH: KGV 24, Div. 2,6 %; Produktion/Vertrieb Arzneimittel, Impfstoffe				
Orsted	A0N BLH	93,80 €	103,9/63,85 €	+11/+44/+167 %
Dänemark: KRG 34, Div. 1,7 %; alternative Energie, nachhaltige Rohstoffe				
PepsiCo	851 995	118,90 €	137,7/100,9 €	+17/+16/+35 %
Nasdaq 100: KGV 24, Div. 2,6 %; Getränke/Lebensmittel: Limonade/Säfte/Tee				
Plug Power	A1J A81	4,05 €	6,30 €/1,40 €	+148/+302/+39 %
Amerika: KGV/Div. keine Angabe; ein Brennstoffzellen-/Wasserstofffavorit				
PowerCell	A14 TK6	19,00 €	32,90/4,15 €	+253/+532/+3208%
Schweden: KGV/Div. keine Angabe; internationaler Brennstoffzellenkonzern				
Proc. & Gamble	852 062	100,60 €	118,2/86,00 €	+16/+17/+32 %
Dow Jones: KGV 23, Div. 2,5 %; Schönheit, Hygiene, Gesundheit, Haushalt				
Qualcomm	883 121	69,70 €	86,90/43,85 €	+58/+46/+31 %
Nasdaq: KGV 26, Div. 3,0 %; Technik: drahtlose Übertragung Sprache/Daten				
Roche	851 311	247,60 €	252,6/225,0 €	+11/+24/+17 %
Stoxx 50, CH: KGV 19, Div. 2,7 %; Schwerpunkt Diagnose/Therapie Krebs				
Royal Dutch	A0D 94M	19,40 €	29,40/19,25 €	-29/-20/-32 %
Stoxx 50, GB: KGV 9,8, Div. 7,9 %; gesamte Wertschöpfungskette Erdöl/Gas				
Salesforce	A0B 87V	152,00 €	181,5/125,0 €	+7/+101/+154 %
S&P 500, KGV 58, Div. 0,0 %; Cloud-Computing-Lösungen mit Kundendienst				
Samsung	881 823	851,00 €	1.028/621,0 €	+22/+37/+97 %
Südkorea: KGV 10, Div. 3,1 %; Hightech, Halbleiter, Smartphones, TV-Geräte				
Sanofi-Aventis	920 657	83,75 €	95,10/71,80 €	+14/+3/-3 %
Euro Stoxx 50, FR: KGV 20, Div. 3,4 %; Therapien Herzkreislauf, Thrombosen				
SAP	716 460	111,55 €	129,6/94,60 €	+19/+27/+76 %
DAX/TecDAX: KGV 26, Div. 1,3 %; Entwickler/Anbieter Unternehmenssoftware				
Schneider Elec.	860 180	90,65 €	105,167,30 €	+37/+54/+48 %
Euro Stoxx 50, FR:18, Div. 2,6 %; Energie- und Automationsmanagement				

Aktie/Unternehmen	WKN	Kurs am 28.2.20	Hoch/Tief 52 Wochen	Kursverlauf 1, 3, 5 Jahre
Severn Trend	A0L BHG	28,56 €	32,60/21,05 €	+22/+5/+3 %
GB: KGV 21, Div. 4,0 %; Wasserversorgung, Wasseraufbereitung, Abwasser.				
Siemens	723 610	93,20 €	120,0/84,40 €	-3/-24/-5 %
DAX: KGV 15, Div. 3,9 %; Elektronik/Elektrotechnik/KI: Gesundheit, Infrastruktur				
SolarEdge	A14 QVM	112,50 €	131,0/42,45 €	+200/+709 %
Israel, ISIN USA: KGV 27, Div. 0,0 %; Solarstrom, Wechselrichtertechnologie				
Sony	853 687	56,00 €	66,80/36,90 €	+32/+90/+123 %
Nikkei 225: KGV 13, Div. 0,0 %; Elektronikgeräte, Videospiele, Robotik, TV				
Starbucks	884 437	70,55 €	89,20/61,25 €	+17/+40/+84 %
Nasdaq 100, KGV 29, Div. 1,9 %; 18.000 Cafés, Kaffee/Tee/Kekse und Kuchen				
Stora Enso	871 004	10,60 €	13,05 €/9,10 €	-9/+16/+46 %
Finnland: KGV 16, Div. 4,3 %; Herstellung Papier, Biomaterialien, Holzprodukte				
Swisscom	916 234	438,60 €	445,5/400,0 €	+17/+14/-7 %
Schweiz, KGV 19, Div. 3,9 %; Telekommunikation/Festnetz/Mobilfunk/Internet				
Symrise	SYM 999	88,50 €	100,1/77,10 €	+15/+56/+65 %
MDAX: KGV 33, Div. 1,1 %; Duft-/Geschmacksstoffe, Nahrungsmittel/Kosmetik				
Taiwan Semi.	909 800	54,95 €	54,95/33,30 €	+65/+104/+206 %
Taiwan: KGV/Div. keine Angabe; Marktführer hochwertiger Halbleiterprodukte				
Tencent	A11 38D	44,35 €	49,60/36,00 €	+19/+80/+188 %
Hongkong: KGV 28, Div. 03 %; Asiens großes Internetportal/Zusatzfunktionen				
Thermo Fisher	857 209	261,30 €	316,4/220,6 €	+14/+75/+125 %
S&P 500, KGV: 32, Div. 0,3 %; globaler Wissenschaftspartner Pharma/Biotech				
Tokyo Electron	865 510	181,00 €	216,0/113,0 €	+54/+97/+167 %
Nikkei: KGV 16, Div. 2,2 %; Halbleiteranlagen, Bauteile, Computernetzwerke				
Tomra Systems	872 535	28,60 €	33,45/20,00 €	+23/+175/+263 %
Norwegen: KGV 53, Div. 0,3 %; Recycling, Leergutrücknahme-Automaten				
Total	850 727	38,40 €	52,40/37,75 €	-23/-18/-18 %
Euro Stoxx 50, FR: KGV 9,0, Div. 6,5 %; Öl-/Gasförderung, Tankstellennetz				
Unilever	A0J NE2	48,80 €	58,50/48,50 €	+3/+8/+20 %
Stoxx 50, GB: KGV 20, Div. 5,0 %; Konsumgüteranbieter für täglichen Bedarf				

Aktie/Un-ternehmen	WKN	Kurs am 28.2.20	Hoch/Tief 52 Wochen	Kursverlauf 1, 3, 5 Jahre
UnitedHealth	869 561	230,80 €	287,9/196,3 €	+9/+48/+127 %
Dow Jones: KGV 17, Div. 1,5 %; Gesundheit Vorsorge, Versorgung, Pflege				
UPM Kymmene	881 026	27,30 €	31,30/21,75 €	+8/+38/+103 %
Finnland: KGV 16, Div. 4,4 %; Europas größter Holz- und Papierverarbeiter				
Veolia Environ.	501 451	26,00 €	29,00/19,25 €	+35/+69/52 %
Frankreich: KGV 20, Div. 3,4 %; Wasseraufbereitung/Abfallentsorgung/Energie				
Vestas Wind	913 769	86,95 €	98,15/65,35 €	+21/+41/+150 %
Dänemark: KGV 19, Div. 1,2 %; Produktion/Vertrieb/Wartung Windkraftanlagen				
Visa	A0N C7B	160,95 €	198,5/128,5 €	+25/+98/+172 %
Dow Jones: KGV 32, Div. 0,6 %; elektronische Zahlungssysteme, Kreditkarten				
Vivendi	591 068	23,00 €	26,65/22,55 €	-8/+46/+34 %
Euro Stoxx 50, FR: KGV22, Div. 2,4 %; Kommunikation/Entertainment/Filme				
Walt Disney	855 686	105,80 €	139,0/94,95 €	+7/+2/+12 %
Dow Jones: KGV 24, Div. 1,3 %; Zeichentrick-/Spielfilmproduzent, Freizeitparks				
Waste Manag.	893 579	101,00 €	118,0/87,85 €	+14/+47/+106 %
S&P 500: KGV 27, Div. 1,8 %; Abfall- und Umweltdienste; Recyclinganlagen				
Xylem	A1J MBU	69,95 €	82,60/65,40 €	+7/+58/+134 %
USA: KGV 23, Div. 1,5 %; hochentwickelte Technologien für Wasserwirtschaft				

Wozu diese Liste, die zwar informativ, aber nicht spannend ist? Sind alle Aktien, die hier aufgeführt werden, nachhaltig?

Insbesondere Anleger, die nur oder zumindest großteils in nachhaltige Aktien investieren wollen, müssen nicht lange suchen. Die gelben Unterlegungen zeigen, welcher Buchstabe, alphabetisch geordnet, an der Reihe ist. Auf den ersten Blick sieht man, in welchem Land bzw. Index die Aktie notiert ist und in welcher Branche bzw. mit welchem Geschäftsmodell das Unternehmen sein Geld verdient.

Die meisten Titel stammen aus „verantwortlichen" bzw. nachhaltigen Aktienfonds, die sich nur auf bestimmte Auswahlkriterien konzentrieren, z. B. Ausschluss von Waffen, Rüstung, Verstoß gegen Menschenrechte. Andere Fondsmanager wählen Aktien aus, die gezielt den CO_2-Ausstoß bekämpfen oder deren Schwerpunkt erneuerbare Energien oder umweltfreundliche Infrastruktur sind.

3.4 Die Dividenden-Aristokraten unter den Nachhaltigkeitsaktien vor dem Absturz und mitten im Crash

Für langfristig anlegende Investoren, aber auch in Krisenzeiten wie aktuell wegen der Corona-Epidemie sind verlässlich ausschüttende Firmen besonders begehrt. Sie sichern einerseits die Kurse etwas nach unten ab. Andererseits steigen die Dividendenrenditen um einige Prozente an, wenn der Aktienkurs sinkt.

Aus 5 bis 6 % können beim Kauf zum Tiefkurs 7 bis 10 % werden. Handelt es sich zudem um Nachhaltigkeitsaktien, wächst die Freude. Da verliert der Kursverlust im Crash an Schrecken und wirkt als Bremse, ja nicht den größten Fehler zu machen, nämlich alle Aktien aus dem Depot zu werfen.

Wer langfristig dividendenstarke Aktien übergewichtet, wird im Laufe von einem Jahrzehnt und darüber hinaus merken, dass die Dividende allmählich auf 20, 25, 30 % steigt – und dies Jahr für Jahr. Den Dividendensegen gibt es fortlaufend. Hinzu kommen mögliche Kursgewinne. Beim Verkauf wären die Dividenden weg und auch die Aktien. Dieser Zusammenhang wird oft übersehen.

Ein Fallbeispiel zum Verständnis – Fuchs Petrolub gerundet: *Wer heute diese Aktie zum Kurs von unter 40 € kauft und eine Dividende von etwas mehr als einen Euro bezieht, streicht eine Dividendenrendite von 2,5 % ein. Dabei lautet die Formel: Dividende mal 100 durch den aktuellen Aktienkurs bzw. den Einstandspreis. Wer wie ich die Aktie für unter 4,00 € erworben hat, streicht bereits 25 % Dividende ein.*

Beim Fuchs-Einstieg am 31. März 2003 exakt zu 3,80 € und einer heutigen Dividendenerwartung von 1,10 € sieht die Rechnung folgendermaßen aus: 110 geteilt durch 3,80 = 28,9 %. In weniger als vier Jahren wird mit der wieder angelegten Dividende der gesamte Einstandspreis bezahlt. Nachdem ich jeden Kauf und Verkauf dokumentiere, Aktiensplits und Kapitalerhöhungen berücksichtige, habe ich mit Allianz, Dürr, Freenet, Hochtief, Lukoil, Mensch & Maschine, Munich Re bzw. Münchner Rück, Norilsk Nickel, Samsung, Sberbank und Tatneft weitere Dividenden-Aristokraten im Depot mit einer bereits zweistelligen Ausschüttung. Ich vergleiche mich mit einem Gärtner, der zur genau richtigen Zeit säen und pflanzen muss, um eine üppige Ernte einzufahren.

Vor dem Crash: Dividenden-Aristokraten bei Nachhaltigkeitsfirmen: Internationale Auswahl, Dividende ab 3,0 %

Aktie/Unternehmen	WKN	Kurs am 25.2.20	Hoch/Tief 52 Wochen	Kursverlauf 1, 3, 5 Jahre
Allianz	840 400	215,90 €	232,6/193,0 €	+15/+36/+49 %
DAX: KGV 11, Div. 4,1 %; führender Erstversicherer und Vermögensverwalter				
Amgen	867 900	195,65 €	203,6/200,9 €	+26/+36/+65 %
Nasdaq 100: KGV 17, Div. 3,0 %; Biotechkonzern, Arzneimittel Krebs, Rheuma				
AXA	855 705	22,80 €	25,60/20,55 €	+12/+21/+37 %
Euro Stoxx 50: FR, KGV 9,0, Div.-Rendite 5,6 %; Erstversicherungskonzern				
BP PLC	850 517	5,10 €	6,75 €/5,20 €	-10/+19/+19 %
Stoxx 50, GB: KGV 11, Div. 7,0 %; Strom, Heizung, Wärme, auch Biodiesel				
CNOOC	A0B 846	1,45 €	1,70 €/1,20 €	-13/+20/+10 %
China: KGV 8,1; Div. 5,8 %; Erdöl-, Gasförderungs- und Produktionskonzern				
GlaxoSmithKline	940 561	19,45 €	22,05/17,10 €	+16/+16/+22 %
GSK, Stoxx 50, GB: KGV 18, Div. 4,8 %; Medikamente HIV/AIDS, Tuberkulose				
Grieg Seafood	A0MUHR	11,65 €	15,00/9,90 €	+1/+34/+274 %
Norwegen: KGV 10, Div. 4,9 %; weltweiter Fischzüchter atlantischer Lachs				
HSBC	923 893	6,55 €	8,00 €/6,40 €	-4/+1/+13 %
Stoxx 50, GB: KGV 11, Div. 7,1 %; globaler Finanzdienstleister, Sitz London				
Merck & Co.	A0Y D8Q	68,00 €	82,80/64,80 €	-2/+20/+52 %
Dow Jones, KGV 16, Div. 3,0 %; Medikamente, Impfstoffe, Tiergesundheit				
Mowi ASA	924 848	19,30 €	23,70/18,00 €	-5/+18/+69 %
Norwegen: Marine Harvest, KGV 17, Div. 4,8 %; Fischzucht/Meeresfrüchte				
Siemens	723 610	93,20 €	120,0/84,40 €	-3/-24/-5 %
DAX: KGV 15, Div. 3,9 %; Elektronik/Elektrotechnik/KI: Gesundheit, Infrastruktur				
Swisscom	916 234	438,60 €	445,5/400,0 €	+17/+14/-7 %
Schweiz, KGV 19, Div. 3,9 %; Telekommunikation/Festnetz/Mobilfunk/Internet				
Stora Enso	871 004	10,60 €	13,05/9,10 €	-9/+16/+46 %
Finnland: KGV 16, Div. 4,3 %; Herstellung Papier, Biomaterialien, Holzprodukte				
Total	850 727	38,40 €	52,40/37,75 €	-23/-18/-18 %
Euro Stoxx 50, FR: KGV 9,0, Div. 6,5 %; Öl-/Gasförderung, Tankstellennetz				

Aktie/Un-ternehmen	WKN	Kurs am 25.2.20	Hoch/Tief 52 Wochen	Kursverlauf 1, 3, 5 Jahre
Unilever	A0J NE2	48,80 €	58,50/48,50 €	+3/+8/+20 %
Stoxx 50, GB: KGV 20, Div. 5,0 %; Konsumgüteranbieter für täglichen Bedarf				
UPM Kymmene	881 026	27,30 €	31,30/21,75 €	+8/+38/+103 %
Finnland: KGV 16, Div. 4,4 %; Europas größter Holz- und Papierverarbeiter				
Veolia Environ.	501 451	26,00 €	29,00/19,25 €	+35/+69/+52 %
Frankreich: KGV 20, Div. 3,4 %; Wasseraufbereitung/Abfallentsorgung/Energie				

Die meisten Ausschüttungsstars, auch Dividenden-Aristokraten genannt, zählen zu den niedrig bewerteten, substanzstarken, defensiven Value-Aktien, wie sie die Börsenikone Warren Buffett besonders liebt. Nur sehr selten zählen zu den Dividenden-Spitzenreitern wachstumsstarke, offensive Growth-Titel aus den Zukunftsmärkten. Damit sind vor allem das Gesundheitswesen mit Medizintechnik und Biotechnologie, ebenso die Hightechbranche mit Halbleitern, Software, Internet, Künstlicher Intelligenz, digitalisierter und vernetzter Welt gemeint.

Geht es um Nachhaltigkeitsaktien, die diesen Namen auch verdienen, so finden wir mehr Growth- als Value-Aktien mit einem prozentual hohen Anteil aus Skandinavien. Die dividendenstarken DAX-Aktien aus dem Nachhaltigkeitsindex der Deutschen Börse AG erfüllen nicht die strengen Anforderungen von Natur- und Umweltschützern. Die Deutsche Börse AG begnügte sich mit der Beachtung von Ausschlusskriterien und ordnete die Titel vor allem nach Höhe der Marktkapitalisierung zu.

Beim Vergleich beider Kurslisten fällt auf, dass die Kursverluste als Folge des Corona-Crashs verhältnismäßig hoch sind. Einige DAX-Werte fehlen völlig in der zweiten Kursliste, weil die Zuordnung „Dividenden-Aristokraten" natürlich nicht mehr zutrifft, wenn die Ausschüttung zumindest für das laufende Jahr ersatzlos gestrichen oder stark gekürzt wurde. Unternehmen, die Kurzarbeit einführten und staatliche Kredithilfen anfordern, werden gehörig unter Druck gesetzt, auf Dividendenzahlungen zu verzichten, auch wenn sie seit vielen Jahren als ein wichtiger Bestandteil der Unternehmenskultur gelten.

Nachdem der DAX in seiner 30-jährigen Geschichte vor allem durch üppige Dividendenzahlungen eine vernünftige Rendite erzielt, sind auch viele kleine Sparer die Leidtragenden, die oft nur Aktien wegen der Ausschüttung kaufen. Dies sollte man bei all dem Geschimpfe über die angeblich so habgierigen Aktionäre auch mal bedenken. Werden keine Aktien gekauft, fehlt vor allem mittelständischen Unternehmen das Eigenkapital, um damit wichtige Investitionen im Kampf gegen CO_2-Ausstoß und drohende Erderwärmung zu finanzieren, vorrangig in eine umweltfreundliche Infrastruktur. Kapitalismus kann auch sozialverträglich sein.

Mitten im Crash: Dividenden-Aristokraten bei Nachhaltigkeitsfirmen: Internationale Auswahl, Dividende ab 3,0 %

Aktie/Unternehmen	WKN	Kurs am 07.05.20	Hoch/Tief 52 Wochen	Kursverlauf 1, 3, 5 Jahre
Allianz	840 400	155,50 €	232,6/116,5 €	-19/+3/+36 %
DAX: KGV 8,1, Div. 6,0 %; führender Erstversicherer und Vermögensverwalter				
Amgen	867 900	219,65 €	225,0/148,1 €	+44/+67/+80 %
Nasdaq 100: KGV 13, Div. 2,7 %; Biotechkonzern, Arzneimittel Krebs, Rheuma				
AXA	855 705	16,20 €	25,60/11,85 €	-31/-30/-9 %
Euro Stoxx 50: FR, KGV 5,3, Div.-Rendite 9,6 %; Erstversicherungskonzern				
BP PLC	850 517	3,65 €	6,45 €/2,45 €	-42/-32/-43 %
Stoxx 50, GB: KGV 14, Div. 11 %; Strom, Heizung, Wärme, auch Biodiesel				
CNOOC	A0B 846	1,05 €	1,60 €/0,75 €	-34/-1/-32 %
China: KGV 12, Div. 9,3 %; Erdöl-, Gasförderungs- und Produktionskonzern				
GlaxoSmithKline	940 561	19,45 €	22,05/17,10 €	+15/+20/+27 %
GSK, Stoxx 50, GB: KGV 18, Div. 4,8 %; Medikamente HIV/AIDS, Tuberkulose				
Grieg Seafood	A0MUHR	9,00 €	15,10/7,05 €	+10/+20/+176 %
Norwegen: KGV 17, Div. 3,1 %; weltweiter Fischzüchter atlantischer Lachs				
HSBC	923 893	4,65 €	7,70 €/4,40 €	-41/-41/-46 %
Stoxx 50, GB: KGV 14, Div. 4,8 %; globaler Finanzdienstleister, Sitz London				
Merck & Co.	A0Y D8Q	71,00 €	83,60/61,40 €	+5/+36/+58 %
Dow Jones, KGV 13, Div. 3,0 %; Medikamente, Impfstoffe, Tiergesundheit				
Mowi ASA	924 848	15,80 €	23,70/12,45 €	-17/+1/+58 %
Norwegen: Marine Harvest, KGV 13, Div. 5,9 %; Fischzucht/Meeresfrüchte				
Siemens	723 610	83,50 €	120,0/58,80 €	-21/-36/-14 %
DAX: KGV 11, Div. 4,9 %; Elektronik/Elektrotechnik/KI: Gesundheit, Infrastruktur				
Swisscom	916 234	438,60 €	445,5/410,6 €	+20/+19/+29 %
Schweiz, KGV 19, Div. 4,2 %; Telekommunikation/Festnetz/Mobilfunk/Internet				
Stora Enso	871 004	10,20 €	13,15/7,35 €	-8/-8/+10 %
Finnland: KGV 13, Div. 5,0 %; Herstellung Papier, Biomaterialien, Holzprodukte				
Total	850 727	32,65 €	50,95/21,20 €	-34/-33/-33 %
Euro Stoxx 50, FR: KGV 10, Div. 8,8 %; Öl-/Gasförderung, Tankstellennetz				

Aktie/Unternehmen	WKN	Kurs am 07.05.20	Hoch/Tief 52 Wochen	Kursverlauf 1, 3, 5 Jahre
Unilever	A0J NE2	47,15 €	58,00/40,30 €	-12/-2/+25 %
Stoxx 50, GB: KGV 17, Div. 3,5 %; Konsumgüteranbieter für täglichen Bedarf				
UPM Kymmene	881 026	24,95 €	30,60/20,75 €	+1/+2/+56 %
Finnland: KGV 14, Div. 5,4 %; Europas größter Holz- und Papierverarbeiter				
Veolia Environ.	501 451	19,25 €	29,00/16,10 €	-6/+11/+25 %
Frankreich: KGV 14, Div. 2,6 %; Wasseraufbereitung/Abfallentsorgung/Energie				

Welche Gemeinsamkeiten zeigen die Dividenden-Aristokraten mit Ausnahme des amerikanischen Biotechunternehmens Amgen?

Es handelt sich um niedrig bewertete, defensive, substanzstarke, weitgehend konjunkturunabhängige Aktien. Auch in Krisen wird gegessen, getrunken, geheizt, das Licht eingeschaltet, geputzt, gewaschen, sich selbst gepflegt. Dies sind alles Aktien, wie sie die Anleger-Ikone Warren Buffett liebt, hochbetagt, aber nach wie vor mit vollem Elan aktiv. Bei scharfer Korrektur und Crash, aktuell verursacht durch die Corona-Epidemie, fallen selbst gute Aktien um 20 oder 30 %, vielleicht sogar um die Hälfte, wenn der Crash länger dauert. Umgekehrt steigt die Dividendenrendite beispielsweise von 4 oder 5 % auf 8 bis 10 %, es sei denn, die Dividende wird gekürzt. Nachhaltigkeitsunternehmen wie Johnson & Johnson (J&J) oder Procter & Gamble (P&G) hoben seit über einem Jahrhundert die Dividende alljährlich an. Dies dürfte auch jetzt geschehen. Vertrauensverlust und Wut würden sonst zum massiven Aktienverkauf führen, sodass der Schaden für die AG größer wäre, als wie gewohnt etwas mehr auszuschütten. Diese Reaktion war beim DAX-Neuling MTU Aero zu beobachten. Der Kurs brach um zwei Drittel ein.

Wie mit den abgestürzten Aktien im Börsencrash umgehen?

Bei positiver Einschätzung eignen sich Dividenden-Aristokraten für den preiswerten Einstieg und Zukauf, finanziert mit Dividenden, Rücklagen oder Teilverkauf erstklassiger Aktien mit Kursgewinnen auch im Crash. Hilfreich kann der Komplettverkauf von Aktien sein, die schon länger enttäuschen, wo die Erwartungen negativ sind und ein Steuerausgleich mit zuvor erzielten Veräußerungsgewinnen möglich ist. Der DAX-Konzern Siemens mit Hochtechnologie und KI dürfte sich sicherlich erholen, weil er in Zukunftsmärkten aktiv ist. Schlechter sieht es dagegen schon für das Euro-Stoxx-Unternehmen Total aus. Fossile Energien sind im Kampf gegen den Klimawandel kaum begehrt. Also müssen diese Unternehmen überzeugende alternative Geschäftsmodelle entwickeln.

❹ Grundwissen: Meine Antworten auf die häufigsten Anlegerfragen

4.1 Zeitersparnis und Fehlervermeidung durch eingestreute Themenfelder

Bei meinen zahlreichen Vorträgen, Webinaren, Videokonferenzen, Interviews, Telefonanfragen und E-Mails häufen sich bestimmte Anlegerwünsche um Information. Freilich wird dabei oft über das Ziel hinausgeschossen. Es geht nicht an, gleich 30 Fragen zu beantworten oder sogar noch das im Anhang beigefügte Depot zu begutachten. Da bliebe mir keine Zeit mehr, auch nur noch ein einziges Buch oder eine einzige Kolumne zu schreiben. Ein oder zwei kurze, konkrete, eng gefasste Fragen beantworte ich gern. Ich gebe nun die häufigsten Fragen inhaltlich auf den Punkt gebracht in kurzen Kommentaren wieder.

Setzen Sie jetzt auf physisches Gold als Krisenwährung in Form von Barren oder Münzen bzw. auf Gold-ETC und Minenaktien?

Jetzt, Anfang April 2020, konzentriere ich mich nicht auf physisches Gold und Edelmetall-Minenaktien, weil ich mich aktuell auf abgestürzte Qualitätsaktien mit hoher Dividendenrendite stürze, um langfristig gute Kurschancen zu nutzen. Dies gilt vor allem für die führenden Versicherungsunternehmen, die ihre Dividende weder kürzen noch streichen, eher sogar erhöhen wollen, weil dies zu ihrer Unternehmenskultur gehört. Ich halte 5 % bis 15 % Goldanteil für vertretbar.

Wenn eine Aktie um 50 % sinkt bei gleichbleibender Ausschüttung, erhöht sich die prozentuale Dividendenrendite um 100 % – also eine Verdoppelung. Ein Beispiel mit gerundeten Zahlen: Bei einem Kurs von 300 € und einer Ausschüttung von 12 € beträgt die Dividendenrendite 4 %. Bei einem Kursrutsch um die Hälfte sind es attraktive 8 %. Die Formel lautet: Dividende multipliziert mit 100 dividiert durch den aktuellen Kurs (1200:300=4; 1200:150=8).

Wie stehen Sie zu Investments in deutsche Familienunternehmen, vor allem solche mit nachhaltigen Geschäftsmodellen?

Familienunternehmen als das pulsierende Herz des deutschen Mittelstands wirtschaften im Allgemeinen flexibler und innovativer als viele Dickschiffe. Sie bauen sich interessante Marktnischen auf. Ebenso entwickeln sie als manövrierfähige Schnellboote eher nachhaltige Geschäftsmodelle mit einer ethisch einwandfreien Firmenkultur. Ausgerüstet mit dem Erfinder- und Entdecker-Gen sind sie Wachstumstreiber in wichtigen Zukunftsmärkten. Gerade jetzt, in den für die Wirtschaft so ruinösen, verheerenden Corona-Crashzeiten, überlegen viele kleine und mittlere eigentümergeführte Firmen mit flacher Hierarchie, wie man in Nachfragelücken vorstoßen kann, um die drohende Erderwärmung aufzuhalten. Dies gilt beispielsweise für nachhaltige Infrastruktur und Umstellung auf erneuerbare Energien.

Da entwickelt ein Maschinenbauer, dem das Wasser bis zum Hals steht, im Überlebenskampf als neues Geschäftsfeld Beatmungsgeräte. Ein Möbelbauer stellt sich auf Klinikbetten um. Ein Holz- und Papierverarbeiter bietet Gesichtsmasken an. Ein Chemikalienunternehmen produziert als neues Geschäftsfeld Desinfektionsmittel. Ein Spezialist für Berufskleidung stellt nun Schutzkleidung her. Und eine Biotechfirma arbeitet mit Hochdruck an einem Impfstoff gegen das Corona-Virus. All diese Beispiele zeigen, dass Jammern und Klagen über schlechte Zeiten nichts nützt. Vielmehr ist darüber nachzudenken, wie man sich als familiengeführtes Unternehmen selbst aus der Patsche mit drohendem Niedergang befreien kann. Da rücken plötzlich andere Sorgen wie Klärung der Nachfolge in den Hintergrund.

Haben Sie Aktien im Depot, die trotz Corona-Crash auf einem Jahres- oder sogar Allzeithoch notieren?

Da kann ich zum April-Monatsende einige Titel nennen. Dies gilt aktuell für den Laborausrüster Sartorius aus dem MDAX/TecDAX, den Onlinehändler Amazon vom Nasdaq 100 sowie den Pharmakonzern AstraZeneca aus dem Stoxx 50. Schließen wir den gesamten Corona-Crash mit ein, sind auch die durch Übernahmeangebote gestärkten Isra Vision und RIB Software vom SDAX sowie Qiagen vom TecDAX/MDAX zu nennen. Im Aufwärtstrend befinden sich ferner Mensch & Maschine aus Scale, LPKF Laser und Shop Apotheke als SDAX-Aufsteiger sowie MDAX-Neuling Teamviewer, Netflix und Nvidia vom Nasdaq 100, Nintendo vom Nikkei 225, Electronic Arts aus dem Nasdaq 100, Thermo Fisher vom S&P 500 und SolarEdge aus Israel. Eine Kursrallye legten auch der kanadische Onlinehändler Shopify sowie der Organisator von Videokonferenzen Zoom hin. Auch Arzneimittelentwickler Dermapharm, beste Neuemission 2018, und der Medtech-Konzern Drägerwerk, beide SDAX, befinden sich im Aufwind. Gleiches gilt für den Essenslieferanten HelloFresh, ein neues MDAX-Mitglied.

Was tun beim Crash? Abwarten? Im Bereich Bodenbildung preiswert einsteigen und zukaufen? Oder doch lieber alles verkaufen?

Seit Jahren vertreiben die Untergangspropheten mit ihren Ankündigungen *"der heftigste, schlimmste Crash aller Zeiten"* Angst und Schrecken. Dies geschieht schon seit 2013, denn der Abstand zwischen dem Crash um die Jahrtausendwende bis zur weltweiten Finanz- und Wirtschaftskrise von Herbst 2008 bis Frühjahr 2009 betrug gerade mal fünf Jahre. Bis auf Japan gab es nach jedem Crash neue Höchststände. Gute Aktien erholen sich wieder. Es ist deshalb grottenschlecht, alles zu verkaufen. Am besten ist es, erstklassige Aktien günstig nachzukaufen oder dort neu einzusteigen. Finanziert wird mit Geldreserven oder mit einem Teilverkauf von Aktien, die nahe dem Jahreshoch notieren (dies funktioniert auch in jedem Crash) und bei denen der Bestand ansehnlich ist.

Meine besten Rennpferde bleiben im Stall. Sogenannte „Schrotthaufen" verkaufe ich komplett. Hier ist ein Steuerausgleich bei Verlusttiteln vom Finanzamt genauso hoch wie meine Abgeltungsteuer plus Solidaritätszuschlag und eventuell Kirchensteuer, also rund 27 bis 28 %.

> ➤ **Es ist besser, die Füße stillzuhalten und Ruhe zu bewahren, als in Hektik große Fehler zu machen. Bei ETFs und Aktienfonds bietet sich mit Ausnahme schlechter Produkte ohnehin jahrzehntelanges Halten an.**

Ist es möglich, einen Crash früher als andere zu erkennen und mit Absicherungssystemen rechtzeitig darauf zu reagieren?

Erfahrene Börsenteilnehmer erkennen Krisenherde oft früher. Vor allem aber reagieren sie meist klug und rasch, wenn aufgrund eines unerwarteten Schreckensszenarios die Kurse einbrechen. Mitunter gibt es auch neue Erkenntnisse. In diesem Crash blieben nicht die niedrig bewerteten Value-Aktien vom Absturz verschont, sondern eher die hochbewerteten Technologietitel.

Absicherungsstrategien kosten unnötig viel Geld und bringen meistens gar nichts. Daran verdienen nur die Anbieter, während Sie vermutlich verlieren – noch mehr als mit Strafzinsen. Finden Sie sich damit ab, dass auch die Wissenschaft den von wiederkehrenden menschlichen Verhaltensweisen und Herdentrieb geprägten Crash nicht vermeiden kann. Für mich selbst gilt: *„Ein Crash ist nur gut – für Leute mit Mut!"* Ich kaufe günstig zu, finanziere dies mit Dividenden und Teilverkäufen von Aktien, die gar nicht oder kaum verloren haben, beispielsweise Amazon und Shopify.

Auch mit kleinem Geldbeutel in gute Einzelaktiven investieren oder als vorsichtiger Einsteiger nur ETFs auswählen?

ch empfehle Neulingen mit einem Kapital unter 10.000 €, die ersten Erfahrungen mit guten ETFs zu machen wie MDAX, SDAX, MSCI World, S&P 500, Nasdaq 100, Lyxor World Water. Dies garantiert schon breite Streuung als Risikominderung. Ab dann ist der Weg für die ersten Einzelaktien gangbar. Wählen Sie möglichst „thesaurierend" aus. Dann werden Dividenden fortlaufend in neue Anteile angelegt. Sie nutzen den Zinseszinseffekt bestmöglich und bemerken im Laufe der Zeit, dass Sie ohne erneute Transaktionskosten immer mehr Anteile erwerben.

Wann sind Sparpläne richtig? Was spricht für Einmalanlagen?

Sparpläne eignen sich bestens bei längerfristiger Kapitalanlage für Kinder und Enkel. Außerdem sind monatliche Sparpläne ab 25 € gut, wenn Sie Ihre guten Sparvorsätze zum Monatsanfang nicht einhalten und am Monatsende alles ausgegeben haben. Bei Disziplin und Verlässlichkeit können Sie die Summe für einen Aktien- oder ETF-Kauf von über 1.000 Euro bis 2.000 Euro auf dem Girokonto belassen, bis sie verfügbar ist, und wählen dann die Einmalanlage. Dabei sollten Sie Kursschwächen für Einstieg und Zukauf nutzen. Wer seine guten Vorsätze nicht einhält, schließt die Sparpläne zum Monatsanfang ab. Mit Sparplänen können Sie den Cost-Average-Effekt ideal nutzen. Mehr Anteile bei Kursschwäche – weniger Anteile, wenn die Kurse zur Decke springen.

Was tun, wenn die Rente niedrig ist und das Geld vermutlich kaum ausreicht für einen finanziell sorgenfreien Ruhestand?

Gerade bei niedriger Rente ist die Wertpapieranlage unverzichtbar. Wer will schon auf Grundsicherung angewiesen sein und unter Altersarmut leiden? Sinnvolles Sparen bedeutet Konsumverzicht. Wer bei einem Rabatt von 50, 60 oder 70 % zugreift, spart letztlich gar nicht, sondern gibt um diesen Prozentsatz weniger aus. Nur bei Sachen, die man wirklich braucht, sind hohe Rabatte sinnvoll. So wird beispielsweise fast die Hälfte aller gekauften Klamotten nie getragen, sondern führt zu übervollen Kleiderschränken.

Beginnen Sie Ihre Altersvorsorge so früh wie möglich – sei es mit Sparplänen oder Einmalanlage. Weg vom schleichenden Kapitalvernichter Sparbuch – hin zu Einzelaktien, ETFs und aktiven Aktienfonds in den Zeiten der Null- und Strafzinsen. Dafür ist es nie zu früh, aber in Zeiten des demografischen Wandels auch nicht zu spät. Wenn Sie in 50 Jahren zehn Jahre länger leben und in 75 Jahren im Schnitt 15 Jahre geschenkt bekommen, soll dies nicht in Armut geschehen, sondern in finanzieller Freiheit und Unabhängigkeit mit Spielraum für neue Erlebniswelten.

Sind Frauen die besseren oder schlechteren Anleger gegenüber den Männern? Zahlt sich eine vorsichtige Strategie aus?

Teils – teils, Ausgang unentschieden wie beim Fußballspiel, das 2:2 endet. Einerseits schützt und bewahrt Frauen ihre Vorsicht mit dem Ziel Kapitalerhalt vor spekulativen Finanzprodukten mit hohem Hebel (Führungstor 1:0). Andererseits ist die Liebe und Treue zum schleichenden Kapitalvernichter Sparbuch ungebrochen (Gegentreffer 1:1). Männer legen prozentual nur halb so viel in Sparbüchern an zugunsten von Wertpapieren (Zwischenstand 1:2). Aber das nicht selten zu beobachtende riskante Zocken Long/Short, Hebelderivate macht die Abkehr vom Sparbuch wieder zunichte und bedeutet ein Gegentor (Endstand 2:2). Besinnen Sie sich auf Ihre Stärken und bringen Sie diese bei der Geldanlage ein.

Wie lässt sich das längere Leben durch den demografischen Wandel sinnvoll für eine sinnvolle Geldanlage nutzen?

Im Schnitt leben Deutsche pro Jahrzehnt zwei Jahre länger, vorausgesetzt: nicht saufen, nicht rauchen, sich viel bewegen und gesund ernähren. In 50 Jahren ist dies ein Jahrzehnt, in 75 Jahren sind es 15 Jahre geschenktes Leben. So wächst die Rentenbezugsdauer auf ungefähr 30 Jahre an. Diese lange Zeit wollen Sie doch reich statt arm sein. Auch mit 60, 70 oder 80 Jahren ist es noch nicht zu spät für die Aktienanlage. Besser spät als gar nicht. Erstklassige Aktien von Unternehmen, die Nutznießer des längeren Lebens sind, gelten als Favoriten. Dazu zählen das Gesundheitswesen mit Pharmazie, Biotechnologie und Medizintechnik. Zukunftsmusik wird aber auch gespielt bei Künstlicher Intelligenz mit Robotik, der Anwendung Industrie 4.0, dem Internet der Dinge, der digitalisierten und vernetzten Welt mit Hochtechnologie, Software-Neuheiten und Cloud-Computing.

Ist eine nachhaltige Anlage möglich, ohne Rendite einzubüßen?

Bis 2017 waren die Renditeunterschiede gering. 2018 gab es schon ein Renditeplus. 2019 wurden nachhaltige Geldanlagen mit beachtlichem Zugewinn belohnt. Der Greta-Effekt kommt zum Tragen. Junge Leute interessieren sich für familiengeführte Unternehmen, die nachhaltig wirtschaften. Die Nachfrage nach Aktien, ETFs und Aktienfonds, die ethische Standards umsetzen, steigt. Es geht um Umwelt- und Naturschutz, den Kampf gegen den Klimawandel durch Erderwärmung mit sich häufenden, dramatisch verlaufenden Katastrophen.

Nichts spricht gegen einen sozialverträglichen Kapitalismus. Auf der Wunschliste stehen Unternehmen mit intakter Firmenkultur, denen das Wohl der Mitarbeiter und Kunden sowie der Region durch Unterstützung sozialer Projekte am Herzen liegt. Das durch Aktienverkauf eingenommene Eigenkapital soll in Infrastruktur und Projekte investiert werden, die helfen, den CO_2-Ausstoß zu verringern.

Helfen Stoppkurse bei Krisen und längerer Abwesenheit?

Bei riskanten Aktien aus den Sektoren Biotechnologie, Hochtechnologie, Künstliche Intelligenz mit Robotik ist nichts dagegen einzuwenden, wenn Sie bei monatelanger Abwesenheit Stoppkurse zwischen 15 und 25 % setzen. Dabei sollten Sie daran denken, Ihre Stop-Loss-Orders bei Bedarf der allgemeinen Kursentwicklung anzupassen. Aber Vorsicht! Dies kann gebührenpflichtig sein! Ich lasse mir meine freie Handelsentscheidung nicht durch Computerprogramme wegnehmen. Außerdem garantieren Stoppkurse keinen Ausführungskurs. Die erste Kursfeststellung auf oder unter dem Stoppkurs gilt. Stürzt beispielsweise ein Biotechunternehmen nach Bekanntgabe des Scheiterns der klinischen Studie III nach abendlicher Mitteilung schon beim ersten Kurs im Morgenhandel um 95 % ein, fliegt Ihre Aktie zu diesem Kurs aus Ihrem Depot. Da nützen auch keine beschwichtigenden Worte wie: *„Leider wurde die Aktie XX ausgestoppt. Wir nutzen bei insgesamt positiver Einschätzung den niedrigen Preis zum Nachkauf aus."* Im Klartext heißt es: doppelte Transaktionskosten und Ärger. Auch die Psychologie spielt mit. Unangenehmes wird gern verdrängt und um die Aktie wird ein hoher Bogen gemacht. Der heftigste Kurseinbruch dieses Jahrtausends beim Corona-Crash im März 2020 um 40 % bewirkte, dass durch Stoppkurse komplette Depots leergeräumt wurden.

Warum bei Siegeraktien nur Teilverkauf statt Kompletttrennung?

Die meisten Anleger verkaufen ihre Aktien schon bei Kursgewinnen von 20, 30, 40 %. Gelegentlich geschieht dies im dreistelligen Bereich, extrem selten erst bei vierstelliger Rendite. Verkauft wird in den meisten Fällen alles. Der Teilverkauf bezweckt einerseits eine Gewinnsicherung. Er ermöglicht aber andererseits, dass die besten Aktien, darunter Dividendenstars, mehrheitlich im Depot bleiben. Der Wert vom Restbestand sollte den Einstandspreis übertreffen.

Fallbeispiel: *Mit dieser Strategie habe ich als steuerfreien Altbestand immer noch den größten Teil meiner Aktien von Sartorius, Nemetschek, Eurofins, Bechtle, Rational, Samsung, MUM und Datagroup im Depot. Sie liegen aktuell alle zwischen 1.000 und 5.500 % im Plus. Hinzu kommt bei langer Haltedauer die Chance, dass auch die Dividenden bei verlässlich angehobener Ausschüttung bald zweistellig notieren. Bei Dürr und Fuchs sind es über 25 %, bei Hochtief sogar 45 %. Da wäre es dumm, diese Aktien zu verkaufen, nachdem die Dividende jährlich anfällt. 3M, McDonald's, Procter & Gamble sowie Johnson & Johnson erhöhen seit über einem halben Jahrhundert fortlaufend ihre Ausschüttung.*

Diese breit gestreute Langzeitstrategie mit zahlreichen Titeln funktioniert, wenn preiswert zugekauft und nahe dem Jahres- oder Allzeithoch ein Teil verkauft wird. Ein Komplettverkauf ist ratsam bei schlechten Aktien, die dauerhaft enttäuschen. Taktisch klug ist es, den Steuerausgleich für Veräußerungsverluste zu nutzen. Der Veräußerungsgewinn muss den Verlust übertreffen, und zwar im selben Jahr.

Wie viele Stunden sind im Schnitt wöchentlich aufzuwenden, um mit Aktienanlagen erfolgreich zu sein?

Das hängt von der Größe des Depots bezüglich Aktienanzahl und eingesetztem Kapital ab, aber auch, ob mehrheitlich in Aktien, ETFs und aktive Aktienfonds investiert wird. Viele Anleger vergeuden unnötig viel Zeit, indem sie in Erbsenzählermanier stundenlang in der Vergangenheit herumwühlen, ohne zielstrebig und zukunftsgerichtet nach vorn zu schauen. Was soll es bringen, das KGV über einen Zeitraum von 5 Jahren zurückzuverfolgen? Wie viele Geschäftsberichte wären daraufhin durchzusehen? Was nützt es, die durchschnittlichen Kursschwankungen eines Titels mathematisch exakt auszurechnen?

Die Spieltheorie beweist, dass es nicht genügt, die Regeln zu kennen und dass es ablenkt, die Vergangenheit bis ins letzte Detail aufzurollen. Es geht um zukunfts- und zielgerichtete strategische Entscheidungen mit möglichen Auswirkungen. Um wesentliche Trends aus der Charttechnik abzulesen, brauchen Sie kein Lineal. Konzentrieren Sie sich auf die Kernaussagen. Prägen Sie sich die Schwerpunkte ein.

Warum nicht mehr Geld in wenige Aktien stecken, als sich viele Aktien zuzulegen? Das spart doch Zeit und Transaktionskosten.

Wer 14 Jahre lang breit gestreut in Aktien angelegt hat, zählt immer zu den Siegern. Wer große Summen in wenige Titel anlegt, läuft Gefahr, riesige Verluste zu erleiden, z. B. mit hohem Einsatz bei Steinhoff, SolarWorld, Centrotherm, Intershop, Paion und Wirecard, um einige Titel zu nennen. Kauft der Ein-Wert- oder Wenig-Werte-Fan eine hervorragende Aktie wie Hannover Rück oder Visa, wird er aus Angst vor Verlusten und wegschmelzenden Gewinnen sicherlich nicht warten, bis seine Aktie über 300 % zugelegt hat. Er wird in der Regel frühzeitig verkaufen. Da Verlustängste stärker ausgeprägt sind als die Freude über schöne Gewinne, werden die „Schrottaktien"-Verluste gern verdrängt. *„Der Titel wird sich schon wieder erholen!"* – Nicht jeder, der zu Boden geht, steht wieder auf.

Wie mit einem geerbten sechsstelligen Aktiendepot umgehen?

Bei geringem Börsenwissen, wenig Zeit und Lust ist es besser, ein paar Stunden bei einem seriösen Vermögensverwalter zu buchen (Durchschnittspreis rund 250 €), statt die groben Fehler zu machen. In meinem Buch *Wie finde ich die besten ETFs und Investmentfonds?* bringe ich umfassende Beispiele für vorsichtige, erfolgsorientierte, risikofreudige Anlegertypen bei 10.000, 20.000, 30.000, 50.000, 100.000 Euro Depotvermögen und mehr. Kürzere Beiträge zu diesem wichtigen Thema bieten auch meine anderen Bücher. Ohne Literatur geht gar nichts, wenn es um hohe Summen geht. Eine erfolgreiche, einfache Schnellanalyse zu einzelnen Aktien läuft über die drei Wege: Buch – Internet – Onlinehandel.

Sind Immobilien nicht die bessere Alternative gegenüber Aktien?

Das gilt sicherlich bei dicker Vermögensdecke für die selbst zu nutzende Eigentumswohnung oder das selbst bewohnte Haus. Wegen Mietpreisbremse und anderer Unannehmlichkeiten kann die Investition in ein Mietshaus sehr unerfreulich verlaufen. Das gilt insbesondere bei schlechter Lage und weiter Entfernung. Streitigkeiten mit Mietern um den Preis, zu reparierende Schäden bei Sturm, Überflutung und Feuerausbruch bringen viel Ärger und zusätzliche Belastungen mit sich. Da sind vor allem für Senioren Aktien, ETFs und aktiv gemanagte Aktienfonds gewiss die bessere Alternative, um auch Strafzinsen zu entgehen.

Wie können Sie Kinder und Enkel für kluges Sparen und den Vermögensaufbau mit Aktien begeistern?

In meinen neuen Büchern spreche ich dieses Thema an, unterlegt mit Fallbeispielen. Aktuell geht es mir darum, über Spiel, Sport und moderner Spieltheorie mit spannenden Vorgabesystemen noch einen besseren Zugang zur Aktienwelt bei Jugendlichen, Heranwachsenden sowie jungen Erwachsenen herzustellen. Schade, dass unsere Regierung, unser Staat rein gar nichts tut für die Förderung der Aktienkultur. Die geplante Finanztransaktionssteuer ab 2021 ist ein Schlag ins Kontor. Dies ist mit ein Grund dafür, dass so wenig Bundesbürger in Aktien anlegen und dem schleichenden Kapitalvernichter Sparbuch weiterhin die Treue halten.

Wann Einzelaktien? Wann ETFs? Wann Aktienfonds?

Die meisten Bundesbürger parken ihr Geldvermögen zinslos auf Sparbüchern, Girokonten usw. Warum nicht breit gestreut in Aktien anlegen? Über DAX und Dow Jones mit je 30 Titeln gibt es umfassende Informationen. Nutzen Sie niedrige Kurse für Einstieg und Zukauf. Zu Einzelaktien rate ich, wenn Sie über genug Geld, Zeit und Wissen verfügen. Wer sich auskennt, sollte in „Marathonaktien" und gute Nebenwerte mit langjährigem Kursplus und verlässlicher Dividende investieren. Falls möglich, erwerben Sie Belegschaftsaktien. Es lohnt sich, in Zukunftsmärkte zu investieren, wie Hightech, Software, Internet, Robotik.

Fehlt es an Motivation, Wissen und Geld für breite Streuung, sind die preiswerten ETFs mit niedriger Gebühr allererste Wahl. So decken Sie wichtige Märkte langfristig ab. Ein ETF gewinnt zwar gegen keinen Vergleichsindex. Aber er verliert auch nicht. Starinvestor Warren Buffett empfahl seiner Frau Astrid, nach seinem Tod mit einem ETF in den S&P-500-Index zu investieren. Immer mehr wird in ETFs angelegt. Die aktiv gemanagten Aktienfonds zu verdammen, ist nicht gerechtfertigt. Für Langzeitanleger mit wenig Interesse an ständiger Kontrolle sind sie geeignet. Es gibt hervorragende Aktienfonds, die sich auf Nebenwerte und auch auf Nachhaltigkeit spezialisieren oder sich auf bestimmte Branchen in Zukunftsmärkten konzentrieren.

Wie funktioniert meine Erfindung Hoch-/Tief-Mutstrategie?

Ich vergleiche mich mit einem Gärtner, der zur genau richtigen Zeit säen und pflanzen muss, um eine gute Ernte einzufahren. Ich verbinde Gartenbaukompetenz mit der von mir erfundenen Hoch-/Tief-Mutstrategie.

Die Grundzüge der diversifizierten Langzeitstrategie kurz erklärt:

1. Ich kaufe viele Aktien breit gestreut nach Ländern, Branchen, Indizes und vom Zeitpunkt her, große, mittlere und kleine, Value und Growth. Es können mehr als 50 Titel sein, bei gutem Gedächtnis und dickem Geldbeutel sogar 100 Werte.

2. Ich tätige keinen Kauf unter 1.000 Euro, damit die Gebühren nicht die Gewinne wegfressen. Durchschnittlich investiere ich rund 1.500 € in jeden Kauf.

3. Chancenreiche Aktien erwerbe ich zu günstigen Kursen wie im März 2020, als die Kurse durch den Corona-Crash um 40 % in den Keller rauschten.

4. Teilverkäufe der besten Aktien ab dreistelligem Kursgewinn gibt es nur in Augenhöhe zum Jahreshoch. Meine schnellsten Rennpferde bleiben also im Stall. Ausnahmen bestehen bei hohem unerwartetem Kapitalbedarf.

5. Alle Dividenden lege ich konsequent in bisherige oder neue Aktien wieder an. Mir liegt an verlässlichen Ausschüttungen, die möglichst fortlaufend steigen, zumindest aber nicht gekürzt oder zeitweilig sogar ausgesetzt werden.

6. Über ein Drittel fließt in substanz- und dividendenstarke, nachhaltige, defensive, und fair bewertete **Value**-Aktien. Hier orientiere ich mich an Warren Buffett, der nur kauft, was er mag, kennt und versteht. Etwas kleinere Anteile gehen in weltweite Titel mit Blick auf Kurs, Dividende und Zukunftschancen.

7. Fehlt noch das letzte Drittel: Ich investiere in wachstumsstarke, offensive, konjunkturabhängige **Growth**-Aktien. Dazu zählen Zukunftsmärkte wie Hochtechnologie, Künstliche Intelligenz mit Robotik, Biotechnologie, Medizintechnik und IT-Software. Diese Branchen sind für mich Kurstreiber in den Zeiten des Demografie- und Klimawandels sowie des Nullzins- und Strafzinsmonsters.

Wie lassen sich „Einhörner" mit viel Kursgewinn aufspüren?

Dies sind für mich nicht die milliardenschweren, überschuldeten Start-ups aus Amerika. Ich suche junge, nachhaltig wirtschaftende Firmen mit Alleinstellungsmerkmalen, die frühzeitig mit hohem Kursgewinn erfreuen. Die Gründer arbeiten mit Elan, entwickeln innovative Geschäftsmodelle und bringen das wichtige Erfinder- und Entdecker-Gen ein. Quartalsberichte interessieren kaum. Entscheidend sind nachhaltige Geschäftsmodelle und Strategien im Kampf gegen den Klimawandel. Chancen räume ich **Zoom**, **Teamviewer** und **2G Energy** ein.

Das gilt auch für die Bausoftware Nemetschek, den Medizintechniker Sartorius, das Cloud-Computing-Unternehmen Bechtle, das IT-Software-Systemhaus Cancom, Frankreichs Labortester Eurofins, den Marktführer für Augenheilkunde Carl Zeiss Meditec, die beiden Pharma-Unternehmen Dermapharm und Medios sowie Varta, Knopfzellen für Hörgeräte und aufladbare Mikrobatterien bei kabellosem Musikhören und Unterhaltungselektronik. Ebenso verdient Ihr Augenmerk der Strahlenspezialist aus der Pharmazie, SDAX-Aufsteiger Eckert & Ziegler.

Ein kaum auszurottendes Vorurteil: raus aus Aktien im Mai, rein in Aktien im Spätherbst

Der Mai 2019 war grottenschlecht mit einem Verlust von rund 5 %. Danach war Erholung angesagt. Wer Ende April bzw. Anfang Mai aussteigt, büßt bei vielen deutschen Aktien die Dividende ein, finden doch die meisten Hauptversammlungen im Mai und Juni statt. Ein DAX-Liebhaber verliert im Schnitt üppige Ausschüttungen von fast 3,5 % – darunter auch die beliebten steuerfreien Ertragsgutschriften, die vor allem bei Immobilienaktien häufig vorkommen.

Bei den DAX-Dividenden-Stars Allianz, BASF, Deutsche Post, Deutsche Telekom und Munich Re, den MDAX-Dividenden-Aristokraten Evonik, Hochtief, Uniper und TAG Immobilien sowie der TecDAX-Aktie Freenet sind es über 4 bis 8 %. Jeder Ein- und Ausstieg ist mit Gebühren verbunden und widerspricht der mutigen antizyklischen Strategie. Bis 2008 ließ sich dann nie ein steuerfreier Altbestand aufbauen. Ich kann nur ahnen, wie viel Anlegerleid diese verantwortungslose Empfehlung verursachte. Allerdings wurden aufgrund der Corona-Krise die Ausschüttungen vielfach gekürzt oder sogar gestrichen. Dies betraf vor allem Firmen, die Kurzarbeit anmeldeten und weitere Staatshilfen beantragten. Behalten Sie also Ihre Aktien im Mai. Jetzt können Sie zwar keinen steuerfreien Altbestand mehr aufbauen, aber immerhin der Finanztransaktionssteuer entgehen, die ab 2021 greifen soll. Zudem wahren Sie Ihre Chance auf zweistellige Dividendenrenditen und üppige Kursgewinne bei einem Zeithorizont von mindestens einem Jahrzehnt.

Ein unsinniger Rat: 100 minus Lebensalter = Anteil an Aktien

Kann es einen schlechteren Rat geben, als einem 80-Jährigen zu empfehlen, seinen Aktienanteil auf ein Fünftel zu reduzieren, und einem 20-Jährigen zu raten, rund 80 % seiner Ersparnisse in Aktien anzulegen? Das meiste Geld besitzt im Schnitt die Altersgruppe der 50- bis 65-Jährigen. Wer reich ist und jetzt seinen Aktienanteil deutlich herunterschraubt, muss mit Strafzinsen rechnen, im Allgemeinen mit bis zu einem halben Prozent. Wer auf erstklassige dividendenstarke internationale Aktien setzt oder als vorsichtiger Anleger aussichtsreiche passive ETFs und aktiv gemanagte Aktienfonds vorzieht, macht langfristig alles richtig.

Also bietet es sich eher an, den Aktien- und Aktienfondsanteil zu erhöhen, zumal mit Renteneintrittsalter die freie Zeit steigt und es im Ruhestand wichtig ist, sich neue Aufgaben und Ziele zu setzen. So entgehen auch Sie der Altersarmut.

Umgekehrt wollen junge Leute oft, können aber nicht aufgrund vielfältiger Umstände: Studium oder Berufseintritt mit noch bescheidenem Verdienst, große Anschaffungen, weg von Zuhause, eigene Wohnung, Familien- und Firmengründung. Da ist man froh, wenn jährlich 1.500 bis 2.000 zurückgelegt werden. Hier sind ETF-Sparpläne erste Wahl. Einzelaktien sind wegen des höheren Risikos erst ratsam, sobald breit gestreut werden kann.

Mein Notfallfahrplan bei Kurseinbruch mit Crashgefahr

Mein Notfallplan will Sie nicht knebeln, sondern mithelfen, dass Sie gelassen und nervenstark bleiben und auch in Krisen vernünftig handeln. Dann können Ihnen weder gierige Gurus, Kriminelle vom Grauen Kapitalmarkt noch Herdentrieb und Vorurteile etwas anhaben. Ihr Selbstwertgefühl steigt, wenn Sie schwierige Krisen meistern. Das gilt in hohem Maße für den Corona-Crash. Mutig zugreifen bei günstigen Kursen, statt immer nur passiv abzuwarten.

1. **Der größte Fehler ist, jetzt alle Aktien zum Tiefpreis aus dem Depot zu schleudern.** Nach jedem Crash haben sich über Jahrhunderte die Börsenkurse erholt und waren höher als vor dem Kurseinbruch, Ausnahme Japan.

2. **Wer als Einsteiger keine Erfahrung, wenig Geld und Börsenwissen hat, macht am besten gar nichts.** Ruhe bewahren, Füße stillhalten und abwarten!

3. **Wer Geld übrig hat und über Börsenwissen verfügt, sich vielleicht auch über eine große Erbschaft freut, kann jetzt günstig einsteigen und zukaufen.** Vorsichtige Anleger mögen ETFs und Aktienfonds. Risikofreudige wählen Aktien aus, die sie kennen und deren Geschäftsmodell sie verstehen.

4. **Wer Kindern und Enkeln etwas Gutes tun will, macht jetzt eine Einmalanlage statt Sparplan, um hohe Kursabschläge voll zu nutzen.** *Jetzt gilt: Was du heute kannst besorgen, das verschiebe nicht auf morgen!"*

5. **Selbst im jetzigen Corona-Crash kürzen längst nicht alle Unternehmen die Dividende.** Sie schütten wie gewohnt aus: gleich viel oder sogar mehr. Die Dividendenformel lautet: Ausschüttung mal hundert geteilt durch den aktuellen Kurs oder Ihren Einstandspreis.

6. **Im Crash empfehlen sich dividendenstarke Aktien, ETFs und Aktienfonds.** Eine hohe Ausschüttung sichert nach unten ab. Da halten sich die Kursverluste eher in Grenzen. Kaufen Sie einen Fonds, nehmen Sie „thesaurierend". Die Ausschüttung wandert in neue Anteile. Mit jeder Dividende steigt die Anzahl.

7. Besitzen Sie viele Aktien, so wenden Sie die von mir entwickelte Hoch-/Tief-Mutstrategie an mit klugem Teilverkauf und Zukauf. Warum kein Komplettverkauf? Ganz einfach: So behalten Sie Ihre besten Titel und haben nicht nur Mitläufer und Verlierer im Depot. Kaufen und verkaufen Sie in der Regel nicht unter 1.000 €. Sonst fressen die Kosten Ihren Gewinn weg und es lohnt sich später kein Teilverkauf. Bei Wasserstoffaktien waren bei geschicktem Einstieg und Teilverkauf in wenigen Monaten dreistellige Kursgewinne möglich.

Wie wirkt sich der demografische und klimatische Wandel auf eine kluge Anlagestrategie aus?

Betrug die Lebenserwartung in Deutschland vor 200 Jahren gerade mal 35 Jahre, 1900 rund 45 Jahre, Mitte des 20. Jahrhunderts 60 Jahre, so feiern heute im Schnitt Männer ihren 78. und Frauen ihren 83. Geburtstag. 2050 dürften Männer 84 und Frauen 89 Jahre alt werden. Seit 1970 verlängerte sich das Leben im Schnitt um ein Jahrzehnt. Wer heute 65 Jahre alt ist, kann damit rechnen, als Frau den 85. Geburtstag und als Mann den 80. Geburtstag zu feiern.

Der Zugewinn um mehr als zehn Lebensjahre führt durch Wohlstand, höheren Lebensstandard und medizinischen Fortschritt zu mehr gesunden Lebensjahren. Ein 70-Jähriger fühlt sich heute eher wie ein 60-Jähriger und weist ein ungefähr gleiches biologisches Alter auf. Bei betagten Menschen aber steigen Krebs, Herz-Kreislauf-Erkrankungen, Alzheimer-Demenz und andere schwere Erkrankungen spürbar an – also kein Jungbrunnen bis zum Lebensende.

Bei der Frage nach den Zukunfts- und Wachstumsmärkten und einer angepassten Geldanlage spielen die Digitalisierung, das Internet der Dinge, die Industrie 4.0 mit der vernetzten Welt eine dominierende Rolle. Die Auslagerung von Firmendaten, das Cloud-Computing, die Datenwolke, zählt zu den großen Hoffnungsträgern. Im Privatleben gelten Computerspiele als Zukunftsmarkt nicht nur für männliche Jugendliche, sondern auch für Mädchen und Erwachsene aller Altersgruppen.

Das längere Leben sollte Sie ermutigen, sich mit all diesen neuen Errungenschaften gründlich auseinanderzusetzen und bei der Geldanlage mit guten Aktien, ETFs, Misch- und Aktienfonds wichtige Zukunftsmärkte abzudecken.

Warum sind Medizintechnik, Biotechnologie, Bauwirtschaft Nutznießer des demografischen und klimatischen Wandels?

Medizintechnik profitiert vom längeren Leben. Entwickeln sich doch viele ältere Menschen zum Ersatzteillager von den Haarspitzen bis zu den Fußsohlen: Perücke, Brille, Hörgerät, Hüft- und Kniegelenk, Prothetik, Rollstuhl, Krücken, Rollator und weitere Hilfsmittel zur Erleichterung des Lebens im häuslichen Umfeld.

Der Zukunftssektor Biotechnologie ist ein Füllhorn neuer Wirkstoffe und Behandlungsformen. Aktuelle Forschungsergebnisse wecken Hoffnungen, wenn es um Behandlung und Heilung schwerster Krankheiten geht. Die forschende innovative Biotechindustrie mit Einsatz der Künstlichen Intelligenz bildet den Vorreiter.

Die Bauwirtschaft ist wegen vieler Naturkatastrophen infolge des Klimawandels, ebenso aufgrund maroder Infrastruktur bei Schienennetz, Brücken und Kanalisation ein Zukunftsmarkt. Da gibt es interessante, nachhaltig wirtschaftende Unternehmen. Hier erobert die Künstliche Intelligenz mit Robotik immer mehr Geschäftsfelder.

Wie sieht ein kluges Immobilien-Investment aus? Den Grundstock kann eine Eigentumswohnung oder ein Reihenhaus zur Eigennutzung bilden. Entscheidend ist die Lage, die Infrastruktur mit Bildungs-, Freizeit- und Kulturangebot und schnellem Internet für Familien mit Kindern. Altersgerechte barrierefreie Wohnungen mit Aufzug, moderner Bad- und Küchengestaltung, öffentlichem Nahverkehr und medizinischer Versorgung sind begehrt.

Es gibt zahlreiche substanz- und dividendenstarke Immobilienunternehmen, die auf Wachstums- und Ertragskurs sind und mit hoher, teilweise steuerfreier Dividende erfreuen. Achten Sie also auf den Hinweis „Ertragsgutschrift". Bei Einzelaktien würde ich mich mit dem deutschen Sektor begnügen, weil es nur hier genug Informationen gibt. Es bietet sich an, den Immobilienbereich auch mit einem passiv gemanagten ETF oder aktiven Aktienfonds abzudecken. Wählen Sie ein Produkt aus, in dem die Aktien nachhaltiger Unternehmen dominieren.

Angst beim Handel mit Auslandsaktien? Was ist bei der Order und den Steuersätzen zu beachten?

Angst vor dem Handel mit Auslandsaktien ist völlig unbegründet. Es gibt zwar einige Depotbanken, die bei DAX-Aktien etwas weniger berechnen und an sogenannten von der Deutschen Börse AG veranstalteten DAX-Tagen überhaupt keine Gebühr auf DAX-Einzelaktien und DAX-ETFs berechnen. Aber ansonsten besteht beim Handel mit deutschen und ausländischen Titeln bezüglich Transaktionskosten gar kein oder nur ein geringfügiger Unterschied.

Es bringt also nichts, die Order direkt an den ausländischen Heimatbörsen vorzunehmen. Dies würde sich nur bei hohen Beträgen lohnen. Die Besteuerung der Auslandsaktien ist uneinheitlich. Bislang fällt in Großbritannien keine zusätzliche Steuer an. Es wird beim Verkauf und den Ausschüttungen nur die deutsche Abgeltungsteuer von 25 % und im laufenden Jahr 2020 noch der volle Solidaritätszuschlag sowie, falls Mitglied, die Kirchensteuer berechnet. In einigen Ländern aus dem Euro Stoxx 50 kommt die hohe Belastung durch das Doppelsteuerabkommen hinzu. Unterschiede gibt es bei den Auszahlungen. In den USA wird viermal jährlich ausgeschüttet.

4.2 Vom Buch zum Internet – vom Internet zum eigenständigen, blitzschnellen Onlinehandel

Wer da glaubt, als Einsteiger mit Verzicht auf gute Börsenliteratur und einführende Beratung sofort zum Online-Aktienhandel durchstarten zu können, wird diesen vermeintlich kürzesten und kostensparenden Weg vermutlich mit Rückschlägen, Fehlern, Kostenfallen und Fallstricken teuer bezahlen. Börse ist kein Kindergeburtstag und funktioniert nicht ohne gründliche Planung und Lesen empfehlenswerter Literatur.

Der Königsweg verläuft über Grundwissen Bücher, geschickte Auswahl einer gut passenden Depotbank und Start mit Beratung. Dann ist der Weg zum schnellen, preiswerten und möglichst erfolgreichen Onlinehandel frei.

Vorteile Onlinebanking

Niedrige Ordergebühr.

Unabhängig von den Banköffnungszeiten.

Bequem und schnell.

Rasches Reagieren auf aktuelle Trends.

Transaktionen auch im abendlichen Handel und außerbörslich.

Der erste Schritt, um an der Börse erfolgreich zu sein, ist die Depoteröffnung bei der Haus- oder Direktbank. Schnell und preiswert ist das Onlinebanking. Sie sollten jedoch keinesfalls ohne ein gutes Virenschutzprogramm im Internet surfen und unbedingt auch eine Firewall einsetzen. Unsichere PCs gefährden leider die gesamte IT-Infrastruktur. Trojaner, Würmer und Viren können einen Daten-GAU auslösen mit verheerenden Folgen. Bei der Geldanlage steht – wie neue Umfragen des Marktforschungsinstituts GfK zeigen – eine qualifizierte Beratung oben auf der Wunschliste. Bei der Depoteröffnung legen Sie die Einstufung Ihrer Risikoneigung auf IV fest, um den Weg frei zu machen für riskantere Anlagen.

Wollen Sie mit Hebelzertifikaten und Optionsscheinen handeln, müssen Sie die Finanztermingeschäftsfähigkeit beantragen. Sobald Ihr Konto für Onlinebanking freigeschaltet ist, können Sie übliche Bankgeschäfte bequem von zu Hause aus erledigen. Telefonbanking war früher praktisch, wenn Sie unterwegs waren oder das Internet streikte. Doch durch die zahlreichen, langatmigen Informationsvorschriften mit einer Fülle schwerverständlicher Mitteilungen vergeht da schnell die Lust. Hinzu kommen zeitraubende Warteschleifen und eingeengte Handelszeiten, also außer im Notfall kaum noch zu empfehlen. Oder macht Ihre Depotbank da eine Ausnahme?

Die beste Direktbank gibt es nicht!

Onlinebroker und Hausbanken buhlen um die Gunst der Privatanleger. Jede Depotbank hat ihre Stärken und Schwächen. Die beste Bank für jeden gibt es nicht. Bevor Sie sich endgültig entscheiden, sollten Sie nicht nur die Gebührenstruktur genau miteinander vergleichen. Bei einem Vieltrader sieht die Wahl anders aus als beim Sparplanfan. Zählen Sie zu den Vieltradern, so sind niedrige Orderkosten und Rabattstaffeln wichtig. Es sollten keine Limitgebühren anfallen. Handeln Sie nur gelegentlich, so achten Sie auf günstige Fixkosten. Eine kostenlose Konto- und Depotführung dürften für Sie erste Wahl sein. Ist Ihr Ordervolumen hoch, sind einheitliche Gebührensätze günstig. Greifen Sie gern auf Neuemissionen zu, bietet sich ein Aktiendepot bei einer Großbank an, die oft beim IPO die Konsortialführung übernimmt.

Beliebte Onlinebankgeschäfte

Kontostandsabfrage: 88 %, Abruf Kontoumsätze: 82 %, Überweisungen: 59 %, Daueraufträge: 30 %, Kontakte mit der Bank: 22 %, Abfrage Börsenkurse: 14 %, Wertpapierkäufe und -verkäufe: 9 %, Abschluss von Anlageprodukten: 5,5 %, Kreditinformationen: 5,0 %, Darlehensabwicklung: 4 %. Immer mehr Bankkunden wickeln wichtige Zahlungsvorgänge bereits über das Smartphone ab.

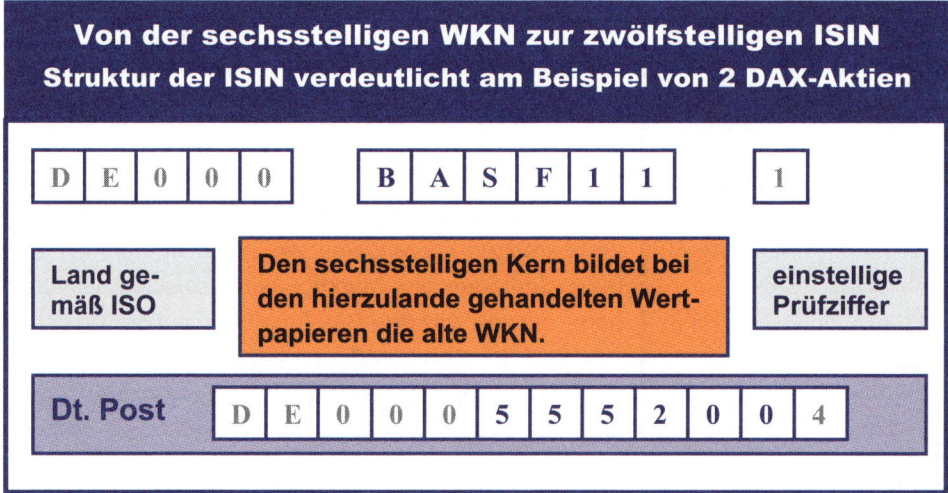

Wichtig sind die Gebührenstruktur, Anzahl und Umfang der Orders, die Art der Produkte, Einzel- oder Festpreise und Mengenrabatt, mit oder ohne Beratung, Depotgebühr, Sparpläne, Verzinsung, Kontoüberziehung, Stoppkurse, Sparpläne. Hier unterscheiden sich Ansprüche, Bedürfnisse und Angebote oft stark. Lassen Sie sich nicht durch billige Lockvogelangebote im ersten Halbjahr oder Jahr überrumpeln. Vielleicht übersehen Sie bei niedrigen Ordergebühren und Verzicht auf Depotgebühren, dass Sie alljährlich bis zu ein Prozent vom Depotwert berappen müssen.

3 Testsieger 1. Quartal 2019 Discountbroker/Depotbank		
Rang	**Kosten und Leistungen**	**Merkmale und Angebote**
Flatex **Note 1,3** **sehr gut**	Handel ab 3,80 € pro Order; dauerhaftes Flatrate-Angebot; kostenlose Realtime-Kurse; Depotgrundgebühr 0,00 €; Fondsanlagerechner	keine Konto- und Depotgebühr; Depoteröffnung in 5 Minuten; viele Fondssparpläne; mobiler Handel Tablet/Smartphone; außerbörslicher Handel; Flatex-Akademie
OnVista **Note 1,4** **sehr gut**	Handel ab 5,00 € pro Order; bis zu 10 Freiorders pro Monat; Depotgrundgebühr 0,00 €; Aktion: Trade-Guthaben 50,00 €	rund 9.000 Fonds handelbar; kein Ausgabeaufschlag, günstige Orderprovision; 80 Fondssparpläne; Sparpläne für viele Aktienfonds und ETFs
Comdirect **Note 1,4** **sehr gut**	Handel ab 3,90 € pro Order; dauerhaftes Flatrate-Angebot; kostenlose Realtime-Kurse; jährliche Depotgrundgebühr 0,00 €	keine Konto- und Depotgebühr; Kundenservice täglich 24 Stunden; Angebot Onlineseminare kostenlos; rund 500 Fondssparpläne

Vorschlag für die wichtige eigene elektronische Depotführung

Einerlei, ob Sie online bei Ihrer Hausbank, beim Discountbroker oder außerbörslich handeln: Halten Sie elektronisch Ihre Aktienaktivitäten fest – am besten als fünfspaltige Übersicht nach dem umseitigen Muster. Erledigen Sie dies verlässlich, haben Sie einen erstklassigen Überblick. Wer Aktien im steuerfreien Altbestand besitzt, muss zwei Depots führen. Die anfangs gekauften Aktien werden automatisch zuerst veräußert. Hier genügt eine farbliche Unterscheidung. So wissen Sie genau, wie viele Aktien Sie besitzen und wo sich Zukauf und Teilverkauf lohnen.

Verlassen Sie sich nicht auf die Depotübersichten Ihrer Bank. Die einzelnen Transaktionen werden nicht aufgeführt. Würden Sie dreimal kaufen zu unterschiedlichen Kursen und sich ändernder Anzahl, übermittelt Ihnen Ihre Depotbank immer nur die gesamte Menge zum Durchschnittspreis. So lässt sich keine erfolgreiche Langzeitstrategie mit Käufen zu niedrigen und Teilverkäufen zu hohen Preisen umsetzen. Und Sie erkennen auch nicht, wann sich vielleicht ein Steuerausgleich bei Aktienverlusten mit zuvor erzielten Veräußerungsgewinnen am besten anbietet. Ebenso ist es dann schwierig, Ertragsgutschriften (steuerfreie Ausschüttungen), Aktiensplit(t)s und Kapitalerhöhungen übersichtlich darzustellen. Disziplin ist hier unerlässlich. Gewöhnen Sie es sich an, jeden Kauf und Verkauf direkt nach der Abwicklung einzutragen. Dies gilt auch für Aktiensplits, Kapitalerhöhungen usw.

Muster für Ihre eigene elektronische Depotführung

Menge, Aktie, WKN	Kauftag und Kurs	Verkaufstag und Kurs	Sonstiges, Split, Div.	aktueller Bestand
K 30 Adidas A1E WWW K 10 Adidas A1E WWW V 8 Adidas A1E WWW	31.07.2014: 59,50 € 27.12.2017: 169,65 €	**Teilverkauf** 24.08.18 zu 213,30 € (Kauf 31.07.14 zu 59,50 €; Gewinn: 350 %)	nachhaltig; Sportschuhe aus Fischernetzen vom Meer	Neubestand 32 Stück
K 30 Allianz 840 400 K 15 Allianz 840 400 V 10 Allianz 840 400 K 15 Allianz 840 400	22.09.2011: 60,05 € 06.07.2016: 118,95 € 13.03.2020 147,35 €	**Teilverkauf** 24.09.18 zu 183,20 € (Kauf 22.09.11 für 60,05 €; Gewinn: 300 %)	DAX, hohe Dividende, niedriges KGV; Mitglied in Nachhaltigkeitsfonds	Neubestand 50 Stück
K 8 Alphabet A A14 Y6F K 3 Alphabet A A14 Y6F V 2 Alphabet A A14 Y6F K 3 Alphabet A A14 Y6F	16.04.2012: 241 € 11.08.2017: 772,00 € 30.04.2019: 1.060,00 €	**Teilverkauf** 24.07.18 zu 1.078,25 € (Kauf 06.04.12 zu 241 €; Gewinn: 400 %)	Mutterkonzern von Google; Aktien A und C; weltweit führende Suchmaschine	Neubestand 12 Stück
K 7 Amazon 906 866 K 2 Amazon 906 866 V 1 Amazon 906 866	14.04.2014 260,90 € 04.09.2018 1.160 €	**Teilverkauf** 31.01.20 zu 1.873 € (Kauf 14.02.14 zu 260,90 €; Gewinn: 700 %)	Weltmarktführer Onlinehandel mit viel KI; Familienunternehmen	Neubestand 8 Stück
K 160 Atoss Software 510 440 K 60 Atoss Software 510 440 K 30 Atoss Software 510 440 V 35 Atoss Software 510 440	03.06.2013: 13,20 € 04.01.2016: 30,95 € 02.09.2019: 63,00 €	**Teilverkauf** 18.06.2020 zu 114,00 € (Kauf 03.06.2013 zu 13,20 €; Gewinn: 800 %)	sehr hohe, steigende Dividende; Aktiensplit am 18. Juni 2020 2:1	Neubestand 215 Stück

4.3 Wie lassen sich mit Aktien aus 30.000 Euro in 22 Jahren zwei Millionen erwirtschaften?

Immer wieder fragen mich bei Diskussionen nach Vorträgen Teilnehmer, wie es möglich ist, mit 30.000 in zwei Jahrzehnten Millionär zu werden. Oft wird bei Bewertungen auch der Wahrheitsgehalt angezweifelt. Manche Kritiker stellen dann umfangreiche Berechnungen an, dass dies nur mit zusätzlich sprudelnden Finanzquellen möglich sei, etwa Erbschaft, Preisgelder, Glücksspielgewinne, hohe Büchereinkünfte.

Worauf aber noch niemand kam, ist die Tatsache, dass bei einer jahrzehntelangen internationalen Aktienanlage mit Schwerpunkt Dividendenstars die Dividendenrendite zweistellig anwachsen kann. Manche Unternehmen heben seit über einem halben Jahrhundert die Ausschüttung an. Und solange ich diese Aktien nicht verkaufe, sammle ich alljährlich 10 %, 20 %, 30 %, 40 % Dividendenrenditen ein – oft gestützt von üppigem Kursgewinn. Deshalb gilt für mich: Die besten Rennpferde bleiben im Stall. Nur hier und da ein Teilverkauf nahe Jahres- oder Allzeithoch.

Ich will jetzt auf einige Fragen zu diesem Thema stichwortartig antworten. Meine Depotbank kann bestätigen, dass ich die Wahrheit sage. Was den unverhofften Geldsegen anbelangt, habe ich nie geerbt und weder Preisgelder noch Glücksspielgewinne eingesammelt. Ich habe immer sparsam gelebt und nicht alles von meiner Pension ausgegeben, von zusätzlichen Einnahmen, die sich bis 2018 in Grenzen bewegten, Familienangehörige unterstützt, das Haus nach Dachabdeckung und Wasserschäden gründlich renoviert, zwei teure Immuntherapien bezahlt. Mal entnahm ich vom Aktienkonto, mal zahlte ich zusätzlich ein. Das glich sich alles aus. Erst seit 2019 sind meine Einnahmen durch Bücher und Vorträge viel höher als die Ausgaben – erkennbar an der dicken Steuernachzahlung und -vorauszahlung.

Allerdings spielen auch Glück und Zufall eine gewisse Rolle. Der Tüchtige verdient das Glück. Er muss nur mutig genug und entschlossen sein, die Chancen zu nutzen. Umgekehrt darf er das ihm zuteil gewordene Glück nicht wieder leichtsinnig verspielen. Ich erinnere hier an den Börsenaltmeister André Kostolany, der einst seine vier oder fünf G als Grundlage und Voraussetzung für den langfristigen Aktienerfolg erwähnte: Glück – Geld – Geduld – gute Gedanken.

Leserkommentar: Nur mit realisierten Buchgewinnen sind hohe Aktienerträge erzielbar.

Es gibt Trader, die mit schnellem Rein/Raus, Long und Short, unterschiedlich hohem Hebel bei Derivaten üppige Gewinne einstreichen: hohes Risiko – hohe Chancen. Ich setze auf eine risikoarme breit gestreute Langzeitstrategie und mache kleinere Teilverkäufe in der Regel erst ab dreistelligem Kursgewinn. Da ich meine besten Aktien langfristig halte, sind die Kursgewinne bei Sartorius, Nemetschek, Eurofins, Rational, Samsung, Bechtle, Fuchs Petrolub, Mensch & Maschine, Amazon, Alphabet sowie Cancom auf über 500 % bzw. 1.000 bis 5.000 % gestiegen.

Zwei Fallbeispiele über Dividenden-Aristokraten mit zweistelliger Ausschüttung bei jahrzehntelangem Anlagehorizont

*N*ehmen wir als erstes Beispiel den MDAX-Konzern Fuchs Petrolub, den weltbekannten Produzenten von Schmierstoffen und Spezialprodukten für die Fahrzeug- und Stahlindustrie, Bergbau und Landwirtschaft. Um nicht schon beim Kopfrechnen zu scheitern, arbeite ich mit gerundeten Zahlen. Kurs: 40 €, Dividende: 1 €. Wie hoch ist die Rendite? Formel: Dividende mal 100, geteilt durch den aktuellen Kurs bzw. Einstandspreis. Also 100:40 = 2,5 %. Ich selbst erwarb die Fuchs-Aktie (WKN 579 040), die ich im steuerfreien Altbestand hege und pflege, am 31. März 2005 splitbereinigt für 3,80 €. Ich runde zu meinen Ungunsten auf 4 € auf. Wie hoch ist jetzt die Ausschüttungsrendite? Also 100:4 = 25 %. Beim tatsächlichen Einstandspreis von 3,60 € und einer Ausschüttung von 1,06 € sind es sogar: 106:3,60 = 29,4 %.

*Z*ur Wiederholung, Übung und zum besseren Verständnis nenne ich als zweites Beispiel das Familienunternehmen für thermische Speisenzubereitung in Gewerbeküchen Rational, ebenfalls MDAX. Erneut arbeite ich mit glatten Zahlen. Kurs: 660 €, Dividende: 14 €. Also 1.400:660 = 1,4 %. Ich erwarb die Rational-Aktie (WKN 701 080), die ich im steuerfreien Altbestand halte, am 8. Mai 2003 für 33,80 €, gerundet 34 €. Also 1.400:34 = 41 %. Steigt die Dividende für 2020 wie angekündigt und erwartet auf 16,50 an, wären es sogar: 1.650:33,80 = 49 %. Ich wäre dumm, einen Kursgewinn von 500 % zu realisieren. Da wären nicht nur die Aktien weg, sondern die jährlich eingesammelte Dividende, die bei diesem vorbildlich geführten Familienunternehmen sogar bald über 50 % betragen wird – und dies alle Jahre wieder. Wegen der Corona-Krise ist jedoch festzustellen, dass Rational die Ausschüttung auf 5,00 € kürzt und die Geschäfte nicht mehr so gut laufen wie gewohnt. Aktuell beträgt also beim Kaufkurs von 33,80 € und einer Ausschüttung von nur noch 5,00 € die Dividendenrendite knapp 14 %. Das kann in einem oder in zwei Jahren wieder ganz anders aussehen.

4.4 Nachhaltig wirtschaftende Unternehmen sind häufig familiengeführt – Schwerpunkt DAXplus Family 30

Familienunternehmen als das pulsierende Herz des deutschen Mittelstands erfüllen eher ethische Ansprüche als fremdgeführte Unternehmen, bei denen es oft um den schnellen Erfolg, einen guten Quartalsbericht und eine positive Vorausschau geht. Ausgestattet mit wichtigen Alleinstellungsmerkmalen, wie dem Erfinder- und Entdecker-Gen, erobern sie sich ausbaufähige Marktnischen. Familienfirmen, die nachhaltig wirtschaften, sind Wachstumstreiber in den von der Künstlichen Intelligenz und Digitalisierung geprägten Zukunftsmärkten.

Die Gründer eigentümerdominierter Unternehmen richten ihr auf Angehörige, Mitarbeiter, Kunden und Lieferanten ausgerichtetes Geschäftsmodell längerfristig aus. Die vereinzelt vorhandenen 1.000-Prozent-Aktien im Mehrjahresvergleich wie Bechtle, Fuchs Petrolub, Nemetschek oder Sartorius stehen für Innovation und Substanzkraft. Keiner dieser Mittelständler startete als Dickschiff. Aber sie waren ausgestattet mit dem Erfinder- und Entdecker-Gen. Auch Google, Microsoft, Facebook, Amazon, Netflix, NVIDIA, Paypal, Shopify begannen nicht als Giganten. Sie schufen ihr Imperium getrieben von Idealen, Mut, Begeisterung, Elan, Kampfkraft. Nichts für Angsthasen, sondern für kluge Köpfe mit Gespür, die Trends frühzeitig zu erkennen. Jürgen Meier vom Bankhaus Julius Bär erläutert: *„Als Familienfirma hätte Daimler alle unprofitablen Sparten längst abgestoßen und heute nur mit Mercedes ein kleineres, aber hoch profitables Unternehmen."* Aber es gibt auch schwarze Schafe, die mit Nachfolgeproblemen kämpfen oder das Geld verprassen.

Laut Untersuchung des Stuttgarter Instituts für Familienfirmen (IFF) sind die besten deutschen eigentümergeführten Unternehmen substanzstark. Sie wirtschaften im Allgemeinen verlässlich, bilanzieren seriös, erhöhen Umsatz und Ertrag, sodass Zukunftssorgen, sofern die Nachfolge geregelt ist, erst seit dem Corona-Crash massiv belasten. Zuvor erzielten die 50 größten eigentümergeführten Unternehmen Umsätze von rund einer Billion €. Die hierzulande tätigen 4.500 Familienfirmen mit bislang 50 Millionen € Jahresumsatz sind Arbeitgeber für ein Fünftel der sozialversicherungspflichtigen Beschäftigten. In Deutschland sind 88 % aller Firmen familiengeführt. Sie decken 53 % am Mitarbeiteranteil und 44 % der Umsatzanteile in der Privatwirtschaft ab. Die meisten Familienbetriebe gibt es in Hamburg. Die größten inhabergeführten Gesellschaften haben ihren Sitz in Nordrhein-Westfalen.

Ein Unternehmen gilt allgemein als inhabergeführt, wenn bis zu zwei Familien zumindest die Hälfte der Anteile halten. Außerdem muss wenigstens ein Familienmitglied in der Geschäftsführung tätig sein. Die größten Familienfirmen aus DAX, MDAX, TecDAX und SDAX bilden mit 30 Teilnehmern den DAXplus Family 30. Weitere Familienfirmen sind im GEX zusammengefasst. Bezüglich der Branchen liegen Bau- und Gastgewerbe, Handel, Logistik und Industrie vorn.

Ziel ist es, das Überleben mit einer innovativen Wachstums- und Ertragsstrategie zu sichern und die Weichen für eine Erfolgsstory nach Überwindung des Corona-Crashs mit Konzentration auf den Klimawandel zu stellen. Fremdmanager werden heute so oft gefeuert wie die Cheftrainer der 1. und 2. Fußballbundesliga. Die Firmengründer und deren engagierte Nachfahren wollen ihr Unternehmen zukunftsfähig gestalten. Dazu gehört das bestmögliche Umsetzen von Industrie 4.0, Digitalisierung, Internet der Dinge, Künstlicher Intelligenz und vernetzter Welt. Der demografische, gesellschaftliche und klimatische Wandel mit bedrohlicher Erderwärmung sind als Herausforderung und Zukunftschance zu verstehen.

Was macht Familienunternehmen bei Aktionären so beliebt?

Eigentümerdominierte Gesellschaften fühlen sich langfristig den Angehörigen, Mitarbeitern, Kunden und ihrer Region verbunden. Es geht nicht um schnelle Erfolge, präsentiert in Quartalsberichten, sondern um eine nachhaltige Strategie. Ziel ist es, das Überleben mit einer innovativen Wachstums- und Ertragsstrategie zu sichern und die Weichen für eine Erfolgsstory auch in den nächsten Jahren und Jahrzehnten zu stellen. Was lässt sich bei Investitionen, nachhaltiger Infrastruktur, erneuerbaren Energien und Firmenkultur optimieren?

Als Belastungsfaktoren sind Nachfolgeprobleme und familiäre Unstimmigkeiten zu nennen. Oft fehlt es an geeignetem Nachwuchs oder der Bereitschaft von Töchtern und Söhnen, in die Fußstapfen ihres Firmengründers zu treten. Der Wunsch nach Unabhängigkeit und Eigenständigkeit auch in beruflichen Fragen verstärkt insbesondere bei kleineren Firmen den Wunsch nach Verkauf. Nutznießer dieser Probleme sind Beteiligungsunternehmen, selbst oft familiengeführt.

Im Leitindex DAX, der im Februar 2020 mit knapp 13.800 Punkten ein neues Rekordhoch präsentierte und im Zuge der Corona-Pandemie bis Ende März auf 8.200 Punkte abstürzte, befinden sich mit VW, BMW, Continental, Fresenius, Henkel und SAP sechs Familienkonzerne. Hinzu kommen Familienfirmen aus MDAX, TecDAX, SDAX. Für diese Gruppe gibt es einen eigenen Index, den DAXplus Family 30. Er besticht durch überzeugende Kursentwicklung, wird aber in den Medien kaum beachtet. Gleiches gilt für den TecDAX, der im Fünf-Jahresvergleich Deutschlands bester Index ist mit familiengeführten Unternehmen. Werfen Sie bitte einen Blick auf die Indizes, S. 257, Stand 19. Juni 2020.

Hervorzuheben sind die beiden Flaggschiffe Nemetschek und Sartorius. Daneben besteht für Unternehmen, die noch kein 10-jähriges Jubiläum der Börsennotierung feierten, ein weiterer Index. Es ist der GEX, in dem auch kleinere Familienfirmen gelistet sind. Die Zugangsvoraussetzungen für Familienunternehmen unterscheiden sich national und international. Und auch was die Bezeichnung „Nachhaltigkeit" angeht, ist die Bandbreite der Anforderungen von mäßig bis streng extrem groß.

Wie erfolgreich Familienunternehmen sein können, zeigt an der Börse der DAXplus-Family-Index. Er umfasst 30 Konzerne aus dem Prime Standard der Frankfurter Wertpapierbörse. Die Gründerfamilie muss mindestens einen 25-prozentigen Stimmrechtanteil halten oder dem Vorstand bzw. Aufsichtsrat angehören. Hier wird ein Stimmrechtsanteil von mindestens 5 % vorausgesetzt.

Die Wertentwicklung von Familiengesellschaften wird auch beim GEX, dem German Entrepreneurial Index deutlich. Der Börsengang der Mitglieder aus dem Prime Standard darf nur bis zu ein Jahrzehnt zurückliegen. Danach ist keine Aufnahme mehr möglich. Oder es kommt zwangsläufig zum Ausschluss. Dies erwies sich als ein schlechter Schachzug. Auch erfolgreiche Nachhaltigkeitsunternehmen hat es erwischt. Gerade dann, vergleichbar mit jungen Erwachsenen, wenn sich die Mittelständler nach vorn robbten, mussten sie den GEX verlassen. Dies war der Hauptgrund für den Nachfolger DAXplus Family 30.

Viele Familienfirmen sind Marktführer in ihren technologischen Nischen. Dies gilt insbesondere für den Medizintechnik-, Biotechnologie- und Softwarebereich, aber auch für den Maschinenbau, die Konsumgüterbranche und die Automobilindustrie. Der Generationenwechsel gehört zu den prägenden Phasen eines Familienunternehmens. Oft fehlt es am Nachwuchs oder Sohn und Tochter gehen eigene Wege. Am erfolgreichsten arbeiten Familienfirmen in der 1. und 2. Generation.

Warum bringen Familienunternehmen Nutzen für Staat, Gesellschaft und Region, wenngleich Kritiker meckern, dass durch den angehäuften Reichtum die Ungleichverteilung zunimmt?

➢ Familienunternehmen sorgen für viele Arbeitsplätze, denn sie sind insgesamt Deutschlands größte Arbeitgeber.

➢ Familienfirmen planen langfristig und sind krisenfester. Es geht nicht um die besten Quartalsberichte, sondern um dauerhaftes Wachstum und Überleben.

➢ Familienkonzerne und ihr Standort sind durch verantwortungsbewusstes, nachhaltiges Handeln regional miteinander verwurzelt bzw. verzahnt.

➢ Junge Fachkräfte arbeiten erfahrungsgemäß gern in eigentümergeführten Gesellschaften, die sich durch nachhaltige Geschäftsmodelle auszeichnen. Belegschaftsaktien können die Bindung zum Unternehmen verstärken.

Familienfirmen führen rund 70 % ihrer Ertragssteuern in Deutschland ab. Insbesondere in internationalen Unternehmen mit Fremdmanagern trifft dies nur zu gut 40 % zu. Laut Forsa-Umfrage vertrauen neun von zehn Deutschen einem Familienunternehmen. Gegenüber der eigenen Regierung ist dies nur ein Drittel. Bei globalen Gesellschaften sinkt diese Quote auf ca. 15 %. Familienfirmen fühlen sich ihren Regionen und Standorten meist eng verbunden und übernehmen vielfältige gesellschaftliche Verantwortung. Sie engagieren sich bei sozialen, kulturellen, gesundheitsfördernden und umweltfreundlichen Projekten. Infolge der fortlaufenden digitalen Transformation sind Familienunternehmen auf gut ausgebildete Fachkräfte angewiesen, umso mehr, wenn gerade jetzt wichtige Ziele auf Nachhaltigkeit getrimmt werden. Die Aufstiegs- und Karrierechancen werden allgemein positiv bewertet. Es wird schon viel getan, um die Vereinbarkeit von Familie und Beruf zu verbessern.

Nachhaltigkeitskriterien rücken bei etlichen Familienunternehmen immer öfter und stärker in den Fokus. Abhängig auch von den Branchen und Geschäftsfeldern nehmen Kunden solche Bemühungen wahr und lassen dies in ihre Kaufentscheidung einfließen. Das Global-100-Ranking umfasst 12 Nachhaltigkeitsfaktoren. Dazu zählen Energie- und Wasserverbrauch, CO_2-Emissionen sowie Bezahlung und Sozialleistungen für Geschäftsführung und Mitarbeiter. Beim Umsetzen von Nachhaltigkeitsansprüchen führen Unternehmen aus den Branchen Banken, Konsumgüter, KI, Elektronik, Pharma, Biotech, Energie, Industrie und Software.

Umfrage: Welche Nachhaltigkeitsmaßnahmen erscheinen sowohl für Unternehmen als auch für Verbraucher wichtig?

58 %: Plastik vermeiden, wo immer es geht

54 %: Kleidung möglichst an der Luft trocknen

50 %: bevorzugt regionale Lebensmittel kaufen

48 %: Strom sparen und das Ausschalten nicht vergessen

47 %: Gebrauchsgüter möglichst reparieren statt neu zu erwerben

35 %: Umweltpapier kaufen; einseitig bedruckte Bögen für Konzepte nutzen

34 %: weniger Fleisch verzehren, vegetarische Kost bevorzugen

29 %: seltener mit dem Auto fahren, kleine Wege zu Fuß gehen

6 %: keine dieser Maßnahmen befolgen **4 %:** weiß nicht/keine Angaben

Ein Blick auf die gerundete familiengeführte Top-Performance von Credit Suisse im Zehn-Jahresvergleich

1. Sartorius, TecDAX/MDAX: 5.080 %, 2. Nemetschek, TecDAX/MDAX: 4.400 %, 3. Grenke, MDAX: 890 %, 4. Sixt, SDAX 690 %, 5. 1&1 Drillisch, TecDAX: 320 %.

Der DAXplus Family 30 aus DAX, MDAX, TecDAX, SDAX: Eine Fundgrube auch von Firmen mit ethischen Wertmaßstäben

Am 7. Mai 2020 notierte der Familienindex bei 6.024 Zählern, unter Einbezug der weltweiten Corona-Krise eine erfreuliche Kursentwicklung. Das 52-Wochen-Hoch lag bei 7.107 Punkten, das Jahrestief bei 4.337 Zählern. Der Abstand zum Hoch ist deutlich geringer als die Differenz zum 52-Wochen-Tief. Das sieht bei zahlreichen Börsenbarometern ganz anders aus. Die Kursentwicklung könnte noch besser sein, wenn es endlich einen ETF über den DAXplus Family 30 gäbe und ebenso einen innovativen aktiv gemanagten Aktienfonds. Ebenso ist die vernachlässigte bzw. komplett unterlassene Berichterstattung im gesamten Wirtschaftsprintbereich zu bemängeln. Höchste Zeit, dies zu ändern! Dafür kämpfe ich seit Jahren. Auffällig ist, dass auch im Internet, sofern überhaupt angeboten, teilweise veraltete Zusammensetzungen mit lediglich aktuellen Kursen veröffentlicht werden.

Dass der DAXplus Family, obwohl ihn kaum jemand kennt, dennoch so gut abschneidet, liegt allein an der Qualität der inhabergeführten Unternehmen, die großteils nachhaltig wirtschaften und im Kampf gegen CO_2-Ausstoß und Erderwärmung innovative Geschäftsmodelle entwickeln. 28 von 30 DAXplus-Family-Mitglieder sind im DAX, MDAX, TecDAX oder SDAX notiert. Wer mutig ist und den ersten Schritt wagt, wird Nachahmer finden. Dann dürften sich Aktienfondsmanager und ETF-Emittenten nicht länger scheuen, entsprechende Produkte herauszubringen.

DAXplus Family 30: Familienfirmen aus deutschen Indizes, darunter zahlreiche Aktien mit Nachhaltigkeitsmerkmalen

Aktie/ Firma	WKN A0YKTN	Kurs am 08.05.20	Hoch/Tief 1 Jahr €	Kursentwicklung 1, 3, 5 Jahre
Adva	510 300	5,90 €	8,50/3,90 €	-20/-40/+19 %
SDAX, Telekommunikationsmärkte mit Hochgeschwindigkeitsnetzwerken				
Bechtle	515 870	146,10 €	149,9/79,35	+58/+173/+356 %
TecDAX/MDAX, Softwaresystemhaus, IT-Dienstleister, Cloud-Computing				
Carl Zeiss M.	531 370	95,40 €	122,0/67,70	+9/+131/+336 %
TecDAX/MDAX, Augenheilkunde, Mikrochirurgie, Operationsmikroskope				
CompuGroup	543 730	76,00 €	76,00/46,50	+26/+66/+196 %
TecDAX/MDAX, Software Diagnose/Therapie Ärzte, Zahnärzte, Kliniken				
CTS Eventim	547 030	37,95 €	61,45/25,45	-16/+5/+24 %
SDAX, Ticketvermarktung Konzert/Theater/Sport, jährlich 180.000 Events				

Aktie/ Firma	WKN A0YKTN	Kurs am 08.05.20	Hoch/Tief 1 Jahr €	Kursentwicklung 1, 3, 5 Jahre
Dürr	556 520	20,50 €	37,10/15,70	-44/-54/-54 %
MDAX, Maschinenbau Autos, Lackieranlagen/Endmontage/Komponenten				
Eckert & Ziegler	565 970	145,90 €	205,0/88,00	+67/+492/+613 %
SDAX, Strahlen- und Medizintechnik mit dem Schwerpunkt Krebstherapie				
Fielmann	577 220	60,85 €	76,15/42,95	+2/-5/+16 %
SDAX, Augenoptik/Hörgeräte, Gleitsicht-/Sonnenbrillen und Kontaktlinsen				
Fresenius	578 560	40,30 €	51,80/24,45	-18/-48/-23 %
DAX, Gesundheitskonzern, Produkte/Versorgung Kliniken und ambulant				
Grenke	A16 1N3	64,30 €	103,1/41,30	-27/+5/+70 %
MDAX, IT-Leasing/Finanzierung Firmen; PC/Bildschirme/Drucker/Kopierer				
Henkel Vz	604 843	79,80 €	97,40/61,60	-10/-36/-19 %
DAX, Markenartikel Haushalt/Handwerk/Körperpflege/Büro/Schule/Freizeit				
Hypoport	549 336	348,50 €	381,0/186,0	+77/+247/+1.490 %
SDAX, Online-Immobilienfinanzdienstleister mit eigenem B2B-Finanzplatz				
Isra Vision	548 810	48,60 €	50,90/29,80	+44/+85/+346 %
Abstieg TecDAX/SDAX, Zukunftsmarkt Oberflächen-Inspektionssysteme				
Krones	633 500	55,35 €	78,45/42,05	-28/-49/-40 %
SDAX, Abfüllanlagen Verpackungen Getränke/Nahrung/Chemie/Pharma				
Merck KGaA	659 990	106,25 €	125,6/76,35	+9/+1/+15 %
DAX, Pharmakonzern Kernkompetenz Herzkreislauf-/Stoffwechselstörung				
Nemetschek	645 290	63,95 €	68,95/33,00	+31/+208/+612 %
TecDAX/MDAX, Software Architektur, Bauwesen, CAD-Lösungen BIM 5				
Patrizia	PAT 1AG	20,80 €	25,30/16,10	+10/+22/+71 %
SDAX, bankenunabhängiges Gewerbe-/Wohnimmobilien-Investmenthaus				
Rational	701 080	451,60 €	730,0/388,4	-23/-2/+35 %
MDAX, Weltmarktführer thermische Speisenzubereitung Gewerbeküchen				
Rocket Internet	A12 UKK	19,25 €	26,00/16,10	-20/+10/-53 %
MDAX, großer Beteiligungskonzern für junge Firmen in Gründungsphasen				

Aktie/ Firma	WKN A0YKTN	Kurs am 08.05.20	Hoch/Tief 1 Jahr €	Kursentwicklung 1, 3, 5 Jahre
SAP SE	716 460	107,90 €	129,6/82,80	-1/+19/+72 %
DAX/TecDAX, Softwarelösungen für Firmen jeder Größe, Handel/Finanzen				
Sixt SE St	723 132	60,70 €	99,65/34,40	-40/+20/+58 %
SDAX, Mobilitätsdienste, Mietwagenservice, Verleihstationen Flughäfen				
SMA Solar	A0D J6J	29,50 €	40,00/18,00	+41/+22/+116 %
SDAX, Wechselrichterspezialist, Produktion Photovoltaik-Komponenten				
SNP Schneider	720 370	41,55 €	74,10/22,05	+66/+10/+227 %
SDAX, Transaktionsplattform IT-Software Automatisierungsprozesse				
Software AG	A2G S40	34,10 €	34,75/21,50	+10/-15/+41 %
TecDAX/MDAX, Deutschlands zweitgrößter Software-Familienkonzern				
Ströer SE	749 399	59,35 €	77,80/39,80	-4/+12/+85 %
SDAX, Außen- und Onlinewerbung, integrierte Kommunikationslösungen				
Symrise	SYM 999	95,25 €	100,0/72,00	+13/+49/+77 %
MDAX, Spezialchemie, Duft-/Geschmacksstoffe/Aroma, Nahrung/Kosmetik				
United Internet	508 903	32,35 €	36,90/21,00	-9/-23/-13 %
TecDAX/MDAX, Onlinezugangsprodukte Privat-/Geschäftsleute, G5-Lizenz				
Wacker Neuson	WACK01	11,65 €	23,75/8,00 €	-52/-48/-40 %
SDAX, Beteiligungsgesellschaft für Baugeräte und Kompaktmaschinen				

Momentan – Anfang Mai 2020 – wechselt die Stimmung an den Märkten. Einerseits macht sich Angst breit wegen der verheerenden Folgen für die Wirtschaft hierzulande und weltweit. Schließlich wirft der Corona-Crash die Konjunktur so heftig zu Boden wie keine Rezession zuvor in diesem Jahrtausend. Umgekehrt beeinflusst die Hoffnung der Optimisten *„danach schnell wieder hoch"* den Auftrieb bei DAX & Co.

Es stellt sich also bei den ersten Lockerungen der vielfältigen staatlichen Freiheitseingriffe und Verbote die Frage: Sehen wir neue Tiefstände oder pendeln sich die Kurse mitten zwischen Jahreshoch und Jahrestief ein? Da niemand eine Glaskugel besitzt und die Zukunft verlässlich voraussagen kann, lautet mein Rat: Übertriebene Kurseinbrüche für Einstieg und Zukauf nutzen. Und wenn eine Aktie ein Allzeithoch erklimmt wie kürzlich CompuGroup, dann ruhig einen Teilverkauf überlegen.

Fallbeispiele über „Einhörner"-Familienunternehmen: Worte belehren – Beispiele begeistern und überzeugen

Wenn es darum geht, Millionen von Menschen aller Altersgruppen davon zu überzeugen, nicht länger einen Bogen um die Geldanlage in Aktien zu machen, sind langatmige Erklärungen der falsche Weg. Wie soll es gelingen, sich endlich vom schleichenden Kapitalvernichter Sparbuch, Festgeld und Tagesgeld zu verabschieden, wenn die Informationen staubtrocken und schwer verständlich sind? Für Menschen, die sich in finanziellen Dingen kaum auskennen, aber auch für erfolgreiche und marktkundige Anleger sind packende Beispiele das Salz und die Würze in einer sonst eher faden Suppe. So will ich mit wahren, dokumentierten Fallbeispielen wichtige Fragen bei der Geldanlage verdeutlichen, gilt doch die Veranschaulichung von Inhalten und Sachverhalten unbestritten als die Mutter aller Studien.

Die Bausoftware-Aktie der nachhaltig wirtschaftenden Familienfirma Nemetschek, durch den Gründer Prof. Georg Nemetschek 2005 als Einhorn entdeckt.
Bei einer Preissteigerungsrate von 1,0 % verlieren die Bundesbürger mit ihrem Sparbuch alljährlich 50 Mrd. €. Legt die Inflationsquote um 2,0 % zu, sind es 100 Mrd. €, die pro Jahr vernichtet werden. Niemand muss sich enteignet fühlen, wenn er langfristig in Aktien anlegt und sich vom gewohnten Anleihesparen verabschiedet. Aber es ist nicht immer einfach, sein Anlageverhalten der veränderten Welt anzupassen.

Fallbeispiel 1: *Ich war von Prof. Georg Nemetschek, dem Gründer der Bausoftwarefirma „Planen – Bauen – Nutzen – Media", so begeistert, dass ich mir 2005 im März für 1,33 € und im Juni für 1,28 € splitbereinigt Nemetschek-Aktien ins Depot legte. Ich orderte jeweils für gut 1.000 €. Bei Kursen über 50 € machte ich zwei Teilverkäufe. Der Kursgewinn betrug über 3.000 %. Ich musste nur 30 Aktien verkaufen, um rund 1.500 € für einen Zukauf verfügbar zu haben.*

Auf die Frage: „Warum verkaufen Sie nicht alles?" lautet meine Antwort: „Meine besten Rennpferde bleiben im Stall!" Hier und da ein Teilverkauf, um günstig neue Aktien zu erwerben, ist Kern der Hoch-/Tief-Mutstrategie. Den Großteil halte ich langfristig. Obwohl Nemetschek kein Dividendenstar ist, beträgt bei einer Ausschüttung von 33 Cent die Dividende bei mir 25 %. Wo bekomme ich sonst eine solch hohe Rendite Jahr für Jahr? Die Formel lautet: Dividende multipliziert mit 100 dividiert durch den Kaufpreis. Bald wird die Rendite bei 30 % liegen. Als Nemetschek im grottenschlechten Börsenmonat Dezember 2018 splitbereinigt für 31 € zu haben war, empfahl ich im Börsenseminar, mutig einzusteigen oder aufzustocken. Mittlerweile kostet die Nemetschek-Aktie 60 €. Durch den Aktiensplit verändert sich nicht der Wert. Es ist so, als ob ich eine Torte in mehrere Stücke aufteile. Aber die Stückelung spiegelt Zuversicht wider. Und die Aktie ist besser handelbar bei einem Preis von 60 €. Da ich 2005 bei 1,28 € zugriff, beträgt der Kursgewinn über 4.000 %.

Legen Sie die Dividende stets in gleiche oder andere Aktien an, um den Zinseszinseffekt bestmöglich zu nutzen?

Wer sich im Laufe von Jahrzehnten ein großes Depot aufbaut, kann mithilfe der Ausschüttungen zumindest den Unterschied zwischen dem Einkommen als Berufstätiger und der späteren Rente oder Pension voll ausgleichen. Dies gilt für meine beiden Kinder, die diese Depots erben und weiterführen wollen. Substanz- und dividendenstarke defensive Value-Aktien schütten oft so zuverlässig und steigend aus, dass die Rendite im Laufe der Jahre zweistellig wachsen kann. Wie dumm wäre es da, im Mai alles zu verkaufen. Wer die Dividende stets in die jeweiligen Aktien anlegt, würde bei Ausschüttungen von unter 100 € prozentual viel zu hohe Transaktionsgebühren bezahlen. Also besser rundum anlegen!

Wer heute 65 Jahre alt ist, kann damit rechnen, seinen 80. Geburtstag zu feiern. Wer seit Langem sein Aktiendepot pflegt, darf sich bei nachhaltig wirtschaftenden Firmen aus DAX & Dow über eine zweistellige Dividendenrendite freuen. Oft steigt die Ausschüttung über Jahrzehnte verlässlich. Die Dividende errechnet sich aus dem Einstiegspreis. Ermutigend ist, dass jeder mit einem breit gestreuten Aktiendepot Gewinne erzielt, wenn er seit 14 Jahren oder länger investiert ist. Das gilt sowohl für das grottenschlechte Börsenjahr 2018 mit einem Kursverlust beim DAX von knapp einem Fünftel auf nur noch rund 10.500 Punkte als auch für die schöne Entwicklung 2019. Auch nach Überwindung der Covid-19-Pandemie werden DAX & Co. wieder neue Höchststände erzielen. Aber niemand weiß, wann dies eintrifft. Deshalb ist es immer richtig, phasenweise gute Einstiegskurse bei abgestürzten Qualitätsaktien zu nutzen.

Der Chart über den Familienkonzern Sartorius aus dem TecDAX und MDAX stammt von Trading-Ideen. Er wertet charttechnisch mein damaliges Fallbeispiel mit Markierungen für den Einstieg und den späteren Teilverkauf aus und bestätigt die Qualität der Hoch/Tief-Mutstrategie. Bei Familienunternehmen, das gilt auch für Nemetschek, sind vierstellige Kursgewinne häufiger als bei fremdgeführten AGs.

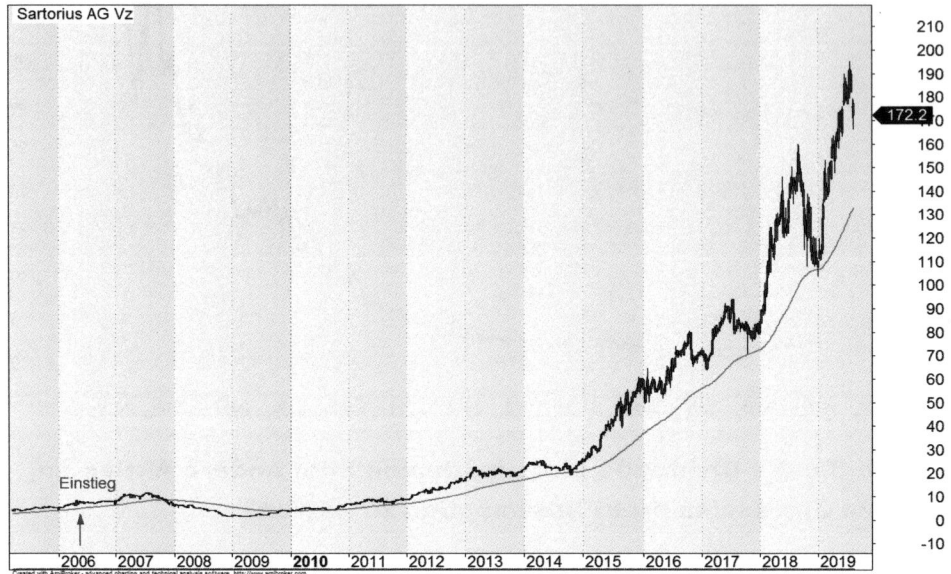

Fallbeispiel 2: *Im März 2009 ordert ein Anleger 20 TecDAX-Aktien Carl Zeiss Meditec für je 10 €. Hinzu kommen Transaktionskosten von rund 15 €. Verkauft er, fallen nochmals gleich hohe Ordergebühren an. Die Carl-Zeiss-Meditec-Aktie muss um 2 € steigen, um den Titel nach Abzug der Abgeltungsteuer verlustfrei veräußern zu können. Der Kursgewinn von einem Fünftel verpufft wegen der viel zu geringen Menge. Erst ein Kursgewinn von 50 %, d. h. die Aktie wird zu 15 € verkauft, bringt nach Abzug der Kosten und Steuer einen Ertrag von 50 bis 60 €. Beim Einsatz von nur 240 € nicht schlecht, aber auch nicht überwältigend. Vom Kursgewinn 50 % verbleibt über den Daumen gepeilt eine Rendite von einem Drittel, für die noch eine 25-prozentige Abgeltungsteuer (plus Solidaritätszuschlag und Kirchensteuer) anfällt.*

Bei solch geringem Einsatz mag dies zufriedenstellen. Aber das Risiko ist hoch. Nicht jede Aktie steigt um 50 % – und nur selten binnen weniger Monate. Wer glaubt, dieses Beispiel wäre praxisfern, braucht bei www.boerse.ard.de nur die eine oder andere WKN von kleinen Nebenwerten anzuklicken. Er wird erstaunt sein, wie oft an den Regionalbörsen Miniorders erteilt werden. Gelegentlich tun dies Ruheständler, um in ihrer Region die HV besuchen zu dürfen. Dies bietet Abwechslung, Essen und Trinken. Bei virtuellen Hauptversammlungen, wie sie aufgrund der Corona-Pandemie im Jahr 2020 üblich sind, fällt die persönliche Kommunikation aus.

Ein anderer Anleger ordert 200 Carl-Zeiss-Meditec-Aktien zu 10 €. Verkauft er bei einem Kursgewinn von 20 %, nämlich zu 12 €, so beträgt das Plus 400 €. Zieht er die Gebühren ab, verbleiben ihm 370 bis 380 € Gewinn – als Altbestand steuerfrei, ansonsten steuerpflichtig. Interessant wird es, wenn der Kurs um die Hälfte auf 15 € steigt. Verkauft er komplett, erzielt er einen Gewinn von 1.000 €.

Ein betuchter Anleger setzt 5.000 € für seine Carl-Zeiss-Meditec-Aktien ein. Bei einem Buchgewinn von über 100 % ist zu überlegen, nur ein Viertel, ein Drittel oder die Hälfte zu verkaufen. Mit dem Restbestand profitiert der Anleger bei weiterem Aufwärtstrend und ärgert sich nicht. Stürzt die Aktie ab, gerät er durch die Gewinnmitnahme kaum oder gar nicht mehr in die Verlustzone.

Wie sieht es mit Carl Zeiss in meinem Depot aus? Ich erwarb die Aktie im Herbst 2006 für 10,10 €. Jetzt kostet der Titel rund 100 €, Kursgewinn von 100 %. Den Altbestand hüte ich wie einen Schatz. Ich habe 2019 bei Kursschwäche für 71,50 € nachgekauft. Die Aktie profitiert vom demografischen Wandel. Mit zunehmendem Alter häufen sich Sehschwäche, Fehlsichtigkeit, grüner und grauer Star.

Fallbeispiel 3: **Was amerikanische Dividenden-Aristokraten bieten:**

Coca-Cola hat seit 50 Jahren die Ausschüttung immer verlässlich gesteigert.
Johnson & Johnson hebt die Dividende seit 50 Jahren ohne Unterbrechung an.
Colgate-Palmolive erhöht die Ausschüttung ausnahmslos seit 42 Jahren.
3M Co. legt bei den Dividenden sogar schon seit exakt sechs Jahrzehnten zu.
Bei *Procter & Gamble* wächst die Ausschüttung rekordverdächtig seit 62 Jahren.

Fallbeispiel 4: **Autozulieferer Schaeffler setzt auf Nachhaltigkeit.**

Der von der Automobilflaute gebeutelte Zulieferer Schaeffler aus dem SDAX (WKN SHA 015) will gezielt auf Nachhaltigkeit setzen. So sollen künftig die Vorstandsbezüge auch daran bemessen werden, in welchem Maße die Nachhaltigkeitsziele beim Geschäftsmodell und der Unternehmenskultur umgesetzt werden. Die Dividende wird nicht gekürzt. Wie vorgesehen, werden 0,45 € ausgeschüttet. Bei einem Kurs von rund 6 € sind dies immerhin 3,4 %.

Der Corona-Crash erfordert es, dass vor allem Unternehmen, denen die Umsätze auch künftig wegzubrechen drohen, ihr Geschäftsmodell konsequent nachhaltig in Richtung Infrastruktur, Bildung und Bekämpfung des Klimawandels ausrichten. Gerade im Gesundheitswesen, aber auch im Maschinenbau, bei Technologie und IT-Software gibt es für innovative, engagierte Mittelständler durchaus Chancen, letztlich als Sieger aus dieser schweren Weltwirtschaftskrise hervorzugehen. Man schaue sich nur die Umstellung auf Videokonferenzen, Homeoffice, neue Lern- und Arbeitsformen an. Aber auch im Produktionssektor lassen sich auch mithilfe der Künstlichen Intelligenz interessante nachhaltige Geschäftsmodelle entwickeln.

4.5 Einblick in den Nachhaltigkeitsbericht eines mittelständischen Familienunternehmens

Immer häufiger präsentieren börsennotierte Unternehmen nicht nur ihre Geschäftsberichte online oder ausgedruckt. Sondern sie verfassen darüber hinaus mehr oder weniger aufwändige Nachhaltigkeitsberichte. Worum es vorrangig geht, will ich bei Uzin Utz aus Ulm, dem Anbieter von Bodenbelägen aller Art, auszugsweise veranschaulichen.

Was verbirgt sich bei Uzin Utz hinter den vier Handlungsfeldern PLANET – Umwelt & Ressourcen, PROFIT – Ökonomie & Unternehmenssicherung, PEOPLE – Mitarbeiter & Gesellschaft, sowie PRODUCTS & SERVICES – Produkte & Dienstleistungen?

Auszug aus dem 56-seitigen Nachhaltigkeitsbericht des Vorstands 2019: *„Diese vier Stoßrichtungen sind Ihnen sicherlich bereits bekannt aus unseren vorangehenden Nachhaltigkeitsberichten. Neu ist die inhaltliche Ausprägung, insbesondere weil unser Fokus mehr denn je auf Internationalisierung liegt. Wir möchten die Stärken unserer Tochtergesellschaften bündeln und Synergien nutzen. Trotzdem sollen länder- und marktspezifische Gegebenheiten berücksichtigt werden.*

Für jede Stoßrichtung haben wir ein übergeordnetes Ziel festgelegt. So haben wir für PROFIT neue Umsatzziele definiert, die wir unter anderem durch Kundenorientierung sowie durch Wachstum in unseren Kern- und Wachstumsmärkten erreichen wollen. Der Aufbau eines gruppenweiten Innovationsmanagements sowie die Erfüllung der Kundenbedürfnisse hinsichtlich leistungsstarker und wohngesunder Produkte stehen zentral im Themenfeld PRODUCTS & SERVICES. Im Handlungsfeld PLANET ist neu, dass wir ambitionierte konzernweite Klimaschutzziele verfolgen.

Eines bleibt für uns jedoch eine grundlegende Handlungsbasis als familiengeführtes Unternehmen: Wir übernehmen Verantwortung und pflegen eine wertorientierte Unternehmenskultur. Deshalb sind bei PEOPLE weiterhin Qualifikation und die Zufriedenheit unserer Mitarbeiter zentrale Schwerpunkte."

WIN-Charta: *„Mit dieser Selbstverpflichtung bekennen wir uns dazu, die darin definierten zwölf Nachhaltigkeitsleitsätze einzuhalten und unsere Nachhaltigkeitsaktivitäten weiter zu steigern. Zugleich möchten wir mit unserem Engagement in dieser Initiative eine Vorbildfunktion für andere Unternehmen wahrnehmen. – 2019 unterstützten wir die ‚Grünfinder' – und das bereits im dritten Jahr in Folge."*

⑤ Der Nachhaltigkeitsindex der Deutschen Börse AG: DAX 50 ESG

5.1 Die schnelle Reaktion auf den Protestruf der jungen Generation: Nachhaltigkeitsindex mit Ecken und Kanten – aber Weg nach vorn

Man mag ja darüber streiten, ob es für einen Nachhaltigkeitsindex ausreicht, sich auf die allgemein bekannten Ausschlusskriterien zu beschränken. Dazu gehören die Geschäfte in den Bereichen umstrittene Waffen, Tabak, Kohle, Kernkraft und militärische Verträge. Der DAX 50 ESG soll zwar ökologische und soziale Aspekte sowie eine intakte Unternehmensführung berücksichtigen. Aber geschieht dies tatsächlich?

Letztlich entscheiden jedoch auch hier wie so oft im Wirtschafts- und Börsenleben die Marktkapitalisierung und der Börsenumsatz. Folglich dominiert der Leitindex DAX mit 23 Titeln. Da bleibt für den innovativen, häufig familiengeführten Mittelstand MDAX, TecDAX und SDAX mit 160 Werten gerade mal eine kümmerliche Nachspeise übrig. Das Hauptgericht heißt DAX. So wurde eine große Chance vertan, Nachhaltigkeit als einen wesentlichen Bestandteil des Mittelstands mit den erfolgreichen Börsenbarometern MDAX, TecDAX und SDAX vorzustellen. Es sollte sich nicht immer nur alles um den deutschen Leitindex DAX drehen, der zumindest in diesem neuen Index eine viel zu große Portion abbekommt.

Es mag ja noch verständlich sein, dass zu den sieben Ausschlusskandidaten der DAX-Neuling Triebwerksbauer MTU AERO, die Immobilienfirma Vonovia, der Zahlungsabwickler Wirecard und die Energiekonzerne E.ON und RWE gehören. Aber warum es den um Elektromobilität bemühten Vorreiter Volkswagen und erst recht den Gesundheitskonzern Fresenius erwischt hat, bleibt wohl ein Rätsel. Weshalb bleiben Bayer, BASF, Daimler und Lufthansa drin? Warum fliegt gerade der Gesundheitskonzern Fresenius raus?

Unter dem Vorbehalt, dass es mir missfällt, 23 DAX-Konzerne aufzunehmen, also rund 75 %, und von 160 Mittelständlern gerade mal 27 Unternehmen zu berücksichtigen, also deutlich weniger als ein Fünftel, erstelle ich eine Übersicht. Aber ich lasse es mir nicht nehmen, einige kritische Zitate wiederzugeben.

Kritik ist möglich, wenn etwas da ist. Treffen Sie Ihre Auswahl.

Erfreulich, dass die Deutsche Börse das Thema Nachhaltigkeit aufgreift! Ein erster Schritt, um aus Fehlern zu lernen und Fondsmanager anzuregen, es selbst besser zu machen und dem innovativen Mittelstand mehr Spielraum zu geben.

Lia Polotzek, Finanzexpertin des Bundes für Umwelt und Naturschutz Deutschland (BUND) bezeichnet den Ansatz der Deutschen Börse als „Augenwischerei". Sie erklärt gegenüber dem *Handelsblatt* am 4. März 2020: *„Der neue Nachhaltigkeitsindex ist nichts weiter als eine grüne Verpackung. Durch den Index wird kein Transformationsprozess hin zu einer klima- und umweltfreundlichen Wirtschaft finanziert. – Enthalten sind umweltschädliche Chemie-, Zement- und Luftfahrtindustriewerte sowie mit BASF ein Unternehmen, dessen hundertprozentige Tochter Wintershall sich damit schmückt, größter deutscher Erdöl- und Erdgasproduzent zu sein. Das ist alles andere als nachhaltig"*, so ihre Einschätzung.

Kristina Jeromin, Nachhaltigkeitschefin der Deutschen Börse, kann derlei Kritik grundsätzlich verstehen: *„Die Finanzbranche ist Teil der gesellschaftlichen Nachhaltigkeitsdebatte und bildet diese ab. Veränderungen kann es nicht von heute auf morgen geben."* Man habe sich bewusst dazu entschieden, mit dem Index die Breite des Marktes abzubilden – aber gleichzeitig ein besonderes Augenmerk auf Firmen gesetzt, die die Transformation hin zu einer nachhaltigen Wirtschaftsweise beförderten. *„Hätten wir alle Unternehmen herausgenommen, die nicht bereits heute die Erfordernisse des 1,5-Grad-Ziels beim Kampf gegen die Klimaerwärmung beachten, so wäre praktisch kein einziger Wert mehr im neuen Index vertreten"*, erklärt Kristina Jeromin. In den kommenden Jahren würden die ESG-Kriterien bei der Geldanlage jedoch zunehmend zum Standard werden.

> ➤ Für 2020 plant die im DAX notierte Deutsche Börse AG die Auflage einer zweistelligen Anzahl weiterer Nachhaltigkeitsindizes. Dann auch mit härteren Kriterien für besonders ökologische orientierte Anleger. So jedenfalls lautet das Versprechen in Frankfurt.

Fazit: Es ist kaum möglich, dass ein Unternehmen in allen Geschäftsfeldern nachhaltig ist. Auch ein Energieversorger, der jetzt noch sein Geld mit Erdöl und Erdgas verdient, aber zielstrebig die Weichen stellt für den Umbau auf Solarstrom und Windkraft, Bioenergien und Wasserstoff, muss nicht geächtet werden.

Es wird noch eine ganze Weile dauern, bis wir ohne die fossilen Energieträger Erdöl und Erdgas auskommen. Einen Fischzuchtkonzern wie Mowi ASA nur deshalb zu verdammen, weil Antibiotika eingesetzt werden, geht zu weit. Ist es hinnehmbar, dass die Fischzucht stirbt, die Firma pleitegeht und Mitarbeiter arbeitslos werden?

Warum keine Informationen über die Zusammensetzung beim Nachhaltigkeitsindex DAX 50 ESG mit der WKN A0S 3E0?

Trotz stundenlanger Suche im März, April und Mai 2020 war es mir nicht möglich, irgendwo die komplette Zusammensetzung vom DAX 50 ESG ausfindig zu machen. Sofern überhaupt, wurden lediglich die 23 DAX-Mitglieder aufgeführt. Auch die Suche nach einem entsprechenden ETF und Aktienfonds verlief ergebnislos, obgleich mich zahlreiche Anleger danach fragten und ein Interesse fraglos vorhanden ist. Dagegen wurde auf vielen Börsenplattformen die Kursentwicklung angezeigt. Der DAX 50 ESG notierte am 8. Mai 2020, als der Leitindex während einer Crash-Erholungsphase die Marke von 10.900 Punkten erklommen hatte (52-Wochen-Hoch/-Tief: 13.800/8.200 Punkte) bei 1.226 Punkten. Das Hoch lag bei 1.551, das Tief bei 922 Zählern. Weitere Informationen gibt es bisher nicht. Mir bleibt deshalb nichts anderes übrig, als die freien 27 Plätze selbst zu vergeben. Vielleicht kann sich daran ein Nachhaltigkeitsaktienfonds orientieren.

Aktie/ Unternehmen	WKN A0S 3E0	Kurs am 08.05.20	Hoch/Tief 52 Wochen	Kursverlauf 1, 3, 5 Jahre
Die Mitglieder vom Nachhaltigkeitsindex DAX 50 ESG. Mangels Info meine M-/Tec-/SDAX-Ergänzung plus Reserve-				
Adidas	A1E WWW	207,90 €	317,5/162,3 €	-17/+14/+182 %
DAX: KGV 21, Div. 0,0 %; Sportartikelhersteller Schuhe, Bälle, Oberbekleidung				
Allianz	840 400	157,70 €	232,6/117,1 €	-24/-8/+5 %
DAX: KGV 8,1, Div. 6,1 %; Lebens-, Kranken-, Unfall-, Schadensversicherung				
Bayer	BAY 001	58,00 €	78,35/44,85 €	+2/-42/-46 %
DAX: KGV 7,3, Div. 5,0 %; Pharma: Gesundheit, Arzneimittel, Pflanzenschutz				
Bechtle	515 870	148,10 €	150,0/80,00 €	+64/+185/+373 %
MDAX/TecDAX: KGV 27, Div. 0,8 %; Software-Systemhaus, Cloud-Computing				
Befesa	A2H 5Z1	29,05 €	38,70/22,75 €	-19 %/IPO
SDAX: KGV 13, Div. 4,8 %; Recycling Stahlstaub, Salzschlacke, Aluminium				
Beiersdorf	520 000	94,30 €	117,3/77,65 €	-4/+1/+16 %
DAX: KGV 7,2, Div. 3,0 %; Körper-, Hautpflege, Gesundheit, Wundversorgung				

Aktie/ Unternehmen	WKN A0S 3E0	Kurs am 08.05.20	Hoch/Tief 52 Wochen	Kursverlauf 1, 3, 5 Jahre
BMW	519 000	51,45 €	77,05/36,60 €	-28/-42/-53 %
DAX: KGV 7,2, Div. 3,5; Premiummarkenstrategie, Schwerpunkt E-Mobilität				
Brenntag	A1D AHH	44,50 €	50,80/28,70 €	-1/-14/-11 %
MDAX: KGV 13, Div. 3,3 %; Spezialchemikalien weiterverarbeitende Industrie				
Carl Zeiss Med.	531 370	95,35 €	122,1/67,70 €	+10/+132/+334%
MDAX/TecDAX: KGV 36, Div. 0,8 %; Produkte Augenheilkunde, HNO-Chirurgie				
Continental	543 900	79,10 €	136,9/51,45 €	-44/-61/-63 %
DAX: KGV 9,2, Div. 1,2 %; Modul-/Komponentenzulieferer Automobilindustrie				
Covestro	606 214	31,00 €	48,20/23,55 €	-31/-53 %/IPO
DAX: KGV 19, Div. 4,0; Hochtechnologie/Materiallösungen/Polymerwerkstoffe				
Daimler	710 000	31,65 €	56,45/21,05 €	-40/-48/-55 %
DAX: KGV 7,6, Div. 1,0 %; innovative, hochwertige Limousinen, Nutzfahrzeuge				
Dermapharm	A2G S5D	43,90 €	46,15/28,05 €	+41 %/IPO
SDAX: KGV 19, Div. 2,0; patentfreie Markenarzneimittel, über 200 Wirkstoffe				
Deutsche Bank	514 000	6,55 €	10,35 €/4,45 €	-7/-62/-74 %
DAX: KGV 49, Div. 0,0 %; internationale Geschäftsbank aktiv in 70 Ländern				
Deutsche Börse	581 005	148,55 €	158,0/92,95 €	+26/+72/+124 %
DAX: KGV 20, Div. 2,3 %; führende Börsenorganisation, Börsenplatz Frankfurt				
Deutsche Post	555 200	26,80 €	35,00/19,10 €	-8/-19/-10 %
DAX: KGV 10, Div. 4,5 %; starkes Portfolio Deutsche Post, Paketdienst DHL				
Deutsche Telek.	555 750	13,65 €	16,75/10,40 €	-8/-18/-19 %
DAX: KGV 11, Div. 4,7 %; Telekommunikation: Festnetz, Mobilfunk, Internet, TV				
Drägerwerk	555 063	77,00 €	108,5/38,35 €	+40/-23/-24 %
TecDAX/SDAX: KGV 15, Div. 0,3 %; Gesichtsschutzmasken, Beatmungsgeräte				
Encavis	609 500	11,80 €	12,35 €/6,00 €	+83/+88/+79 %
SDAX: KGV 22, Div. 2,5 %; unabhängiger Betreiber Solar- & Windkraftanlagen				
Fielmann	577 220	60,85 €	76,25/42,95 €	+1/-6/+12 %
SDAX: KGV 28, Div. 3,4 %; führender Optiker: Brillen, Kontaktlinsen, Hörgeräte				
Hannover Rück	840 221	138,60 €	192,6/99,10 €	+9/+41/+97 %
MDAX: KGV 12, Div. 4,2 %; internationaler Rückversicherer, alle Kontinente				

Aktie/ Unternehmen	WKN A0S 3E0	Kurs am 08.05.20	Hoch/Tief 52 Wochen	Kursverlauf 1, 3, 5 Jahre
HeidelbergCem.	604 700	43,95 €	72,90/29,10 €	-34/-47/-35 %
DAX: KGV 7,6, Div. 5,8 %; Betongrundstoffe Zement, Zuschlagstoffe Sand/Kies				
Hella	A13 SX2	34,30 €	50,75/20,65 €	-20/-15/-3 %
MDAX: KGV 10, Div. 1,9 %; Beleuchtungskörper, Signalanlagen, Scheinwerfer				
Henkel Vz	604 843	79,80 €	97,40/61,60 €	-8/-34/-19 %
DAX: KGV 15, Div. 2,5 %; chemiebasierte Produkte, Kosmetik und Waschmittel				
Hochtief	607 000	71,10€	121,7/42,05 €	-33/-51/+25 %
MDAX: KGV 7,0, Div. 8,6 %; große Infrastrukturprojekte, Konzessionsmodelle				
Infineon	623 100	18,35 €	23,10/10,25 €	-4/+2/+72 %
DAX/TecDAX: KGV 18, Div. 1,3 %; Halbleiter, Systemlösungen, Komponenten				
Kion Group	KGX 888	46,05 €	66,45/33,60 €	-18/-25/+20 %
MDAX: KGV 11, Div. 1,0 %; Lagertechnik-/Flugförderzeuge wie Gabelstapler				
Knorr-Bremse	KBX 100	81,75 €	100,7/71,55 €	-11 %/Börsengang
MDAX: KGV 20, Div. 2,2 %; Brems-/Sicherheitssysteme Schienenfahrzeuge				
LEG Immobilien	LEG 111	108,70 €	118,1/76,70 €	+7/+45/+83 %
MDAX: KGV 19, Div. 3,6 %; Gewerbe-, Wohnimmobilien, Garagen, Stellplätze				
Linde	A2D SYC	172,40 €	209,0/130,8 €	+12/+56 %/IPO
DAX: KGV 21, Div. 2,2 %; Fusion Praxair, Engineering, Spezial-/Medizingase				
LPKF Laser	645 000	19,10 €	25,50 €/6,40 €	+144/+98/+80 %
SDAX: KGV 18, Div. 1,5 %; laserunterstützte Produktion Leiterplatten usw.				
Merck	659 990	106,20 €	125,6/76,35 €	+9/+1/+12 %
DAX: KGV 14, Div. 1,4 %; Arzneimittel, Gesundheitsvorsorge, Selbstmedikation				
Munich Re	843 002	191,15 €	283,8/142,0 €	-4/+21/+37 %
DAX: KGV 9,9, Div. 5,1 %; Marktführer Rückversicherung, kalkulierbares Risiko				
Nemetschek	645 290	63,35 €	68,95/33,00 €	+31/+215/+602 %
MDAX/TecDAX: KGV 57, Div. 0,6 %; Software Geschäftsfelder Architektur, Bau				
Nordex	A0D 655	7,45 €	14,90/5,70 €	-46/-46/-66 %
TecDAX/SDAX: KGV 71, Div. 0,0 %; anspruchsvolle Onshore-Windkraftanlagen				
Puma	696 960	60,10 €	84,30/40,80 €	+9/+93/+295 %
MDAX: KGV 26, Div. 1,1 %; globaler Sportartikelhersteller, Ankeraktionär Kering				

Aktie/ Unternehmen	WKN A0S 3E0	Kurs am 08.05.20	Hoch/Tief 52 Wochen	Kursverlauf 1, 3, 5 Jahre
Rational	701 080	454,00 €	730,0/388,4 €	-19/+1/+41 %
MDAX: KGV 34, Div. 2,9 %; Marktführer therm. Speisenzubereitung Profiküchen				
SAP	716 460	107,50 €	129,6/82,80 €	-2/+19/+71 %
DAX/TecDAX: KGV 18, Div. 1,6 %; Entwickler/Hersteller Unternehmenssoftware				
Sartorius	716 563	288,80 €	288,8/156,9 €	+77/+247/+694%
MDAX/TecDAX: KGV 59, Div. 0,3 %; Labor- und Prozesstechnologie Biopharma				
Scout24	A12 DM8	61,80 €	66,75/42,90 €	+39/+100 %/IPO
MDAX: KG 36, Div. 1,3 %; digitaler Marktplatz Immobilien/Automobile in Europa				
Siemens	723 610	88,40 €	119,8/58,95 €	-14/-24/+9 %
DAX: KGV 11, Div. 5,0 %; Hochtechnologie/KI Industrie, Infrastruktur, Medtech				
Siemens Health	SHL 100	40,95 €	45,20/28,50 €	+12 %/IPO
MDAX/TecDAX: KGV 36, Div. 1,3 %; Dienstleister Diagnostik/neue Therapien				
Siltronic	WAF 300	83,15 €	108,0/47,45 €	+6/+24 %/IPO
MDAX/TecDAX: KGV 12, Div. 4,1 %; Reinst-Silicium-Wafer für Microchips				
SMA Solar	A0D J6J	29,50 €	39,90/18,00 €	+37+23/+119 %
SDAX: KGV 41, Div. 0,2 %; Photovoltaik-Wechselrichter, Überwachungssysteme				
Stratec, Ersatz	STR A55	85,70 €	92,80/49,00 €	+42/+61/+98 %
SDAX: KGV 26, Div. 1,0 %; patentgeschützte Analystensysteme für Labore				
Symrise	SYM 999	95,25 €	100,1/72,10 €	+14/+52/+75 %
MDAX: KGV 30, Div. 1,2 %; Geschmacks-, Duft- und Wirkstoffe für die Industrie				
Talanx	TLX 100	32,05 €	48,25/21,25 €	-6/+48/+40 %
SDAX: KGV 7,8, Div. 4,9 %; Managementholding Erst- und Rückversicherungen				
Teamviewer	A2Y N90	43,15 €	44,75/21,45 €	+72 %/IPO
MDAX, TecDAX: KGV 40, Div. 0,0 %; Kommunikationsplattform Fernwartung PC				
Traton	TRA TON	14,00 €	27,35/11,10 €	-43 %/IPO
SDAX: KGV 5,6; Div. 6,1 %; Fusion der Nutzfahrzeuge Scania, MAN, VWCO				
Varta	A0T GJ5	76,00 €	128,0/41,40 €	+82 %/IPO
MDAX/TecDAX: KGV 22, Div. 0,4 %; Microbatterien für Hörgeräte, Elektronik				
WashTec	750 750	30,40 €	66,80/29,15 €	-43/-44/+117 %
SDAX: KGV 16, Div. 6,6 %; Pkw-Waschstraßen, Waschanlagen Nutzfahrzeuge				

Es macht kaum Freude, diese Kursliste mitten im Corona-Crash zu studieren, zumal es sich vor allem um stark abgestürzte Value-Aktien handelt. Nützlich kann es dennoch sein.

Je tiefer die Kurse in den Keller rauschen, umso mehr stellt sich hoffentlich die Frage: Wie preisgünstige Zukäufe am besten finanzieren? Dann besteht zumindest kaum mehr die Gefahr, aus Wut und Verzweiflung alle Aktien aus dem Depot zu werfen. Dazu bieten sich mehrere Möglichkeiten an.

Auch im Crash gibt es einige Aktien, die weiterhin nahe dem Jahreshoch notieren. Dies trifft vor allem bei anstehenden Übernahmeangeboten zu. So wie beim Corona-Crash einige Aktien aus dem Pharma-, Biotech-, Medtech-, Hygiene- und Schutzkleidungsbereich profitieren, können es je nach Hauptursache auch einige andere Bereiche und Geschäftsfelder sein. Vor allem die Anbieter von Telefonkonferenzen, Onlineseminaren und Video-Webinaren sind Nutznießer der schweren Wirtschaftskrise. Wegen der erheblichen Kostenersparnis dürften sich diese Neuerungen in der Kommunikation mit Wissensvermittlung auch künftig durchsetzen.

Möglicherweise – das gilt vor allem für Mai und Juni – können Dividenden helfen, begehrte Neukäufe zu finanzieren. Dies klappt unter der Voraussetzung, dass die Ausschüttung erhöht, im gleichen Umfang oder nur minimal gekürzt wird. Aufgrund der schweren Corona-Wirtschaftskrise kürzen oder streichen zahlreiche Unternehmen ihre Ausschüttung unter Druck, weil sie sonst keine Kurzarbeit oder Rettungspakete erfolgreich beantragen können. Da bleibt zu wünschen, dass ab 2021, spätestens 2022, die bisherige Ausschüttungskultur wieder aufgenommen wird.

Eine Anzahl von Value-Aktien, deren Buchwert jetzt deutlich über dem Aktienkurs liegt, sind zum Schnäppchenpreis ins Depot zu übernehmen. Dies gilt nicht nur für den Banken-, den Automobilsektor und die dramatisch abgestürzte Reisebranche, sondern weitgehend auch für den Maschinenbau und den Luxusgüterbereich.

Vielleicht befindet sich ja noch ein Cash-Polster unter der Matratze, auf dem Sparbuch-, Tages- oder Festgeldkonto. Wer hier 100.000 € und mehr hortet, muss mit empfindlichen Strafzinsen rechnen. Es ist erstaunlich, welch hohe Summen mitunter zusammenkommen, wenn alles zusammengezählt wird.

Zuvor realisierte Veräußerungsgewinne können dazu dienen, durch Steuerausgleich den Verlust von nicht mehr geduldeten Titeln zu verringern, die es in einem Crash gewöhnlich in größerer Anzahl gibt.

Wem es zu viel Mühe macht, sich attraktive Aktien aus der vorstehenden Liste auszuwählen, kann sich am folgenden Musterdepot orientieren. Aber wie gesagt, die Nachhaltigkeit konzentriert sich auf die Beachtung allgemeiner Ausschlusskriterien und Auswahl von Unternehmen, die sich auf erneuerbare Energien ausrichten.

5.2 Das Musterdepot zum Index DAX 50 ESG macht mehr Freude

Die Kritik an der Tatsache, dass beim Aufbau des neuen Nachhaltigkeitsindex DAX 50 der Mittelstand aus immerhin 160 Unternehmen vom MDAX, TecDAX und SDAX mit einem Anteil von knapp 15 % geradezu sträflich vernachlässigt wurde, bleibt bestehen.

Wieso wurden von den DAX-Dickschiffen über 75 % ausgewählt bzw. lediglich sieben Unternehmen verbannt? Arbeiten gerade die jüngeren, oftmals familiengeführten Unternehmen aus MDAX, TecDAX und SDAX nicht intensiver an Geschäftsmodellen zur Überwindung des Klimawandels? Finden wir hier nicht die meisten Innovationen, den CO_2-Ausstoß zu verringern, die Infrastruktur und Firmenkultur zu verbessern und mehr für das Tier- und Pflanzenwohl zu tun? Da der Corona-Crash zahlreiche Unternehmen in existenzieller Notlage dazu zwingt, ihr Geschäftsmodell stärker auf die Bekämpfung des Klimawandels auszurichten, bleibt, wenn sich an der Zusammensetzung nicht bald Entscheidendes ändert, eine große Nachhaltigkeitschance ungenutzt.

Reicht es aus, die schlimmsten Ausschlusskriterien zu berücksichtigen? Ist es zukunftsweisend, sich vorrangig auf die Marktkapitalisierung zu stützen? Da hat vor allem der SDAX keinerlei Chance mehr. Mit meinem kleineren Musterdepot aus 20 Titeln will ich für einen gewissen Ausgleich sorgen. Indem ich die Anzahl um über die Hälfte verringere, steigt der Einfluss der Mittelständler im Sektor Nachhaltigkeit.

Welche DAX-Aktien gehören zum Musterdepot? Statt 23 sind es noch 7 Titel. Dabei überwiegen die Dividenden-Aristokraten mit einer ansehnlichen Rendite. Im Musterdepot mit 22 Titeln sind vom Leitindex DAX vertreten: Adidas, Allianz, Deutsche Börse, Linde, Merck, Munich Re und SAP.

Im Musterdepot dominiert der erfolgreiche MDAX. Von seinen insgesamt 60 Titeln sind 9 von 22 Aktien vertreten: Bechtle, Carl Zeiss Meditec, Hannover Rück, LEG Immobilien, Nemetschek, Symrise, Sartorius, Teamviewer und Varta.

Auch der SDAX soll nicht zu kurz kommen, wobei im Musterdepot der Börsenwert keine Rolle spielt. Es überwiegen die Nachhaltigkeitsaspekte, im SDAX mit 70 Werten ein großes Füllhorn. Mein Musterdepot schmücken hier 6 von 22 Aktien: Dermapharm, Drägerwerk, Encavis, LPKF Laser, SMA Solar und Stratec SE.

Mein Musterdepot Nachhaltigkeit, nur beim DAX Anlehnung an den Nachhaltigkeitsindex DAX 50 ESG

Aktie/ Unternehmen	WKN A0S 3E0	Kurs am 08.05.20	Hoch/Tief 52 Wochen	Kursverlauf 1, 3, 5 Jahre
Adidas	A1E WWW	207,90 €	317,5/162,3 €	-17/+14/+182 %
DAX: KGV 21, Div. 0,0 %; Sportartikelhersteller Schuhe, Bälle, Oberbekleidung				
Allianz	840 400	157,70 €	232,6/117,1 €	-24/-8/+5 %
DAX: KGV 8,1, Div. 6,1 %; Lebens-, Kranken-, Unfall-, Schadensversicherung				
Bechtle	515 870	148,10 €	150,0/80,00 €	+64/+185/+373 %
MDAX/TecDAX: KGV 27, Div. 0,8 %; Software-Systemhaus, Cloud-Computing				
Carl Zeiss Med.	531 370	95,35 €	122,1/67,70 €	+10/+132/+334%
MDAX/TecDAX: KGV 36, Div. 0,8 %; Produkte Augenheilkunde, HNO-Chirurgie				
Dermapharm	A2G S5D	43,90 €	46,15/28,05 €	+41 %/IPO
SDAX: KGV 19, Div. 2,0; patentfreie Markenarzneimittel, über 200 Wirkstoffe				
Deutsche Börse	581 005	148,55 €	158,0/92,95 €	+26/+72/+124 %
DAX: KGV 20, Div. 2,3 %; führende Börsenorganisation, Börsenplatz Frankfurt				
Drägerwerk	555 063	77,00 €	108,5/38,35 €	+40/-23/-24 %
TecDAX/SDAX: KGV 15, Div. 0,3 %; Gesichtsschutzmasken, Beatmungsgeräte				
Encavis	609 500	11,80 €	12,35 €/6,00 €	+83/+88/+79 %
SDAX: KGV 22, Div. 2,5 %; unabhängiger Betreiber Solar- & Windkraftanlagen				
Hannover Rück	840 221	138,60 €	192,6/99,10 €	+9/+41/+97 %
MDAX: KGV 12, Div. 4,2 %; internationaler Rückversicherer, alle Kontinente				
LEG Immobilien	LEG 111	108,70 €	118,1/76,70 €	+7/+45/+83 %
MDAX: KGV 19, Div. 3,6 %; Gewerbe-, Wohnimmobilien, Garagen, Stellplätze				
Linde	A2D SYC	172,40 €	209,0/130,8 €	+12/+56 %/IPO
DAX: KGV 21, Div. 2,2 %; Fusion Praxair, Engineering, Spezial-/Medizingase				
LPKF Laser	645 000	19,10 €	25,50 €/6,40 €	+144/+98/+80 %
SDAX: KGV 18, Div. 1,5 %; laserunterstützte Produktion Leiterplatten usw.				
Merck	659 990	106,20 €	125,6/76,35 €	+9/+1/+12 %
DAX: KGV 14, Div. 1,4 %; Arzneimittel, Gesundheitsvorsorge, Selbstmedikation				
Munich Re	843 002	191,15 €	283,8/142,0 €	-4/+21/+37 %
DAX: KGV 9,9, Div. 5,1 %; Marktführer Rückversicherung, kalkulierbares Risiko				

Aktie/ Unternehmen	WKN A0S 3E0	Kurs am 08.05.20	Hoch/Tief 52 Wochen	Kursverlauf 1, 3, 5 Jahre
Nemetschek	645 290	63,35 €	68,95/33,00 €	+31/+215/+602 %
MDAX/TecDAX: KGV 57, Div. 0,6 %; Software Geschäftsfelder Architektur, Bau				
SAP	716 460	107,50 €	129,6/82,80 €	-2/+19/+71 %
DAX/TecDAX: KGV 18, Div. 1,6 %; Entwickler/Hersteller Unternehmenssoftware				
Sartorius Vz	716 563	288,80 €	339,0/156,9 €	+77/+247/+694%
MDAX/TecDAX: KGV 59, Div. 0,3 %; Labor- und Prozesstechnologie Biopharma				
SMA Solar	A0D J6J	29,50 €	39,90/18,00 €	+37+23/+119 %
SDAX: KGV 41, Div. 0,2 %; Photovoltaik-Wechselrichter, Überwachungssysteme				
Stratec, Ersatz	STR A55	85,70 €	92,80/49,00 €	+42/+61/+98 %
SDAX: KGV 26, Div. 1,0 %; patentgeschützte Analystensysteme für Labore				
Symrise	SYM 999	95,25 €	100,1/72,10 €	+14/+52/+75 %
MDAX: KGV 30, Div. 1,2 %; Geschmacks-, Duft- und Wirkstoffe für die Industrie				
Teamviewer	A2Y N90	43,15 €	44,75/21,45 €	+72 %/IPO
MDAX, TecDAX: KGV 40, Div. 0,0 %; Kommunikationsplattform Fernwartung PC				
Varta	A0T GJ5	76,00 €	128,0/41,40 €	+82 %/IPO
MDAX/TecDAX: KGV 22, Div. 0,4 %; Mikrobatterien für Hörgeräte, Elektronik				

Wie mit dem Musterdepot am besten umgehen? Je nach Anleger-typ, Geld, Börsenwissen, Zeit und Lust ist neben der kompletten Nachbildung auch ein Stock Picking angesagt. Wer sind die Sieger?

Im Ein-Jahresvergleich dominieren: 1. LPKF Laser, SDAX: 144 %; 2. Encavis, SDAX: 83 %; 3. Varta, MDAX/TecDAX: 82 %; 4. Sartorius, MDAX/TecDAX: 77 %, 5. Teamviewer, MDAX/TECDAX: 72 %.

Im Drei-Jahresvergleich dominieren: 1. Sartorius, MDAX/TecDAX: 247 %; 2. Nemetschek, MDAX/TecDAX: 215 %; 3. Bechtle, MDAX/TecDAX: 185 %; 4. Carl Zeiss Meditec, MDAX/TecDAX: 132 %; 5. LPKF Laser, SDAX: 98 %.

Im Fünf-Jahresvergleich dominieren: 1. Sartorius, MDAX/TecDAX: 694 %, 2. Nemetschek, MDAX/TecDAX: 602 %; 3. Bechtle, MDAX/TecDAX: 373 %; 4. Carl Zeiss Meditec, SDAX: 334 %; 5. Adidas, DAX: 182 %.

Wie viele Titel stammen aus dem Bereich Value? Es sind Adidas, Allianz, Deutsche Börse, Linde, Merck, Munich Re aus dem DAX; Hannover Rück, LEG Immobilien und Symrise vom MDAX sowie Stratec aus dem SDAX, also insg. 10 von 22 Titeln. Die übrigen 12 Aktien, also knappe Mehrheit, zählen zu Growth.

5.3 Protokoll vom 14. März 2020: Corona-Crash frisst die Aktiengewinne in drei Wochen um ein Drittel auf: erkennbar an den Kurslisten

Ein Blick in meine Spontan-Kolumne vom 14. März: Die harten Einschnitte bei Reisen, Veranstaltungen, Bildung und persönlicher Freiheit schüren weitaus mehr Ängste und verunsichern viele Menschen wohl stärker, als es der bisherige Krankheitsverlauf bei der Corona-Pandemie notwendig macht.

Jetzt erleben wir ihn, den heftigsten Börsencrash in der DAX-Geschichte mit dem größten Kursrutsch in diesem Jahrtausend. Vor einem Monat noch auf stolzem Allzeithoch mit knapp 13.800 Punkten, jetzt abgestürzt auf kümmerliche 8.200 Zähler. Der Leitindex ist nicht mehr zweistellig. Der Kursverlust in drei Wochen beträgt fast ein Drittel. Institutionelle und private Anleger flüchten aus ihren Aktiendepots. Sie sorgen für eine Kettenreaktion mit dramatischem Kursverfall. Würden die meisten Anleger den Crash brav aussitzen oder sogar mutig zukaufen, gäbe es ihn nicht. Ein Crash lebt und gedeiht vom Panikausverkauf.

Die Folgen sind dramatisch: Sinkendes Weltwirtschaftswachstum mit drohender Rezension, geringere Steuereinnahmen, geschlossene Kindertagesstätten, Schulen und Universitäten, höhere Arbeitslosigkeit und verzweifelte Menschen bei galoppierender Zunahme von Angst. Großeltern, die Zeit hätten, sich um die Kinder zu kümmern, wenn beherzte, mutige Eltern dennoch arbeiten wollen, dürfen ihre Enkel nicht betreuen. Mütter, die im Betrieb gebraucht werden, müssen zu Hause bleiben. Nicht jeder Job ist für häusliche Berufstätigkeit, also Homeoffice geeignet.

Und was machen die Kinder bei wochen- oder sogar monatelang geschlossenen Schulen, wenn fast alles verboten ist? Training im Verein, Skifahrten, Reisen. Lassen sich Kinder und Jugendliche zu Hause einsperren? Steigt nicht das Ansteckungsrisiko, wenn man sich zu Hause auf die Nerven fällt, alles Schöne außerhalb der eigenen vier Wände verboten ist, das Stimmungsbarometer gegen null fällt und umgekehrt Frust und Aggressionen auch im bislang friedlichen familiären Umfeld zunehmen? Ich hätte all dies verstanden, wenn die Sterbequote beim Corona-Virus bei zehn Prozent und darüber läge. Aber Todesraten zwischen 2 und 4 %? Da war doch so manche Grippe viel gefährlicher. Aber das wurde anfangs vom Großteil der Bevölkerung akzeptiert. Doch wie sieht es jetzt aus? Demonstrationen arten aus.

Und es gab ja auch bei Grippe nicht diesen fremden, Angst einflößenden Namen Corona – verbunden mit den früheren Schreckensvorstellungen von SARS.

In meinen Vorträgen, die ich letzte Woche noch halten durfte, und in meinem Börsenseminar am gestrigen Freitag, voll besetzt, ausgebucht wie immer, konnte ich als Mutmacher wirken. Jeder ging beruhigt und wohlgelaunt nach Hause. All das ist nun für Wochen und Monate vorbei. Aber wenden wir uns dem Börsengeschehen zu mit diesem heftigen Crash, der aktuell Billionen von Euro oder Dollar weltweit pulverisiert. Ich plane acht Vollstunden Telefonunterricht mit Fragen und Wünschen an jedem Montag und Freitag, auch an Brücken- und Feiertagen von 16 bis 20 Uhr. Auch für Bild-TV bin ich gern weiter als Ansprechpartner bereit.

Die Folgen für die Wirtschaft, für kleine, mittelgroße und große Unternehmen sind verheerend, viele Freiberufler eingeschlossen. Vielleicht ist der Buchhandel Nutznießer all dieser schmerzhaften Einschränkungen mit Beschneidung der persönlichen Freiheit, aber Aufruf zu solidarischem Handeln, was nicht immer nachvollziehbar erscheint. Lesen ist immerhin nicht verboten und besonders hilfreich in diesen Börsencrashzeiten, hauptsächlich, aber nicht nur durch Corona verursacht. Der sich immer mehr ausbreitende Angstfaktor führt zum massenweisen Panikausverkauf. Junge Mütter mit Kindern brechen in Tränen aus, wenn sie mich hilfesuchend anrufen, auch wenn ich da sicherlich nicht die richtige Ansprechpartnerin bin.

Wie sieht es in meinem Depot aus? Meine Zwei-Millionen-Marke hielt sich stabil bis zum Donnerstag frühmorgens. Sie wurde geknackt, als die Börsenkurse auf den tiefsten Stand in diesem Jahrtausend absackten. Beim DAX blieben gerade mal müde 8.200 Punkte übrig – nur drei Wochen entfernt vom Februar-Allzeithoch bei knapp 13.800 Zählern. Binnen drei Wochen gingen an den Weltbörsen mehr als 18 Billionen Dollar Marktkapitalisierung verloren. Ein Vergleich mit der großen Finanzkrise 2008/09 drängt sich geradezu auf. Der damalige Crash war gleichermaßen heftig, aber dauerte vom Herbst 2008 bis Frühjahr 2009 nicht allzu lange. Ob und wie stark sich die Lage noch zuspitzt, hängt vor allem davon ab, wie rasch die Infektionsraten fallen, wann ein wirksamer Impfstoff entwickelt und schwere Krankheitsverläufe besser behandelt werden können.

Was war und ist also zu tun? Ich verlor nach Steuern und Abgaben rund ein Fünftel meines Depotwertes ausgehend vom Allzeithoch. Damit kann ich gut leben. Und ich bleibe voll investiert. Ich nutze Einstieg und Zukauf bei abgestürzten dividendenstarken Titeln um ein Drittel bis zur Hälfte. Bei einer Ausschüttungsrendite von vier Prozent und einem Kursverlust von insgesamt der Hälfte verdoppelt sich die unveränderte Dividende umgekehrt auf nun stolze 8 %. Gerade wird die Dividendensaison eingeläutet. Es bleibt abzuwarten, wann und in welcher Form Hauptversammlungen, wo auch über die Dividende abgestimmt wird, stattfinden. 2020 gibt es zwei Möglichkeiten: virtuell als Videokonferenzen oder Verlegung auf den Spätherbst.

Zu den Dividenden-Aristokraten gehören Allianz, BASF, Munich Re, Norilsk Nickel und Sberbank, um nur einige Namen zu nennen. Interessant sind auch einige Aktien des Gesundheitswesens aus den Bereichen Pharma, Biotech und Medtech. Ich denke da an AstraZeneca, Amgen, Biogen, Intuitive Surgical, Johnson & Johnson, Medtronic, Stryker, Sanofi, United Health sowie übertrieben abgestürzte Titel des Reisesektors und der Luxusgüterbranche. Booking Holdings, Hermès, Kering und LVMH haben sicherlich noch Aufholpotenzial. Es wird spannend, wenn BionTech aus Mainz gemeinsam mit Pfizer den ersten Impfstoff auf den Markt bringt.

Wie diese Umstrukturierung im Depot klug finanzieren? Bei Übernahmeangeboten wie Isra Vision, RIB Software und Qiagen bleiben die Kurse vorerst stabil. Bieterkämpfe gibt es im Crash nicht. Diese willkommene Situation nutze ich für Finanzierungsverkauf. Hinzu kommt die Wiederanlage von Ausschüttungen; denn jetzt beginnt die Dividendensaison. In Krisen wie diesem bösartigen Corona-Crash – genährt zuvor auch von extrem hohen Aktienbewertungen – kürzen oder streichen ja längt nicht alle Firmen die Dividende. Wütende Aktionäre, die aus Frust ihre Aktien aus dem Depot schleudern, dürften einen weitaus höheren Eigenkapitalschaden verursachen als eine vorübergehend gekürzte oder sogar gestrichene Ausschüttung. Meist wird unter Druck gekürzt oder gestrichen, wenn Kurzarbeit angemeldet wird.

Was tun mit kleinem Geldbeutel und wenig Börsenwissen? Gute Sachbücher lesen und mit Einmalanlage, bei fehlenden Rücklagen auch mit Sparplänen in einige passiv gemanagte ETFs investieren. Diese Indexfonds bilden ein Börsenbarometer wie DAX oder Dow Jones ab, kennen keinen Ausgabeaufschlag, sind besonders preiswert. Wer sich hier erstmals ein breit gestreutes, langfristig risikoarmes Depot aufbauen will, kann zu folgender ETF-Auswahl greifen: MDAX und SDAX (TecDAX jeweils beigemischt), MSCI Word mit Bluechips und mit kleineren Titeln, S&P 500, Nasdaq 100 mit mehr Risikofreude und World Water, wer nachhaltig, mit gutem Gewissen sein Geld anlegen will. Wann gibt es in einem solch kurzen Zeitraum schon mal so stark abgestürzte Kurse? Auch vorsichtige Anleger sollten diese Chance unbedingt nutzen auf dem Weg zu einem finanziell sorgenfreien Ruhestand.

Ich selbst bleibe zu hundert Prozent investiert. Also trage ich nicht dazu bei, mit meinem eigenen Verhalten die Kettenreaktion Kursverfall als den wohl größten Anlegerfehler zu unterstützen. Mein engagierter Zukauf im Crash 2008/09 sowie beim Technologieaktienabsturz im Dezember 2018 hat sich als Kurstreiber für die nächsten Jahre und Ausgangsbasis für die erste und danach zweite Million erwiesen. Erneut vergleiche ich mich mit einem Gärtner, der genau zur richtigen Zeit sät und pflanzt, um später reichlich ernten zu können. Den Crash verursachen nicht die oft beschimpften Medien. Je mehr abverkauft wird, umso tiefer sinken die Kurse. Deshalb gilt für mich: Glück verdient der Tüchtige. Und ein Crash ist gut – für Leute mit Mut! Die vielen kleinen Sparer sollten bei den abgestürzten ETFs zugreifen.

5.4 Drei Fonds und 15 Aktien vom Gesundheitswesen: Chancenreich nicht nur im Kampf gegen die Corona-Pandemie

Experten räumen Aktien aus dem Gesundheitswesen langfristig gute Wachstums- und Renditechancen ein. Es geht dabei nicht nur um den Abwehrkampf mit Wirk- und Impfstoffen gegen das Corona-Virus. Empfohlen werden vor allem die folgenden drei aktiv gemanagten Aktienfonds. Sie konzentrieren sich auf Medizintechnik oder die gesamte Gesundheitsbranche.

Drei chancenreiche Aktienfonds Gesundheitswesen				
Name, Fondsgesellschaft	WKN	Kurs am 08.05.20	Hoch/Tief 1 Jahr €	Kursverlauf 1, 3, 5, 10 Jahre
Aktienfonds	A0J MHJ	360,35 €	369,6/274,4	+17/+42/+56/+246 %
AB SICAV I International Health Care	Umfang: 905 Mio. €, Alter: 19 J., Ausgabeaufschlag: **5,0 %,** Gebühr: **1,80 %,** thesaurierend. Schwerpunkt: Pharmazeutica. Dabei: Danaher, Roche, Thermo Fisher, Intuitive Surgical, Boston Scientific, GSK, UnitedHealth, AstraZeneca.			
Aktienfonds	A0R P27	112,60 €	149,0/112,6	+11/+50/+90/+261 %
Bellevue Fonds BB Adamant Medtech	Umfang: 1,13 Mrd. €, Alter: 11 J., Ausgabeaufschlag: **0,0 %,** Gebühr **1,20 %,** thesaurierend. Schwerpunkt: Med.-Produkte. Abbott Labs, Medtronic, Becton, Boston Scientific, Danaher, Cigna, UnitedHealth, Intuitive Surgical, Baxter, Edwards.			
Aktienfonds	A0N ETR	2.015,8 €	2.243/1.483	+8/+37/+82/+325 %
Variopartner SICAV MIV Global Medtech	Umfang: 2,73 Mrd. CHF, Alter: 10 Jahre, Ausgabeaufschlag: **5,0 %,** Jahresgebühr: **1,40 %,** thesaurierend. Schwerpunkte: Forschung, Entwicklung, Produktion, Vertrieb. Hauptanteile: Abbott, Medtronic, Boston Scientific, Baxter, Becton, Danaher, Thermo Fisher, Stryker, Intuitive Surgical, Edwards.			

In allen drei Aktienfonds sind vorhanden: Boston Scientific, Danaher, Intuitive Surgical. In zwei Fonds wurden aufgenommen: Abbott Labs, Baxter, Becton, Danaher, Edwards, Medtronic und Thermo Fisher.

Zu den in diesen drei Fonds berücksichtigten Nachhaltigkeitsaktien gehören AstraZeneca, Boston Scientific, Danaher, GlaxoSmithKline und UnitedHealth.

15

Nachhaltigkeitsaktien aus dem Gesundheitswesen für Langzeitanleger: Keineswegs nur im Börsencrash aussichtsreich. Das Gesundheitswesen zählt in den Zeiten des Corona-Crashszenarios zu den ganz wenigen Bereichen, wo es noch einige stabile Aktien gibt, die nahe dem Jahreshoch notieren oder sogar einen neuen Rekord anpeilen.

Amgen, WKN 867 900, Nasdaq 100, USA

Der marktführende US-Pionier entwickelt seit über 25 Jahren biotechnische Arzneimittel und ist in über 40 Ländern mit Forschungseinrichtungen vertreten. Schwerpunkte sind Arzneimittel gegen Krebs, Rheuma, Leber- und Knochenkrankheiten.

AstraZeneca, WKN 886 455, Stoxx 50, Großbritannien

Der internationale dividendenstarke englische Pharmakonzern erforscht, entwickelt und produziert verschreibungspflichtige Medikamente vor allem bei Krebs, Gefäß- und Stoffwechselerkrankungen, Entzündungen und Störungen des Immunsystems.

Boston Scientific, WKN 884 113, S&P 500, USA

Der amerikanische Medizintechnikkonzern zählt zu den weltweiten Marktführern medizinischer Geräte, die für 7 Kerngeschäftsfelder entwickelt und hergestellt werden. Dazu zählen Kardiologie, Ultraschallbildgebung, Urologie, Frauengesundheit.

Coloplast, WKN A1K AGC, Dänemark

Das dänische Pharma-Unternehmen entwickelt und vermarktet weltweit Produkte und bietet Dienstleistungen an für Patienten mit sehr intimen Krankheiten. Zu den Hauptzielgruppen zählen Krankenhäuser, medizinische Institute und Apotheken.

Danaher, WKN 866 197, S&P 500, USA

Die amerikanische Medtechfirma entwickelt und vermarktet medizinische, industrielle und gewerbliche Produkte einschließlich Service in fünf Segmenten. Es handelt sich um starke Marken und innovative Technologie, nachgefragt in über 50 Ländern.

Genmab, WKN 565 131, Dänemark

Der dänische Biotechkonzern entwickelt und produziert menschliche Antikörper für die Behandlung lebensgefährlicher und lähmender Krankheiten wie Krebs, rheumatische Arthritis, entzündliche Prozesse und arbeitet an neuartigen Gentherapien.

GlaxoSmithKline (GSK), WKN 940 561, Stoxx 50, Großbritannien

GSK, das britische Pharma-Unternehmen von internationalem Rang, hat sich auf die Erforschung von HIV/Aids, Tuberkulose sowie Malaria spezialisiert und ist mit einer umfangreichen Arzneimittelpalette in 85 Ländern mit Produktionsstätten aktiv.

Johnson &Johnson (J&J), WKN 853 260, Dow Jones, USA

J&J zählt mit Gesundheitsprodukten und Pharmazeutika zu den Weltmarktführern. Das Angebot reicht von Baby-, Haut- und Mundpflege, Wellnessprodukten und Nahrungsergänzungsmitteln bis zur Medizin gegen lebensgefährliche Krankheiten.

Merck, WKN 659 990, DAX, Deutschland

Der DAX-Gesundheitskonzern bietet weltweit pharmazeutische und chemische Produkte an. Hinzu kommen Geschäfte mit Flüssigkristall und Materialien für energiesparende Beleuchtung. Hauptumsatzträger ist Serono für rezeptpflichtige Arznei.

Merck & Co., WKN A0Y D8Q, Dow Jones, USA

Der globale Pharma-Konzern entwickelt und produziert verschreibungspflichtige Arzneimittel, Impfstoffe, biologische Therapien und Tiergesundheitspräparate. Zudem forscht Merck in den Bereichen Alzheimer, Herzkreislauf, Schlafstörungen, Arthrose.

Novartis, WKN 904 278, Stoxx 50, Schweiz

Der Schweizer Pharma-Riese ist in 140 Ländern präsent. Novartis erforscht und entwickelt patentgeschützte Medikamente und Nachahmerpräparate. Das operative Geschäft teilt sich auf in neuartige Medikamente, Generika und Augenheilkunde.

Roche, WKN 851 311, Stoxx 50, Schweiz

Das dividendenstarke Schweizer Forschungsunternehmen arbeitet an der Entwicklung neuartiger Gesundheitslösungen von der Vorbeugung und Diagnose bis hin zur Therapie. Schwerpunkte sind Krebs, Transplantationen und gestörte Immunabwehr.

Sanofi-Aventis, WKN 920 657, Euro Stoxx 50, Frankreich

Der französische Pharma- und Gesundheitskonzern hat sich auf die Bereiche Herzkreislauf, zentrales Nervensystem, Thrombosen, Diabetes und Krebs spezialisiert. Sanofi entwickelt weltweit Gesundheitslösungen und bietet passende Impfstoffe an.

Thermo Fisher, WKN 857 209, S&P 500, USA

Das amerikanische Pharma- und Technologieunternehmen gilt als global führender Wissenschaftspartner. Thermo Fisher plant die Übernahme von Qiagen (TecDAX) und betreut 400.000 Kunden in klinischen Instituten, Hochschulen und Behörden.

UnitedHealth, WKN 869 561, Dow Jones, USA

Der Dow-Jones-Konzern bietet Lösungen, Dienstleistungen und Produkte rund um Gesundheit mit Vorsorge an, wozu auch das Management der Krankenhauspflege, Informationen und Technologien zur Verbesserung des Gesundheitswesens zählen.

Diese 15 Aktien stammen aus Nachhaltigkeitsfonds. Mitunter genügt es schon, die üblichen Ausschlusskriterien zu beachten.

5.5 Antworten zum Crash auf Fragen von Experten, Chefredakteuren, TV-Sendern, Tagespresse, Börsenmagazinen und Leserkreis

Die meisten Menschen in Deutschland machen sich durch die Corona-Pandemie ständig größere Sorgen um ihre Gesundheit, das Wohlbefinden ihrer Angehörigen, Verwandten und Freunde. Sie fürchten um ihren Arbeitsplatz, leiden unter den wirtschaftlichen Folgen und vielfältigen Zwängen, die das Alltagsleben und die sozialen Kontakte einengen und immer stärker belasten.

Da werden auch all die Demonstrationen im Kampf gegen den Klimawandel wegen Schulschließungen, Versammlungsverboten und sonstigen Freiheitseinschnitten zumindest für mehrere Monate ausgebremst. Bei Zuwiderhandlung drohen Geldbußen und Festnahmen.

Angst, Furcht, Unzufriedenheit und Missstimmung wachsen, je stärker die sozialen Eingriffe in den persönlichen Freiraum zunehmen. Immer mehr wird verboten und bereits bestraft. Einerseits wächst die Hilfsbereitschaft. Andererseits wird geschnüffelt und der Nachbar verraten, wenn er zu Hause mit ein paar Freunden Geburtstag feiert, Bier trinkt oder musiziert. Statt Gemeinschaftsgefühl kommen Misstrauen und Feindseligkeitsgefühle auf. Es geht um weit mehr als nur um Erholungsreisen, Konzerte, nette Treffs und Feste. So ist zu wünschen, dass der Höhepunkt bei den Ansteckungen bald erreicht wird, die Hilfsprogramme für Arbeitnehmer, notleidende Familien, kleine und mittelgroße Firmen rasch und unbürokratisch anlaufen.

Die Zustände im privaten Bereich sind besonders schlimm, wenn Familien in beengten Wohnverhältnissen ohne Garten leben und der Nachwuchs zu randalieren beginnt und Aggressionen ausleben will. Schön, wenn es bei schlechter Laune bleibt. Das Absperren und Ausgrenzen von der sozialen Umwelt und der Bewegungsmangel machen möglicherweise weitaus mehr krank als ein hartes Vorsorge- und Vorsichtsprogramm mit Einschränkung der persönlichen Freiheit. All diese Maßnahmen lösen sowohl Zustimmung als auch wachsende Ablehnung bei der Bevölkerung aus. Es ist nur zu wünschen, dass nach Überwindung der Corona-Pandemie ungeschminkt die Vor- und Nachteile objektiv bilanziert und analysiert werden, um künftig bei ähnlichen Vorkommnissen gewappnet zu sein.

Doch nun zu den am meisten gestellten Fragen

Wie stark hat der Crash Ihr Depot heimgesucht? Wo gab es die größten Verluste? Welche Werte sind glimpflich davongekommen? Rechnen Sie damit, dass sich die Kurse in absehbarer Zeit erholen und Sie Ihre zweite Million wieder erreichen?

Am 16. Dezember 2019, meinem Geburtstag, knackte mein Depot erstmals die Zwei-Millionen-Marke und konnte sie bis Mitte März halten. Nach den neuerlichen Kurseinbrüchen war die Herrlichkeit vorerst vorbei. Beim stärksten Einbruch, als der deutsche Leitindex DAX nur noch bei rund 8.200 Punkten notierte, konnte ich lediglich die 1,5-Mio.-Marke locker verteidigen. Als einige Tage später der DAX den höchsten Kursgewinn in seiner über 30-jährigen Geschichte mit 11 % Kursgewinn und einem Kursstand von 10.000 Punkten verbuchte, hatte ich die Zwei-Mio.-Marke erneut erreicht. Meine Hoch-/Tief-Mutstrategie bewährt sich gerade bei einem Crashszenario.

Vorübergehend büßten meine Luxusgüteraktien und Tourismuswerte am meisten ein, teilweise deutlich über ein Drittel. Noch schlimmer traf es einige Automobiltitel. Vom Jahreshoch gesehen ist dies ein Absturz um knapp die Hälfte. Die Luxusgüterbranche befindet sich schon wieder in der Erholungsphase, weil China, das Ausbruchland der Corona-Pandemie, wohl das Schlimmste hinter sich zu haben scheint. Ich bin überzeugt, dass sich meine Qualitätsaktien erholen. Ich betrachte diesen heftigen Crash als Ausgangsbasis, nicht nur die 2. Million zu festigen, sondern mich auf dem Weg zur 3. Million aufzumachen. Ob dies gelingt, hängt wohl vorrangig davon ab, wie lange ich noch lebe. Mein Depot muss sich selbst finanzieren durch Teilverkäufe bester Aktien nahe dem Jahreshoch, Wiederanlage der Dividenden und Einstieg oder Zukauf von Qualitätstiteln zu niedrigen Kursen.

Sie verfolgen ja die Börsen quasi rund um die Uhr. Wie viele schlaflose Nächte verbrachten Sie in den vergangenen zwei Wochen? Viele Anleger wurden in den vergangenen Wochen von panischer Angst getrieben. Wie schaffen Sie es, cool zu bleiben, auch wenn die Kanonen donnern?

Schlaflose Nächte kenne ich bis zum Überdruss. Sie haben aber nichts mit der Börse zu tun. Eher sind es die Nachwirkungen von drei Krebsoperationen und dem Oberschenkelhalsbruch. Ich habe im Crash 2000 bis 2003 und während der Weltwirtschaftskrise 2008/09 meine Hoch-/Tief-Mutstrategie erprobt und verfeinert. Mein Ziel ist es, im Crash Schritt für Schritt an schwankungsfreudigen Tagen mit Dividenden und Teilverkäufen bei Siegeraktiven den preiswerten Zukauf meiner Favoriten zu finanzieren. Ich entdecke immer mehr Nachhaltigkeitsaktien auch für meine Musterdepots. Möglicherweise befindet sich darunter das eine oder andere Rennpferd bzw. sogenannte Einhorn.

Dies heißt, nicht all sein Pulver auf einmal zu verschießen. Aber in Panikstarre zu verfallen und nur zögernd und zaudernd abzuwarten, ist auch nicht viel besser.

Haben Sie Ihr Depot der jetzigen Marktlage angepasst, sich von vielen Ihrer 120 Aktien getrennt oder gar schon nachgekauft?

Ich passe mein Depot fortlaufend den Marktbewegungen und Zukunftstrends an. Deshalb stieg ich beim Technologiecrash im Dezember 2018 beherzt auf Technologiewerte aus den USA um. Dies finanzierte ich mit Teilverkäufen von nahe dem Jahreshoch notierenden Immobilienaktien.

Seit Jahresbeginn bin ich verstärkt in nachhaltige Aktien vor allem aus Skandinavien eingestiegen. Momentan stammen die meisten meiner Favoriten aus dem Gesundheitswesen, also Pharma, Biotech und Medtech, mit Blick auf den Corona-Crash. Desinfektionsmittel, Hygieneartikel, Schutzmasken, Schutzkleidung, Nahrungsergänzungsmittel zur Stärkung der eigenen Immunabwehr, Diagnostik, Impfstoffe, neuartige Wirkstoffkombinationen. All diese Geschäftsmodelle sind und bleiben noch eine ganze Weile chancenreich. Ich habe mich von drei oder vier Verlustbringern komplett getrennt, um den Steuerausgleich Aktienverlust mit zuvor erzielten Veräußerungsgewinnen zu nutzen und damit Neukäufe zu finanzieren. Von einigen dahin dümpelnden Aktien verkaufe ich bei Kapitalbedarf notfalls den gesamten Bestand, möglicherweise aber auch nur einen Teil, sofern es sich nicht um Dividenden-Aristokraten handelt und der Restbestand ansehnlich ist.

Je länger die Einschränkungen anhalten und für die Risikogruppen, allein vom Alter ausgehend, verschärft werden, umso stärker steigt die Furcht vor der Corona-Pandemie. Isolierung, soziale Abgrenzung sind nicht gut für die Gesundheit. Angst lähmt die Abwehrkräfte und macht erst richtig krank oder aggressiv bis hin zu sich häufenden Gewalthandlungen.

Dazu schreibt der Arzt und Finanzmanager Alexander Dibelius unter dem *Handelsblatt*-Beitrag „Eine teuflische Spirale": *Die so entstehende, sich weiter erhöhende Unsicherheit wird den Konsum und die Investitionsbereitschaft nach unten drücken. Die Folge ist eine weiter einbrechende Wirtschaft. Eine teuflische Spirale, die am Ende auch die Bevölkerung in Ausnahmezustände versetzen wird. – In den USA haben nach wenigen Tagen Hamsterkäufe in den Waffenshops begonnen. Das heißt doch, dass die Leute mit Diebstählen, Plünderungen und Schusswaffengebrauch auf offener Straße rechnen. Schlimmer kann's eigentlich kaum noch werden. – Irgendwann wird ein abwägender Umgang mit den Konsequenzen des Shutdowns die derzeitige teilweise irrationale Panik und die Hauruck-Strategien ersetzen. Ich hoffe nur, dass es nicht zu lange dauert."*

Wie sehen die Auswirkungen für den BEACH-Sektor – nämlich Booking, Entertainment, Airlines, Cruises und Casinos sowie Hotelketten –aus?

Der BEACH-Sektor präsentiert wohl die größten Leidtragenden. Die zahlreichen Absperrungen, Reise- und Versammlungsverbote, Verlegungen und komplette Absagen von Messen, Großveranstaltungen, Konzerten, Fußballbundesliga, Europameisterschaft, Olympiade usw. führen im Zuge der Corona-Pandemie zu starken Absatz- und Ertragseinbußen. Dies betrifft kleine, mittelgroße und größere Unternehmen, Freiberufler, Künstler und Selbstständige. Vor dem dritten Quartal 2020 – also erst im Spätsommer und Frühherbst – ist kaum mit einer nachhaltigen Erholung zu rechnen. Aber dann besteht gewaltiger Nachholbedarf, wenn auch nicht durchgehend. Verreisen werden die Menschen wieder, sobald es erlaubt ist und sich Angst und Furcht legen.

Wie schätzen Sie die aktuelle Krise ein – auch im Vergleich zu 2008/09?

Dieser Crash ist noch gefährlicher, weil das Weltwirtschaftswachstum durch die drastischen Absperr-, Reise- und Ausgehverbote, die geschlossenen Kindertagesstätten, Schulen und Universitäten, die verbotenen Vorträge, Messen, Sport- und Musikveranstaltungen zur Rezession führen. All die Einschnitte der persönlichen Freiheit beschwören neue Ängste herauf, die sich an der Böse widerspiegeln.

Medizinisch ist es vernünftig, das Infektionsrisiko zeitlich zu strecken, damit mehr Intensivplätze zum Beatmen bei schweren Lungenkrankheiten verfügbar sind. Aber die volkswirtschaftlichen Auswirkungen sind verheerend. Vielen Firmen droht die Insolvenz. Das Bruttoinlandsprodukt droht in diesem Jahr um 7 %, vielleicht sogar um 10 % zu sinken. Ich fahre überall hin, wo es nicht strikt verboten ist, um zu signalisieren, dass auch Mut und Zuversicht die Abwehrkräfte stärken.

Angst, Frust, Besorgnis und Verzweiflung lähmen. Das gilt auch für die Börse. Den Crash verschulden weder Politik noch Medien. Sondern Anleger verkaufen viel mehr, als sie ordern. Und je massiver und unkontrollierter dies geschieht, umso schlimmer sind die Folgen. Schauen wir uns nur den deutschen Leitindex an. Binnen vier Wochen von 13.800 Punkten ein zeitweiliger Absturz bis auf 8.200 Zähler – an Heftigkeit in solch kurzer Zeit in diesem Jahrtausend kaum zu überbieten. Da ist es vordringlich, sich auch mit abgestürzten Dividenden-Aristokraten einzudecken.

Bleiben Sie Ihrer Hoch-/Tief-Mutstrategie treu? Oder passen Sie an?

Selbstverständlich bleibe ich meiner Hoch-/Tief-Mutstrategie treu. Und erneut gilt für mich: *Ein Crash ist nur gut – für Leute mit Mut!* Ergänzend achte ich bei Kauf und Teilverkauf auf die Entwicklung der Dividende. Ein Beispiel mit gerundeten Zahlen: Ich kaufe Aktie X für 300 €. Sie stürzt um ein Drittel auf 200 €. Die Dividende bleibt gleich bei 10 €. Beim Kauf von 300 € beträgt die Dividendenrendite 3,3 %. Beim Erwerb zu 200 € sind es üppige 5 %. Wer Fuchs Petrolub für 40 € kaufte, erzielt bei einer Dividende von 1 € eine Rendite von 2,5 %. Wer für 4 € zugriff, freut sich über 25 %. Und dies jedes Jahr!

Sehen Sie irgendwo günstige Kaufgelegenheiten? Haben Sie mögliche Krisengewinner Drägerwerk, BionTech, Roche oder Qiagen gekauft? Umgekehrt: Wovon sollten vor allem unerfahrene Anleger die Finger lassen?

Da ich schrittweise zukaufe, habe ich den Absturz von Freenet und MTU, Fresenius und HeidelZement, Deutsche Post und Royal Dutch, SolarEdge, Intuitive Surgical, Medtronic, Thermo Fisher und Samsung in letzter Zeit zum Zukauf genutzt. Da günstige Ergänzungen auch als Grundlage für spätere Teilverkäufe wichtig sind, investiere ich über 1.000 € bis maximal 2.000 €. Umgekehrt rate ich dringend ab von Geschlossenen Fonds für Immobilien, Schiffe, Filme usw., ebenso von Optionsscheinen und Zertifikaten mit hohem Hebel. Es ist riskant, sich an jeder Neuemission zu beteiligen. Lieber eine Weile abwarten, die Kursentwicklung verfolgen und dann günstig einsteigen. So habe ich es bei Varta, Dermapharm, Zoom, Teamviewer, 2G Energy und Medios gemacht.

Pharma, Medizintechnik und Biotechnologie gehören zu Ihren Lieblingsaktien. Welche Werte bieten darüber hinaus jetzt große Chancen?

Nachhaltigkeitsaktien vor allem aus Skandinavien zählen zu meinen Favoriten. Ich habe preiswert die Reiseaktie Booking, die kanadische Onlinehandelsaktie Shopify die Luxusgüteraktien LVMH, Kering, Hermès sowie Datagroup, Atoss Software, LPKF Laser, Mensch & Maschine ergänzt.

Wird der Crash die Angst der Deutschen vor Aktien weiter befördern und wird die Aktienkultur darunter leiden?

Auch dieser Crash wird dazu führen, dass noch mehr Menschen einen hohen Bogen um Aktien machen. Die Politik könnte hier ein Signal setzen, indem sie Einsteigern und Senioren für 5 Jahre Steuerfreiheit anbietet und bei einer Aktienhaltedauer ab 5 oder 10 Jahren generell keine Steuer einzieht. Aber was ist dagegen geplant? Eine Finanztransaktionssteuer ab 2021! Damit wird das zarte Pflänzchen Aktienkultur geradezu brutal mit Füßen zertreten.

Ich wünsche mir eine Rückkehr zu einem normalisierten Leben. Je eher, umso geringer sind die wirtschaftlichen, seelischen und körperlichen Schäden und Verwerfungen, wie sie derzeit um sich greifen. Ist jede freiheitsberaubende Maßnahme nötig im Vergleich mit den Todesquoten bei früheren schweren Grippewellen? Ich bin gespannt, wie eine abschließende Bilanz und Analyse, sofern aufrichtig und ungeschönt, aussehen wird.

Nun zu den zuletzt gestellten Fragen

Nachdem Ihre Vorträge, Uni-Vorlesungen in Berlin und VHS-Kurse wegen der Corona-Pandemie abgesagt wurden: Wie gehen Sie in Ihrem Alter mit dem aktuellen Notstand um? Meiden Sie jeglichen Kontakt und gehen nicht mehr vor die Haustür? Treiben Sie dafür Sport im eigenen Fitnessraum?

Ich handle insofern verantwortungsbewusst, indem ich Berührungen vermeide, mir mehrmals täglich die Hände wasche und Abstand halte auch bei Privatunterricht und Besuch meiner beiden Kinder. Aber keineswegs meide ich Kontakte oder lasse mir Konsumgüter ins Haus liefern. Ich laufe zu Fuß die zwei Kilometer zum Einkaufen oder Briefkasten und fahre überall dort noch hin, wo TV-Auftritte und andere Aktivitäten noch nicht streng verboten sind. SDR TV kam mit seinem Kamerateam zu mir nach Hause in Ulm. Aber ich hatte schon die Fahrkarte nach Stuttgart gebucht und wäre gern bei der erneuten Livesendung nicht zugeschaltet, sondern lieber im Studio selbst dabei gewesen. Sport treibe ich im eigenen Fitnessraum – allerdings nicht mehr täglich, weil ich von frühmorgens bis spätabends bis zum Anschlag zu tun habe und es gesundheitlich öfter nicht geht.

Wie schätzen Sie den Markt und das Geschehen an den Börsen ein? Wird der Börsenhandel womöglich eingestellt?

Die internationalen Börsen, die das Marktgeschehen widerspiegeln, werden auch künftig schwankungsfreudig bleiben und sich schrittweise mit Blick auf die Zukunft erholen. Starke Einbrüche sind bei einer 2. Infektionswelle wahrscheinlich. Dafür sind die durch das Corona-Virus verursachten staatlichen Maßnahmen mit tiefen Einschnitten in das globale Wirtschaftswachstum viel zu gravierend. So breitet sich auch in Amerika das Corona-Virus immer weiter aus. Sobald sich das Virus auch in Afrika mit dem dort herrschenden desolaten Gesundheitswesen festsetzt und es dort zu erschreckend hohen Todesquoten kommt, werden Angst, Besorgnis und Panikstarre weiter zunehmen.

Wie stark dies insgesamt und an bestimmten Börsentagen geschieht, hängt auch von den Einschätzungen internationaler Experten, den Aktivitäten führender Investoren und den Meldungen großer Unternehmen ab. Die Mitteilungen der Fed wie auch der EZB spielen eine Rolle, auch das Festhalten oder Aufgeben der sogenannten „schwarzen Null" seitens der Politik. Bei DAX & Co. dürfte es zum weiteren Kurseinbruch sogar unter der 8000er-Marke kommen, sobald ein totales Ausgehverbot verhängt würde. Umgekehrt hätten eine Lockerung der starken Einschränkungen positive Auswirkungen auf die Börsenkurse. Vielleicht stellt sich die Frage. Ist eine Umkehr zur „Herdenimmunität" denkbar, wie sie in Schweden noch gilt?

FAZIT: Wie am besten auf diesen in solch kurzer Zeit heftigsten Crash seit der Jahrtausendwende reagieren, der den deutschen Leitindex von 13.800 auf 8.200 Euro abstürzen ließ? Alles verkaufen? Oder brav aussitzen? Weiter mit dem Einstieg und Zukauf abwarten und auf noch tiefere Kurseinbrüche spekulieren? Oder Schritt für Schritt das Marktgeschehen aufmerksam beobachten und die Kursturbulenzen nutzen für Teilverkäufe von Aktien nahe dem Jahreshoch und Zukauf zu extrem niedrigen Kursen?

Sich von all seinen Aktien zu trennen, ist sicherlich der größte Fehler, den ein Anleger machen kann. Niemand weiß, wie lange der Corona-Crash dauert, ob wir bereits die tiefsten Kurse erlebt haben oder ob es noch weiter abwärts geht. Im Nachhinein, *„hätte ich doch",* sieht alles anders aus als im wirklichen Börsenleben. Natürlich wäre es toll gewesen, zum DAX-Höchststand von fast 13.800 Punkten alles zu verkaufen und bei exakt 8.200 Zählern zuzugreifen. Aber ich kenne niemand, der tatsächlich mit einem solch glücklichen Händchen gehandelt hat. Viel wahrscheinlicher war es, nach dem Crash 2008/09 mit Tiefstand bei 3.600 Punkten schon in erneuter Crasherwartung ab 10.000 Punkten sein Depot auszuräumen und sich dann abwartend am Börsenfeldrand aufzuhalten und auf noch niedrigere Einstiegskurse zu hoffen.

Das Aussitzen, das Füße-still-Halten ist für all jene Anleger vertretbar, denen es an Börsenwissen, verfügbarem Geld, Zeit und Lust fehlt, jetzt aktiv zu handeln. Ebenso ist das Aussitzen vernünftig, wenn das gesamte Anlagekapital in passive ETFs und aktiv gemanagte Aktienfonds gesteckt wurde. Durch breite Streuung bei Index- und erfolgreichen Aktienfonds bietet sich außer bei finanzieller Notlage kein Verkauf an. Möglicherweise ist nun der richtige Zeitpunkt gekommen, den Bestand mit erstklassigen Aktien zu niedrigen Kursen zu erhöhen. Bei deutlichen Fehlgriffen aus früheren Zeiten bietet sich Umschichten an.

Wer immer nur abwartet, um noch günstigere Einstiegs- und Zukauf-kurse zu nutzen, verpasst möglicherweise die besten Chancen. Wer dazu neigt, sollte sich kritisch hinterfragen, wie denn sein Verhalten während der schweren Weltwirtschaftskrise 2008/09 aussah. Wurde damals auch nur zögerlich und zaudernd abgewartet? Die meisten Menschen wiederholen ihre Verhaltensmuster und lernen deshalb auch nur wenig aus gemachten Fehlern. Gäbe es nicht dieses Festhalten an wiederkehrenden Verhaltensweisen, würde die Charttechnik nicht so gut funktionieren. Umgekehrt würden vermutlich mehr gute Vorsätze zum Jahreswechsel befolgt.

Es hat sich bewährt, das Marktgeschehen vor allem im aktuellen Crashszenario genau zu beobachten. Es gilt, die heftigen Kursturbu-lenzen für Teilverkäufe von Aktien nahe dem Jahreshoch und Zukauf zu extrem niedrigen Kursen zu nutzen.

Freilich verschieben sich die Auswahlkriterien entscheidend. Im Bullenmarkt, wenn die Kurse nach oben springen, gibt es eine Riesenauswahl an Aktien, die nahe dem Jahreshoch notieren oder sogar einen Allzeitrekord schaffen. Umgekehrt halten sich preiswerte Zukaufmöglichkeiten dann in engen Grenzen. Momentan würde ich gern 50 preiswerte Aktien bei einer Auswahl von über 1.000 Titeln zukaufen. Im defensiven Valuebereich finde ich kaum Aktien, die nahe dem Jahres- oder sogar Allzeithoch notieren, dafür umso mehr offensive Wachstumsaktien auf Rekordniveau.

Dies gilt beispielsweise für den in den MDAX aufgestiegenen Essenszulieferer mit individuell zusammengestellten Mahlzeiten-Sets HelloFresh, den Medizintechnik-konzern Drägerwerke für Schutzkleidung und Schutzmasken sowie den Pharma- und Chemiekonzern Stratec SE. Ebenso trifft dies zu durch Übernahmeangebote für ISRA Vision und RIB Software, zwei SDAX-Absteiger sowie den von Thermo Fisher umworbenen Diagnostikkonzern Qiagen, TecDAX und MDAX.

Aktuell schwingt sich auch der MDAX-Neuling Teamviewer, Spezialist für Computer-Fernwartung zum Höhenflug auf. Auch die Entwicklung des patentfreien Marken-arzneimittelanbieters Dermapharm aus dem SDAX, erfolgreichste Neuemission 2018, erfreut mit guter Kursentwicklung in diesen schwierigen Zeiten. Die meisten erfolgreichen Mittelständler sind Familienunternehmen und bemühen sich um nach-haltige Geschäftsmodelle im Kampf gegen den Klimawandel. Als innovative Schnell-boote können sie flexibler auf neue Trends und Herausforderungen reagieren als die Traditionsdickschiffe aus dem deutschen Leitindex DAX.

Möglicherweise entwickeln sich mit 2G Energy (WKN A0H L8N) und Medios (WKN A1M MCC) zwei neue, nachhaltige Einhörner bzw. Rennpferde, die es aufgrund ihrer herausragenden Kursentwicklung wohl verdienen, ins Depot aufgenommen zu werden. Ich habe es jedenfalls riskiert.

⑥ Hoch-/Tief-Mutstrategie mit Kauf & Teilverkauf nachhaltiger Aktien

6.1 Das Erfolgsrezept meiner breit gestreuten Langzeitstrategie: Käufe zur richtigen Zeit

Es heißt zwar: *„viele Wege führen nach Rom".* Aber es gibt angenehme und beschwerliche, schnelle und langsame Routen, ungefährliche und strapaziöse Strecken, um zum Ziel zu gelangen. Ähnliches gilt für die Kapitalanlagen. Mit dem schnellen Rein/Raus und hohem Hebel können Sie vielleicht an einem Tag üppige Renditen einfahren, was bei der von mir entwickelten Hoch-/Tief-Mutstrategie kaum möglich erscheint.

Aber die extrem hohen Verluste, die umgekehrt ebenfalls drohen, gibt es bei meiner breit gestreuten Langzeitstrategie eben nicht. Meine Erfindung Hoch-/Tief-Mutstrategie funktioniert, wenn Sie auch in Krisen wie dem derzeitigen Corona-Crash die Ruhe bewahren, diszipliniert handeln und Ihren Vorsätzen treu bleiben.

Die Hoch-/Tief-Mutstrategie gilt als Nachhaltigkeitsstrategie. Sie ist langfristig verantwortungsvoll und risikomindernd aufgebaut. Die wesentlichen Merkmale nun auf den Punkt gebracht:

biele internationale Einzelaktien klein, mittelgroß, groß – breit gestreut
Berücksichtigung zahlreicher Branchen, nicht nur DAX-Heimatliebedepot
langfristiger Anlagehorizont, nur kaufen, was man für immer behalten will
Einstieg und Zukauf zu niedrigen Kursen, bevorzugt in Krisen und im Crash
Teilverkäufe bei hohem, möglichst ab dreistelligem Kursgewinn
Komplettverkäufe gewöhnlich nur bei Geldmangel und Fehleinschätzung
im Allgemeinen Orderumfang zwischen 1.000 und 5.000 €, Spielraum für Zukauf
überwiegender Anteil fair bewerteter „Dividenden-Aristokraten" vom Value-Sektor
unbedingt auch höher bewertete Wachstumsaktien aus Growth-Zukunftsmärkten
eigene Depotführung, um jeden einzelnen Kauf und Verkauf zu dokumentieren

Was tun in unsicheren, von Angst, Panik und Herdentrieb geprägten Börsenzeiten? Seit dem dreijährigen Crash 2000 bis 2003 sind praxisnahe Lösungsmodelle gefragt. Man denke an das Absturzszenario 2008/09 wegen der zum Finanzdesaster aufgeplusterten Subprimekrise mit der Pleite Lehman Brothers. Auch der große Absturz der Technologie- und Internetaktien im Dezember 2018 gibt zu denken. Ungleich dramatischer verläuft der aktuelle Corona-Crash. Der Kursabsturz, beeinflusst durch die weitgehende Lahmlegung des öffentlichen und gesellschaftlichen Lebens verursacht die heftigsten Kurseinbrüche in diesem Jahrtausend. Die sich ausbreitende Angst vor Ansteckung und Erkrankung schlägt sich auf das Börsengeschehen nieder. Es kommt zu gewaltigen Kettenreaktionen, gekennzeichnet von Komplettausräumungen vieler Depots. Da kann der mutige Einstieg und Zukauf nicht gegenhalten. Ich berichte über mein eigenes Anlageverhalten, um den Lesern Mut zu machen. Die Dokumentation ist anhand der Kauf- und Verkaufsorders exakt überprüfbar. Es handelt sich nicht um fiktive, sondern tatsächlich vorgenommene Transaktionen. So nutzte ich auch den katastrophalen Jahresstart 2016 mit Kurseinbrüchen bei einigen Titeln bis zu 40 % für Zukäufe und Koppelgeschäfte. Und erst recht war ich im März 2020 aktiv.

Aktieneinkauf auf Kredit – alles andere als ein Hit! Was aber tun, wenn das Guthaben aufgebraucht ist, jedoch ein Aktienkauf auf Pump kein Thema sein darf? Dann ist nur über das gleichzeitige Veräußern ein attraktiver Zukauf möglich. Doch wie soll dies gehen? Also kam ich auf die Idee des Hoch-/Tief-Tradings. So verkaufte ich von solchen Aktien einen Teil, die sich bezüglich des Kursgewinns möglichst verdoppelt und aktuell kaum etwas verloren hatten.

Bedingung beim Zukauf abgestürzter Titel ist und war, dass die Fundamentaldaten stimmen. Es bringt nichts, eine Aktie mit geringem Abschlag im Crash zu verkaufen, um sie durch eine andere mit schlechten Kennzahlen und negativer Prognose zu ersetzen. Dies schränkt von vornherein die Wahl ein. Im Nachhinein ist es einfach, aber unehrlich und unfair, die besten Aktien auszuwählen und sich damit zu brüsten. Eine fiktive „Hätte"-Strategie – gern für fragwürdige Börsenbriefwerbung genutzt – steht der eigenen Glaubwürdigkeit im Wege. Entscheidend ist die Gesamtentwicklung des Depots – vergleichbar mit der Fußballbundesligasaison. Es kommt nicht darauf an, dass jeder Spieler stets seine Höchstform abruft. Die Teamleistung muss stimmen, damit der erhoffte Tabellenplatz zum Abschluss der Saison erreicht wird – sei es Meisterschaft, Europawettbewerb, Aufstieg oder Klassenerhalt.

Ein Crash ist gut – nur für Leute mit Mut! Ich wollte daraus Vorteile ziehen und in Marktlagen gewinnen, wo ängstliche Anleger panikartig alles verkaufen. So hoffe ich, dass Sie bei Kurseinbruch nicht die Nerven verlieren, sondern im Rahmen verfügbaren Kapitals solche Börsenphasen nutzen.

Es gilt, die Chancen in Krisen beherzt wahrzunehmen. Das gilt aktuell für den Corona-Crash. Pharma-, Biotech- und Medtechaktien mit überzeugenden Geschäftsmodellen, aber auch für übertrieben abgestürzte Aktien aus der Tourismusbranche, dem Luxusgütersektor und dem Finanzbereich.

Interessant sind jetzt dividendenstarke Titel. Dazu ein Beispiel: Die Aktie X stürzt von 150 auf 100 € ab. Die Ausschüttung liegt bei 6 €. Beim Kurs von 150 € sind dies 4 %, beim Preis von 100 € sogar 6 %. Stürzt der Aktienkurs bei unveränderter Dividende um die Hälfte auf 75 € ab, steigt die Dividendenrendite auf stolze 8 %. Da häufen sich im Laufe der Jahre die Ausschüttungen zu erheblichen Summen an – immer unter der Voraussetzung, dass nicht gekürzt und gestrichen wird, was beim Corona-Crash infolge einbrechender Gewinne und zunehmender Verluste bei existenziellen Sorgen viel öfter als früher eintritt. Augenblicklich funktioniert dies noch bei Allianz, Munich Re, Sberbank, Norilsk Nickel, um nur einige Titel zu nennen.

Die Teilverkaufsmethode mit Zukaufkoppelgeschäften bei Kapitalbedarf und Übergewichtung MDAX, TecDAX, SDAX, Nasdaq bildet die Grundlage. Technologie mit Künstlicher Intelligenz dürfte künftig weiter boomen. Biotech-, Software- und Bausektor erscheinen chancenreich, ebenso das „blaue Gold" Wasser durch Verknappung bei wachsender Weltbevölkerung. Der Gesundheitsbereich profitiert vom demografischen Wandel, angetrieben durch neuartige Wirk- und Impfstoffe, auch Behandlungsformen wie Immuntherapie, Gentherapie und personalisierte Medizin. Der Ölpreis hängt ab von der Konjunktur und der politischen Lage. Er befindet sich derzeit im tiefen Kellerloch wegen geringer Nachfrage. Die Zukunftsmärkte werden von der Industrie 4.0, Cloud-Computing, Automatisierungsprozessen mit Robotik und Künstlicher Intelligenz, der digitalisierten und vernetzten Welt geprägt.

Wie sieht die Zukunft aus? Zwar lässt sich kein steuerfreier Altbestand mehr aufbauen. Es sei denn, dass nach 10-jähriger Aktienanlage, wie vereinzelt vorgeschlagen, die Steuerpflicht entfällt. Solange die SPD in der Bundesregierung mitwirkt, wird dies nicht geschehen. Dagegen ist mit einer Transaktionssteuer bei Aktienkäufen zu rechnen. Wählen Sie Aktien aus, die in Zukunftsmärkten aktiv, exportstark, fair bewertet und gering verschuldet sind. Dazu zählen ein im Branchenvergleich niedriges KGV, ein ansehnlicher Buchwert, eine ausreichende Eigenkapitalquote, ein verlässlicher Ergebnisanstieg und eine bei Value-Titeln attraktive Dividende. Es bringt wenig, nur auf Verlierer zu setzen. Zumindest der Ausblick sollte ermutigen. Ich führe die wichtigsten Transaktionen bei Kursschwäche ab 2019 bis 2020 auf.

Meine dokumentierten Käufe der zumindest von Fondsmanagern als nachhaltig eingestuften Aktien von 2019 bis 2020 gelten als Orientierungshilfe. Nutzen Sie starke Kursschwankungen, wie sie der Corona-Crash mit seinen beträchtlichen Verwerfungen bietet.

Kauf internationaler Nachhaltigkeitsaktien 2019 bis 2020

Zukauf im Zusammenhang mit Teilverkauf und Koppelgeschäft bei hohem Kursgewinn. Lohn für Mut: üppige Rendite oft in kurzer Zeit.

Aktie, Unternehmen	Index Land	WKN	Kauftag ab 2019	Kaufpreis €	Kurs am 11.05.20
Alibaba	Nasdaq	A11 7ME	30.09.19	155,00	189,90 €
Allianz	DAX	840 400	13.03.20	147,35	255,50 €
Amazon	Nasdaq	906 866	25.10.19	1.508,5	2.225,5 €
AMD	Nasdaq	863 186	14.08.19	26,70	50,95 €
Apple	Dow Jon.	865 985	06.08.19	172,20	289,45 €
AstraZeneca	Stoxx 50	886 455	16.03.20	67,50	98,20 €
Atoss Software	SDAX	510 440	02.09.19	63,00	89,75 €
Ballard Power	Kanada	A0R ENB	13.01.20	7,95	9,05 €
Bayer	DAX	BAY 001	26.03.19	56,20	57,55 €
Bechtle	M/TecDAX	515 870	26.02.20	126,50	149,20 €
Beiersdorf	DAX	520 000	27.02.19	82,00	94,64 €
Biogen	Nasdaq	789 617	02.03.19	230,00	289,35 €
BionTech	Prime St.	A2P SR2	04.05.20	41,40	46,55 €
Cancom	M/TecDAX	541 910	19.11.19	33,60	53,85 €
Carl Zeiss Med.	M/TecDAX	531 370	11.04.19	71,50	91,25 €
Coloplast	Dänemark	A1K AGC	28.10.19	108,40	141,05 €
CompuGroup	M/TecDAX	543 730	19.03.20	47,80	77,00 €
Covestro	DAX	606 214	31.01.20	38,55	30,15 €
Datagroup	Prime St.	A0J C8S	12.03.20	42,50	59,20 €
Daiichi Sankyo	Nikkei 225	A0F 57T	26.01.20	62,00	65,00 €
Dermapharm	SDAX	A2G S5D	04.03.19	27,90	45,50 €
Deutsche Post	DAX	555 200	27.03.20	22,85	26,85 €
Drägerwerk	S/TecDAX	555 063	06.04.20	79,30	76,40 €
Eckert & Ziegl.	S/TecDAX	565 970	23.04.19	72,60	145,10 €
Evotec	M/TecDAX	566 480	15.08.19	18,90	22,60 €
Freenet	M/TecDAX	A0Z 2ZZ	16.03.20	14,20	16,10 €
Fresenius	DAX	578 560	19.03.20	25,95	40,50 €
Infineon	DAX	623 100	03.06.19	14,70	17,75 €

Aktie, Unter-nehmen	Index Land	WKN	Kauftag ab 2019	Kauf-preis €	Kurs am 11.05.20
Johnson & Jo.	Dow Jon.	853 260	18.10.19	114,85	132,25 €
LPKF Laser	SDAX	645 000	16.03.20	12,75	24,40 €
Microsoft	Dow Jon.	870 747	06.03.20	146,50	171,50 €
Nel ASA	Norwegen	A0B 733	03.04.19	0,62	1,05 €
Netflix	Nasdaq	552 484	17.10.19	265,00	410,15 €
Norilsk Nickel	Russland	A14 0M9	21.04.20	22,95	26,10 €
NVIDIA	Nasdaq	918 422	29.04.19	160,10	298,00 €
Orsted	Dänemark	A0N BLH	22.10.19	84,20	93,10 €
Paypal System	Nasdaq	A14 R7U	23.10.19	86,45	134,00 €
Plug Power	Amerika	A1J A81	05.07.19	2,09	4,05 €
PowerCell	Schweden	A14 TK6	01.07.19	7,75	23,20 €
Puma	MDAX	696 960	15.02.19	44,05	58,40 €
Salesforce	S&P 500	A0B 87V	17.10.19	133,35	165,70 €
Samsung	Südkorea	881 823	10.03.20	675,00	782,00 €
SAP	DAX	716 460	05.08.19	106,95	106,80 €
Sartorius St	Prime St.	716 560	03.10.19	146,00	273,00 €
Shopify	Kanada	A14 TJP	29.03.20	304,90	679,00 €
Siltronic	MDAX	WAF 300	18.06.19	50,20	78,35 €
Slack Tech.	USA IPO	A2P GZL	06.09.19	24,85	29,00 €
SolarEdge	Israel	A14 QVM	19.11.19	69,75	111,10 €
Sony	Nikkei	853 687	07.02.19	38,00	60,40 €
Stratec SE	SDAX	STR A55	07.11.19	67,70	86,80 €
Stryker	S&P 500	864 952	04.03.20	172,00	177,70 €
Teamviewer	M/TecDAX	A2Y N90	07.01.20	29,50	43,40 €
Tencent	China	A11 38D	01.10.19	38,15	51,90 €
Thermo Fisher	S&P 500	857 209	14.10.19	258,00	311,55 €
Tomra System	Norwegen	872 535	23.09.19	24,00	30,90 €
Varta	Prime St.	A0T GJ5	31.05.19	46,10	75,90 €
Vinci	Euro Stoxx	867 475	12.03.20	65,85	75,05 €
VISA	Dow Jon.	A0N C7B	05.08.19	149,80	168,50 €
Zoom	USA IPO	A2P GJ2	04.05.20	102,50	169,75 €

6.2 Teilverkäufe als Gewinnmitnahmen und zur Finanzierung von Zukäufen

Warum gab es neben vielen Käufen in all den Jahren und bevorzugt beim starken Kurseinbruch im März 2020 auch etliche Teilverkäufe? Was waren die hauptsächlichen Gründe? Und wie wurde dies alles gemanagt? Letztlich besteht das Ziel, dass sich das Depot selbst finanziert.

Bereits Anfang 2016 ging es an den Börsen turbulent zu. Bei guten Aktien, die bis zur Hälfte verloren, stieg ich ein oder kaufte zu. Ende Juli kam es zum unerwarteten Ausstieg Großbritanniens aus der Europäischen Union, dem Brexit. Die Kurse stürzten kurzfristig ab. Wieder eine gute Gelegenheit, jetzt in preiswerte Aktien zu investieren, innerhalb und außerhalb Englands. Der Brexit selbst wurde beschlossen. Jetzt kommt es auf partnerschaftliche Vereinbarungen an, die sowohl für die Europäische Union als auch für Großbritannien zufriedenstellend verlaufen. Wie sieht es etwa bezüglich freier Arbeitsplatzwahl und dem Wohnsitz aus? Werden Handelszölle erhoben? Wird bei Aktienverkäufen eine Abgeltungsteuer verlangt? Bislang waren gerade durch diesen Verzicht englische Aktien begehrt.

Im 2. Halbjahr 2018 stürzten neben US-Hightechtiteln die Aktien aus Deutschland und China gewaltig ab. Selbst gute Aktien wurden plötzlich wegen verhaltener Prognosen und sinkender Erträge übertrieben hart abgestraft, teilweise um 30 oder 40 %, ja sogar 50 bis 60 % verprügelt. Statt Logik war oft genug der Herdentrieb mit hoher Ansteckungsgefahr Hauptursache. Ich griff zu, wenn ich es finanzieren konnte. Ohne Erbschaft und gehortetem Geld auf Girokonto, Tagesgeld oder Sparbuch ging dies mit Teilverkauf und Dividenden. Glücklicherweise gab es immer einige Aktien, die gegen den Trend kaum verloren, manchmal sogar auf Jahreshoch notierten. Aber der jetzige Corona-Crash-Einbruch ist deutlich stärker. Der zuvorige Aufschwung mit neuem Allzeithoch beim DAX nahe 13.800 Punkten ist lässt verpufft. Bis auf 8.200 Punkte sackte der deutsche Leitindex zwischenzeitlich ab.

Mein Depot muss sich mit Koppelgeschäften selbst finanzieren. Dass dies bei breiter Streuung möglich ist, zeigen die Käufe wie auch die folgenden Teilverkäufe selbst im bisweilen heftigsten Crashszenario dieses Jahrtausends. So wächst mein Aktienbestand Jahr für Jahr. Bei einem Kursgewinn von gut 300 % brauche ich nur ein Drittel vom Bestand zu verkaufen, um die Summe für den Neukauf beisammen zu haben. Beim Kursplus von 500 % reicht ein Viertel. Es fallen ja Steuern an. Freilich nimmt in einem Crash die Anzahl der Aktien mit üppigem Buchgewinn rapide ab. Wenn dann die Dividende gestrichen oder gekürzt wird, ist Geduld angezeigt.

Im „Salamicrash" 2000 bis 2003, während der Weltwirtschaftskrise im Herbst 2008 bis Frühjahr 2009, im Januar/Februar 2016 sowie für kurze Zeit durch den Brexit gab es heftige Kurseinbrüche. Dramatisch verlief das 2. Halbjahr 2018. Zum Jahresschluss 2018 lag der DAX mit über 18 %, der MDAX ebenso mit 18 %, der SDAX sogar mit 20 % in der Verlustzone. Nur der TecDAX schlug sich mit -5 % wacker. Es konnten also Handelstechniken eingeübt werden, die sich nun im großen Corona-Crash bewähren: nämlich schrittweiser Teilverkauf und Zukauf. Wählen Sie Aktien aus, die chancenreich, in Zukunftsmärkten aktiv, export- und finanzstark, fair bewertet und gering verschuldet sind. Dazu zählen ein im Branchenvergleich niedriges KGV, ein möglichst hoher Buchwert, eine ansehnliche Eigenkapitalquote, ein Ergebnisanstieg und eine attraktive Dividendenrendite. Es ist riskant, nur auf Verlierer zu setzen. Bankberater raten zwar zu Stop-Loss-Orders zwecks Verlustbegrenzung. Aber sie weisen selten darauf hin, dass bei scharfen Kurseinbrüchen die Ausführungskurse weiter unter der Stoppmarke liegen können. Die Aktien sind weg und damit auch die Dividenden. Stattdessen sind oft hohe Transaktionskosten für den gesamten vernichteten Bestand zu berappen. Als der DAX Ende März 2020 bis auf 8.200 Punkte in den Keller rauschte, wurden durch den computerunterstützten Abverkauf automatisch massenweise Depots komplett ausgeräumt.

Teilverkaufsauswahl 2019/20 zum Finanzieren der Käufe

Nur Teilverkauf vom Aktienneubestand seit 2019: Die besten „Rennpferde" bleiben als Kurs- und Dividendenstars im Depot.

Aktie, Unternehmen	WKN	Kaufjahr & Preis in €	Teilverkaufstag	Preis bei Verkauf	Kurs am 12.05.20
Alibaba	A11 7ME	2017: 90,60	12.09.19	160,60 €	189,20 €
Amadeus	509 310	2010: 22,00	21.05.19	125,20 €	89,30 €
Amazon	906 866	2014: 261,0	31.01.20	1.837,0 €	2.216,0 €
AMD	863 186	2018: 13,65	05.11.19	32,70 €	51,50 €
Amgen	867 900	2015: 129,5	12.08.19	185,00 €	224,85 €
Apple	865 985	2017: 70,00	23.10.19	216,90 €	292,65 €
ASML	A1J 4U4	2016: 92,20	17.07.19	199,95 €	281,80 €
Atoss Softw.	510 440	2013: 13,25	17.06.20	114,00 €	90,50 €
Ballard Power	A0R ENB	2014: 3,30	20.02.20	13,85 €	9,10 €
Biogen	789 617	2013: 155,5	05.02.20	304,50 €	301,65 €
Booking Hold.	A2J EXP	2016: 980,0	16.08.19	1.730,0 €	1.290,2 €

Aktie, Unternehmen	WKN	Kaufjahr & Preis in €	Teilverkaufstag	Preis bei Verkauf	Kurs am 12.05.20
Brenntag	A1D AHH	2011: 23,00	10.09.19	47,00 €	44,30 €
Cancom	541 910	2013: 11,50	11.09.19	53,55 €	56,15 €
Carl Zeiss Me.	531 370	2015: 14,75	10.12.19	113,60 €	87,00 €
CompuGroup	543 730	2015: 30,00	05.02.20	68,50 €	76,55 €
Datagroup	A0J C8S	2017: 34,40	06.02.20	70,80 €	60,90 €
Dt. Post	555 200	2012: 16,50	15.01.19	34,35 €	27,65 €
Deutz	630 500	2015: 2,95	19.03.19	7,00 €	3,45 €
Dialog Semi.	927 200	2018: 19,40	24.06.20	40,90 €	32,95 €
DIC Asset	A1X 3XX	2011: 5,90	26.11.19	15,25 €	11,60 €
Drillisch	554 550	2011: 6,75	13.06.19	30,55 €	21,00 €
Dürr	556 520	2012: 20,60	19.03.19	35,85 €	19,45 €
Eckert & Zieg.	565 970	2019: 79,50	02.12.19	201,00 €	134,80 €
Eurofins	910 251	2015: 286,3	14.05.20	566,20 €	547,00 €
Evotec	566 480	2015: 9,80	22.01.19	20,30 €	22,65 €
Freenet	A0Z 2ZZ	2010: 8,90	08.11.19	21,60 €	16,40 €
GEA	660 200	2009: 8,10	10.09.19	26,40 €	21,90 €
Micron Tech.	869 020	2017: 23,40	02.01.20	49,00 €	43,00 €
Nemetschek	645 290	2015: 7,55	02.07.19	57,30 €	63,05 €
Netflix	552 484	2015: 106,4	27.03.20	350,65 €	405,85 €
Nvidia	918 422	2016: 61,30	26.11.19	200,75 €	296,35 €
New Work	NWR K01	2016: 150,4	27.11.19	309,50 €	237,0 €
Novo Nordisk	A1X A8R	2012: 24,50	06.02.20	58,65 €	58,65 €
PowerCell	A14 TK6	2019: 7,75	03.01.20	16,00 €	23,30 €
Samsung	881 823	2006: 504,0	20.01.20	1.009,0 €	770,00 €
Sartorius St	716 560	2018: 111,0	14.04.20	223,00 €	281,00 €
Shopify	A14 TJP	2019: 303,7	26.05.20	780,00 €	795,00 €
Sixt Vz	723 133	2014: 22,50	04.03.19	63,30 €	39,25 €
Varta	A0T GJ5	2017: 20,95	05.09.19	90,00 €	77,80 €

Da der Altbestand unberücksichtigt blieb, sind die Kursgewinne drei- statt vierstellig. Bei den grün markierten Titeln übersteigt der heutige Kurs den Teilverkauf.

Warum überhaupt Teilverkäufe? Um damit preisgünstige Zukäufe in einem sich weitgehend selbst finanzierenden Depot zu ermöglichen! Seit Beginn der Corona-Pandemie 2020 gab es weniger Chancen für Teilverkäufe, weil es im Crash nur vereinzelt Aktien gibt, die mit hohem Kursplus zur Gewinnmitnahme einladen. Den richtigen Zeitpunkt für geschickte Aktienkäufe zu finden, ist nicht einfach. Aber es ist viel schwieriger, klug und weitsichtig zu verkaufen und dabei große Fehler zu vermeiden. Es spielen etliche Einflussfaktoren eine Rolle. So taucht ein Bündel von Fragen auf:

➢ **Befinden wir uns im Bullenmarkt,** wo es sich hier und da anbietet, dreistellige Kursgewinne mitzunehmen? Bleiben noch genügend Aktien im Depot übrig? Es ist dumm, sich von seinen besten Aktien komplett zu trennen.

➢ **Sind die Kursschwankungen extrem häufig und heftig?** Deutet das unruhige Börsenklima auf einen überfälligen Crash hin? Dann lohnt es sich auch aus diesem Blickwinkel betrachtet, die Ernte bei guten Aktien einzufahren.

➢ **Steigt bei starkem Kursrückgang die Dividendenrendite auf mehr als 4 % bis fast 10 %?** Dann sollten Sie zumindest noch die Hauptversammlung abwarten und überlegen, ob ein Teilverkauf überhaupt ratsam ist.

➢ **Werden manche Aktien nur abgestraft, weil der Marktführer gepatzt hat?** Oder erleben wir gerade einen Branchencrash? Dann können Sie sich beim Teilverkauf zurückhalten. Früher oder später werden sich die Kurse erholen.

➢ **Müssen Sie einen Teil verkaufen, weil große Rechnungen zu bezahlen sind?** Stehen dagegen größere Erträge an, können Sie weniger Titel veräußern.

➢ **Gilt auch beim Teilverkauf „breit gestreut – nie bereut"?** Da niemand eine Glaskugel besitzt und auch ich nur spekulieren kann, ob das momentane Hoch ein Strohfeuer oder ein Signal für Trendumkehr ist, mache ich pro Woche nur wenige Geschäfte. Ich suche Aktien, die besonders stark gestiegen sind.

➢ **Die Hoch-/Tief-Mut-Strategie mit Zukauf und Teilverkauf funktioniert nur bei einem Depot mit einer Aktienanzahl von über 30 Titeln.** Es können auch mehr als 50 oder 100 Werte sein. Die wichtigsten Voraussetzungen sind aber ein langer Zeithorizont, Börsenwissen, Marktbeobachtung, Geduld und Disziplin.

Wer sich im Laufe von Jahrzehnten ein großes Depot aufbaut, kann möglicherweise allein mithilfe der Ausschüttungen zumindest den Unterschied zwischen dem Einkommen als Berufstätiger und der späteren Rente oder Pension voll ausgleichen. Dies gilt für meine beiden Kinder, die mein Depot erben und weiterführen wollen. Also hüte ich den Altbestand wie einen Schatz. Auch künftig warten „Einhörner" auf Sie, die Sie mit Bedacht hegen und pflegen und durch Teilverkauf vor gieriger Komplettveräußerung bewahren.

❼ Die kreative Börsenwerkstatt für Ihre nachhaltige Geldanlage

7.1 Das Baukastensystem als Grundlage für Ihre erfolgreiche Langzeitstrategie

Die kreative Börsenwerkstatt mit dem Baukastensystem und Aufbaumodell aus Aktienfonds, ETFs und Einzelaktien mit dem Schwerpunkt nachhaltige Geldanlage mit gutem Gewissen

Als vor einigen Jahren ein Orkan mein Eigenheimdach abdeckte, bot mir die Baufirma eine Sanierung nach dem Baukastensystem an: Neue hochwertige Dachziegel seien unverzichtbar, eine Dämmung wäre auch später möglich. So kam mir die Idee von einer Anlage als Stufenmodell, das ich Ihnen mit dem erweiterten Schwerpunkt Nachhaltigkeit nun vorstelle. Das Baukastensystem berücksichtigt die unterschiedlichen Anlegertypen und soll auch Ihnen eine ausgewogene, passende Auswahl erleichtern.

Die Anzahl der aktiven Aktionäre und Besitzer von Einzelaktien und Aktienfonds im Alter ab 14 Jahre lag Mitte März 2020 bei knapp zehn Millionen bzw. genau 9,7 Millionen Anlegern. Das sind 380.000 weniger Anleger als ein Jahr zuvor. Jeder 7. Bundesbürger besitzt ein Depot aus Aktien, ETFs oder Aktienfonds. Dies sind 15,2 % der Deutschen im Alter von über 14 Jahren. Die Aktienquote gegenüber Amerika und vielen anderen Nationen ist immer noch erschreckend niedrig. Statt sich enteignet zu fühlen und über die schleichende Kapitalvernichtung beim Sparbuch zu ärgern, sollten Sie in Einzelaktien, Aktienfonds und ETFs (Exchange Traded Funds) anlegen – auch wegen der oft üppigen Dividende. Der bisherige Aufwärtstrend als Folge der Null- und Strafzinspolitik, wo Aktien, ETFs und Aktienfonds als einzige vernünftige Alternative galten, führt durch die Corona-Pandemie zu empfindlichen Verwerfungen. Einerseits wurden auch durch automatisch ausgelöste Stoppkurse beim starken Einbruch der weltweiten Börsen Mitte März 2020 ganze Depots komplett ausgeräumt. Andererseits erkannten Sparer günstige Einstiegschancen. Wie sich dies alles mittelfristig einschätzen lässt, bleibt abzuwarten und hängt von Heftigkeit und Zeitdauer des Corona-Crashszenarios ab. Die Banken berichteten Mitte Juni 2020 von viele neuen Depoteröffnungen.

Die Zahlen könnten besser sein, würde die Bundesregierung mit dazu beitragen, die Aktienkultur zu fördern. Ab 2021 droht die Transaktionssteuer bei Aktienkäufen. Was muss noch alles geschehen, bis der Staat erkennt, dass die Förderung der Aktienkultur unverzichtbar ist, um der Altersarmut und Geldvernichtung durch Null- und Strafzinsen, neue und höhere Steuersätze zu entgehen? Warum nicht steuerfreie Aktienverkäufe bei einer Haltedauer von mindestens einem Jahrzehnt?

Nutzen Sie die strategisch durchdachte Aktien-, Aktienfonds- und ETF-Auswahl mit meinem Baukastensystem/Aufbaumodell!

Baukastensystem & Aufbaumodell für ethische Geldanlage

Ein Anlagekonzept für sicherheitsbewusste Privatanleger

Investmentfonds	ETFs	Edelmetall: Barren/Münzen
Vondabel MTX Sustainable (A0R CWA)	iShares MDAX UCITS (593 392)	
DWS Aktien Strategie Deutschland (976 986)	Lyxor World Water (LYX 0CA)	Gold physisch oder als ETC
Franklin Technologie (A0K EDE)	UBS MSCI World Socially (A1J A1R)	Gold/Silber/Platin physisch oder ETC
DAX-Aktien	**MDAX-Aktien**	**SDAX-Aktien**
BASF [Großchemie] (BAS F11)	Symrise [Duftstoffe Industrie] (SYM 999)	Dermapharm [Generika] (A2G S5D)
Fresenius [Gesundheit, Pharma] (578 560)	Hannover Rück [Rückversicherer] (840 221)	Encavis [Solar/Windkraft] (609 500)
Deutsche Börse AG [Xetra] (581 005)	LEG Immo. [Gewerbe/Wohnen] (LEG 111)	LPKF Laser [Leiterplatten] (645 000)

Anlage-Aufbaumodell für erfolgsorientierte Privatanleger

Investmentfonds	ETFs	DAX-Aktien
UniSector HighTech A (921 559)	Comstage SDAX TR (ETF 005)	Allianz [Versicherer] (840 400)
Quest Cleantech B SICAV (A0N C68)	iShares MSCI USA Small Cap (A0X 8SB)	Merck KGaA [Pharma] (659 990)
Uni Nachhaltigkeit global (A0M 80G)	Amundi Solut. MSCI Europe. (A2H 9QZ)	Linde [Spezialmedizingase] (A2D SYC)

MDAX-Einzelaktien	SDAX-Einzelaktien	Skandinavien
Carl Zeiss Med. [Augenheilkunde] (531 370)	Eckert & Ziegler [Strahlen] (565 970)	PowerCell [Wasserstoff] (A14 TK6)
Rational [Großküchengeräte] (701 080)	Hypoport [Immobilien-finanzierer] (549 336)	Genmab [Antikörper] (565 131)
Hella [Autozulieferer, Lichtsysteme] (A13 SX2)	Hamborner Reit [Immobilien] (601 300)	Tomra Syst. [Pfandflaschen] (872 535)
Knorr-Bremse [Bremssysteme] (KBX 100)	SMA Solar [Wechselrichter] (A0D J6J)	UPM Kymmene [Holz/Papier] (881 026)
Euro Stoxx, Stoxx 50	**TecDAX-Aktien**	**Dow-Jones-Aktien**
AstraZeneca [Pharma GB] (886 455)	Bechtle [Systemhaus Software] (515 870)	UnitedHealth [Altersvorsorge] (869 561)
LVMH [Konsumgüter FR] (853 292)	Nemetschek [Bausoftware] (645 290)	Johnson & Johnson [Gesundheit] (853 260)
Vinci [Bauindustrie FR] (867 475)	Sartorius [Biopharma-Industrie] (716 563)	Microsoft [Betriebssoftware] (870 747)

Anlage-Aufbaumodell für risikofreudige Privatanleger

Investmentfonds	ETFs	Nasdaq-Aktien
DJE Asia High Dividende (A0Q 5KZ)	iShares Nasdaq-100 (A0F 5UF)	Alphabet [Suchmaschine] (A14 Y6F)
Nordinternet (978 530)	iShares TecDAX (DE) (593 397)	Amazon [Onlinehandel] (906 866)
Threadneedle Global Focus (974 979)	ISHS TR-Nasdaq Biotech (657 791)	Nvidia Corp. [IT-Hardware] (918 422)
DWS Russia LC (939 855)	Invesco Dynamic US Market (A0M 2EH)	Netflix [Streaming] (552 484)
DAX-Aktien	**TecDAX-Aktien**	**Sonstige Ausland**
Adidas [Sportartikel] (A1E WWW)	CompuGroup [Ärztesoftware] (543 730)	SolardEdge [Israel] (A14 QVM]
FMC Dialysetechnik] (578 580)	Jenoptik [Technologie] (A2N B60)	Samsung [Elektronik, Südkorea] (755 150)
SAP [Betriebssoftware] (716 460)	Varta [Mikrobatterien Hörgeräte] (A0T GJ5)	Alibaba [Suchmaschine] (A11 7ME)

Das Gefälle zwischen West/Ost verringert sich. Der Anteil in Ostdeutschland liegt nur knapp unter den Zahlen für Westdeutschland. Interessant ist, dass die Menschen in den neuen Ländern stärker auf Aktienfonds als auf Einzelaktien fokussiert sind. Dies hängt auch mit der Unternehmenslandschaft zusammen.

Handelsblatt-Umfrage zu Zukunftsmärkten und veränderter Welt

Nicht nur die digitale Transformation und Künstliche Intelligenz mit Robotik verändern die Welt und damit unsere Wünsche und Ansprüche. Dies gilt auch für den Bankensektor. Vertrauenswürdigkeit, Zuverlässigkeit, sichere Standards ohne betrügerische Fallen stehen vor allem bei jungen Bankkunden hoch im Kurs.

Am wichtigsten erscheinen mit 88 % Zustimmung Vertrauenswürdigkeit. Es folgen mit 87 % Anteil Sicherheitsstandards. Danach folgt mit 71 % eine hohe Transparenz. Gewünscht werden mit 70 % Anteil niedrige Kosten, mit 66 % schnelle Prozesse und mit 50 % moderne Zahlungsmethoden. Interesse besteht mit 44 % Anteil an individualisierten Produkten und mit 35 % Zustimmung an hohen ethischen Standards. Eine gute Erreichbarkeit halten 34 % der Befragten für entscheidend. 21 % schätzen gute persönliche Kontakte und 15 % verbinden mit ihrer Zukunftsbank ausgebaute statt geschrumpfter Filialnetze.

7.2 Basteln Sie Ihr eigenes Aufbaumodell

Kopieren Sie den umseitigen Vordruck mehrmals. Tragen Sie Ihren eigenen Entwurf für ein Aufbaumodell ein, das Ihren Vorlieben und Erwartungen, Ihrem Naturell und Ihrer Kapitaldecke entspricht. Seien Sie offen für Neuentwicklungen, konjunkturelle Trends und sich ändernde Einschätzungen nach Überwindung der Corona-Pandemie und des dadurch verursachten Crashs.

Beim Ausgangsmodell wurden Nachhaltigkeitsprodukte zwar bewusst zielgerichtet übergewichtet, ohne aber auf andere Wertpapiere ganz zu verzichten. Immer aber habe ich die gängigen Ausschlusskriterien beachtet. Wie meine derzeitigen Webinare, TV-Auftritte, Interviews, Experten- und Anlegerfragen zeigen, verstärkt sich das Interesse an einer nachhaltigen Geldanlage mit gutem Gewissen nicht nur bei der jüngeren Generation, vorwiegend Frauen. Berücksichtigen Sie bei Ihrem eigenen Aufbaumodell die veränderten Einschätzungen zugunsten einer veränderten Welt. Es geht um zurückgenommene Ansprüche und mehr Eigenverantwortung, um auch unseren Kindern und Enkeln eine lebenswerte Zukunft zu bieten.

Baukastensystem und Aufbaumodell für Geldanlage

Ein Anlagekonzept für sicherheitsbewusste Privatanleger

Investmentfonds	ETFs	Edelmetall: Barren/Münzen

DAX-Aktien	MDAX-Aktien	SDAX-Aktien

Anlage-Aufbaumodell für erfolgsorientierte Privatanleger

Investmentfonds	ETFs	DAX-Aktien

MDAX-Aktien	SDAX-Aktien	Skandinavien

Euro-Stoxx-50-Aktien	TecDAX-Aktien	Dow-Jones-Aktien

Anlage-Aufbaumodell für risikofreudige Privatanleger

Investmentfonds	ETFs	Nasdaq-Aktien

DAX-Aktien	TecDAX-Aktien	Sonstige Ausland

⑧ Wie 5.000, 10.000, 20.000, 30.000, 50.000 und 100.000 € klug anlegen?

8.1 Worauf es ankommt, um erfolgreich zu sein

Die anhaltende Niedrigzinspolitik macht jedem klar, dass mit Bargeld unter dem Kopfkissen und dem Sparbuch kein Geld zu verdienen ist. Wegen fehlender Guthabenzinsen und steigender Teuerungsraten wird eine solche Sparform zum Verlustgeschäft – wahrscheinlich noch viele Jahre. Hinzu kommen Strafzinsen und die Auswirkungen der Corona-Pandemie mit einem weltweiten Crash. Da bleiben nachhaltige Aktienanlagen absolut alternativlos, zumal eine Transaktionssteuer droht.

Immer mehr Sparer, so auch die Teilnehmer an meinen seit vielen Jahren mehrmals wöchentlich stattfindenden Volkshochschul-Börsenseminaren, wollen praktische Hilfestellungen, wie sie ihr Vermögen am besten anlegen. Dabei darf es niemals um ein schnelles Rein und Raus, um spekulatives Zocken gehen, sondern um eine verantwortungsvolle langfristige Vermögensanlage. Ziel ist, mit Aktien, Aktien- und Mischfonds sowie ETFs dauerhaft Geld zu verdienen. Je höher die Vermögensdecke ist, umso interessanter und mit mehr Gewinnchancen verbunden sind meine Vorschläge. Sie hängen davon ab: Wie viel Geld habe ich übrig? Was kann ich psychisch verkraften? Welche Renditeerwartungen habe ich? Der Trend nach dividendenstarken Aktien nachhaltig geführter Familienfirmen ist unverkennbar.

Was muss ich unbedingt richtig und was darf ich nicht falsch machen? Die wichtigsten Grundsätze kurz und bündig erklärt.

1. **Breit gestreut – nie bereut. Niemals dürfen Sie das gesamte Ersparte in einen Aktientitel – z. B. aus dem DAX – anlegen.** Wenn Sie ein glückliches Händchen haben und eine der besten Aktien rund um den Globus aufspüren, kann dies funktionieren. Aber wahrscheinlich werden Sie schon bei 10 %, 20 % oder 30 % Gewinn alles verkaufen, weil Sie Angst haben: *„So gewonnen – so zerronnen!"* Richtig reich werden Sie mit einer Einwertstrategie höchst selten oder nie.

Und was machen Sie, wenn die Aktie um ein Zehntel oder um ein Fünftel sinkt? Schnell alles verkaufen? Verluste, Ärger, Frust sind nun vorprogrammiert.

2. **Mit einer Anlage von nur 5.000 Euro oder darunter kommen für Sie Einzelaktien, um Chancen zu erhöhen und das Verlustrisiko zu senken, überhaupt nicht infrage.** Hier bieten sich nur einige wenige Aktien- und Mischfonds sowie bevorzugt ETFs an, um breit zu streuen und besser schlafen zu können. Was Ihnen tatsächlich gut tut, hängt jedoch auch davon ab, ob Sie ein vorsichtiger – sprich „Angsthase" – oder eher ein risikofreudiger Anlegertyp sind.

3. **Eine Anlage unter 1.000 € pro Titel rechnet sich nicht. Die Transaktionskosten sind dann prozentual zu hoch.** Selbst bei einem Gewinn von 10 bis 30 % wächst Ihr Vermögen nur im Schneckentempo. Bei einem Verkauf reicht es vielleicht noch zum gemütlichen Abendessen im netten Restaurant.

4. **Lassen Sie sich am Stammtisch oder von einem Bankberater nicht irgendwelche Produkte aufdrängen, woran nur der Gesprächspartner verdient.** Je weniger Sie wissen, umso eher werden Sie über den Tisch gezogen. Meine Vorschläge sollen Ihnen helfen, das zu kaufen, was Sie selbst wollen. Und es muss sich um gute Produkte handeln. Beherrschen Sie Onlinebanking, können Sie über das Internet ohne Beratung blitzschnell kostengünstig Wertpapiergeschäfte tätigen. Bei Internetpannen wählen Sie den Telefonhandel, unabhängig von den Banköffnungszeiten, zumal bei Regionalbörsen auch der Morgenhandel ab 08:00 Uhr und der Abendhandel bis 22:00 Uhr möglich ist. Beliebt ist auch die außerbörsliche Onlineorder zu vorgegebenen Kauf- und Verkaufspreisen, vornehmlich bei Lang & Schwarz, einem börsennotierten, dividendenstarken Mittelständler.

5. **Wann Aktienfonds, wann ETFs und wann Einzelaktien vorzuziehen sind, darüber habe ich Sie informiert.** Bei Einzelaktien bevorzuge ich nachhaltig wirtschaftende Familienfirmen. Bei Aktienfonds und ETFs herrscht noch ein Mangel an Angeboten, auch wenn häufig Aktien mittelständischer eigentümerdominierter Gesellschaften mit nachhaltigen Geschäftsmodellen eingebunden sind.

6. **Wie am besten anlegen, wird leicht gemacht, wenn Sie sich bei der Anlagehöhe und bezüglich des Anlegertyps selbst richtig einordnen.** Dies setzt eine absolut ehrliche Einschätzung voraus. Ihr Selbstbild muss stimmig sein. Dazu gehört, dass Sie Ihre laufenden finanziellen Verpflichtungen lieber etwas zu hoch als zu niedrig ansetzen. Ein gewisser Sicherheitspuffer ist ratsam.

7. **Je größer die Anlagesumme ist, umso höher kann auch die einzelne Kauforder ausfallen. Ich empfehle 1.200 € bis 2.500 € je Order, nur bei sehr viel Geld auch doppelt so hohe Einsätze.** Noch wichtiger aber ist, bei fünf- und sechsstelligen Beträgen ja nicht alles auf eine einzige Karte zu setzen bzw. das gesamte verfügbare Anlagekapital auf einmal blitzschnell auszugeben.

Insbesondere im Crash ist die gesamte Bodenbildungsphase zu nutzen, auch wenn niemand weiß, wie lange diese dauert. Es gilt, unterschiedliche Chancen beherzt aufzugreifen, wobei es um Zukunftsmärkte und erfolgreiche Branchen, aber auch um Länder und Indizes geht. Nachhaltige Nebenwerte dürften auch künftig die Dickschiffe schlagen. Je nach Anlegerprofil ist nicht nur Value, sondern Growth ebenso wichtig. Dies zeigt ein Performancevergleich über einen Zeitraum von einem Jahr und länger ganz eindeutig. Der Grundsatz für eine langfristige Vermögensanlage heißt auch hier: *„Breit gestreut – nie bereut!"* Ebenso gilt: *„Aktieneinkauf auf Kredit – alles andre als ein Hit!"*

8.2 Wichtiger denn je wegen niedrigerer Rente: Kluge Geldanlage für Frauen jeden Alters

Warum sollten Frauen wohl mehr und klüger sparen als die Männer? Insbesondere Frauen, die in den nächsten Jahren in ihren Ruhestand treten, trifft es häufig hart. Ihre Schul- und Berufsausbildung hinkt im Allgemeinen auffallend gegenüber gleichaltrigen Männern hinterher.

Wegen Mutterschaft, familiärer und häuslicher Verpflichtungen wurde vielleicht gar nicht, zeitweilig oder nur in Teilzeit gearbeitet. Dies alles führt dazu, dass Frauen im Schnitt ein Viertel weniger Rente beziehen als Männer, ein Unterschied von einigen hundert € pro Monat. In einem Jahr sind dies vielleicht 2.000 €, nach Renteneintritt in 15 Jahren sogar um mehr als 25.000 € geringere Altersbezüge.

Betroffen sind von dieser Rentenlücke vornehmlich Frauen im Alter von über 35 Jahren. Viele Frauen werden erst als 30-Jährige schwanger und arbeiten dann wegen Elternschaft und Teilzeit weniger als Männer. In der Altersgruppe der 36- bis 45-Jährigen liegt die Rentenlücke bei 15 %. Bei den 46- bis 55-jährigen Frauen beträgt die Rentenschere sogar unerfreuliche 27 %.

Die bei Frauen ausgeprägte Vorliebe für das Sparbuch ist durch das Nullzinsmonster alarmierend. Der aufgedruckte Kapitalerhalt – die Inflationsrate ist ja nicht beim Sparbucheintrag ersichtlich – führt vor allem bei vorsichtigen Frauen zum Verzicht auf Wertpapieranlagen, die Rendite bringen. Von daher sind Aktien und Aktienfonds für Vermögensaufbau und Altersvorsorge unverzichtbar. Gerade im Corona-Crash bietet sich die große Chance, sich vom Sparbuch als schleichenden Kapitalvernichter rasch zu trennen; denn Treue wird hier nicht belohnt. Im Crash sinken die Kurse auch von niedrig bewerteten, substanz- und dividendenstarken Value-Aktien um ein Drittel, die Hälfte und darüber. Mögen aktuell auch nicht die Gewinnerwartungen erfüllt werden. Schon mittelfristig besteht einiges Aufwärtspotenzial.

Auch 2019 lag das Sparbuch statt Wertpapieranlage vorn			
Sparform	**Frauen**	**Männer**	**Gesamt**
Sparbuch	**31,7 %**	15,1 %	**23,2 %**
Aktien, ETFs, Aktienfonds	13,1 %	**32,1 %**	22,8 %
Festgeld, Tagesgeld usw.	**19,9 %**	16,6 %	18,2 %
Edelmetall, Gold und Silber	6,1 %	**8,4 %**	7,3 %
Kapitallebensversicherung	**7,6 %**	6,3 %	**6,9 %**
Girokonto	**7,7 %**	5,7 %	**6,7 %**
Immobilienfonds	4,3 %	**6,5 %**	5,4 %
Anleihen, Anleihenfonds	2,4 %	**6,2 %**	5,3 %

Wer frühzeitig mit der Wertpapieranlage in Aktien, ETFs und Aktienfonds anfängt, stellt die Weichen für Wohlstand im Alter

Obwohl doppelt so viel Männer die ansehnlichen langfristigen Ertrags-chancen am Aktienmarkt nutzen, hat sich ihr Sparverhalten trotz dau-erhafter Nullzins- und sogar Strafzinssätze nicht grundlegend verän-dert. Als Vorbild taugt das „starke Geschlecht" auch deshalb nicht, weil eher leicht-fertig gezockt wird mit schnellem Rein/Raus, Long/Short sowie Hebelzertifikaten. Männer sind risikofreudiger als Frauen und durchaus interessiert an Wettbewerb und Dominanz. Hormone dürften hier eine Rolle spielen. Im Schnitt haben junge Männer in der Altersgruppe der Heranwachsenden bis 25 Jahre mehr verfügbares Geld als junge Frauen, nämlich rund 540 € gegenüber 420 €. Also sollten Frauen prozentual möglichst mehr auf die hohe Kante legen, was aber meistens nicht geschieht. Je früher Sie selbst vernünftig sparen und Geld zurücklegen, umso mehr können Sie sich im Ruhestand leisten und müssen Altersarmut nicht befürchten. Stellen Sie die Weichen auf Grün für finanzielle Zuversicht und Unabhängigkeit.

Was können Frauen tun, um die Rentenlücke zu schließen und mit Männern möglichst gleichzuziehen?

Vernünftiges Sparen mit einer zumindest zufriedenstellenden Rendite funktio-niert nur langfristig mit Aktien, ETFs und aktiv gemanagten Aktienfonds. Divi-denden sind die heutigen Zinsen. Mag momentan als Reaktion auf Kurzarbeit und andere Staatshilfen aufgrund der Corona-Pandemie auch eine Dividendenstrei-chung empfohlen werden – in ein oder zwei Jahren dürften zumindest die wieder erstarkten Unternehmen zu ihrer üblichen Dividendenkultur zurückkehren.

Eine 40-jährige Frau sollte bei einer erwarteten Mindestrendite von 3 % und einer jährlichen Inflationsrate von 2 % unbedingt jeden Monat 80 bis 100 € zusätzlich zurücklegen – durchaus mit Sparplänen ab 25 € oder 50 € monatlich möglich.

Das größte Risiko ist heute, überhaupt kein Risiko eingehen zu wollen. Und die schönste Genugtuung kann sein, in der Familie die Finanzministerrolle zu übernehmen.

Die Anlage in Aktien, Aktienfonds und ETFs öffnet das Tor zum Wirtschafts- und Börsenwissen, erschließt den Zugang zu interessanten Kontakten mit Gleichgesinnten und befähigt zu unternehmerischem Denken und Handeln. Greifen Sie zu, wenn Sie in einer börsennotierten Gesellschaft arbeiten und Ihnen Belegschaftsaktien angeboten werden. Der durchschnittliche Preisvorteil durch Rabatte und Gratisaktien liegt bei einem Drittel. Und Sie lernen, unternehmerisch zu denken und zu handeln – hilfreich in vielen Lebenslagen.

Besuchen Sie als Aktionärin ruhig einmal eine Hauptversammlung in Ihrer Nähe, sobald statt der derzeit genehmigten virtuellen Hauptversammlungen auch Großveranstaltungen mit persönlichen Kontakten sowie Speis und Trank erlaubt sind. Nutzen Sie Ihr Rederecht! Trauen Sie sich auch als Frau, an den Vorstand und Aufsichtsrat die eine oder andere kritische Frage zu stellen. Das macht Spaß und stärkt Ihr Selbstbewusstsein. Als Mutter wird es für Sie dann viel leichter, auch Kinder und Enkel für die Börse und kluges Sparen zu interessieren. Dabei kann die Geldanlage mit gutem Gewissen, der Aktienkauf von nachhaltig wirtschaftenden Firmen auch ein Beitrag sein, dem Klimawandel zu begegnen, den Umweltschutz zu unterstützen.

8.3 Wie mit kleinem Geldbeutel bzw. niedriger Sparsumme ab 5.000 € Vermögensaufbau und Altersvorsorge ertragreich starten?

Worauf es ankommt, damit Sie jetzt erfolgreich sind: In der dreiteiligen Kolumnenfolge geht es um kluge Geldanlagen bereits im zeitweilig heftigsten Börsencrash dieses Jahrtausends. Ein wegen der Null- und Strafzinspolitik bislang ausgebliebener Crash wurde vorwiegend ausgelöst durch Angst und Panik in Verbindung mit der sich so rasch ausbreitenden Corona-Pandemie rund um den Globus. Weder die oft beschimpften Medien noch die Politik haben den Kurseinbruch verschuldet. Unser deutscher Leitindex DAX stürzte von seinem Allzeithoch im Februar 2020 von knapp 13.800 Punkten auf 8.200 Zähler ab – ein Minus bis zu 40 % im Schnitt. Es sind die Anleger selbst, die mit massivem Abverkauf verheerende Kettenreaktionen auslösen. Wer investiert bleibt und gewinnreiche Teilverkäufe vornimmt, um niedrige Kaufkurse zu nutzen, handelt richtig.

Börse ist kein Glücksspiel, aber hoch emotional. Allein schon deshalb spielen Zufall und Glück eine gewisse Rolle. Wichtig sind die fünf <u>G</u> vom Börsenaltmeister André Kostolany: <u>G</u>eld – <u>G</u>eduld – <u>G</u>lück – <u>g</u>ute <u>G</u>edanken.

Der Börsenstart mit einem Anlagekapital von 5.000 €: Millionäre handeln oft anders als Einsteiger, auch wenn Sie sich von den Superreichen einiges abschauen können. Börseneinsteiger sind oft schon froh, 5.000 € übrig zu haben für den Start in eine langfristige Kapitalanlage. Ziel ist, Vermögen aufzubauen, finanziell unabhängig zu sein und der Altersarmut dauerhaft zu entgehen.

Aber mit einem so kleinen Startkapital verstreichen wohl zwei bis drei Jahrzehnte, bis daraus ein sechsstelliges Anlagedepot wird. Es sei denn, Sie stocken kräftig auf. Auch die Weltwirtschaftslage, ein Bullen- oder Bärenmarkt sind entscheidend. Einzelaktien haben bei 5.000 € wegen höheren Risikos kaum einen Platz.

Startkapital 5.000 €, vorsichtiger, risikoscheuer Typ Tipp: 1 Mischfonds, 1 Aktienfonds, 2 ETFs je 1.250 €				
Name, Fondsgesellschaft	**WKN**	**Kurs 14.05.20**	**Hoch/Tief 52 Wochen**	**Kursverlauf 1, 3, 5 Jahre**
Mischfonds VM Long Term Value	A1J 17U	1.443.8 €	1.736/1.163 €	+1/+18/+36 %
	Umfang 28 Mio. €, Alter 7 J., Ausgabeaufschlag **3,00 %**, Gebühr **0,12 %**, ausschüttend. Angelegt wird nach Marktlage in Value-Aktien deutschsprachiger Raum, Geldmarkt, Anleihen.			
Aktienfonds Fidelity Global Consumer	A0NGWX	37,70 €	42,95/31,65 €	+7/+23/+48 %
	Umfang 1,14 Mrd. €, Alter 12 J., Ausgabeaufschlag **0,00 %**, Geb. **0,80 %**, thesaurierend. Hauptanteile in Konsumgüterindustrie wie Amazon, Alibaba, L'Oréal, LVMH, Walmart.			
ETF iShares MDAX	593 392	194,60 €	249,3/150,0 €	-6/-7/+12 %
	Umfang 1,22 Mrd. €, Alter 19 Jahre, Gebühr **0,51 %**, thesaurierend. Der ETF bildet den MDAX mit 60 mittelgroßen Titeln ab, darunter Nachhaltigkeitsfirmen wie Symrise, Sartorius.			
ETF Lyxor World Water	LYX 0CA	36,15 €	47,40/29,70 €	+2/+4/+27 %
	Umfang 470 Mio. €, Alter 13 Jahre, Jahresgebühr **0,60 %**, ausschüttend. Hauptanteile beim lebenswichtigen „blauen Gold Wasser": Geberit, American Water, Masco, Xylem.			

Generell eignen sich Einzelaktien für marktkundige erfolgsorientierte Anleger mit gutem Börsenwissen. **Nur sind eben 5.000 € Startkapital zu wenig.** Sobald aufgestockt wird und Sie das Börsengeschehen fasziniert, ergänzen Sie mit Einzelaktien. Aktien-, Mischfonds und ETFs dienen der Langzeitanlage. Thesaurierende Fonds haben den Vorteil, dass Ausschüttungen in neue Anteile fließen. Sie bieten sich auch als Geschenkaktion für Kinder und Enkel an. Als erste Aktie empfehle ich wegen breiter Streuung und hoher Dividende BB Biotech aus der Schweiz.

Startkapital 5.000 €, erfolgsorientiert, Tipp: 1 Mischfonds, 2 Aktienfonds, 2 ETFs mit je 1.000 € Anlagesumme				
Name, Fonds-gesellschaft	**WKN**	**Kurs 14.05.20**	**Hoch/Tief 52 Wochen**	**Kursverlauf 1, 3, 5 Jahre**
Mischfonds Adelca Invest GI Multi Asset	A0M 6JK	353,95 €	404,9/313,6 €	-1/+43/+77 %
	Umfang 69 Mio. €, Alter 13 J., Ausgabeaufschlag **5,00 %**, Gebühr **1,0 %**, thesaurierend. Multi-Asset-Struktur mit regionalen Schwerpunkten, Erträge aus Kursgewinn und Dividende.			
Aktienfonds DKB Pharma TNL	541 954	65,35 €	75,30/60,00 €	+8/+18/+19 %
	Umfang 47 Mio. €, Alter 20 J., Ausgabeaufschlag **3,00 %**, Gebühr **1,40 %**, thesaurierend. Hauptanteile: AbbVie, Amgen, J&J, Medtronic, Merck, Novartis, Roche, UnitedHealth.			
Aktienfonds Berenberg Sustainable World	A2N 6AL	134,65 €	150,5/103,7 €	+19 %/1 Jahr alt
	Umfang 39 Mio. €, Alter 1 Jahr, Ausgabeaufschlag **0,00 %**, Gebühr **1,25 %**, thesaurierend. Unternehmen aus USA, Asien, Europa; Schwerpunkte: Technologie und Finanzen.			
ETF ComStage SDAX TR	ETF 005	90,35 €	116,6/70,00 €	-6/-7/+16 %
	Umfang 95 Mio. €, Alter 9 J., Gebühr **0,70 %**, ausschüttend. Wertentwicklung SDAX mit 70 Titeln, darunter 8 TecDAX-Werte. Hauptanteile: HelloFresh, Talanx, Ströer, Jenoptik.			
ETF ComStage MSCI World	ETF 110	52,75 €	63,50/41,55 €	+-0/+12/+28 %
	Umfang 1,92 Mrd. €, Alter 11 Jahre, Gebühr **0,20 %**, ausschüttend. Internationale Bluechips; größte Anteile: Apple, Amazon, Microsoft, Alphabet, Facebook, Johnson, VISA.			
Einzelaktie BB Biotech, Schweiz	A0N FN3	59,90 €	63,65/40,00 €	+9/+41/+46 %
	Die Schweizer Beteiligungsfirma mit 30 Biotechaktien bietet eine hohe Dividende bei breiter Streuung und reduziertem Risiko. Das Gesundheitswesen profitiert vom Corona-Crash.			

Risikofreudige Anleger mögen wachstumsstarke Growth-Aktien aus Zukunftsmärkten, also Digitalisierung, Vernetzung, Künstliche Intelligenz mit Robotik,
Halbleiter, Hochtechnologie, Cloud-Computing, IT-Software. Deshalb erwerbe
ich Alibaba, Alphabet, Apple, Amazon, Adobe usw. Aber bei nur 5.000 € sind dies
Wunschträume. Sobald Sie Ihr Kapital aufstocken, greifen Sie auf nachhaltige Aktien
zurück, wie Nemetschek oder Sartorius aus dem TecDAX/MDAX. Immerhin zeigt der
Corona-Crash, dass die hochbewerteten Wachstumsaktien stabiler sind als Value.

Startkapital 5.000 €, risikofreudig, Tipp: 1 Mischfonds, 2 Aktienfonds, 2 ETFs mit je 1.000 € Anlagesumme				
Name, Fonds-gesellschaft	WKN	Kurs 15.05.20	Hoch/Tief 1 Jahr €	Kursverlauf 1, 3, 5 Jahre
Mischfonds	A1H 72F	113,05 €	122,9/87,10	+10/+24/+49 %
Acatis Datini Valueflex B	Umfang 267 Mio. €, Alter 9 Jahre, Ausgabeaufschlag **5,0 %**, Gebühr **0,00 %**, thesaurierend. Biotech-, Software-, Konsum-gütersektor; darunter Evotec, Illumina, Microsoft, Samsung.			
Aktienfonds	A0R NUR	32,05 €	39,60/26,00	+1/+21/+/56 %
Lombard Odier Funds Generation	Umfang 1,5 Mrd. €, Alter 11 J., Ausgabeaufschlag **5,0 %**, Ge-bühr **1,00 %**, ausschüttend. Hauptanteile große Nachhaltig-keitsaktien wie: Alphabet, Baxter, Cognizant, Thermo Fisher.			
Aktienfonds Nordinternet	978 530	139,65 €	144,2/97,50	+14/+59/+127 %
	Umfang 85 Mio. €, Alter 22 J., Ausgabeaufschlag **5,00 %**, Gebühr **1,00 %**, thesaurierend. Internetweltspitze ist präsent wie Amazon, Alphabet, Netflix, Salesforce, Facebook, eBay.			
ETF iShares Nasdaq 100	A0F 5UF	82,50 €	87,90/60,25	+26/+62/+116 %
	Umfang 1,64 Mrd. €, Alter 14 Jahre, Gebühr **0,30 %**, aus-schüttend. Der ETF bildet die US-Technologiebörse ab mit Spitzenfirmen wie Amazon, Facebook, Microsoft und Netflix.			
ETF iShares TecDAX (DE)	593 397	26,60 €	30,10/19,40	+3/+30/+71 %
	Umfang 819 Mio. €, Alter 19 Jahre, Jahresgebühr **0,51 %**, thesaurierend. Größte Positionen: Wirecard, Dt. Telekom, SAP, Infineon, Sartorius, Nemetschek, Bechtle, Qiagen.			
Einzelaktie Sartorius Vz TecDAX/MDAX	716 563	292,00 €	289,4/157,3	+73/+238/+666 %
	Börsenwert: 10,5 Mrd. €, **KGV: 64, Div.-Rendite: 0,3 %.** La-bor- und Prozesstechnologie-Spezialist für die Biotech-, Med-tech-, Pharma- und Nahrungsmittelindustrie in 110 Ländern.			

8.4 Langfristig Renditechancen nutzen mit einem Startkapital ab 10.000 Euro

Ein Startkapital von 10.000 € erlaubt noch keine riesigen Sprünge. Aber Sie bereiten damit den Boden für erfolgreiche Vermögensbildung. Pro Titel empfiehlt sich ein Einsatz ab 1.000 €. Übersteigt Ihr Startkapital 10.000 €, bieten sich die ersten Aktien an. Ich wähle vor allem, aber nicht ausschließlich Titel von Nachhaltigkeitsfirmen aus und bringe bei jedem Vorschlag neue Aktien. Tauschen Sie selbst nach Belieben aus.

Startkapital ab 10.000 €, vorsichtiger Typ; Tipp: 2 Mischfonds, 3 Aktienfonds, 3 ETFs, 1 bis 3 Aktientitel je 1.200 €				
Name, Fondsgesellschaft	**WKN**	**Kurs 15.05.20**	**Hoch/Tief 52 Wochen**	**Kursverlauf 1, 3, 5 Jahre**
Mischfonds VM Long Term Value	A1J 17U	1.443.8 €	1.736/1.163 €	+1/+18/+36 %
Umfang 28 Mio. €, Alter 7 J., Ausgabeaufschlag **3,00 %**, Gebühr **0,12 %**, ausschüttend. Angelegt wird nach Marktlage in Value-Aktien deutschsprachiger Raum, Geldmarkt, Anleihen.				
Mischfonds DWS Dynamic Opportunities	984 807	44,15 €	50,05/37,40 €	+-0/+5/+21 %
Umfang 256 Mio. €, Alter 20 J., Ausgabeaufschlag **0,00 %**, Gebühr **0,85 %**, thesaurierend. Anlage in zukunftsträchtige Firmen. Vom DAX dabei: Dt. Telekom, Allianz, Bayer, SAP.				
Aktienfonds Fidelity Global Consumer	A0NGWX	37,70 €	42,95/31,65 €	+7/+23/+48 %
Umfang 1,14 Mrd. €, Alter 12 J., Ausgabeaufschlag **0,00 %**, Geb. **0,80 %**, thesaurierend. Hauptanteile in Konsumgüterdustrie wie Amazon, Alibaba, L'Oréal, LVMH und Walmart.				
Aktienfonds LGT Sustainable Equity global	A0Y F5E	2.776,0 €	3.236/2.240 €	+4/+11/+45 %
Umfang 676 Mio. €, Alter 15 J., Ausgabeaufschlag **5,00 %**, Gebühr **1,50 %**, thesaurierend. Der Ertrag fair bewerteter globaler Aktien stammt aus Kursgewinn und hoher Dividende.				
Aktienfonds Franklin Templeton Technology	A0K EDE	24,10 €	25,05/17,30 €	+25/+78/+140 %
Umfang 4,1 Mrd. €, Alter 14 J., Ausgabeaufschlag 5,75 %, Gebühr **1,00 %**, thesaurierend. Hauptanteile: Alibaba, Microsoft, Apple, Amazon, MasterCard, VISA, Nvidia, Salesforce.				

ETF iShares MDAX	593 392	194,60 €	249,3/150,0 €	-6/-7/+12 %
	Umfang 1,22 Mrd. €, Alter 19 Jahre, Gebühr **0,51 %**, thesaurierend. Der ETF bildet den MDAX mit 60 mittelgroßen Titeln ab, darunter Nachhaltigkeitsfirmen wie Symrise, Sartorius.			
ETF Lyxor World Water	LYX 0CA	36,15 €	47,40/29,70 €	+2/+4/+27 %
	Umfang 470 Mio. €, Alter 13 Jahre, Jahresgebühr **0,60 %**, ausschüttend. Hauptanteile beim lebenswichtigen „blauen Gold Wasser": Geberit, American Water, Masco, Xylem.			
ETF iShares S&P 500	A0Y EDG	261,00 €	313,2/202,9 €	+2/+24/+46 %
	Umfang 32,8 Mrd. €, Alter 10 J., Gebühr **0,07 %**, thesaurierend. Wichtige Branchen: Internet, Software, Gesundheit; Hauptanteile: Microsoft, Apple, Amazon, Facebook, Alphabet.			
Einzelaktie Allianz DAX	840 400	156,35 €	232,0/119,0 €	-13/+5/+25 %
	KGV: 7,9, Div.-Rendite: 3,6 %. Globaler Dienstleister Vorsorge/Versicherungen/Vermögensverwaltung; in 10 Ländern.			
Einzelaktie Linde DAX	A2D SYC	165,85 €	209,0/130,8 €	+7/+59/+68 %
	KGV: 21, Div.-Rendite: 2,2 %. Fusion mit Praxair, Spezialmedizingase, umweltfreundliche Wasserstofftechnologie.			
Einzelaktie Varta MDAX	A0T GJ5	76,20 €	127,60/43,20	+75 %/IPO
	KGV: 25, Div.-Rend.: 0,3 %. Knopfzellen Hörgeräte, aufladbare Lithium-Ionen-Mikrobatterien Unterhaltungselektronik.			

Börsengehandelte Indexfonds, Abkürzung ETF, liefern eine Erfolgsstory ohne Ende. Immer mehr Indizes werden nachgebildet. Der Chefvolkswirt von der Quirin Privatbank, Philipp Dobbert, meint: _„Der Markt wird weiterwachsen."_ Der weltweit größte Anbieter ist der US-Vermögensverwalter Blackrock, gefolgt von Dt. Asset Management und der französischen Lyxor. Im vergleichbaren Aufwärtstrend befinden sich Nachhaltigkeitsaktien. Seit 2018 und erst recht 2019 entwickeln sich ethische Investments immer besser. Der weltwirtschaftliche Schaden durch die Corona-Pandemie dürfte sich auf über 9 Billionen Dollar bewegen mit einem Einbruch beim Bruttoinlandsprodukt (BIP) auf 6,5 % bis 10 % im laufenden Jahr 2020. Dennoch sind sich die führenden Experten einige, dass der Crash in vielen Branchen und Geschäftsfeldern den überfälligen Wandel im Kampf gegen die drohende Erderwärmung beschleunigt. Davon werden vor allem innovative Mittelständler profitieren. Im Megatrend befindet sich das Gesundheitswesen mit Medtech und Biotech auf der Suche nach Impfstoffen, Medikamenten, Antikörpern, Immun- und Kombinationstherapien, Schutzkleidung, Gesichtsmasken und Desinfektionsmitteln. Zukunftsmusik spielt auch bei Internet, IT-Software, Cloud, KI mit Robotik, Streaming, Video.

Startkapital ab 10.000 €, erfolgsorientierter Anlegertyp, besonders gut geeignet auch als Sparanlage für Partner/Kinder/Enkel.

Startkapital ab 10.000 €, erfolgsorientiert; Tipp: 2 Mischfonds, 3 Aktienfonds, 3 ETFs, 2 bis 4 Aktien ca. 1.000 €

Name, Fondsgesellschaft	WKN	Kurs 15.05.20	Hoch/Tief 1 Jahr €	Kursverlauf 1, 3, 5 Jahre
Mischfonds Adelca Invest GI Multi Asset	**A0M 6JK**	353,95 €	404,9/313,6 €	-1/**+43/+77 %**
Umfang 69 Mio. €, Alter 13 J., Ausgabeaufschlag **5,00 %,** Gebühr **1,0 %,** thesaurierend. Multi-Asset-Struktur mit regionalen Schwerpunkten, Erträge aus Kursgewinn/Dividende.				
Mischfonds FU Fonds Multi Asset I	**A12 ADZ**	838,00 €	951,7/790,3 €	**+1/+15/+48 %**
Umfang 87 Mio. €, Alter 12 J., Ausgabeaufschlag **0,0 %,** Gebühr **0,70 %,** ausschüttend. Aktien- und Anleihequote nach Marktlage. Dabei: Novo Nordisk, Sartorius, AMD, Paypal.				
Aktienfonds DKB Pharma TNL	**541 954**	65,35 €	75,30/60,00 €	**+8/+18/+19 %**
Umfang 47 Mio. €, Alter 20 Jahre, Ausgabeaufschlag **3,00 %,** Gebühr **1,40 %,** thesaurierend. Größte Positionen: Amgen, Johnson & J., AbbVie, Medtronic, Merck, Novartis, Roche.				
Aktienfonds Berenberg Sustainable World	**A2N 6AL**	134,65 €	150,5/103,7 €	**+19 %**/1 Jahr alt
Umfang 39 Mio. €, Alter 1 Jahr, Ausgabeaufschlag **0,00 %,** Gebühr **1,25 %,** thesaurierend. Unternehmen aus den USA, Asien, Europa; Schwerpunkte: Technologie und Finanzen.				
Aktienfonds Threadneedle Global Focus	**974 979**	66,60 €	74,75/51,50 €	**+3/+30/+71 %**
Umfang 879 Mio. €, Alter 25 J., Ausgabeaufschlag **5,00 %,** Geb. **1,50 %,** thesaurierend. Bluechips wie Microsoft, Alphabet, MasterCard, Adobe, Amazon, Novo Nordisk, Th. Fisher.				
ETF ComStage SDAX TR	**ETF 005**	90,35 €	116,6/70,00 €	**-6/-7/+16 %**
Umfang 95 Mio. €, Alter 9 J., Gebühr **0,70 %,** ausschüttend. Wertentwicklung SDAX mit 70 Titeln, darunter 8 TecDAX-Werte. Hauptanteile: HelloFresh, Talanx, Ströer, Jenoptik.				
ETF Deka Oekom Euro Nachhaltigkeit	**ETF L47**	10,55 €	15,40/8,75 €	**-16/-22 %**
Umfang 22 Mio. €, Alter 5 Jahre, Jahresgebühr **0,40 %,** ausschüttend. Die 30 größten Nachhaltigkeitskonzerne Europas. Hauptanteile: ASML, Allianz, L'Oréal, AXA, Kering, Danone.				

ETF	ETF 110	52,75 €	63,50/41,55 €	+-0/+12/+28 %
ComStage MSCI World	Umfang 1,92 Mrd. €, Alter 11 Jahre, Gebühr **0,20 %,** ausschüttend. Internationale Bluechips; größte Anteile: Apple, Amazon, Microsoft, Alphabet, Facebook, Johnson, VISA.			
Einzelaktie	840 221	132,80 €	192,8/98,25 €	+-0/+23/+50 %
Hannover Rück, MDAX	Börsenwert: 16,5 Mrd. €, **KGV: 12, Div.-Rendite: 4,2 %.** Der weltweit drittgrößte Rückversicherer für über 5.000 Erstversicherer auf allen Kontinenten; Schaden-/Personenschutz.			
Einzelaktie	SYM999	94,65 €	100,0/71,20 €	+13/+54/+76 %
Symrise MDAX	Börsenwert: 13,4 Mrd. €, **KGV: 131, Div.-Rendite: 1,2 %.** Mehrfacher deutscher Umweltpreisgewinner; Marktführer Duft-/Geschmacksstoffe Nahrungsmittel-/Kosmetikindustrie.			
Einzelaktie	515 870	147,50 €	157,8/79,35 €	+44/+183/+372 %
Bechtle TecDAX/MDAX	Börsenwert: 6,3 Mrd. €, **KGV: 30, Div.-Rendite: 0,7 %.** Führendes Software-Systemhaus in Europa und ganzheitlicher IT-Dienstleister mit Cloud-Computing für Gewerbekunden.			
Einzelaktie	A2GS5D	44,50 €	46,15/20,05 €	+40 %/IPO
Dermapharm SDAX	Börsenwert: 2,44 Mrd. €, **KGV: 20, Div.-Rendite: 1,9 %.** Patentfreie Markenarzneimittel für die Kernmärkte Deutschland, Österreich und Schweiz, über 900 Wirkstoffzulassungen.			

Generell deuten Value, eine niedrige Bewertung und eine üppige Dividende mit Geschäftsmodellen in klassischen Branchen eher auf eine Einordnung vorsichtig bis erfolgsorientiert hin. Growth und Aktivitäten in Schwellenländern und Zukunftsmärkten wie Industrie 4.0, digitalisierte und vernetzte Welt, Internet der Dinge und Künstliche Intelligenz eignen sich für erfolgsorientierte und risikofreudige Anleger mit gutem Einkommen, Zeit, Lust und Lernfähigkeit. Auch Konjunktur, demografischer Wandel und Börsenklima, die Kursentwicklung im Mehrjahresvergleich und eine hohe oder geringe Volatilität beeinflussen die Auswahlkriterien. Die Vorschläge zeigen, wie wichtig es ist, bei einer Kapitaldecke von 5.000 bis 10.000 € gute Misch-, Aktienfonds und ETFs dominant zu gewichten.

Der Corona-Crash wird wohl noch eine Weile anhalten, sofern es im Herbst zu der befürchteten zweiten Infektionswelle kommt. Aber auch dann werden das Gesundheitswesen mit Medtech und Biotech, die Softwarebranche mit Cloud-Computing, der Onlinehandel, die Marktführer im Streaming-, Digitalisierungs- und Vernetzungsbereich gute Geschäfte machen, ebenso die Anbieter von Videokonferenzen. Die Zukunft liegt bei Growth. Value hat derzeit wenig zu bieten.

Schlägt Ihr Herz ganz besonders für nachhaltige Aktien insbesondere auch aus Skandinavien, so steht es Ihnen selbstverständlich frei, die Anzahl der Misch- und Aktienfonds auf zwei oder drei zu begrenzen und stattdessen zwei oder drei Einzelaktien mehr auszuwählen. Dies gilt vor allem auch dann, wenn Ihr Startkapital schon deutlich über 10.000 € beträgt bzw. fortlaufend über Sparen beim Einkommen wächst. Um unterschiedliche Vorlieben zu berücksichtigen, stocke ich die Anzahl der Aktien um drei nachhaltige Titel aus Schweden, Dänemark, Norwegen oder Finnland auf, die dieses Prädikat verdienen. Im Übrigen steht es Ihnen ja frei, sich aus allen Vorschlägen Ihr maßgeschneidertes Depot aufzubauen. Fühlen Sie sich aber für Ihr Handeln verantwortlich, und legen Sie langfristig an.

Startkapital ab 10.000 €, risikofreudig; Tipp: 2 Misch-fonds, 3 Aktienfonds, 3 ETFs, 2 bis 5 Aktientitel je 1.000 €				
Name, Fonds-gesellschaft	**WKN**	**Kurs 15.05.20**	**Hoch/Tief 1 Jahr €**	**Kursverlauf 1, 3, 5 Jahre**
<u>Mischfonds</u> **Acatis Datini Valueflex**	A1H 72F	113,05 €	122,9/87,10	+10/+24/+49 %
Umfang 267 Mio. €, Alter 9 Jahre, Ausgabeaufschlag **5,0 %**, Gebühr **0,00 %**, thesaurierend. Biotech-, Software-, Konsumgütersektor; darunter Evotec, Illumina, Microsoft, Samsung.				
<u>Mischfonds</u> **Adelca Invest GVI Multi Ass.**	A0M 6JL	331,65 €	384,5/292,3 €	-2/+40/+75 %
Umfang 76 Mio. €, Alter 13 Jahre, Ausgabeaufschlag **5,00 %**, Gebühr **1,00 %**, thesaurierend. Ähnliche Ausrichtung wie bei Adelca GI (A0M 6JK); flexible Anlage in Aktien/Anleihen.				
<u>Aktienfonds</u> **Lombard Odier Funds Generation**	A0R NUR	32,05 €	39,60/26,00 €	+1/+21/+56 %
Umfang 1,5 Mrd. €, Alter 11 J., Ausgabeaufschlag **5,0 %**, Gebühr **1,00 %**, ausschüttend. Hauptanteile große Nachhaltigkeitsaktien wie: Alphabet, Baxter, Cognizant, Thermo Fisher.				
<u>Aktienfonds</u> **Nordinternet**	978 530	139,65 €	144,2/97,50 €	+14/<u>+59</u>/<u>+127 %</u>
Umfang 85 Mio. €, Alter 22 J., Ausgabeaufschlag **5,00 %**, Gebühr **1,00 %**, thesaurierend. Internetweltspitze ist präsent wie Amazon, Alphabet, Netflix, Salesforce, Facebook, eBay.				
<u>Aktienfonds</u> **UniSector BioPharma**	921 556	136,25 €	140,3/104,9 €	<u>+24</u>/+20/+29 %
Umfang 395 Mio. €, Alter 21 Jahre, Ausgabeaufschlag **4,00 %**, Gebühr **1,55 %**, ausschüttend. Der Fonds investiert in Biopharmafirmen unterschiedlicher Größe. Hauptanteile Biotechtitel.				

ETF **iShares** **Nasdaq 100**	**A0F 5UF**	82,50 €	87,90/60,25	**+26/+62/+116 %**
	Umfang 1,64 Mrd. €, Alter 14 Jahre, Gebühr **0,30 %**, ausschüttend. Der ETF bildet die US-Technologiebörse ab mit Spitzenfirmen wie Amazon, Facebook, Microsoft und Netflix.			
ETF **iShares** **TecDAX (DE)**	**593 397**	26,60 €	30,10/19,40	**+3/+30/+71 %**
	Umfang 819 Mio. €, Alter 19 Jahre, Jahresgebühr **0,51 %**, thesaurierend. Größte Positionen: Wirecard, Dt. Telekom, SAP, Infineon, Sartorius, Nemetschek, Bechtle, Qiagen.			
ETF **iShares MSCI** **USA Small**	**A0X 8SB**	250,35 €	339,9/190,0 €	**-15/-3/+15 %**
	Umfang 330 Mio. €, Alter 11 Jahre, Gebühr **0,43 %**, thesaurierend. Branchen: Konsum, Software, Telekommunikation. Bei niedrigem Börsenwert ist Nachhaltigkeit der große Trend.			
Einzelaktie **SAP** **DAX/TecDAX**	**716 460**	103,75 €	129,6/82,15 €	**-8/+10/+54 %**
	Börsenwert: 131 Mrd.€, **KGV: 18, Div.-Rendite: 1,6 %.** Entwickler von Unternehmenssoftware und Anbieter von Cloud.			
Einzelaktie **Nemetschek** **TecDAX/MDAX**	**645 290**	61,60 €	69,05/32,45 €	**+29/+191/+571 %**
	Börsenwert: 7,3 Mrd. €, **KGV: 62, Div.-Rendite: 0,5 %.** Marktführende Software und Dienstleistung Architektur/Bauwirtschaft; vier Segmente: Planen, Bauen, Nutzen, Media.			
Einzelaktie **Alibaba** **China**	**A11 7ME**	185,60 €	209,0/132,0 €	**+18/+69+139 %**
	Börsenwert: 466 Mrd. €. Weltweit führender Online-Einzelhandelskonzern mit Cloud-Computing und Mikrokrediten.			
Einzelaktie **Microsoft** **Dow Jones**	**870 747**	166,40 €	175,5/106,0 €	**+47/+182/+321 %**
	Börsenwert: 1.309 Mrd. €, **KGV: 25, Div.-Rendite: 1,1 %.** Software-Anwenderprogramme und Windows-Betriebssysteme.			
Einzelaktie **PowerCell** **Schweden**	**A14 TK6**	28,20 €	32,90/6,35 €	**+284/+829/+5.907**
	Brennstoffzellen, Wasserstofftechnologie als erneuerbare Energiequelle für zahlreiche Industriezweige; Nutzfahrzeuge.			
Einzelaktie **Tomra Systems Norw.**	**872 535**	30,65 €	33,45/18,85 €	**+12/+182/+269 %**
	KGV: 48, Div.-Rendite: 0,8 %. Umweltfreundliche Pfandflaschenrücknahme-Automaten in Supermärkten & Recycling.			
Einzelaktie **UPM Kymmene, Finnland**	**881 026**	26,30 €	31,30/20,90 €	**+22/+22/+105 %**
	Börsenwert: 13 Mrd. €, **KGV: 15, %, Div.-Rendite: 5,2 %.** Weltmarktführer Holz-/Papierverarbeitung; Zeitungspapier.			

8.5 Mehr Spielraum und Vielfalt bei 20.000 Euro Startkapital – abhängig von Börsenwissen, Einkommen, Zeit und Lust

In unruhigen Zeiten wie dem derzeitigen Corona-Crash stellt sich immer dringender die Frage: Wohin mit dem Geld, wenn das Sparbuch nichts bringt und vielleicht sogar Strafzinsen drohen? Weiter abwarten, denn die Börsenkurse könnten noch sinken? Oder beherzt zugreifen, weil nach jedem Crash die folgenden Höchststände die bisherigen Kursrekorde deutlich übertrafen? 8.000 – 10.000 – 13.800 – Vision 20.000 Punkte? Wie lange wird dies alles dauern? Und droht nach der Rezension gar eine Hypo-Inflation?

Da ist es spannend, angelehnt an die Buchstabensymbole bei den Konjunkturzyklen, auch bei den Crasheinschätzungen auf die 26 Alphabetbausteine zurückzugreifen. Bei einer Sparsumme von 20.000 € und darüber lohnt es sich, die künftigen Entwicklungen im Auge zu behalten und sich zu überlegen, was es für die Wirtschaft bedeutet, wenn der weltweite Schaden durch die Corona-Pandemie schon jetzt auf die unvorstellbar hohe Summe von 8,8 Billionen Dollar geschätzt wird und allein in Deutschland im laufenden Jahr 2020 das Bruttoinlandsprodukt (BIP) auf 6,5 bis knapp 10 % fallen dürfte, immer auch davon abhängig, ob es im Spätherbst die befürchtete zweite Corona-Infektionswelle gibt.

V **wäre die schönste, erfreulichste mögliche Entwicklung.** Nach dem schmerzhaften Absturz beim deutschen Leitindex bis auf rund 8.200 Punkte im März 2020 geht es anschließend unter teilweise erheblichen Kursschwankungen immerhin deutlich nach oben. Die Wirtschaft entwickelt sich vermutlich schneller aufwärts als erwartet, wenn die befürchtete zweite Infektionswelle ausbleibt. Optimistische Anleger halten diese positive Entwicklung für möglich und nutzen die noch guten Einstiegskurse phasenweise. Immerhin haben die meisten Börsenbarometer zwei Drittel der riesigen Kursverluste schon wieder aufgeholt.

U **erscheint für viele Anleger wahrscheinlicher und entspricht auch meiner Einschätzung.** Aufgrund der gewaltigen wirtschaftlichen Einbrüche mit einem riesigen Anstieg der Staatsverschuldung und dramatisch sinkenden Steuereinnahmen wegen hoher Arbeitslosigkeit und drohender Unternehmensinsolvenzen in der Reise- und Gastronomiebranche dauert die Erholungsphase länger. Die Corona-Sieger können den Negativtrend nicht ausgleichen.

Bezüglich des Potenzials von hoch bewerteten US-Softwarefirmen meint Dr. Ulrich Stephan, Chef-Anlagestratege der Deutschen Bank: *„Aktien von US-Softwarekonzernen sind in diesem Jahr (2020) um fast 20 % gestiegen. Die Branche beklagt in der Corona-Virus-Krise keine Lieferkettenengpässe und profitiert zudem durch zusätzliche Nachfrage nach Kommunikationssoftware: Zudem sind die Aktien in Zeiten niedriger Zinsen wegen hoher Margen und kontinuierlicher Erträge durch Lizenzverträge gefragt. – Langfristig sehe ich die Branchentreiber intakt: Firmenlenker messen IT-Investitionen weiterhin eine vorrangige Priorität bei.“*

L wäre das unangenehmste und das denkbar schlechteste Szenario. Nach dem schmerzhaften Absturz beim deutschen Leitindex bis auf rund 8.200 Punkte im März 2020 geht es anschließend unter teilweise erheblichen Kursschwankungen nur sehr gemächlich, wenn überhaupt nach oben

W droht vor allem dann, wenn es länger dauert, bis ein wirksamer Impfstoff verfügbar ist und es auch erstklassige bezahlbare Medikamente für die erkrankten Corona-Patienten gibt. Nach der fortlaufenden Erholung kommt es wieder zu Tiefständen, vor allem bei einer zweiten Infektionswelle und dann erneut verhängten Freiheitseinschränkungen mit Ausgeh- und Reiseverboten, Kita-, Schul- und Universitätsschließungen sowie Absage aller Großveranstaltungen. Hoffen wir also, dass die Buchstaben **V** oder **U** dominieren, wobei das **W** einem doppelten **V** entspricht: starker Absturz – rasche Erholung – erneuter Tiefgang – Überwindung der Krise mit Hoffnung auf erneute Rekordstände. Also bleiben Sie der Börse treu, und nutzen Sie die sich bietenden Chancen.

Bezüglich Behandlungs- und Regierungseffizienz sichert sich Deutschland im Mai 2020 knapp hinter Israel und vor Südkorea den 2. Platz im internationalen Ranking. Bezüglich Infektionsrate pro 1 Mio. Einwohner führt Deutschland mit 2.006 ebenso wie bei der Sterberate mit 4,4 %. Bei den Prognosen zum Bruttoinlandsprodukt 2020 liegt Deutschland mit 7,0 % im Mittelfeld.

Dass Deutschland insgesamt effizient arbeitet, bestätigt sich auch in der Corona-Krise: Gesundheitsinstitutionen, Regierung und Bevölkerung halten die Kurve gemeinsam flach. Es gibt allerdings einiges Verbesserungspotenzial. Und es fragt sich, ob durch die harten Reise-, Ein- und Ausfuhrverbote die Lieferketten nicht unnötig lange unterbrochen wurden und es nicht allerhöchste Zeit ist, der Gastronomiebranche wieder auf die Beine zu helfen. Ein zu zögerliches Festhalten an den Großveranstaltungsverboten kostet die Wirtschaft allwöchentlich Milliardensummen.

Startkapital 20.000 € für die Zielgruppe „vorsichtige Anleger“

Startkapital ab 20.000 €, vorsichtiger Typ; Tipp: 3 Mischfonds, 4 Aktienfonds, 4 ETFs, 6 Aktientitel je 1.200 €

Name, Fondsgesellschaft	WKN	Kurs 18.05.20	Hoch/Tief 52 Wochen	Kursentwicklung 1, 3, 5 Jahre
Mischfonds **VM Long Term Value**	A1J 17U	1.443.8 €	1.736/1.163 €	+1/+18/+36 %
Umfang 28 Mio. €, Alter 7 J., Ausgabeaufschlag **3,00 %,** Gebühr **0,12 %,** ausschüttend. Angelegt wird nach Marktlage in Value-Aktien deutschsprachiger Raum, Geldmarkt, Anleihen.				
Mischfonds **DWS Dynamic Opportunit**	984 807	44,15 €	50,05/37,40 €	+-0/+5/+21 %
Umfang 256 Mio. €, Alter 20 J., Ausgabeaufschlag **0,00 %,** Gebühr **0,85 %,** thesaurierend. Anlage in zukunftsträchtige Firmen. Vom DAX dabei: Dt. Telekom, Allianz, Bayer, SAP.				
Mischfonds **Siemens Balanced**	A0K EXM	18,15 €	20,35/16,80 €	-2/+2/+11 %
Umfang 157 Mio. €, Alter 14 J., Ausgabeaufschlag **0,00 %,** Gebühr **0,30 %,** thesaurierend. Anleihen und ertragsstarke Aktien.				
Aktienfonds **Fidelity Global Consumer**	A0NGWX	37,70 €	42,95/31,65 €	+7/+23/+48 %
Umfang 1,14 Mrd. €, Alter 12 J., Ausgabeaufschlag **0,00 %,** Geb. **0,80 %,** thesaurierend. Hauptanteile in Konsumgüterindustrie wie: Amazon, Alibaba, L'Oréal, LVMH, Walmart.				
Aktienfonds **LGT Sustainable Equity global**	A0Y F5E	2.776,0 €	3.236/2.240 €	+4/+11/+45 %
Umfang 676 Mio. €, Alter 15 J., Ausgabeaufschlag **5,00 %,** Gebühr **1,50 %,** thesaurierend. Der Ertrag fair bewerteter globaler Aktien stammt aus Kursgewinn und hoher Dividende.				
Aktienfonds **Franklin Templeton Technology**	A0K EDE	24,10 €	25,05/17,30 €	+25/+78/+140 %
Umfang 4,1 Mrd. €, Alter 14 J., Ausgabeaufschlag **5,75 %,** Gebühr **1,00 %,** thesaurierend. Hauptanteile: Alibaba, Microsoft, Apple, Amazon, MasterCard, VISA, Nvidia, Salesforce.				
Uni Nachhaltigkeit global	A0M 80G	102,45 €	122,9/83,15 €	+2/+12/+25 %
Umfang 718 Mio. €, Alter 11 J., Ausgabeaufschlag **5,0 %,** Gebühr **1,20 %,** ausschüttend. Hauptanteile: Apple, Microsoft, Boston Scient., Alphabet, United Health, Mastercard, Adobe.				
ETF **iShares** **MDAX**	593 392	194,60 €	249,3/150,0 €	-6/-7/+12 %
Umfang 1,22 Mrd. €, Alter 19 Jahre, Gebühr **0,51 %,** thesaurierend. Der ETF bildet den MDAX mit 60 mittelgroßen Titeln ab, darunter Nachhaltigkeitsfirmen wie Symrise, Sartorius.				

ETF **Lyxor** **World Water**	**LYX 0CA**	36,15 €	47,40/29,70 €	**+2/+4/+27 %**
	Umfang 470 Mio. €, Alter 13 Jahre, Jahresgebühr **0,60 %,** ausschüttend. Hauptanteile beim lebenswichtigen „blauen Gold Wasser": Geberit, American Water, Masco, Xylem.			
ETF **iShares** **S&P 500**	**A0Y EDG**	261,00 €	313,2/202,9 €	**+2/+24/+46 %**
	Umfang 32,8 Mrd. €, Alter 10 Jahre, Gebühr **0,07 %,** thesaurierend. Wichtige Branchen: Internet, Software, Gesundheit; Hauptanteil: Microsoft, Apple, Amazon, Facebook, Alphabet.			
ETF Com- **Stage Dow** **Jon. Industrie**	**ETF 010**	254,35 €	318,5/198,2 €	**-4/+16/+44 %**
	83 Mio. €, Alter 11 J., Gebühr **0,45 %,** ausschüttend. Der ETF orientiert sich am Dow Jones mit Aktien, die den USA-Markt präsentieren, wie 3M, Apple, McDonald's, Home Depot, VISA.			
Einzelaktie **Adidas** **DAX**	**A1EWWW**	206,70 €	317,5/162,2 €	**-20/+13/+169 %**
	Börsenwert: 41,2 Mrd. €, **KGV: 23,** EK-Quote: 34 %, **Div.-Rendite: 0,0 %.** Globaler Sportartikelhersteller mit Schwerpunkt Fußbälle, Sportschuhe, Geräte, Bekleidung, Zubehör.			
Einzelaktie **Munich Re** **DAX**	**843 002**	184,95 €	284,2/141,1 €	**-16/+3/+4 %**
	Börsenwert: 27,4 Mrd. €, **KGV: 9,3,** EK-Quote: 10,6 %, **Div.-Rendite: 5,2 %.** Weltmarktführer Rückversicherung mit kalkulierbarem Risiko für 4.000 Erstversicherer in 160 Ländern.			
Einzelaktie **Carl Zeiss M./** **MDAX/**	**531 370**	87,50 €	122,1/67,70 €	**-3/+91/+279 %**
	Börsenwert: 8,2 Mrd. €, **KGV: 38,** EK-Quote: 70 %, **Div.-Rendite: 0,8 %.** Innovative Produkte, Lösungen/Therapien für Augenheilkunde; Fehlsichtigkeit, grüner und grauer Star usw.			
Einzelaktie **Traton** **SDAX**	**TRA TON**	13,50 €	27,35/11,00 €	**-45 %/IPO 2019**
	Börsenwert: 6,8 Mrd. €, **KGV: 6,5,** EK-Quote: 31%, **Div.-Rendite: 5,9 %.** Zusammenführung der Nutzfahrzeugmarken Scania, MAN, VWCO; Lkw/Busse, Finanzierung/Versicherungen.			
Einzelaktie **Mensch und** **Masch. MUM** **Scale**	**658 080**	45,60 €	55,00/28,05 €	**+45/+170/+740 %**
	Börsenwert: 761 Mio. €, **KGV: 32, Div.-Rendite: 1,9 %.** Führender CAD/CAM-Anbieter für Bauwirtschaft & Maschinenbau. Die Softwarelösungen umfassen Planung und Konstruktion.			
Einzelaktie **Samsung El.** **Südkorea**	**881 823**	782,00 €	1.028/621,0 €	**+18/+6/+81 %**
	Börsenwert: 222 Mrd. €, **KGV: 7,5, Div.-Rendite: 3,60 %.** Spezialisiert auf Elektronik- und Telekommunikationsindustrie: Smartphones, Kameras, Fernseher und Haushaltsgeräte.			

Beim Einsatz zwischen 1.000 bis 2.000 € pro Titel wählen Sie am besten die Misch- und Aktienfonds, ETFs und Einzelaktien nach Belieben aus. Die meisten Produkte verstoßen bezüglich Nachhaltigkeit zumindest nicht gegen die gängigen Ausschlusskriterien. Jeder Vorschlag bringt neue Aktien, sodass Sie hier locker austauschen und sich Ihr Portfolio nach eigenen Vorlieben zusammenstellen können.

Mein aktuelles Wallstreet-online-Statement vom 15. Mai 2020 zum Thema Nachhaltigkeit und Siegeraktien im Corona-Crash

Wie stehen Sie zum Megatrend Nachhaltigkeit? Und auf welche Aktien setzen Sie aktuell?

Seit 2017 entwickeln sich Nachhaltigkeitsinvestments besser. Ganz auffällig geschieht dies seit 2018 und 2019 vor allem im Aktiensektor. Der weltwirtschaftliche Schaden der Corona-Pandemie dürfte sich auf schätzungsweise 8,8 Billionen Dollar bewegen mit einem Einbruch des Bruttoinlandsprodukts zwischen 6,5 % und bis zu 10 % im laufenden Jahr 2020.

Dennoch sind sich die führenden Experten einig, dass dieser Crash in den meisten Branchen und Geschäftsfeldern den überfälligen Wandel im Kampf gegen die drohende Erderwärmung beschleunigt. Davon werden vor allem die mittelständischen Nachhaltigkeitsunternehmen, aber auch kreative Marktführer unter den Großkonzernen profitieren.

Eindeutig im Aufwärtstrend befindet sich das Gesundheitswesen mit Medtech und Biotech auf der Suche nach einem schnell verfügbaren Impfstoff und wirksamen Medikamenten, Antikörpern, Immun- und Kombinationstherapien, Schutzkleidung, Gesichtsmasken und Desinfektionsmitteln.

Aber auch innovativen Unternehmen mit dem Geschäftsmodell Künstliche Intelligenz und Robotik, IT-Software mit Cloud, neuen Digitalisierungs- und Vernetzungstrends, Streaming, Videospielen und Videokonferenzen sowie Onlinehandel eröffnen sich jetzt und künftig gute Chancen. Solange die Ethikausschlusskriterien eingehalten werden, nehmen Nachhaltigkeitsfonds solche Konzerne gern in ihr Portfolio auf.

Ich bin bei Amazon und Alibaba, AstraZeneca, Ballard Power, BionTech, Coloplast, Eli Lilly, Genmab, Mowi ASA, Orsted, PowerCell, SolarEdge, Shopify, Symrise, Teamviewer, Tomra Systems, UPM Kymmene, Vestas Wind, Vinci und Zoom investiert. Bei mir gibt es kein schnelles Rein und Raus, eher mal den einen oder anderen Teilverkauf bei drei- oder vierstelligem Kursgewinn.

Startkapital 20.000 €, erfolgsorientiert; Tipp: 3 Mischfonds, 4 Aktienfonds, 4 ETFs, 7 Aktientitel je 1.200 €

Name, Fondsgesellschaft	WKN	Kurs 18.05.20	Hoch/Tief 52 Wochen	Kursverlauf 1, 3, 5 Jahre
Mischfonds <u>Mischfonds</u> Adelca Invest GI Multi Asset	A0M 6JK	353,95 €	404,9/313,6 €	-1/+43/+77 %
Umfang 69 Mio. €, Alter 13 J., Ausgabeaufschlag **5,0 %**, Geb. **1,0 %**, thesaurierend. Schwerpunkt Kursgewinn/Dividende.				
<u>Mischfonds</u> FU Fonds Multi Asset I	A12 ADZ	838,00 €	951,7/790,3 €	+1/+15/+48 %
Umfang 87 Mio. €, Alter 12 J., Ausgabeaufschlag **0 %**, Geb. **0,70 %**, ausschüttend. Aktien-/Anleihequote nach Marktlage.				
<u>Mischfonds</u> Squad Capital Growth A	A0H 1HX	441,40 €	505,1/341,2 €	-5/-3/+46 %
Umfang 119 Mio. €, 14 J., Ausgabeaufschlag **5,00 %**, Geb. **1,5 %**, ausschüttend. Wachstumswerte Deutschland/Europa.				
<u>Aktienfonds</u> UniDeutschland XS	975 049	157,40 €	192,9/117,1 €	+1/+2/+26 %
Umfang 1,3 Mrd. €, Alter 12 J., Ausgabeaufschlag **4,00 %**, Gebühr **1,35 %**, thesaurierend. Mid/Small/Micro Caps Europa. Hauptanteile: Delivery Hero, Grenke, Hypoport, HelloFresh.				
<u>Aktienfonds</u> DKB Pharma TNL	541 954	65,35 €	75,30/60,00 €	+8/+18/+19 %
Umfang 47 Mio. €, Alter 20 Jahre, Ausgabeaufschlag **3,00 %**, Gebühr **1,40 %**, thesaurierend. Größte Positionen: Amgen, Johnson & J., AbbVie, Medtronic, Merck, Novartis, Roche.				
<u>Aktienfonds</u> Berenberg Sustainable World	A2N 6AL	134,65 €	150,5/103,7 €	+18 %/1 Jahr alt
Umfang 39 Mio. €, Alter 1 Jahr, Ausgabeaufschlag **0,00 %**, Gebühr **1,25 %**, thesaurierend. Unternehmen aus den USA, Asien, Europa; Schwerpunkte: Technologie und Finanzen.				
<u>Aktienfonds</u> Threadneedle Global Focus	974 979	66,60 €	74,75/51,50 €	+3/+30/+71 %
Umfang 879 Mio. €, Alter 25 J., Ausgabeaufschlag **5,00 %**, Geb. **1,50 %**, thesaurierend. Bluechips wie Microsoft, Alphabet, MasterCard, Adobe, Amazon, Novo Nordisk, Th. Fisher.				
<u>ETF</u> ComStage SDAX	ETF 005	90,35 €	116,6/70,00 €	-6/-7/+16 %
Umfang 95 Mio. €, Alter 9 J., Gebühr **0,70 %**, ausschüttend. Hauptanteile: HelloFresh, Talanx, Ströer, Jenoptik, Sixt St.				

ETF Deka Oekom Euro Nachhaltig	**ETF L47**	10,55 €	15,40/8,75 €	-16/-22 %
	Umfang 22 Mio. €, Alter 5 Jahre, Jahresgebühr **0,40 %,** ausschüttend. Die 30 größten Nachhaltigkeitskonzerne Europas. Hauptanteile: ASML, Allianz, L'Oréal, AXA, Kering, Danone.			
ETF ComStage MSCI World	**ETF 110**	52,75 €	63,50/41,55 €	+-0/+12/+28 %
	Umfang 1,92 Mrd. €, Alter 11 Jahre, Gebühr **0,20 %,** ausschüttend. Internationale Bluechips; größte Anteile: Apple, Amazon, Microsoft, Alphabet, Facebook, Johnson, VISA.			
ETF iShares Stoxx Europe 600	**A0H 08N**	76,40 €	91,40/61,00 €	-3/-5/+15 %
	Umfang 99 Mio. €, Alter 18 Jahre, Gebühr **0,47 %,** ausschüttend. Die 600 größten Konsumtitel aus 18 Ländern Europas. Dabei: LVMH, Unilever, Hermès, Adidas, Richemont, L'Oréal.			
Einzelaktie Siemens DAX	**723 610**	91,50 €	119,9/58,95 €	-15/-25/+8 %
	KGV: 12, Dividendenrendite: 4,5 %. Hochtechnologiekonzern, vier Sparten: Industrie, Energie, Medtech, Infrastruktur.			
Einzelaktie Tencent China	**A11 38D**	50,60 €	54,25/36,00 €	+28/+68/+180 %
	KGV: 27, Div.-Rendite: 0,3 %. Chinas größtes Internetserviceportal mit Zusatzfunktionen, Mobil- & Telefondiensten.			
Einzelaktie MMC Norilsk Nickel, RTX	**A14 0M9**	27,25 €	33,05/17,50 €	+54/+163/+127 %
	KGV: 8,6, Div.-Rendite: 9,8 %. Exploration, metallurgische Verarbeitung von Mineralien, Industrie- und Edelmetallen.			
Einzelaktie CompuGroup MDAX/TecDAX	**543 730**	73,50 €	77,60/45,50 €	+20/+51/+170 %
	KGV: 29, Div.-Rendite: 0,7 %. Globaler Softwarekonzern für Ärzte, Zahnärzte, Kliniken und Forschungseinrichtungen.			
Einzelaktie SolarEdge Israel	**A14 QVM**	116,95 €	131,0/47,05 €	<u>+142/+571/</u>+281 %
	Der Photovoltaikkonzern aus Israel überzeugt mit nachhaltiger Unternehmenspolitik und glänzender Kursentwicklung.			
Einzelaktie Amazon Nasdaq	**906 866**	2.222,0 €	2.270/1.440 €	+32/+152/<u>+483 %</u>
	KGV: 42, Div.-Rendite: 0,0 %. Weltmarktführer Onlinehändler, 150 Länder, riesiges Warenangebot, hohes Wachstum.			
Einzelaktie Sony Nikkei 225	**853 687**	58,30 €	66,80/42,00 €	+33/+81/+104 %
	KGV: 13, Div.-Rendite; 0,6. Elektronikhersteller für Industrie und Verbraucher, Spielekonsolen, Software, TV, Musik.			

Wie die vorstehende Kursliste für erfolgsorientierte Anleger zeigt, erleiden die führenden internationalen Growth-Wachstumskonzerne selbst in diesem Crash kaum Kurseinbußen, sondern notieren während der sich häufenden Erholungsphasen bereits nahe dem Jahreshoch. Im niedrig bewerteten Value-Bereich sieht dies großteils ganz anders aus. Je nach Börsenwissen, Vorlieben, Zeit und Lust stellen Sie sich Ihr Einzelaktienportfolio ruhig aus allen Angeboten zusammen; jeder Vorschlag bringt bewusst wieder neue Titel.

Der Klimawandel mit gefährlichem Warnsignal: Das Meer breitet sich aus. Es bedroht Den Haag, Amsterdam, Kopenhagen, Hamburg und London.

Als Folge der Erderwärmung steigen die Meerwasserpegel, sodass es rund um den Globus zu immer mehr und gefährlicheren Überflutungen von Landflächen kommt. Nur mit dem sofortigen Ausbau weiterer Schutzanlagen lassen sich die Zerstörungen zahlreicher Wohnimmobilien zumindest noch eine Weile aufhalten – ob für immer, hängt auch davon ab, ob der Temperaturanstieg ungefähr +1,5 Grad Celsius oder sogar +4,0 Grad Celsius beträgt. Der Traum vom schönen Haus am Meer wird abgelöst von einer Horrorvision der totalen Vernichtung.

Ganz düster sieht es für Den Haag aus. Der Gesamtmarktwert der gefährdeten Wohnimmobilien liegt je nach Temperaturanstieg zwischen 532 und 601 Mrd. €. Leidtragende sind schätzungsweise 2,4 bis 2,7 Millionen Menschen.

Kaum weniger traurig schaut die Prognose für Amsterdam aus. Der voraussichtliche Sachschaden dürfte zwischen 330 und 410 Mrd. € liegen mit deutlich über einer Million Immobilienbesitzern.

Auch London ist wegen der Überflutung der Themse stark gefährdet. Hier wird der Schadensgesamtmarktwert auf 225 bis 625 Mrd. € geschätzt. Und betroffen könnten über 500 Mio. bis zu 1,5 Mrd. Immobilienbesitzer sein.

Nicht ganz so dramatisch, aber immer noch schlimm genug sind die Einschätzungen für Kopenhagen und die Hansestadt Hamburg. Hier wird eine Schadenssumme für beide Städte zwischen je 35 und 100 Mrd. € genannt. Und zu den Opfern dürften 170.000 bis zu 450.000 Personen zählen.

Kleine, mittelgroße und große Unternehmen, denen als Folge der Corona-Pandemie die Umsätze und Erträge wegbrechen, sollten überlegen, mit welchen neuartigen Geschäftsmodellen sie gegen den Klimawandel mit den vielfältigen Katastrophen ankämpfen können. Gibt es Chancen für Maschinenbau und Infrastruktur? Welche Möglichkeiten eröffnen sich für die Bauindustrie, für Statik und Architektur? Wie sollte die Versicherungswirtschaft auf die Meeresausbreitung reagieren?

Startkapital 20.000 €, risikofreudig; Tipp: 2 Mischfonds, 4 Aktienfonds, 4 ETFs, 6 bis 8 Aktientitel je 1.200 €

Fondsgesell-schaft	WKN	Kurs 15.05.20	Hoch/Tief 52 Wochen	Kursverlauf 1, 3, 5 Jahre
Mischfonds **Acatis Datini Valueflex**	A1H 72F	113,05 €	122,9/87,10	+10/+24/+49 %
	Umfang 267 Mio. €, Alter 9 Jahre, Ausgabeaufschlag **5,0 %,** Gebühr **0,00 %,** thesaurierend. Biotech-, Software-, Konsumgütersektor; darunter Evotec, Illumina, Microsoft, Samsung.			
Mischfonds **Adelca Invest GVI Multi Ass.**	A0M 6JL	331,65 €	384,5/292,3 €	-2/+40/+75 %
	Umfang 76 Mio. €, Alter 13 Jahre, Ausgabeaufschlag **5,00 %,** Gebühr **1,00 %,** thesaurierend. Ähnliche Ausrichtung wie bei Adelca GI (A0M 6JK); flexible Anlage in Aktien/Anleihen.			
Aktienfonds **Lombard Odier Funds Generation**	A0R NUR	32,05 €	39,60/26,00 €	+1/+21/+/56 %
	Umfang 1,5 Mrd. €, Alter 11 J., Ausgabeaufschlag **5,0 %,** Gebühr **1,00 %,** ausschüttend. Hauptanteile große Nachhaltigkeitsaktien wie Alphabet, Baxter, Cognizant, Thermo Fisher.			
Aktienfonds **Nordinternet**	978 530	139,65 €	144,2/97,50 €	+14/+59/+127 %
	Umfang 85 Mio. €, Alter 22 J., Ausgabeaufschlag **5,00 %,** Gebühr **1,00 %,** thesaurierend. Die Internetweltspitze ist präsent mit Amazon, Alphabet, Netflix, Salesforce, Facebook, eBay.			
Aktienfonds **UniSector BioPharma**	921 556	136,25 €	140,3/104,9 €	+24/+20/+29 %
	Umfang 395 Mio. €, Alter 21 Jahre, Ausgabeaufschlag **4,00 %,** Gebühr **1,55 %,** ausschüttend. Der Fonds investiert in Biopharmafirmen unterschiedlicher Größe. Hauptanteile Biotechtitel.			
Aktienfonds **UniSector Hightech A**	921 559	127,15 €	139,7/94,75 €	+19/+47/+88 %
	Umfang 250 Mio. €, Alter 21 J., Ausgabeaufschlag **4,00 %,** Geb. **1,55 %,** thesaurierend. Hauptanteile: Apple, VISA, Mastercard, Intel, Adobe, Nvidia, ASML, Salesforce, Oracle.			
ETF **ComStage China FTSE**	ETF 024	135,60 €	150,0/118,0	+7/+30/-3 %
	Umfang 18 Mio. €, Alter 7 Jahre, Gebühr **0,40 %,** ausschüttend. Anlage in die A-Aktien von Chinas 50 größten Unternehmen vom Festland, gehandelt in Shanghai und Shenzhen.			

Fondsgesell-schaft	WKN	Kurs 19.05.20	Hoch/Tief 52 Wochen	Kursverlauf 1, 3, 5 Jahre
ETF iShares Nasdaq 100	A0F 5UF	82,50 €	87,90/60,25 €	+26/+62/+116 %
	Umfang 1,64 Mrd. €, Alter 14 Jahre, Gebühr **0,30 %,** ausschüttend. Der ETF bildet die US-Technologiebörse ab mit Spitzenfirmen wie Amazon, Facebook, Microsoft und Netflix.			
ETF iShares TecDAX (DE)	593 397	26,60 €	30,10/19,40 €	+3/+30/+71 %
	Umfang 819 Mio. €, Alter 19 Jahre, Jahresgebühr **0,51 %,** thesaurierend. Größte Positionen Wirecard, Dt. Telekom, SAP, Infineon, Sartorius, Nemetschek, Bechtle, Qiagen.			
ETF iShares MSCI USA Small	A0X 8SB	250,35 €	339,9/190,0 €	-15/-3/+15 %
	Umfang 330 Mio. €, Alter 11 Jahre, Gebühr **0,43 %,** thesaurierend. Branchen: Konsum, Software, Telekommunikation. Bei niedrigem Börsenwert ist Nachhaltigkeit der große Trend.			
Einzelaktie Dt. Telekom DAX	555 750	13,65 €	16,75/10,45 €	-7/-8/+3 %
	Börsenwert: 64,4 Mrd. €, **KGV: 12, Div.-Rendite: 4,4 %.** Globaler Anbieter im Bereich Telekommunikation mit Aktivitäten im Festnetz, Mobilfunk, Internet, TV sowie Cloud-Services.			
Einzelaktie Alphabet A Nasdaq 100	A14 Y6F	1.271,0 €	1.420/917,5 €	+21/+49/+165 %
	Börsenwert: 384 Mrd. €, **KGV: 46, Div.-Rendite: 0,0 %.** Ein Internetdienstleister mit der weltweit größten Suchmaschine.			
Einzelaktie Siltronic TecDax/MDax	WAF 300	83,90 €	109,1/46,55 €	+21/+49/+165 %
	Börsenwert: 2,35 Mrd. €, **KGV: 12, Div.-Rendite: 3,8 %.** Als Grundlage der Mikro- und Nanoelektronik Wafer aus Reinst-Silizium für Computer, Smartphones & Navigationssysteme.			
Einzelaktie Teamviewer TecDax/MDax	A2Y N90	42,55 €	45,70/21,40 €	+69 %/IPO
	Börsenwert: 8,6 Mrd. €, **KGV: 43, Div.-Rendite: 0,0 %.** Globale Kommunikationsplattform Fernwartung PC, Mobilgeräte			
Einzelaktie Thermo Fisher, S&P 500	857 209	312,50 €	321,2/302,0 €	+33/+164/+172 %
	KGV: 23, Div.-Rendite: 0,3 %. Wissenschaftspartner für Pharma, Biotech, klinische und diagnostische Institutionen.			
Einzelaktie Hypoport SDAX	549 336	384,50 €	386,5/185,4 €	+85/+245/+1.352
	KGV: 59, Div.-Rendite: 0,0 %. Vertrieb von Finanzprodukten über eine Transaktionsplattform, automatisierte Prozesse.			

Name, Fonds-gesellschaft	WKN	Kurs 20.05.20	Hoch/Tief 52 Wochen	Kursverlauf 1, 3, 5 Jahre
Einzelaktie Shopify Kanada	A14 TJP	693,00 €	727,0/234,0 €	**+179/+755 %**
	Börsenwert: 74 Mrd. €. Shopify, vergleichbar mit Amazon, ist ein aufstrebendes Schwergewicht in E-Commerce. Millionen Kunden nutzen die Plattform, um ihren Handel hochzuziehen.			
Einzelaktie Moderna, USA	A2N 9D9	62,30 €	86,40/10,80 €	**+226 %**/IPO
	Börsenwert: 2,4 Mrd. €, **KGV: keine Angabe, Div.-Rendite: 0,0 %.** Positive Zwischenergebnisse zu einer Phase-I-Studie im Wettrennen um den ersten Impfstoff gegen Corona-Virus.			

Experten-Einschätzungen zur nachhaltigen Geldanlage in den Corona-Crashzeiten

Aktienunternehmen mit dem höchsten Nachhaltigkeitsrating schnitten laut der Fondsgesellschaft Fidelity im Corona-Crash um 3,8 % besser als der gesamte Markt ab. Firmen mit der negativsten ESG-Rating-Einstufung waren hingegen um 7,9 % schlechter als der Durchschnitt, erklärt Alexander Leisten, Deutschland-Chef von Fidelity gegenüber dem *Handelsblatt*. Dirk Schmitz, Deutschland-Chef des Weltmarktführers Blackrock bei Fonds und Vermögensverwaltung, ist ebenfalls davon überzeugt, dass sich eine nachhaltige Kapitalanlage lohnt. Er berichtet am 18. Mai 2020 dem *Handelsblatt*: *„Die Corona-Krise hat gezeigt, dass sich Nachhaltigkeit in Extremsituationen nicht nur lohnt, sondern der herkömmlichen Anlage aus Risiko-Rendite-Gesichtspunkten überlegen ist."*

In der Bevölkerung herrscht große Verunsicherung. Ich frage mich: Ist das Corona-Virus tatsächlich gefährlicher als die negativen Folgen durch staatliche Eingriffe auf Wirtschaft und Gesellschaft, auf physische Gesundheit, Wohlbefinden und Zuversicht?

Die Vertrauenskrise in Europa ist massiv. Der Verbraucher-Vertrauensindex für die Eurozone sinkt im April 2020 mit einem Verlust von 22,7 % auf den tiefsten Stand. Vor einem Jahr waren es gerade mal -6 %. Auch hierzulande rechnet die Mehrheit mit einer längeren Flaute. Bei der Umfrage: *„Wie lange werden Ihre persönlichen Haushaltsfinanzen durch Covid-19 beeinflusst werden?"* lautete mehrheitlich die Antwort: *„Mehr als vier Monate."* In Japan befürchten dies sogar knapp 70 % der Befragten. Die Corona-Pandemie verunsichert die europäischen Konsumenten zutiefst, wobei die Angst vor Einkommensverlusten groß ist. Momentan steigt die Nachfrage nur bei Lebensmitteln, Streaming, Videospielen und Videozusammenkünften.

8.6 Millionärsträume erfüllbar mit Startkapital von 30.000 Euro?

Mit einem Startkapital ab 30.000 €, jahrelang angespart oder auf einen Schlag erworben, lässt sich bezüglich Vermögensaufbau und Altersvorsorge schon einiges erreichen. Vorausgesetzt, Sie legen langfristig und breit gestreut an. Sie kennen Ihren Anlegertyp und wissen, dass Börse kein Kindergeburtstag ist, sondern Lernbereitschaft, Übung und Training erfordern. Die meisten Aktien, die bei jedem Vorschlag immer neu hinzukommen, entsprechen Ethikkriterien. Also seien Sie nicht allzu streng. Nicht jede Aktie muss nachhaltig sein.

Startkapital 30.000 €, Vorschlag sicherheitsbewusste Anleger

Startkapital ab 30.000 €, vorsichtiger Typ; Tipp: 4 Mischfonds, 5 Aktienfonds, 5 ETFs, 6–10 Aktientitel je 1.200 €				
Name, Fondsgesellschaft	**WKN**	**Kurs 15.05.20**	**Hoch/Tief 52 Wochen**	**Kursverlauf 1, 3, 5 Jahre**
Mischfonds VM Long Term Value	A1J 17U	1.443,80 €	1.736/1.163 €	+1/+18/+36 %
	Umfang 28 Mio. €, Alter 7 J., Ausgabeaufschlag **3,00 %**, Gebühr **0,12 %**, ausschüttend. Angelegt wird nach Marktlage in Value-Aktien deutschsprachiger Raum; Geldmarkt, Anleihen.			
Mischfonds DWS Dynamic Opportunities	984 807	44,15 €	50,05/37,40 €	+-0/+5/+21 %
	Umfang 256 Mio. €, Alter 20 J., Ausgabeaufschlag **0,00 %**, Gebühr **0,85 %**, thesaurierend. Anlage in zukunftsträchtige Firmen. Vom DAX dabei: Dt. Telekom, Allianz, Bayer, SAP.			
Mischfonds Siemens Balanced	A0K EXM	18,40 €	20,35/16,80 €	-2/+2/+11 %
	Umfang 157 Mio. €, Alter 14 J., Ausgabeaufschlag **0,00 %**, Geb. **0,30 %**, thesaurierend. Anleihen & ertragsstarke Aktien. Dabei: SAP, LVMH, Vuitton, Knorr-Bremse, Microsoft, Apple.			
Dach-Mischfonds ZukunftsPlan I	DK1 CJ2	247,20 €	311,5/207,5 €	-2+3/+12 %
	Umfang 1,39 Mrd. €, Alter 11 J., Ausgabeaufschlag **2,00 %**, Gebühr **0,35 %**, thesaurierend. Das Management passt die Renten-, Aktien- und Geldmarktfonds nach Marktlage neu an.			

Name, Fonds-gesellschaft	WKN	Kurs 15.05.20	Hoch/Tief 52 Wochen	Kursverlauf 1, 3, 5 Jahre
Aktienfonds Fidelity Global Consumer	A0NGWX	37,70 €	42,95/31,65 €	+7/+23/+48 %
		Umfang 1,14 Mrd. €, Alter 12 J., Ausgabeaufschlag **0,00 %**, Geb. **0,80 %,** thesaurierend. Hauptanteile in Konsumgüterin-dustrie wie Amazon, Alibaba, L'Oréal, LVMH und Walmart.		
Aktienfonds LGT Sustainable Equity global	A0Y F5E	2.776,0 €	3.236/2.240 €	+4/+11/+45 %
		Umfang 676 Mio. €, Alter 15 J., Ausgabeaufschlag **5,00 %**, Gebühr **1,50 %,** thesaurierend. Der Ertrag fair bewerteter glo-baler Aktien stammt aus Kursgewinn und hoher Dividende.		
Aktienfonds Franklin Templeton Technology	A0K EDE	24,10 €	25,05/17,30 €	+25/+78/+140 %
		Umfang 4,1 Mrd. €, Alter 14 J., Ausgabeaufschlag **5,75 %**, Gebühr **1,00 %,** thesaurierend. Hauptanteile: Alibaba, Micro-soft, Apple, Amazon, MasterCard, VISA, Nvidia, Salesforce.		
UniNach-haltigkeit global	A0M 80G	102,45 €	122,9/83,15 €	+2/+12/+25 %
		Umfang 718 Mio. €, Alter 11 J., Ausgabeaufschlag **5,0 %**, Ge-bühr **1,20 %,** ausschüttend. Hauptanteile: Apple, Microsoft, Boston Scient., Alphabet, United Health, Mastercard, Adobe.		
Aktienfonds Henderson Gartmore Glo-bal Equity	A0DNEW	18,40 €	21,05/14,55 €	+8/+27/+47 %
		Umfang 482 Mio. €, Alter 16 J., Ausgabeaufschlag **5,00 %**, Gebühr **1,50 %,** thesaurierend. Es geht um Wachstums- und Ertragschancen, wozu die Aktien innovativer Firmen zählen.		
ETF iShares MDAX	593 392	194,60 €	249,3/150,0 €	-6/-7/+12 %
		Umfang 1,22 Mrd. €, Alter 19 Jahre, Gebühr **0,51 %,** thesau-rierend. Der ETF bildet den MDAX mit 60 mittelgroßen Titeln ab, darunter Nachhaltigkeitsfirmen wie Symrise, Sartorius.		
ETF Lyxor World Water	LYX 0CA	36,15 €	47,40/29,70 €	+2/+4/+27 %
		Umfang 470 Mio. €, Alter 13 Jahre, Jahresgebühr **0,60 %,** ausschüttend. Hauptanteile beim lebenswichtigen „blauen Gold Wasser": Geberit, American Water, Masco, Xylem.		
ETF iShares S&P 500	A0YEDG	261,00 €	313,2/202,9 €	+2/+24/+46 %
		Umfang 32,8 Mrd. €, Alter 10 Jahre, Gebühr **0,07 %,** thesaurie-rend. Wichtige Branchen: Internet, Software, Gesundheit; Hauptanteile: Microsoft, Apple, Amazon, Facebook, Alphabet.		

Name, Fonds-gesellschaft	WKN	Kurs 20.05.20	Hoch/Tief 52 Wochen	Kursverlauf 1, 3, 5 Jahre
ETF Com-Stage Dow Jon. Industrie	ETF 010	254,35 €	318,5/198,2 €	-4/+16/+44 %
	83 Mio. €, Alter 11 J., Gebühr **0,45 %,** ausschüttend. USA-Markt mit 3M, Apple, McDonald's, Home Depot, VISA, J&J.			
ETF iShares Stoxx Europe 600	A0H 08N	76,40 €	91,40/61,00 €	-3/-5/+15 %
	Umfang 99 Mio. €, Alter 18 Jahre, Gebühr **0,47 %,** ausschüttend. Die 600 größten Konsumtitel aus 18 Ländern Europas. Dabei: LVMH, Unilever, Hermès, Adidas, Richemont, L'Oréal.			
Einzelaktie Beiersdorf DAX	520 000	93,00 €	116,4/82,35 €	-7/+1/+14 %
	Börsenwert: 23 Mrd. €, **KGV: 26, Div.-Rendite: 0,8 %.** Körper- und Hautpflege, Wundversorgung und Klebebänder.			
Einzelaktie Deutsche Börse, DAX	581 005	67,00 €	69,20/48,85 €	+28/-7/+39 %
	Börsenwert: 29,1 Mrd. €, **KGV: 22, Div.-Rendite: 2,1 %.** Führende europäische Börsenorganisation mit der Terminbörse Eurex und der Wertpapierhandelsplattform Xetra.			
Einzelaktie Novo Nordisk Dänemark	A1X A8R	59,50 €	60,65/41,55 €	+45/+74+/30 %
	Börsenwert: 109 Mrd. €, **KGV: 21, Div.-Rendite: 2,0 %.** Entwicklung und Produktion von Insulin für Diabetesbehandlung in 170 Ländern; auch Wachstumshormonetherapie.			
Einzelaktie VISA, Dow Jones	A0N C7B	176,00 €	198,4/124,9 €	+21/+119/+191 %
	Börsenwert: 301 Mrd. €, **KGV: 32, Div.-Rendite: 0,6 %.** Elektronische Zahlungssysteme in 20 Ländern, Kreditkarten.			
Einzelaktie Fuchs Petrolub, MDAX	579 043	34,85 €	45,75/25,75 €	-3/-24/-1 %
	Börsenwert: 2,4 Mrd. €, **KGV: 21, Div.-Rendite: 2,9 %.** Unabhängiger Produzent von Schmierstoffen/Spezialprodukten.			
Einzelaktie LEG Immobilien, MDAX	LEG 111	111,60 €	118,1/76,70 €	+3/+43/+75 %
	Börsenwert: 8 Mrd. €, **KGV: 20, Div.-Rendite 3,4 %.** Wohnimmobilienkonzern; 128.500 Wohneinheiten stadtnah und Siedlungen im Grünen; Rheinland/Westfalen/Ruhrgebiet.			
Einzelaktie Encavis SDAX	609 500	12,25 €	12,25/6,05 €	+94/+115/+118 %
	Börsenwert: 1,6 Mrd. €, **KGV: 23, Div.-Rendite: 2,4 %.** Unabhängiger Solar- und Windparkbetreiber in Europas Kernmärkten Deutschland, Frankreich, Italien, Großbritannien.			

Name, Fonds-gesellschaft	WKN	Kurs 20.05.20	Hoch/Tief 52 Wochen	Kursverlauf 1, 3, 5 Jahre
Einzelaktie Cewe Stif-tung, SDAX	540 390	88,50 €	111,4/75,00 €	+7/+22/+70 %
		Börsenwert: 831 Mio. €, **KGV: 14, Div.-Rendite: 2,4 %.** Europas größte Fotolaborgruppe mit den begehrten Fotobüchern.		
Einzelaktie Schneider Electric SE Euro Stoxx 50	860 180	83,50 €	105,0/64,25 €	+18/+34/+42 %
		Börsenwert: 47 Mrd. €, **KGV: 16, Div.-Rendite: 3,2 %.** Globaler Spezialist für Energiemanagement, Technologien im Bereich Energieverbrauch, Anbieter von sauberer, effizienter Energie.		
Einzelaktie Nestlé Stoxx 50 Schweiz	A0Q 4DC	90,55 €	92,10/87,20 €	+40/+45/+85 %
		Börsenwert: 296 Mrd. €, **KGV: 22, Div.-Rendite: 2,7 %.** Weltweit führender Konzern für Nahrungsmittel Mensch und Tier, Gesundheit und Wellness mit Präsenz in über 80 Ländern.		

Welche langfristigen jährlichen Renditeerwartungen bestehen bei günstigem Einstieg bei Krisen und Crash?

Ob sich die Wirtschaft schon 2021 oder erst 2022 spürbar erholen wird, **weiß niemand. Was sich aber entscheidend verändert, ist die Ausgangssituation an den Märkten.** Wer bei massiv eingebrochenen Kursen einstieg oder diesen Vorsatz bei neuen Tiefständen realisiert, kann in den nächsten 10 bis 15 Jahren mit deutlich höherer Rendite rechnen. (Quelle: JP Morgan)

Jahresrendite in 10 bis 15 Jahren Einstieg 2019 und 2020

Anlageklasse	Einstieg 30.09.19	Einstieg 31.03.20
Aktien Welt	4,6 %	6,3 %
Aktien USA	3,7 %	5,4 %
Aktien Eurozone	5,8 %	8,2 %
Aktien Japan	5,3 %	6,4 %
Aktien Schwellenländer	7,3 %	8,7 %
Staatsanleihen Welt	0,6 %	0,6 %
Staatsanleihen Eurozone	0,7 %	1,0 %
Gold	1,1 %	1,2 %

Bei höherem Startkapital wächst das Interesse, neue Strategien zu erproben und mehr Risiko einzugehen. So entwickelt sich der Wertpapierstart zum Hobby mit dem Ziel, die Weichen auf Grün zu stellen für Vermögensaufbau und Altersvorsorge. Die Aktien nachhaltiger Firmen aus Zukunftsmärkten entwickeln sich erfreulich. Mitten im Corona-Crash schneiden Zukunftswerte besser ab als fair bewertete Value-Titel.

Startkapital 30.000 €, Vorschlag für erfolgsorientierte Anleger

Startkapital ab 30.000 €, erfolgsorientiert; Tipp: 4 Mischfonds, 5 Aktienfonds, 5 ETFs, 6 bis 12 Aktien je 1.200 €				
Name, Fondsgesellschaft	**WKN**	**Kurs 20.05.20**	**Hoch/Tief 52 Wochen**	**Kursentwicklung 1, 3, 5 Jahre**
Mischfonds	A0M 6JK	353,95 €	404,9/313,6 €	-1/+43/+77 %
Adelca Invest GI Multi Asset	Umfang 69 Mio. €, Alter 13 J., Ausgabeaufschlag **5,0 %**, Geb. **1,00 %**, thesaurierend. Schwerpunkt Kursgewinn/ Dividende.			
Mischfonds	A12 ADZ	838,00 €	951,7/790,3 €	+1/+15/+48 %
FU Fonds Multi Asset I	Umfang 87 Mio. €, Alter 12 J., Ausgabeaufschlag **0 %**, Geb. **0,70 %**, ausschüttend. Aktien-/Anleihequote nach Marktlage.			
Mischfonds	A0H 1HX	441,40 €	505,1/341,2 €	-5/-3/+46 %
Squad Capital Growth A	Umfang 119 Mio. €, 14 J., Ausgabeaufschlag **5,00 %**, Geb. **1,5 %**, ausschüttend. Wachstumswerte Deutschland/Europa.			
Mischfonds	A0Q 5MD	210,00 €	239,0/200,5 €	-8/+22+49 %
FU Multi Asset	Umfang 86 Mio. €, Alter 12 Jahre, Ausgabeaufschlag **5,00 %**, Geb. **1,7 %**, ausschüttend. Dabei: CompuGroup, Sartorius.			
Aktienfonds	975 049	157,40 €	192,9/117,1 €	+1/+2/+26 %
UniDeutschland XS	Umfang 1,3 Mrd. €, Alter 12 J., Ausgabeaufschlag **4,00 %**, Gebühr **1,35 %**, thesaurierend. Mid/Small/Micro Caps Europa. Hauptanteile: Delivery Hero, Grenke, Hypoport, HelloFresh.			
Aktienfonds	541 954	65,35 €	75,30/60,00 €	+8/+18/+19 %
DKB Pharma TNL	Umfang 47 Mio. €, Alter 20 Jahre, Ausgabeaufschlag **3,00 %**, Gebühr **1,40 %**, thesaurierend. Größte Positionen: Amgen, Johnson & J., AbbVie, Medtronic, Merck, Novartis, Roche.			
Aktienfonds	A2N 6AL	134,65 €	150,5/103,7 €	+18 %/1 Jahr alt
Berenberg Sustainable World	Umfang 39 Mio. €, Alter 1 Jahr, Ausgabeaufschlag **0,00 %**, Gebühr **1,25 %**, thesaurierend. Unternehmen aus den USA, Asien, Europa; Schwerpunkte: Technologie und Finanzen.			

Name, Fonds-gesellschaft	WKN	Kurs 20.05.20	Hoch/Tief 52 Wochen	Kursentwicklung 1, 3, 5 Jahre
Aktienfonds Threadneedle Global Focus	974 979	66,60 €	74,75/51,50 €	+3/+30/+71 %
	Umfang 879 Mio. €, Alter 25 J., Ausgabeaufschlag **5,00 %,** Geb. **1,50 %,** thesaurierend. Bluechips wie Microsoft, Alphabet, MasterCard, Adobe, Amazon, Novo Nordisk, Th. Fisher.			
Aktienfonds Janus Henderson Horizon	989 232	46,00 €	64,40/36,00 €	-10/+10/+13 %
	Umfang 133 Mio. €, Alter 22 J., Ausgabeaufschlag: **5,00 %,** Gebühr **1,20 %,** thesaurierend. Die Hauptanteile stammen von dividendenstarken Aktien aus Europas Immobiliensektor.			
ETF ComStage SDAX	ETF 005	90,35 €	116,6/70,00 €	-6/-7/+16 %
	Umfang 95 Mio. €, Alter 9 J., Gebühr **0,70 %,** ausschüttend. Hauptanteile: HelloFresh, Talanx, Ströer, Jenoptik, Sixt St.			
ETF Deka Oekom Euro Nachhaltig	ETF L47	10,55 €	15,40/8,75 €	-16/-22 %
	Umfang 22 Mio. €, Alter 5 Jahre, Jahresgebühr **0,40 %,** ausschüttend. Die 30 größten Nachhaltigkeitskonzerne Europas.			
ETF ComStage MSCI World	ETF 110	52,75 €	63,50/41,55 €	+-0/+12/+28 %
	Umfang 1,92 Mrd. €, Alter 11 Jahre, Gebühr **0,20 %,** ausschüttend. Internationale Bluechips; größte Anteile: Apple, Amazon, Microsoft, Alphabet, Facebook, Johnson, VISA.			
ETF iShares Stoxx Europe 600	A0H 08N	76,40 €	91,40/61,00 €	-3/-5/+15 %
	Umfang 99 Mio. €, Alter 18 Jahre, Gebühr **0,47 %,** ausschüttend. Die 600 größten Konsumtitel aus 18 Ländern Europas.			
ETF iShares MSCI USA Small C.	A0X 8SB	264,25 €	340,1/188,7 €	+1/+13/+133 %
	Umfang 369 Mio. €, Alter 11 Jahre, Gebühr **0,43 %,** thesaurierend. Branchen: Finanzen, Software, Konsum, Industrie.			
Einzelaktie LVMH Euro Stoxx 50	853 292	360,90 €	443,0/279,5 €	+10/+64/+138 %
	Börsenwert: 177 Mrd. €, **KGV: 23, Div.-Rendite: 1,4 %.** Das Portfolio des französischen Luxuskonzerns besteht aus 60 Prestigemarken etlicher Branchen wie Vuitton und Bulgari.			
Einzelaktie L'ORÉAL Euro Stoxx 50	853 888	250,20 €	280,0/199,0	+3/+38/+53 %
	Börsenwert: 141 Mrd. €, **KGV: 30, Div.-Rendite: 1,5 %.** Der französische Kosmetikkonzern produziert Haut-, Schön-heits- und Haarpflegeprodukte unter weltbekannten Marken.			

Name, Fonds-gesellschaft	WKN	Kurs 20.05.20	Hoch/Tief 52 Wochen	Kursverlauf 1, 3, 5 Jahre
Einzelaktie BMW DAX	**519 000**	50,20 €	77,00/36,90 €	-18/-32/-40 %
Einzelaktie Puma MDAX	**696 960**	60,80 €	84,25/40,80 €	+14/+78/+310 %
Einzelaktie Hella MDAX/GEX	**A13 SX2**	34,05 €	50,75/20,65 €	-17/-16/-10 %
Einzelaktie LPKF Laser SDAX	**645 000**	24,05 €	25,50/6,40 €	+197/+124/+160 %
Einzelaktie Adobe Nasdaq 100	**871 981**	348,60 €	357,3/229,8 €	+42/+183/+383 %
Einzelaktie Paypal Nasdaq 100	**A14 R7U**	136,25 €	137,3/76,65 €	+36/+211 %/IPO
Einzelaktie Netflix Nasdaq 100	**552 484**	394,20 €	423,3/228,0 €	+31/+195/+415 %
Einzelaktie Mowi ASA Norwegen	**924 848**	16,95 €	23,70/12,45 €	-15/+7/+62 %
Einzelaktie Nel ASA Norwegen	**A0B 733**	1,14 €	1,54 €/0,44 €	+24/+343/+586 %

BMW: Börsenwert: 30 Mrd. €, **KGV: 7,4, Div.-Rendite: 2,4 %.** Globaler Hersteller von Sportwagen und Motorräder im Premiumbereich mit starken Marken; Ausrichtung Elektromobilität.

Puma: Börsenwert: 9,16 Mrd. €, **KGV: 31, Div.-Rendite: 0,8 %.** Puma ist ein globaler Sportartikel- und Freizeitmodenhersteller mit bekannten Marken: Schuhe, Textilien, Accessoires.

Hella: Börsenwert: 7,0 Mrd. €, **KGV: 11, Div.-Rendite: 1,8 %.** Der Spezialist für hochwertige Beleuchtungssysteme, Fahrzeugelektronik, Batteriesensoren und Fahrerassistenzsysteme.

LPKF Laser: Börsenwert: 566 Mio. €, **KGV: 23, Div.-Rend.: 0,4 %.** Elektronikkonzern zur laserunterstützten Herstellung von Leiterplatten, SMD-Metallschablonen und Oberflächenbearbeitung.

Adobe: Börsenwert: 231 Mrd. €, **KGV: 23, Div.-Rendite: 0,0 %.** Software mit digitalen Inhalten für plattformübergreifenden Dokumentenaustausch, Werbeinhalte und Darstellungslösungen.

Paypal: Börsenwert: 160 Mrd. €, **KGV: 36, Div.-Rendite: 0,0 %.** Weltweit führende Technologieplattform für den digitalen und mobilen Zahlungsverkehr für Verbraucher und Firmenkunden.

Netflix: Börsenwert: 182 Mrd. €, **KGV: 46, Div.-Rend.: 0,0 %.** Globales Netzwerk Streaming-Angebote TV-Shows, Musik, Filme.

Mowi ASA: **KGV: 13, Div.-Rendite: 3,7 %.** Weltweit führender Fischereikonzern mit nachhaltiger Lachszucht und Meeresfrüchten.

Nel ASA: Der Brennstoffzellenproduzent kam 2019 durch Explosion einer Wasserstofftankstelle ins Gerede, hat sich aber erholt.

Ja oder nein? Droht nach dem Überwinden der Corona-Pandemie eine gehörige Inflation?

Zunächst einmal gingen die Verbraucherpreise in Deutschland um 0,9 % und in der Eurozone um 0,4 % nach unten, mochte es auch vereinzelt – wie bei Toilettenpapier und Atemschutzmasken – zu Wucherpreisen durch Hamsterkäufe kommen. Doch wie geht es nun wohl mittelfristig weiter?

Da sind sich Ökonomen und Börsenexperten in ihren Einschätzungen völlig uneinig, wenn es um folgende Frage geht: Was geschieht, wenn die Corona-Krise abebbt und es zu keiner zweiten Infektionswelle kommt? Ich stelle die Argumente pro und kontra in jeweils vier bis fünf Stichpunkten gegenüber, damit Sie sich ein Bild von den gegenwärtigen Diskussionen machen können. Während es bei Umstellung auf chancenreiche Geschäftsmodelle vor allem um den Kampf gegen den Klimawandel und CO_2-Ausstoß geht, rücken sonstige Nachhaltigkeitsziele eher nach hinten.

Was spricht für eine Inflation? Fünf Hauptgründe:

➢ Viele Verbraucher rechnen mit stärker steigenden Preisen. Da sind erneute Hamsterkäufe möglicherweise nicht mehr weit.

➢ Die Zentralbanken pumpen weitere Billionen in Form von Staatsanleihen in die Märkte. Wohin mit diesen riesigen Geldsummen?

➢ Die Produktion sinkt möglicherweise stärker als die Arbeitseinkommen, sodass zumindest in einzelnen Branchen Güterknappheit droht. Bei hoher Nachfrage und geringem Angebot sind Preissteigerungen ganz normal.

➢ Stoppt die Globalisierung der Weltwirtschaft als Folge monatelang zusammengebrochener Lieferketten, können sich regionale Produkte verteuern.

➢ Die Pleite vieler Mittelständler als Folge mannigfacher staatlicher Verbote und Grenzschließungen bringt es mit sich, dass die Begehrlichkeiten finanzstarker Großkonzerne wachsen, sich gefährdete Unternehmen preisgünstig einzuverleiben. Fehlt Konkurrenz, sind Preiserhöhungen wahrscheinlich.

Was spricht gegen eine Inflation? Vier wesentliche Gründe:

➢ Die meisten Dienstleister und Einzelhändler rechnen mit sinkenden Preisen, weil die verunsicherten Verbraucher zwar fleißig Lebensmittel einkaufen, sich aber bei langlebigen und teuren Gebrauchsgütern spürbar zurückhalten.

➢ Da die Corona-Pandemie Lohnzuwächse ausbremst und die Arbeitslosenquote erheblich ansteigt, fehlt das Geld, um den Anbietern die Kassen zu füllen. Ersparnisse wandern weiterhin ins Sparbuch statt in Aktien.

- Die Zeiten erheblicher Preissteigerungsraten scheinen vorerst einmal vorbei. Denn Zinssätze, Teuerung und Wirtschaftswachstum haben sich im ersten Halbjahr 2020 deutlich verringert. Dieser Trend zeichnet sich nicht nur in Deutschland, sondern in zahlreichen ausgereiften Volkswirtschaften ab. Bei einer zweiten Corona-Infektionsrate verzögert sich die Erholungsphase.

- Die Krisenwährung Gold einmal ausgeklammert, sinken oder stagnieren die Preise der meisten wichtigen Rohstoffe. Dies betrifft insbesondere Erdöl und Kupfer. Der Ölpreis sank von 2018 bis Mitte 2020 um die knappe Hälfte. Auch Kupfer war im Schnitt um ein Fünftel billiger zu haben.

Startkapital 30.000 €, Vorschlag für risikofreudige Privatanleger

Startkapital ab 30.000 €, risikofreudig; Tipp: 2 Mischfonds, 5 Aktienfonds, 5 ETFs, 8 bis 12 Aktien je 1.300 €				
Name, Fondsgesellschaft	WKN	Kurs 22.05.20	Hoch/Tief 1 Jahr €	Kursverlauf 1, 3, 5 Jahre
Mischfonds Acatis Datini Valueflex	A1H 72F	113,05 €	122,9/87,10 €	+10/+24/+49 %
	Umfang 267 Mio. €, Alter 9 Jahre, Ausgabeaufschlag 5,0 %, Gebühr 0,00 %, thesaurierend. Biotech-, Software-, Konsumgütersektor; darunter Evotec, Illumina, Microsoft, Samsung.			
Mischfonds Adelca Invest GVI Multi Ass.	A0M 6JL	331,65 €	384,5/292,3 €	-2/+40/+75 %
	Umfang 76 Mio. €, Alter 13 Jahre, Ausgabeaufschlag 5,00 %, Gebühr 1,00 %, thesaurierend. Ähnliche Ausrichtung wie bei Adelca GI (A0M 6JK); flexible Anlage in Aktien und Anleihen.			
Aktienfonds Lombard Odier Funds Generation	A0R NUR	32,05 €	39,60/26,00 €	+1/+21/+/56 %
	Umfang 1,5 Mrd. €, Alter 11 J., Ausgabeaufschlag 5,0 %, Gebühr 1,00 %, ausschüttend. Hauptanteile große Nachhaltigkeitsaktien wie Alphabet, Baxter, Cognizant, Thermo Fisher.			
Aktienfonds Nordinternet	978 530	139,65 €	144,2/97,50 €	+14/+59/+127 %
	Umfang 85 Mio. €, Alter 22 J., Ausgabeaufschlag 5,00 %, Gebühr 1,00 %, thesaurierend. Die Internetweltspitze ist präsent wie Amazon, Alphabet, Netflix, Salesforce, Facebook, eBay.			
Aktienfonds UniSector BioPharma	921 556	136,25 €	140,3/104,9 €	+24/+20/+29 %
	Umfang 395 Mio. €, Alter 21 Jahre, Ausgabeaufschlag 4,00 %, Gebühr 1,55 %, ausschüttend. Der Fonds investiert in Biopharmafirmen unterschiedlicher Größe. Hauptanteile Biotechtitel.			

Name, Fonds-gesellschaft	WKN	Kurs 22.05.20	Hoch/Tief 1 Jahr €	Kursverlauf 1, 3, 5 Jahre
Aktienfonds DNB Fund Kommunika-tion/Medien	A0M WAN	550,25 €	571,8/424,3 €	+11/+63/+146 %
	Umfang 526 Mio. €, Alter 11 Jahre, Ausgabeaufschlag **5,00 %**, Gebühr **1,50 %**, thesaurierend. Investition in Technologie-, Kommunikations- und Medientitel aus Zukunftsmärkten.			
Aktienfonds UniSector Hightech A	921 559	127,15 €	139,7/94,75 €	+19/+47/+88 %
	Umfang 250 Mio. €, Alter 21 J., Ausgabeaufschlag **4,00 %**, Geb. **1,55 %**, thesaurierend. Hauptanteile: Apple, VISA, Mastercard, Intel, Adobe, Nvidia, ASML, Salesforce, Oracle.			
ETF iShares Nasdaq 100	A0F 5UF	82,50 €	87,90/60,25 €	+26/+62/+116 %
	Umfang 1,64 Mrd. €, Alter 14 Jahre, Gebühr **0,30 %**, ausschüttend. Der ETF bildet die US-Technologiebörse ab mit so bekannten Firmen wie Amazon, Facebook, Microsoft und Netflix.			
ETF iShares TecDAX	593 397	26,60 €	30,10/19,40 €	+3/+30/+71 %
	Umfang 819 Mio. €, Alter 19 Jahre, Jahresgebühr **0,51 %**, thesaurierend. Größte Positionen Wirecard, Dt. Telekom, SAP, Infineon, Sartorius Vz, Nemetschek, Bechtle, Qiagen.			
ETF iShares MSCI USA Small Cap	A0X 8SB	250,35 €	339,9/190,0 €	-15/-3/+15 %
	Umfang 330 Mio. €, Alter 11 Jahre, Gebühr **0,43 %**, thesaurierend. Branchen: Konsum, Software, Telekommunikation.			
ETF ComStage China FTSE	ETF 024	135,60 €	150,0/118,0 €	+7/+30/-3 %
	Umfang 18 Mio. €, Alter 7 Jahre, Gebühr **0,40 %**, ausschüttend. Anlage in A-Aktien von Chinas 50 größten Unternehmen aus dem Festland, gehandelt in Shanghai und in Shenzhen.			
MSCI World ETF Socially Responsible	A1J A1R	87,35 €	101,7/66,65 €	+5/+25/+33 %
	Umfang 1,0 Mrd. €, Alter 8 Jahre, Gebühr **0,25 %**, ausschüttend. Größte Positionen: Microsoft, Proct. & Gamble, PepsiCo			
Einzelaktie Infineon DAX/TecDAX	623 100	19,15 €	23,95/10,15 €	+9/+-0/+ 40 %
	Börsenwert: 22,7 Mrd. €, **KGV: 20, Div.-Rendite: 1,1 %.** Etliche Halbleiterprodukte und komplette Systemlösungen, Standardkomponenten sowie analoge und digitale Signalanwendungen.			
Einzelaktie United Inter. Tecx/MDAX	508 903	36,55 €	37,50/20,75 €	+11/-22/-11 %
	Börsenwert: 7,0 Mrd. €, **KGV: 15, Div.-Rend: 1,4 %.** Internetspezialist für Schmal-, Breitband- und mobile Produkte, G5-Lizenz.			

Name Fonds-gesellschaft	WKN	Kurs 22.5.20	Hoch/Tief 1 Jahr €	Kursverlauf 1, 3, 5 Jahre
Einzelaktie Eckert & Z. TecDax/SDax	**565 970**	136,40 €	206,0/90,10 €	**+31/+360/+471 %**
	Börsenwert: 723 Mio. €, **KGV: 29, Div.-Rendite: 1,0.** Globaler Anbieter radioaktiver Komponenten für Medizin/Messtechnik.			
Einzelaktie Nvidia Nasdaq 100	**918 422**	329,80 €	333,4/118,1 €	**+142/+170+1.672**
	Börsenwert: 182 Mrd. €, **KGV: 39, Div.-Rendite: 0,2 %.** Grafik- und Medienkommunikationsprozessoren für Videoanwendungen, digitale Bildbearbeitung und Industriedesign.			
Einzelaktie AstraZeneca Stoxx 50 GB	**886 455**	101,60 €	104,7/64,65 €	**+49/+69/+60 %**
	Börsenwert: 130 Mrd. €, **KGV: 21, Div.-Rend.: 2,6 %.** Medikamente Herz-/Gefäßkrankheiten, Arbeit am Corona-Impfstoff.			
Einzelaktie ASML, Euro Stoxx 50	**A1J 4U4**	291,00 €	295,8/165,6 €	**+70/+152/+205 %**
	Börsenwert: 119 Mrd. €, **KGV: 27, Div.-Rendite: 1,0 %.** Optische Lithografiesysteme und Maschinen für Halbleiter-Chips.			
Einzelaktie Intuitive Surgical Nasdaq	**888 024**	509,10 €	572,1/345,0 €	**+16+94/+243 %**
	Börsenwert: 59 Mrd. €, **KGV: 41, Div.-Rendite: 0,0 %.** Medizintechnik mit roboterunterstützter minimalinvasiver Chirurgie.			
Einzelaktie Stryker S&P 500	**864 952**	169,40 €	210,5/117,0 €	**+1/+37/+92 %**
	Börsenwert: 63 Mrd. €, **KGV: 21, Div.-Rendite: 1,2 %.** Medizintechnik: Implantate als Gelenkersatz, Trauma-Operationen, chirurgische Navigationssysteme und Notfallausrüstungen.			
Einzelaktie Hermès Int. Frankreich	**886 670**	697,00 €	746,0/512,0 €	**+15/+58/+99 %**
	Börsenwert: 73 Mrd. €, **KGV: 43, Div.-Rendite: 0,7 %.** Hochwertige Lederwaren, Uhren, Schmuck, Schuhe, Taschen.			
Einzelaktie Orsted Dänemark	**A0N BLH**	99,05 €	104,0/70,65 €	**+41/+180/+24 %**
	Dänemarks Umweltkonzern konzentriert sich in Europa auf Offshore-Windkraft, Bioenergie und Erneuerbare Energie.			
Einzelaktie Atoss Softw. SDAX	**510 440**	91,50 €	97,00/48,00 €	**+53/+168/+324 %**
	Börsenwert: 704 Mio. €, **KGV: 39, Div.-Rendite: 1,5 %.** Software Arbeitszeitmanagement & intelligenter Personaleinsatz.			
Einzelaktie BionTech SE Mainz	**A2P SR2**	47,50 €	102,0/11,50 €	**+156/%/IPO**
	Börsenwert 10 Mrd. €. Börsenneuling aus Mainz mit voller Konzentration auf Impfstoffe zur Bekämpfung des Corona-Virus.			

Börse soll spannend sein, Freiräume schaffen und auch Spaß machen. Dies verträgt sich nicht mit Zwang, starrem Festhalten an Finanzkennzahlen, festgezurrten Grenzen im Hinblick auf Bewertung und sture Zuordnung bei Value und Growth, Marktkapitalisierung, Indizes, Branchen und anderen Auswahlkriterien. Es geht neben Nachhaltigkeit um Wachstum und Ertrag, um das Ziel, überdurchschnittliche Renditen durch langfristige Kursgewinne und Dividenden einzusammeln.

Die Staatsverschuldungen wachsen und ebenso die Corona- Ängste. Machen Sie sich davon frei!

Eine Krisenbewältigung auf Pump zeichnet sich ab. Als Folge der Corona-Pandemie und der einhergehenden Ängsten führen milliardenschwere staatliche Rettungspakete zu schrumpfenden Volkswirtschaften mit gewaltig ansteigenden Verbindlichkeiten seitens Kommunen, Ländern und Nationen. So wächst auch in Europa das Risiko einer nur schwer zu bewältigenden Schuldenkrise. Die deutsche Bilanz rutscht von der „schwarzen Null" deutlich ins Minus. Die Schuldenuhr läuft also wieder vorwärts. Die Gesamtverschuldung liegt Mitte Mai 2020 bei 1,975 Billionen Euro. Pro Kopf sind dies 23.750 Euro.

Die Staatsverschuldung wächst im Mai 2020 in Japan um 14,5 Prozentpunkte auf das traurige Rekordniveau von nunmehr 252 %. In den USA ist der prozentuale Anteil der Staatsverschuldung auf das Bruttoinlandsprodukt bezogen mit 22,1 % am höchsten. Auch in Italien (20,7 %), Frankreich (16,9 %), Großbritannien (10,3 %) und Kanada (20,9 %) sieht es ziemlich düster aus. Da halten sich die 8,9 % in Deutschland noch in vertretbaren Grenzen.

Kaum Arztbesuche und Klinikanmeldungen als Folge der Corona-Ängste. Nachdem die Ansteckungsängste nicht schwinden, meiden noch immer viele Patienten den Arztbesuch. So bleiben Herzinfarkte, Krebserkrankungen und Schlaganfälle unentdeckt, wobei das Risiko häufig die Corona-Ansteckungsgefahr deutlich übertrifft. Die häufigsten Todesursachen mit Erfassung von Herzkreislauf- und Lungenerkrankungen sowie Krebs führten 2019 zu rund 363.160 Fällen. Deutlich über 220.00 Todesopfer gab es allein bei Herzkreislaufstörungen.

Da stellt sich die Frage nach der Verhältnismäßigkeit der Maßnahmen, insbesondere dann, wenn die Pandemie abklingt. Darf man die Luftfracht, die Containerschifffahrt und damit die für Wachstum, Umsatz, Ertrag, Lebensstandard und sprudelnde Steuereinnahmen so wichtigen Lieferketten weiterhin ausbremsen? Rechtfertigt es, so richtig die ersten Schritte der Infektionseindämmung auch waren, sich nun zögerlich bezüglich Kindergarten-, Schul- und Universitätsschließungen zu gebärden? Ist es nicht weitaus gefährlicher, Herzinfarkt, Schlaganfall, Krebs und Diabetes unbehandelt zu lassen, als sich vielleicht mit dem Corona-Virus anzustecken?

8.7 Mit 50.000 Euro die wichtigsten Zukunfts- märkte abdecken

Es gibt viele Gründe, dass jemand plötzlich über ein Start-kapital von 50.000 € verfügt, sich für Aktien, Fonds und ETFs interessiert und eine langfristige Geldanlage an-strebt. Oft führt eine Erbschaft zum Kapitalzuwachs, weil die Eltern oder Großeltern gestorben sind.

Es kann sich auch um ein Abfindungsangebot vom Arbeitgeber, um Prämien und Bonuszahlungen handeln. Ebenso ist es möglich, dass ab Ruhestand das zu große Haus verkauft und eine kleinere Eigentumswohnung erworben wird. Nur selten ist ein Glücksspielgewinn der Grund für eine solch große Summe. Jetzt sind Ihr Fach-wissen und Interesse am Börsengeschehen gefragt. Meine Modelle zeigen, wie Sie chancenreich und mit überschaubarem Risiko anlegen sollten. Wohlgemerkt sind dies langfristige Bausteine für Vermögensaufbau und finanziell sorgenfreien Ruhe-stand und die ideale Plattform, um sich mit der Hoch-/Tief-Mutstrategie anzufreun-den, reich zu werden und zu bleiben. Bei 50.000 € Startkapital mit neu ausgewählten Aktien bei starker Dominanz Nachhaltigkeit für alle drei Anlegergruppen würde die Qualität unweigerlich sinken. Deshalb greife ich im Interesse einer guten Rendite öfter auf chancenreiche Aktien von Unternehmen zurück, die zumindest nicht gegen einschlägige Ausschlusskriterien verstoßen. Schließlich rückt die ethische Geldan-lage mit gutem Gewissen zusehends in den Vordergrund.

Startkapital 50.000 €, Vorschlag für vorsichtige Privatanleger

Startkapital 50.000 €, sicherheitsbewusst; Tipp: 5 Misch-fonds, 6 Aktienfonds, 6 ETFs, 10–15 Aktientitel je 1.500 €

Name Fonds-gesellschaft	WKN	Kurs am 15.05.20	Hoch/Tief 1 Jahr €	Kursverlauf 1, 3, 5 Jahre
Mischfonds	A1J 17U	1.443.8 €	1.736/1.163	**+1/+18/+36 %**
VM Long Term Value	Umfang 28 Mio. €, Alter 7 J., Ausgabeaufschlag **3,00 %,** Ge-bühr **0,12 %,** ausschüttend. Angelegt wird nach Marktlage in Value-Aktien deutschsprachiger Raum, Geldmarkt, Anleihen.			
Mischfonds	984 807	44,15 €	50,05/37,40	**+-0/+5/+21 %**
DWS Dynamic Opportunities	Umfang 256 Mio. €, Alter 20 J., Ausgabeaufschlag **0,0 %,** Ge-bühr **0,85 %,** thesaurierend. Anlage in zukunftsträchtige Fir-men. Vom DAX dabei: Dt. Telekom, Allianz, Bayer, SAP.			

Name Fonds-gesellschaft	WKN	Kurs am 15.05.20	Hoch/Tief 1 Jahr €	Kursverlauf 1, 3, 5 Jahre
Mischfonds Siemens Balanced	A0K EXM	18,40 €	20,35/16,80	-2/+2/+11 %
	Umfang 157 Mio. €, Alter 14 J., Ausgabeaufschlag **0,00 %**, Geb. **0,30 %**, thesaurierend. Anleihen & ertragsstarke Aktien.			
Dach-Misch-fonds Zu-kunftsPlan I	DK1 CJ2	247,20 €	311,5/207,5	-2/+3/+12 %
	Umfang 1,39 Mrd. €, Alter 11 J., Ausgabeaufschlag **2,00 %**, Geb. **0,35 %**, thesaurierend. Renten, Aktien, Geldmarktfonds			
Dach-Misch-fonds BBBank Dynamik Union	532 656	61,55 €	69,55/48,70	+6/+10/+13 %
	Umfang 71 Mio. €, Alter 19 Jahre, Ausgabeaufschlag **2,5 %**, Geb. **1,30 %**, ausschüttend. Anlagequoten: 70 bis 90 % Aktien.			
Aktienfonds Fidelity Global Con-sumer	A0NGWX	37,70 €	42,95/31,65	+7/+23/+48 %
	Umfang 1,14 Mrd. €, Alter 12 J., Ausgabeaufschlag **0,00 %**, Geb. **0,80 %**, thesaurierend. Hauptanteile in Konsumgüterin-dustrie mit Amazon, Alibaba, L'Oréal, LVMH, Walmart usw.			
Aktienfonds Uni Nachhal-tigkeit global	A0M 80G	102,45 €	122,9/83,15	+2/+12/+25 %
	Umfang 718 Mio. €, Alter 11 J., Ausgabeaufschlag **5,0 %**, Ge-bühr **1,20 %**, ausschüttend. Hauptanteile: Apple, Microsoft, Boston Scient., Alphabet, United Health, Mastercard, Adobe.			
Aktienfonds Fidelity Glob. Dividend A	A14 XV7	12,55 €	12,95/10,35	+12/+23/+24 %
	Umfang 5,75 Mrd. €, Alter 4 Jahre, Ausgabeaufschlag **5,25 %**, Gebühr **1,50 %**, thesaurierend. Dividenden- und ertragsstarke Aktien wie Dt. Börse, Roche, Unilever, Taiwan Semiconductor.			
Aktienfonds UniFavorit: Akt. Europa	847 707	151,40 €	156,3/125,4	+1/+31/+63 %
	Umfang 4,13 Mrd. €, Alter 14 Jahre, Ausgabeaufschlag **5,0 %**, Gebühr **1,20 %**, ausschüttend. Anlage in Bluechips, z. B. VISA, Facebook, Alphabet A, Alibaba, Nestlé, Home Depot.			
Aktienfonds Henderson Gartmore Glob. Equity	A0DNEW	18,40 €	21,05/14,55	+8/+27/+47 %
	Umfang 482 Mio. €, Alter 16 J., Ausgabeaufschlag **5,00 %**, Gebühr **1,50 %**, thesaurierend. Es geht um Wachstums- und Ertragschancen, wozu die Aktien innovativer Firmen zählen.			
Aktienfonds Sustainable LGT Equity	A0Y F5E	2.776,0 €	3.236/2.240	+4/+11/+45 %
	Umfang 676 Mio. €, Alter 15 J., Ausgabeaufschlag **5,00 %**, Gebühr **1,50 %**, thesaurierend. Der Ertrag fair bewerteter glo-baler Aktien stammt aus Kursgewinn und hoher Dividende.			

Name Fonds-gesellschaft	WKN	Kurs am 15.05.20	Hoch/Tief 1 Jahr in €	Kursverlauf 1, 3, 5 Jahre
Aktienfonds Franklin Templeton Technology	A0K EDE	24,10 €	25,05/17,30	+25/+78/+140 %
	Umfang 4,1 Mrd. €, Alter 14 J., Ausgabeaufschlag **5,75 %**, Gebühr **1,00 %**, thesaurierend. Hauptanteile: Alibaba, Microsoft, Apple, Amazon, MasterCard, VISA, Nvidia, Salesforce.			
ETF iShares MDAX	593 392	194,60 €	249,3/150,0	-6/-7/+12 %
	Umfang 1,22 Mrd. €, Alter 19 Jahre, Gebühr **0,51 %**, thesaurierend. Der ETF bildet den MDAX mit 60 mittelgroßen Titeln ab, darunter Nachhaltigkeitsfirmen wie Symrise, Sartorius.			
ETF Lyxor World Water	LYX 0CA	36,15 €	47,40/29,70	+2/+4/+27 %
	Umfang 470 Mio. €, Alter 13 Jahre, Geb. **0,60 %**, ausschüttend. Hauptanteile: Geberit, American Water, Masco, Xylem.			
ETF iShares S&P 500	A0YEDG	261,00 €	313,2/202,9	+2/+24/+46 %
	Umfang 32,8 Mrd. €, Alter 10 J., Gebühr **0,07 %**, thesaurierend. Dabei: Microsoft, Apple, Amazon, Facebook, Alphabet.			
ETF iShares Stoxx Europe 600	A0H 08N	76,40 €	91,40/61,00	-3/-5/+15 %
	Umfang 99 Mio. €, Alter 18 Jahre, Gebühr **0,47 %**, ausschüttend. Die 600 größten Konsumtitel aus 18 Ländern Europas. Dabei: LVMH, Unilever, Hermès, Adidas, Richemont, L'Oréal.			
ETF Com-Stage Dow Jon. Industrie	ETF 010	254,35 €	318,5/198,2	-4/+16/+44 %
	83 Mio. €, Alter 11 J., Gebühr **0,45 %**, ausschüttend. USA-Markt mit 3M, Apple, McDonald's, Home Depot, VISA, J&J.			
ETF Lyxor MSCI World Information	LYX 0GP	280,00 €	287,6/199,9	+9/+75/+137 %
	291 Mio. €, Alter 10 J., Gebühr **0,30 %**, thesaurierend. Wichtige Branchen: Software, Telekommunikation, Finanzen, Industrie. Z. B.: Microsoft, Apple, Visa, Mastercard, Intel, Cisco.			
Einzelaktie Vonovia DAX	A1M L7J	49,65 €	54,45/36,85	+5/+51/+98 %
	Börsenwert: 26,3 Mrd. €, **KGV: 19, Div.-Rend.: 3,4 %**. Größte privatwirtschaftliche Wohnimmobilienfirma in Deutschlands.			
Einzelaktie Home Depot Dow Jones	866 953	219,50 €	228,1/134,4	+30/+58/+120 %
	Börsenwert: 248 Mrd. €, **KGV: 23, Div.-Rendite: 2,4 %**. Internationaler Baumarktkonzern, großflächig angelegt, mit 40.000 Artikeln: Baustoffe, Heimwerker-, Rasen- und Gartenprodukte.			

Name, Fonds-gesellschaft	WKN	Kurs am 25.05.20	Hoch/Tief 1 Jahr €	Kursentwicklung 1, 3, 5, 10 Jahre
Einzelaktie Walt Disney Dow Jones	855 686	108,30 €	139,3/73,35	-9/+13/+8 %
	Börsenwert: 194 Mrd. €, **KGV: 31, Div.-Rendite: 1,5 %.** Weltweiter Produzent Zeichentrick- und Spielfirme, Freizeitparks			
Einzelaktie Hermès International	886 670	686,00 €	724,0/512,0	+13/+62/+110 %
	Börsenwert: 74 Mrd. €, **KGV: 38, Div.-Rendite: 1,0 %.** Hochwertige Modeartikel: Lederwaren, Uhren, Schmuck, Taschen.			
Einzelaktie Vestas Wind Dänemark	913 769	85,30 €	97,80/63,75	+12/+8/+98 %
	Börsenwert: 17 Mrd. €, **KGV: 17, Div.-Rendite: 1,5 %.** Globales Energieunternehmen, Weltmarktführer Windkraftanlagen.			
Einzelaktie HelloFresh, MDAX	A16 140	39,90 €	42,65/7,75 €	+366 %/IPO
	Börsenwert: 3,72 Mrd. €, **KGV: 33, Div.-Rendite: 0,0 %.** Globaler Lieferdienst. Nach individuellen Wünschen zusammengestellte Kochboxen bzw. Mahlzeitensets für 1,3 Mio. Kunden.			
Einzelaktie Drägerwerk TecDax/SDax	555 063	64,80 €	78,40/31,50	+38/-26/-32 %
	Börsenwert: 619 Mio. €, **KGV: 13, Div.-Rendite: 0,3 %.** Geräte und Systeme für Medizin, Mess- und Sicherheitstechnik.			
Einzelaktie Sixt Leasing Prime Stand.	A0D PRE	18,25 €	19,00/9,25 €	+59/+7/-2 %
	Börsenwert: 380 Mio. €, **KGV: 15, Div.-Rendite: 3,0 %.** Herstellerunabhängiger Full-Service-Anbieter für Flottenleasing.			
Einzelaktie Amgen Nasdaq 100	867 900	211,30 €	225,0/148,1	+40/+66/+59 %
	Börsenwert: 3,4 Mrd. €, **KGV: 36, Div.-Rend.: 1,4 %.** Biotechnologische & molekularbiologische Arzneimittelentwicklung; Protoeine, molekulare Antikörper; Krebs, Lebererkrankungen.			
Einzelaktie Medtronic Nasdaq 100	A14 M2J	89,10 €	110,9/66,75	+10/+22/+34 %
	Börsenwert: 3,4 Mrd. €, **KGV: 36, Div.-Rendite: 1,4 %.** Herzschrittmacher, Herzklappen, Insulinpumpen, Diagnosegeräte.			
Einzelaktie Ökoworld Vz Scale	540 868	16,10 €	18,60/9,60 €	+11/+44/+136 %
	Börsenwert: 117 Mio. €, **KGV: 19, Div.-Rendite: 3,4 %.** Konzeption und Vertrieb ökologischer Kapitalanlageprodukte.			
Einzelaktie Vossloh SDAX	766 710	36,85 €	42,30/25,50	+12/+8/+98 %
	Börsenwert: 640 Mio. €, **KGV: 16, Div.-Rendite: 2,7 %.** Kernkompetenz: Technik und Infrastruktur Schienenfahrzeuge.			

Ein Startkapital von 50.000 € für erfolgsorientierte Investoren

Das von mir entwickelte Modell wendet sich an erfolgsorientierte Anleger, die über Kapitalreserven verfügen und außer bei Einzelaktien ihr Depot nicht ständig überprüfen wollen. Die Aktienfonds und ETFs wähle ich unter einer Vielzahl von Produkten aus. Sie decken Zukunftsmärkte ab und wenden sich an Anleger, die langfristig investieren wollen. Um Qualität zu bieten, ist es bei den vielen Aktien nicht mehr möglich, nur nachhaltige Unternehmen zu berücksichtigen, die in vollem Umfang ethische Standards erfüllen.

Fallen Sie nicht auf haltlose Beschimpfungen von fragwürdigen Börsenbriefgurus herein! Sie machen ETFs aus Eigennutz madig!

Es ist schon starker Tobak, was dubiose Investorverlage so alles veröffentlichen, um Anleger von ETFs abzuhalten und selbst das dicke Geschäft zu machen. Nach kostenloser Probezeit mit netten Geschenken sind jährliche Gebühren von rund 1.000 € gang und gäbe. Beim Depot von 50.000 € müssen Sie zumindest 5 % Rendite erzielen, um nach Kostenabzug nicht im Minus zu landen. Mit passiv gemanagten ETFs, die Indizes abbilden, zieht man Sie nicht über den Tisch. Umgekehrt sollten Sie hier auf Hebelprodukte, die es neuerdings gibt, verzichten. Für all dies brauchen Sie keinen Vermögensverwalter, sondern können preiswert online kaufen, was Sie mögen. Legen Sie los, sobald Sie die passende Depotbank gefunden haben.

Zur Einstimmung ein Zitat aus der interessanten Neuerscheinung von Niclas Lahmer mit dem Titel *Rebellion im Hamsterrad*, FinanzBuch Verlag München: *„Mein Haus, mein Boot, mein Auto, mein Pferd.“ Raten Sie einmal, warum es Konsumkredite bei Ihrem Elektrofachmarkt und in mittlerweile jedem anderen Geschäft gibt. Wer sich die Nullprozentfinanzierung leisten kann, stottert lieber in Raten ab. Willkommen in der Sklaverei des Konsums, in welcher wir Dinge kaufen, die wir nicht brauchen, um Menschen zu gefallen, die wir nicht mögen und denen wir auch absolut egal sind. Willkommen in einer Sklaverei, in der wir Lebenszeit und Lebensqualität für Geld eintauschen, um Kosten zu decken und weiterleben zu können. Jene, die diesem Hamsterrad entrinnen können und zu mehr Geld kommen, glauben jetzt, frei leben zu dürfen. Mehr Geld führt ja scheinbar zu mehr Möglichkeiten zu konsumieren. Alles wird jetzt etwas anspruchsvoller. Louis Vuitton statt Deichmann, Gucci statt H&M und Maserati statt Skoda. Die Knechtschaft ist die gleiche. Sie trägt jetzt nur einen Mantel aus Kaschmir. Für das ganze Geld muss nun die eigene Lebenszeit herhalten.*

Es ist die Falle des Hamsterrads, in dem der Hamster rennt und rennt, sich aber nie wirklich fortbewegt. Auch ein eigenes Unternehmen zu besitzen, heißt nicht, dass das Hamsterrad einen nicht treffen kann. – Wahre Freiheit lebt ohne diese Knechtschaft. Sie bedarf ihrer nicht, obgleich man sich ihrer bedienen kann.

In der Angstfalle – getrieben von dem volkswirtschaftlichen Anspruch, mehr zu konsumieren, um der Wirtschaft wieder auf die Beine zu helfen und dem Wunsch, lieber zu sparen und den Start in die Wertpapierbörse zu wagen.

Wie schnell die Wirtschaft nach dem gewaltigen Einbruch wieder auf die Beine kommt, hängt auch davon ab, wann der darnieder liegende Konsum anspringt. Aber viele Verbraucher sind nicht nur in Deutschland verängstigt. Kurzarbeit und Sorgen um Entlassung und existenzielle Sicherheit halten vor allem vom Kauf teurer, langlebiger Güter ab. Aus Sicht des Einzelnen ist dieses Verhalten verständlich und zu begrüßen. Wird doch durch eine gewisse Enthaltsamkeit beim Konsumieren möglicherweise der Boden bereitet, jetzt zu immer noch niedrigen Kursen preisgünstig ETFs, aktive Aktienfonds und Einzelaktien zu erwerben. Für die Volkswirtschaft ist aber der Trend, wenig zu kaufen und viel zu sparen – und sei es das Horten von Bargeld unter der Matratze und an sonstigen Ecken – gefährlich. Falls die Politik zwar mit Kurzarbeitergeld und sonstigen Direkthilfen das verringerte Einkommen vieler Arbeitnehmer stützt, aber auf direkte Anreize verzichtet, das Geld auch wieder auszugeben, wird es kaum zum erwünschten konjunkturellen **V** kommen, nämlich: starker Absturz – schnelle Erholung.

+22% Der Anteil der Verbraucher, die momentan lieber sparen wollen, als ihr Geld auszugeben, hat sich auf 22 % erhöht. Noch im Februar 2020, kurz vor dem Ausbruch der Corona-Pandemie, waren die meisten Deutschen weitaus spendierfreudiger.

-22% Der Anteil der befragten Deutschen, die aufgrund niedrigerer Preise die Zeit jetzt für günstig halten, größere Anschaffungen zu tätigen, verringerte sich um mehr als ein Fünftel. Insgesamt liegt die Ersparnis derzeit bei +36 %. Lediglich der Onlinehandel bleibt zumindest weitgehend stabil oder verzeichnet sogar einen Aufwärtstrend.

Ansonsten aber darbt neben der Gastronomie und der Reisebranche der Handel am meisten: ein Minus um 36 % bei Dienstleistungen, ein Minus um 44 % in der Industrie, ein Verlust um 60 % im Einzelhandelsbereich. Auch die Wohlhabenden und Reichen zögern derzeit, größere Anschaffungen zu machen. Das einkommensstärkste Viertel der deutschen Bevölkerung stellt größere Anschaffungen um 19 % zurück. Beim einkommensschwächsten Viertel der deutschen Bevölkerung sind es sogar 35 %. Die Umwelt profitiert von der zeitweiligen Enthaltsamkeit: bessere Atemluft für Mensch und Tier, geringere Schadstoffbelastung. Da atmen die Großstädte auf, die jetzt keine Hauptstraßen mehr für den fließenden Kraftfahrzeugverkehr sperren müssen. Da wächst vielleicht bei Unternehmen, aber auch bei Verbrauchern die Einsicht, dass Wirtschaftswachstum nicht der alleinige Maßstab sein darf.

Startkapital 50.000 €, erfolgsorientiert; Tipp: 4 Misch-fonds, 6 Aktienfonds, 6 ETFs, 10 bis 15 Aktien je 1.500 €				
Name Fonds-gesellschaft	**WKN**	**Kurs am 15.05.20**	**Hoch/Tief 1 Jahr in €**	**Kursverlauf 1, 3, 5 Jahre**
Mischfonds Adelca Invest GI Multi Asset	A0M 6JK	353,95 €	404,9/313,6	-1/+43/+77 %
	Umfang 69 Mio. €, Alter 13 J., Ausgabeaufschlag **5,0 %**, Geb. **1,0 %**, thesaurierend. Schwerpunkt Kursgewinn/ Dividende.			
Mischfonds FU Fonds Multi Asset I	A12 ADZ	838,00 €	951,7/790,00	+1/+15/+48 %
	Umfang 87 Mio. €, Alter 12 J., Ausgabeaufschlag **0 %**, Geb. **0,70 %**, ausschüttend. Aktien-/Anleihequote nach Marktlage.			
Mischfonds Squad Capital Growth A	A0H 1HX	441,40 €	505,1/341,2	-5/-3/+46 %
	Umfang 119 Mio. €, 14 J., Ausgabeaufschlag **5,00 %**, Geb. **1,5 %**, ausschüttend. Wachstumswerte Deutschland/Europa.			
Mischfonds FU Multi Asset	A0Q 5MD	210,00 €	239,0/200,5	-8/+22/+49 %
	Umfang 86 Mio. €, Alter 12 Jahre, Ausgabeaufschlag **5,00 %**, Geb. **1,7 %**, ausschüttend. Dabei: CompuGroup, Sartorius.			
Aktienfonds UniDeutsch-land XS	975 049	157,40 €	192,9/117,1	+1/+2/+26 %
	Umfang 1,3 Mrd. €, Alter 12 J., Ausgabeaufschlag **4,00 %**, Gebühr **1,35 %**, thesaurierend. Mid/Small/Micro Caps Europa.			
Aktienfonds DKB Pharma TNL	541 954	65,35 €	75,30/60,00	+8/+18/+18 %
	Umfang 47 Mio. €, Alter 20 Jahre, Ausgabeaufschlag **3,00 %**, Gebühr **1,40 %**, thesaurierend. Größte Positionen: Amgen, Johnson & J., AbbVie, Medtronic, Merck, Novartis, Roche.			
Aktienfonds Berenberg Sustainable World	A2N 6AL	134,65 €	150,5/103,7	+18 %/1 Jahr alt
	Umfang 39 Mio. €, Alter 1 Jahr, Ausgabeaufschlag **0,00 %**, Gebühr **1,25 %**, thesaurierend. Unternehmen aus den USA, Asien, Europa; Schwerpunkte: Technologie und Finanzen.			
Aktienfonds Threadneedle Global Focus	974 979	66,60 €	74,75/51,50	+3/+30/+71 %
	Umfang 879 Mio. €, Alter 25 J., Ausgabeaufschlag **5,00 %**, Geb. **1,50 %**, thesaurierend. Microsoft, Alphabet, Adobe usw.			
Aktienfonds Janus Hender-son Horizon	989 232	46,00 €	64,40/36,00	-10/+10/+13 %
	Umfang 133 Mio. €, Alter 22 J., Ausgabeaufschlag: **5,00 %**, Gebühr **1,20 %**, thesaurierend. Die Hauptanteile stammen von dividendenstarken Aktien aus Europas Immobiliensektor.			

Name Fonds-gesellschaft	WKN	Kurs am 28.05.20	Hoch/Tief 1 Jahr in €	Kursverlauf 1, 3, 5 Jahre
Aktienfonds Morgan Stanley Investment	A1H 6XK	82,80 €	86,80/60,35	+20/+57/+108 %
		Umfang 11,2 Mrd. €, Alter 10 J., Ausgabeaufschlag **5,75 %,** Gebühr **1,60 %,** thesaurierend. Schwerpunkte: IT-Software, Telekommunikation, Finanzdienste, Konsumgüter, Industrie.		
ETF XTrackers MSCI World Information	A11 3FM	34,55 €	37,55/23,95	+27/+74 %
		Umfang 1,27 Mrd. $, Alter 4 Jahre, Gebühr **0,30 %,** thesaurierend. Wichtigste Anteile: Apple, Microsoft, VISA, Intel, Mastercard, Cisco, Adobe, Nvidia, Paypal, Salesforce.		
ETF ComStage SDAX	ETF 005	90,35 €	116,6/70,00	-6/-7/+16 %
		Umfang 95 Mio. €, Alter 9 J., Gebühr **0,70 %,** ausschüttend. Hauptanteile: HelloFresh, Talanx, Ströer, Jenoptik, Sixt St.		
ETF Deka Oekom Euro Nachhaltig	ETF L47	10,55 €	15,40/8,75 €	-16/-22 %
		Umfang 22 Mio. €, Alter 5 Jahre, Jahresgebühr **0,40 %,** ausschüttend. Die 30 größten Nachhaltigkeitskonzerne Europas.		
ETF ComStage MSCI World	ETF 110	52,75 €	63,50/41,55	+-0/+12/+28 %
		Umfang 1,92 Mrd. €, Alter 11 J., Geb. **0,20 %,** ausschüttend. Bluechips mit Apple, Amazon, Microsoft, Alphabet, VISA.		
ETF iShares Stoxx Europe 600	A0H 08N	76,40 €	91,40/61,00	-3/-5/+15 %
		Umfang 99 Mio. €, Alter 18 Jahre, Gebühr **0,47 %,** ausschüttend. Die 600 größten Konsumtitel aus 18 Ländern Europas.		
ETF iShares MSCI USA Small C.	A0X 8SB	264,25 €	340,1/188,7	+1/+13/+133 %
		Umfang 369 Mio. €, Alter 11 J., Gebühr **0,43 %,** thesaurierend. Branchen: Finanzen, IT-Software, Konsum, Industrie.		
Einzelaktie Alstria office Reit, MDAX	A0L D2U	13,25 €	19,10/9,90 €	-3/+19/+32 %
		Börsenwert: 2,37 Mrd. €, **KGV: 21, Div.-Rendite: 3,9 %.** Verwaltung Bürogebäude, Metropolen und mittelgroße Städte.		
Einzelaktie AbbVie S&P 500	A1J 84E	80,00 €	90,20/57,80	+16/+39/+35 %
		Börsenwert: 144 Mrd. €, **KGV: 8,3, Div.-Rendite: 5,1 %.** Therapien bei chronischen Krankheiten, Diagnostik & Medtech.		
Einzelaktie 2G Energy Scale	A0H L8N	50,60 €	55,00/29,50	+40/+139/+124 %
		Börsenwert: 225 Mio. €, **KGV: 17, Div.-Rend.: 0,9 %.** Energietechnik, Module Blockheizwerke Kraft-Wärme-Kopplung.		

Name Fonds-gesellschaft	WKN	Kurs am 29.05.20	Hoch/Tief 1 Jahr in €	Kursverlauf 1, 3, 5 Jahre
Einzelaktie <u>Barrick Gold</u> **Kanada**	**870 450**	21,85 €	26,70/10,50	**+112/+51/+106 %**
Börsenwert: 26 Mrd. €, **KGV: 26, Div.-Rendite: 1,5 %.** Führender Bergbaukonzern mit Schwerpunkt Goldproduktion.				
Einzelaktie <u>Baxter</u> **S&P 500**	**853 815**	79,80 €	87,25/65,80	**+17/+51/+138 %**
Börsenwert: 57 Mrd. €, **KGV: 22, Div.-Rendite: 1,2 %.** Akute & chronische Blut-, Immun-, Infektions-, Nierenkrankheiten.				
Einzelaktie <u>Broadcom</u> **Nasdaq 100**	**A2J G9Z**	256,65 €	303,7/158,7	**+11/+18/+99 %**
Börsenwert: 102 Mrd. €, **KGV: 30, Div.-Rendite: 4,6 %.** Nation: Singapur, führende Elektro-/Elektroniktechnologien.				
Einzelaktie <u>BayWa</u> **SDAX**	**519 406**	27,35 €	29,40/21,00	**+5/-10/-5 %**
Börsenwert: 936 Mio. €, **KGV: 23, Div.-Rendite: 4,2 %.** Ein auf Europa konzentrierter Handels- und Dienstleistungskonzern: Agrar, Bau, Energie, Innovation und Digitalisierung.				
Einzelaktie <u>Coloplast</u> **Dänemark**	**A1K AGC**	150,75 €	155,2/94,00	**+59/+116/+144 %**
Börsenwert: 31 Mrd. €, **KGV: 48, Div.-Rendite: 1,6 %.** Entwicklung/Vermarktung der Produkte bei intimen Krankheiten.				
Einzelaktie <u>Daiichi Sankyo</u> **Nikkei 225**	**A0F 57T**	83,00 €	83,00/43,40	**+75/+305/+343 %**
Börsenwert: 55,5 Mrd. €, **KGV: 62, Div.-Rendite: 0,9 %.** Führender japanischer Pharmakonzern, heute neues Allzeithoch.				
Einzelaktie <u>Mastercard</u> **S&P 500**	**A0F 602**	270,70 €	321,9/185,7	**+21/+153/+227 %**
Börsenwert: 380 Mrd. €, **KGV: 34, Div.-Rendite: 0,5 %.** Anbieter elektronischer Zahlungssysteme, z. B. Kreditkarten.				
Einzelaktie <u>Scout24</u> **MDAX**	**A12 DM8**	70,15 €	70,15/43,95	**+53/+107 %/IPO**
Börsenwert: 7,3 Mrd. €, **KGV: 42, Div.-Rendite: 1,1 %.** Digitaler Marktplatz & Internetplattform Immobilien und Autos.				
Einzelaktie <u>Sberbank</u> **RTX Russland**	**A1J B8N**	10,25 €	15,85/7,60 €	**-14/+19/+145 %**
Börsenwert: 229 Mrd. €, **KGV: 6,4, Div.-Rendite: 10,5 %.** Ein Spiegel der russischen Wirtschaft mit 14 Territorialbanken.				
Einzelaktie <u>Vinci, FR</u> **Euro Stoxx 50**	**867 475**	83,20 €	106,8/55,05	**-5/+18/+73 %**
Börsenwert: 51 Mrd. €, **KGV: 14, Div.-Rendite: 3,8 %.** Baukonzern, Autobahnkonzessionen, Informationssysteme.				

Die Zauberformel Dividende als passive Altersvorsorge

Bei vielen Value-Titeln steigt die Dividende alljährlich – bei Johnson & Johnson, 3M, Procter & Gamble und McDonald's seit über einem halben Jahrhundert in Folge. Im Laufe der Zeit kann auf den Kaufpreis bezogen die Ausschüttung zweistellig sein.

Schon um ihr hohes Ansehen nicht zu gefährden, werden die Dividenden-Aristokraten höchstwahrscheinlich auch im Crash die Ausschüttung weder kürzen noch streichen. Vorausgesetzt, es werden keine Kurzarbeit und Rettungspakete beantragt. Der Vertrauensverlust mit den negativen Folgen wäre dramatischer als das Einsparen der Dividende. Vereinzelt kassiere ich bei jahrzehntelanger Haltezeit Ausschüttungen zwischen 20 % und 45 %. Da sind Teilverkäufe außer bei finanziellem Engpass unvernünftig. Genießen Sie mit Dividenden keine Urlaubsfreuden, sondern stocken Sie Ihren Bestand an guten Aktien schrittweise auf, indem Sie die Dividenden reihum ab 1.000 € auf neue Aktienorders verteilen. Nachdem jeder Vorschlag andere Aktien bringt, treffen Sie Ihre Auswahl nach eigenem Ermessen auch mit Blick auf hohe Ausschüttungen.

Der starke Ein- und Umbruch an den Handels- und Finanzmärkten zeigt: Telekommunikations-, Software-, Internet-, Medtech- und Biotechwerte im Aufwind; alle übrigen Branchen im Abwärtssog.

Wo befinden sich die Sieger, die dem Corona-Crash trotzen? Welche Aktien in den erfolgreichen Zukunftsmärkten, aber auch in den bedrohten Branchen erfreuen mit den höchsten Kursgewinnen bis Ende Mai 2020? Das Angstbarometer nach dem tiefen Fall und der schnellen Aufholjagd scheint sich zu beruhigen.

Die vom Corona-Crash weitgehend verschonten Branchen Internet-, Telekommunikations- und Onlineversandhandel katapultierten folgende Aktien aus dem MDAX und TecDAX mit großteils verdoppeltem Kursgewinn auf die Überholspur. Dies waren Ende Mai 2020 laut Ranglistenplatz HelloFresh (A16 140), Teamviewer (A2Y N90), United Internet (508 903), Delivery Hero (A2E 4K4), Scout24 (A12 DM8) und Telefonica Deutschland (A1J 5RX).

In der wichtigen Zukunftsbranche Branche IT-Software überzeugten die vier TecDAX-Aktien, alle auch im MDAX gelistet, mitten im Crash mit ansehnlichen Kursgewinnen bis zu einem Viertel: Bechtle (515 870), Nemetschek (645 290), Software AG (A2G S40) und Cancom (541 910).

Im nachhaltigen Aufwärtstrend befindet sich das Gesundheitswesen mit Pharma, Medizintechnik und Biotechnologie. Auch hier gibt es erfreuliche Kursgewinne.

Erneut führen die TecDAX- und MDAX-Unternehmen die Rangliste an. Mit Kursgewinnen in wenigen Monaten bis zu 65 % begeistern Sartorius (716 563), Qiagen (A2D KCH), Fresenius Med. Care (FMC) vom Leitindex DAX (578 580), CompuGroup (543 730), Gerresheimer (A0L D6E), Siemens Healthineers (SHL 100) und Evotec (566 480).

Ein noch einigermaßen ausgeglichenes Ergebnis präsentiert die Immobilienbranche. Im Plus bis zu 10 % seit Crashbeginn überzeugen seit Ende Mai 2020 der DAX-Konzern Vonovia (A1M L7J), die im Juni in den deutschen Leitindex aufgestiegene Deutsche Wohnen (A0H N5C) und LEG Immobilien (LEG 111) vom SDAX.

In den für die Exportnation Deutschland so wichtigen Branchen wie Chemie, Maschinenbau/Elektrik/Elektronik, Bau/Energie/Rohstoffe, Banken/Versicherungen/Finanzen sowie Verkehr/Logistik gibt es jeweils nur einen oder zwei Corona-Crashgewinner mit einem Kursplus von jeweils 5 % bis 15 %. Ganz leer gingen die Bereiche Konsum und Unterhaltung sowie die seit Langem unter Druck stehende Automobilindustrie aus.

Die wenigen Sieger sind das nachhaltige Duftstoffunternehmen Symrise aus dem MDAX (SYM 999), die von der Deutschen Börse AG aus dem Nachhaltigkeitsindex DAX 50 ESG verstoßenen Versorger E.ON (ENA G99) und RWE (703 712) aus dem Leitindex DAX, nach zuvor gewaltigem Absturz die sich etwas erholende Deutsche Bank (514 000) sowie die stabile Deutsche Börse AG (581 005), beide im DAX notiert. Mit einem kleinen Plus rappeln sich aus der Kraftfahrzeugbranche der MDAX-Neuling Knorr-Bremse sowie Traton vom SDAX nach oben.

Alles in allem kommt an den meisten Börsen wieder Zuversicht für die künftige konjunkturelle Entwicklung auf. Nach dem zuvor tiefsten Fall in diesem Jahrtausend und der sich anschließenden schnellen Aufholjagd beruhigt sich das Angstbarometer.

Dabei wird immer öfter verdrängt, dass es bei noch fehlenden Wirkstoffen und Impfstoffen durchaus zu einer zweiten Corona-Infektionswelle kommen kann. Ob dann erneut so große Rettungspakete geschnürt werden können, ist mehr als fraglich. Auch Deutschland sollte sich nicht bis zur Halskrause verschulden.

Da es noch längst nicht ausgemacht ist, dass für den derzeitigen Crashverlauf das günstigste Konjunktur-Buchstabensymbol **V** eintritt, sondern wir ebenso mit der Badewannenformation **U** oder dem **W** rechnen müssen, ist situatives Handeln während der gesamten Bodenbildungsphase geboten: kein zögerliches Abwarten und das ganze Pulver verschießen, sondern Kauf zu niedrigen und Verkauf zu hohen Kursen.

Mehr Wagemut macht höhere Gewinne möglich. Zugleich steigen jedoch die Verlustrisiken bei einzelnen Posten. Bei breiter Streuung in Multi-Asset-Mischfonds, Aktienfonds, ETFs und Einzelaktien, darunter der Hauptanteil nachhaltig geführt, dürfte in 10 bis 20 Jahren kaum zu Einbußen führen.

Verkaufen Sie nur solche Werte komplett, deren Geschäftsmodell nicht zukunftsfähig und deren Bilanzierung unseriös ist. Nutzen Sie möglichst den Steuerausgleich bei Aktienverlusten, indem Sie zuvor, also im selben Jahr, insgesamt höhere Veräußerungsgewinne erzielen. Könner schaffen breit gestreut im Laufe eines Jahrzehnts auf das einzelne Jahr umgerechnet im Schnitt 8 %, 10 %, evtl. sogar 15 %. Letztes gilt für mich. Ich kann dies dokumentarisch belegen. Sämtliche Aktien, die ich von 5.000 bis 50.000 Euro vorschlage, befinden sich abgesehen von wenigen Ausnahmen in meinem Depot – darunter über ein Dutzend Titel mit Kursgewinn deutlich über 1.000 %.

Startkapital 50.000 €, risikofreudig; Tipp: 2 Mischfonds, 7 Aktienfonds, 7 ETFs, 10 bis 15 Aktientitel bis 1.800 €				
Name, Fonds-gesellschaft	**WKN**	**Kurs am 22.05.20**	**Hoch/Tief 1 Jahr €**	**Kursverlauf 1, 3, 5 Jahre**
Mischfonds	A1H 72F	113,05 €	122,9/87,10	+10/+24/+49 %
Acatis Datini Valueflex	Umfang 267 Mio. €, Alter 9 Jahre, Ausgabeaufschlag **5,0 %**, Gebühr **0,00 %**, thesaurierend. Biotech-, Software-, Konsumgütersektor; darunter Evotec, Illumina, Microsoft, Samsung.			
Mischfonds	A0M 6JL	331,65 €	384,5/292,3	-2/+40/+75 %
Adelca Invest GVI Multi Ass.	Umfang 76 Mio. €, Alter 13 J., Ausgabeaufschlag **5,00 %**, Gebühr **1,00 %**, thesaurierend. Ähnliche Ausrichtung wie bei Adelca GI (A0M 6JK); flexible Anlage in Aktien/Anleihen.			
Aktienfonds	978 530	139,65 €	144,2/97,50	+14/+59/+127 %
Nordinternet	Umfang 85 Mio. €, Alter 22 J., Ausgabeaufschlag **5,00 %**, Gebühr **1,00 %**, thesaurierend. Internet international präsent mit Amazon, Alphabet, Netflix, Salesforce, Facebook, eBay.			
Aktienfonds	921 556	136,25 €	140,3/104,9	+24/+20/+29 %
UniSector	Umfang 395 Mio. €, Alter 21 Jahre, Ausgabeaufschlag **4,00 %**, Gebühr **1,55 %**, ausschüttend. Der Fonds investiert in Biopharma-Firmen unterschiedlicher Größe. Hauptanteile Biotechtitel.			

Name, Fonds-gesellschaft	WKN	Kurs am 22.05.20	Hoch/Tief 1 Jahr €	Kursverlauf 1, 3, 5 Jahre
Nordea 1 Global Climate Envirronment	A0N EG2	21,75 €	22,25/15,00	<u>+14</u>/+29/+59 %
	Umfang 3,3 Mrd. €, Alter 12 J., Ausgabeaufschlag **5,00 %**, Gebühr **1,50 %**, thesaurierend. Aktien, die bei Umweltschutz aktiv sind: LINDE, Synopsis, ASML, ENEL, Infineon, Merck.			
Aktienfonds UniSector Hightech A	921 559	127,15 €	139,7/94,75	+19/+47/+88 %
	Umfang 250 Mio. €, Alter 21 J., Ausgabeaufschlag **4,00 %**, Geb. **1,55 %**, thesaurierend. Hauptanteil: Apple, Visa, Mastercard, Intel, Adobe, Nvidia, ASML, Salesforce, Oracle.			
Aktienfonds Comgest Growth Europe Opportunities	A0Y AJD	40,65 €	43,90/28,85	+11/+24/+51 %
	Umfang 945 Mio. €, Alter 11 J., Ausgabeaufschlag **4,00 %**, Geb. **1,55 %**, thesaurierend. Wachstumsaktien Europaraum, Beimischung Russland, Hauptanteile: ASML, Icon, Sika.			
Aktienfonds Deka Technolo-gie CF	515 262	45,85 €	50,45/35,25	+22/+56/+99 %
	Umfang 473 Mio. €, Alter 20 J., Ausgabeaufschlag **3,75 %**, Gebühr **1,25 %**, thesaurierend. Globale Titel wie Samsung, Tencent, Taiwan Semi., Alibaba, Apple, VISA, Amazon.			
Aktienfonds KBC Strategie Telecom & Technology	779 078	264,80 €	296,9/200,7	+13/+36/+53 %
	Umfang 1,28 Mrd. €, Alter 20 J., Ausgabeaufschlag **3,00 %**, Geb. **1,50 %**, thesaurierend. Telekom, Technologie, Medien; dabei: SAP, Apple, Microsoft, Adobe, Tencent, Mastercard.			
ETF iShares Nasdaq 100	A0F 5UF	82,50 €	87,90/60,25	<u>+26</u>/+62/+116 %
	Umfang 1,64 Mrd. €, Alter 14 Jahre, Gebühr **0,30 %**, aus-schüttend. Der ETF bildet die US-Technologiebörse ab mit Spitzenfirmen wie Amazon, Facebook, Microsoft und Netflix.			
ETF iShares TecDAX	593 397	26,60 €	30,10/19,40	+3/+30/+71 %
	Umfang 819 Mio. €, Alter 19 Jahre, Jahresgebühr **0,51 %**, thesaurierend. Größte Positionen: Deutsche Telekom, SAP, Infineon, Sartorius Vz, Nemetschek, Bechtle und Qiagen.			
ETF ComStage China FTSE	ETF 024	135,60 €	150,0/118,0	+7/+30/-3 %
	Umfang 18 Mio. €, Alter 7 Jahre, Gebühr **0,40 %**, ausschüt-tend. Anlage in A-Aktien von Chinas 50 größten Unternehmen vom Festland, gehandelt in Shanghai und Shenzhen.			

Name, Fonds-gesellschaft	WKN	Kurs am 30.5.20	Hoch/Tief 1 Jahr €	Kursverlauf 1, 3, 5 Jahre
ETF ComStage Europe Tech.	ETF 076	68,55 €	74,90/55,15	+5/+35/+76 %
	Umfang 22 Mio. €, Alter 11 Jahre, Jahresgebühr **0,25 %**, ausschüttend. Abbildung STOXX Europe 600 Technology.			
ETF MSCI World Socially Responsible	A1J A1R	87,65 €	90,20/71,20	+7/+31/+50 %
	Umfang 1,0 Mrd. €, Alter 8 Jahre, Gebühr **0,25 %**, ausschüttend. Hauptanteile: Microsoft, Procter & Gamble, PepsiCo, Walt Disney, Home Depot, Roche, McDonald's, Adobe, SAP.			
ETF Xtrackers MSCI World Information Technology	A11 3FM	34,30 €	37,30/24,80	+32/+73 %
	Umfang 1,17 Mrd. €, Alter 4 Jahre, Gebühr **0,30 %**, thesaurierend. Hauptanteile: Apple, Microsoft, VISA, Mastercard, Intel, Cisco, Nvidia, Salesforce, Facebook, Accenture.			
ETF Market Access NYSE ARCA Gold BUGS	A0MMBG	113,40 €	116,0/48,00	+50/+64/+123 %
	Umfang 90 Mio. €, Alter 14 Jahre, Gebühr **0,65 %**, thesaurierend. Weltweite Goldminenaktien mit Hauptanteil: Newmont, Barrick Gold, Agnico Eagle, Gold Fields, Yamana.			
Einzelaktie Applied Materials, Nasdaq	865 177	49,30 €	63,60/33,80	+43/+26/+172 %
	Börsenwert: 47 Mrd. €, **KGV: 12, Div.-Rendite: 1,6 %.** Globaler Zulieferer Halbleiter, Flachbildschirme, Solarindustrie.			
Einzelaktie Baloise, SMI Schweiz	853 020	155,60 €	157,1/146,7	+30/+76/+122 %
	Börsenwert: 6 Mrd. €, **KGV 10, Div.-Rendite: 4,8 %.** Versicherungen und Vorsorgeleistungen Mittelstand/Privatleute.			
Einzelaktie Bayer, DAX	BAY 001	60,70 €	78,35/44,85	+18/-40/-43 %
	Börsenwert: 60 Mrd. €, **KGV: 7,9, Div.-Rendite: 4,7 %.** Vier Segmente: Medizin, Gesundheit, Ernährung, Tierarznei.			
Einzelaktie Cancom, TecDAX/MDAX	541 910	56,50 €	57,30/31,20	+29/+122/+232 %
	Börsenwert: 1,55 Mrd. €, **KGV: 27, Div.-Rendite: 1,00 %.** Breites, nachhaltiges Produkt- und Dienstleistungsspektrum im Bereich IT-Infrastruktur, Hard- und Software, Zubehör.			
Einzelaktie Eurofins, Frankreich	910 251	596,60 €	614,0/348,0	+44/+25/+117 %
	Börsenwert: 10,9 Mrd. €, **KGV: 27, Div.-Rendite: 0,6 %.** Anbieter Bioanalytik. Labortests bezüglich Zusammensetzung, Reinheit, Echtheit Sektor Pharma, Kosmetika, Lebensmittel.			

Name, Fonds-gesellschaft	WKN	Kurs am 30.5.20	Hoch/Tief 1 Jahr €	Kursverlauf 1, 3, 5 Jahre
Einzelaktie <u>Cbrain</u> Dänemark	A0J DT8	12,70 €	15,00/3,50 €	+219/+119/+325 %
	Börsenwert: 243 Mio. €, **Div.-Rendite: 0,00 %.** Ein hoch bewerteter IT-Softwaredienstleister, Informationstechnologie.			
Einzelaktie <u>Cliq Digital</u>	A0H HJR	5,75 €	6,00/1,80 €	+39/-33/+112 %
	Börsenwert: 37 Mio. €, **KGV: 8,7, Div.-Rendite: 0,0 %.** Vertrieb/Marketing Digitalprodukte, eigene Payment-Plattform.			
Einzelaktie <u>Gerresheimer</u> MDAX	A0L D6E	75,15 €	77,15/53,90 €	+17/+3/+50 %
	Börsenwert: 2,42 Mrd. €, **KGV: 17, Div.-Rendite: 1,6 %.** Spezialprodukte zur sicheren Dosierung von Medikamenten.			
Einzelaktie <u>Medios</u>	A1MMCC	37,70 €	42,30/15,15	+123/+280/+3.239
	Börsenwert: 571 Mio. €, **KGV: 40, Div.-Rendite: 0,00 %.** Hochpreisige Arzneimittel bei seltenen und chronischen Erkrankungen. Coronacrashprofiteur und SDAX-Anwärter.			
Einzelaktie <u>Micron Tech.</u> Nasdaq 100	869 020	42,30 €	55,70/28,55	+46/+58/+65 %
	Börsenwert: 46,1 Mrd. €, **KGV: 9,9, Div.-Rendite: 0,00 %.** Der innovative Konzern produziert Hochleistungsspeichertechnologie, Systemlösungen für Computer, mobile Geräte.			
Einzelaktie <u>Sanofi, FR</u> Euro Stoxx 50	920 657	87,25 €	95,00/68,30	+24/+13/+19 %
	Börsenwert: 109,7 Mrd. €, **KGV: 12, Div.-Rendite: 3,06 %.** Therapien Herzkreislauf, Thrombose, Diabetes, Onkologie.			
Einzelaktie <u>SMA Solar,</u> SDAX	A0D J6J	27,00 €	39,90/18,00	+9/+12/+61 %
	Börsenwert: 933 Mio. €, **KGV: 40, Div.-Rend.: 0,2 %.** Marktführer Photovoltaik-Wechselrichter, Überwachungssysteme.			
Einzelaktie <u>Secunet</u> Security	727 650	182,00 €	188,5/88,60	+51/+188/+792 %
	Börsenwert: 1,18 Mrd. €, **KGV: 53, Div.-Rendite: 0,93 %.** Komplettlösungen Informations- und Telekommunikationssicherheit mit Analyse, Beratung, Implementierung, Service.			
Einzelaktie <u>Stratec, SDAX</u>	STR A55	82,00 €	93,00/46,40	+32/+34/+77 %
	Börsenwert: 1,02 Mrd. €, **KGV: 27, Div.-Rendite: 1,00 %.** Produktion patentgeschützter Technologien vollautomatisierter Analysensysteme für Partner der klinischen Diagnostik.			

Name, Fonds-gesellschaft	WKN	Kurs am 30.5.20	Hoch/Tief 1 Jahr €	Kursverlauf 1, 3, 5 Jahre
Einzelaktie Micron Technology Nasdaq	**869 020**	36,70 €	37,70/21,00	**+16/-20/-7 %**
	Börsenwert: 7,08 Mrd. €, **KGV: 15, Div.-Rendite: 1,4 %.** Führender Internetspezialist mit G5-Lizenz für Schmalband-, Breitband- und Mobile-Access-Produkte, 10 Mio. Kunden.			
Einzelaktie UnitedHealth Dow Jones	**869 561**	39,30 €	46,60/26,25	**+27/+72/+154 %**
	Börsenwert: 256 Mrd. €, **KGV: 16, Div.-Rendite: 1,8 %.** Gesundheitsvorsorge/Gesundheitsversorgung mit Management Krankenhauspflege, Gesundheitsdaten, Technologie.			
Einzelaktie Wolters Kluwer, Niederlande	**A0J 2R1**	70,05 €	70,55/53,05	**+16/+90/+174 %**
	Börsenwert: 20 Mrd. €, **KGV: 21, Div.-Rendite: 1,8 %.** Informationsdienstleister Gesundheit, Finanzen, Unternehmensführung für Pharmafirmen, Mediziner, Lehrer, Studenten.			

Was möglichst tun und was am besten unterlassen, sollte der emotionale Ausnahmezustand durch Corona-Pandemie und Börsencrash weiter anhalten?

Der derzeitige Crash zeigt mitunter heftige Kursausschläge nach oben und nach unten. Alles in allem gesehen aber erholen sich die Märkte. Das Minus beim deutschen Leitindex von rund 40 % hat sich um deutlich mehr als die Hälfte verringert. Mag es auch immer noch einige Aktien geben, die mit 50 % im Minus liegen – umgekehrt sind es vor allem die hochbewerteten, also teuren Growth-Aktien aus den Bereichen Biotech, Medtech, Telekommunikation, Internet, IT-Software, Künstliche Intelligenz und Hochtechnologie, die den Corona-Crash schnell abgeschüttelt haben und von einem zum nächsten Hoch eilen.

Da geht es zum einen um die Frage, was weiterhin belastet und Besorgnis auslöst, wobei Frauen und Männer öfter zu sehr unterschiedlichen Einschätzungen gelangen.

Die gegenwärtige volkswirtschaftliche Lage beurteilen 49 % der befragten Männer und 57 % der Frauen als belastend, also fast jeder zweite Mann, aber deutlich mehr als die Hälfte der an der Umfrage beteiligten Frauen.

Einschnitte beim beruflichen Einkommen und Vorankommen befürchtet jeder fünfte Mann und sogar jede vierte Frau.

Die Unsicherheit, nicht zu wissen, wie lange es tatsächlich dauert, bis der Lockdown endgültig überwunden ist, empfinden 46 % der Männer und genau die Hälfte der Frauen als belastend. Womit ist zu rechnen? Was darf man endlich planen?

Während nur 28 % der befragten Männer für sich selbst und für andere befürchten, an Corona zu erkranken, schnellt die Zahl bei den Frauen auf 41 % hoch.

Dagegen leiden mit 46 % mehr Männer als Frauen mit einem Anteil von 42 % an nach wie vor bestehenden Einschränkungen, nicht völlig frei und unbeschwert an allen sozialen Aktivitäten teilnehmen zu können.

Unter der Einschränkung, immer noch nicht ins Ausland verreisen zu dürfen, leiden 41 % der Männer und 44 % der befragten Frauen.

Nur bei den Sorgen um die Bildung ihrer Kinder liegen Mann und Frau mit jeweils 25 % gleichauf.

Insgesamt fühlt sich mehr als jeder Dritte isoliert. Und es wächst seit Mai 2020 in weiten Teilen Deutschlands das Unverständnis bezüglich weiterhin bestehender Verbote von Veranstaltungen, Schließung von Grenzen und öffentlichen Einrichtungen sowie Ausgangssperren.

In der Corona-Krise ergeben sich für viele Menschen neuartige Stresssituationen. Dabei werden nun auch die seelischen Folgen hinterfragt. Wie lassen sich die Sorgen um das Wohlergehen für sich selbst und andere abbauen? Was kann hilfreich sein mit Blick auf eine nachhaltige Lebensweise und Berufsorientierung sowie Geldanlage mit gutem Gewissen? Es geht ebenso um das befürchtete Aufleben alter Rollenklischees bezüglich der Kinderbetreuung.

Die folgenden kurzen Ausführungen sollen Ihnen einige Anregungen bieten und dabei behilflich sein, das Beste aus der bestehenden Situation zu machen. Dazu gehören: mit Verwandten, Freunden und guten Bekannten telefonieren, vielleicht sogar in der Art von Videokonferenzen mit eingeschalteter Kamera. Da gilt es, die vielleicht bislang vernachlässigte eigene Digitalisierung und Vernetzung nun endlich voranzutreiben.

Ebenso ist zu überlegen, welche eingeschlafenen und auf später zurückgestellten Hobbys wiederbelebt werden können. Das Wissen und Verständnis um die staatlichen Corona-Maßnahmen und die einzuhaltenden Regeln können möglicherweise helfen, Wut und Frust zu verringern. Warum sich nicht einige der zahlreichen im Fernsehen angebotenen Kommentare, Pressekonferenzen und Filme anschauen?

Die eigene Arbeit im Hinblick auf Nutzen, Abbau von unnötiger Bürokratisierung und innovativen Verbesserungen mit dem Ziel einer Ausrichtung auf Nachhaltigkeit und Firmenkultur ist kritisch zu hinterfragen. Eventuell befriedigt es auch, anderen zu helfen, beginnend bei der Nachbarschaft. Vielleicht macht es auch Spaß, Zugang zu Videospielen und Streaming aufzubauen.

Bezüglich einer nachhaltigen Geldanlage wird es Zeit, gute Börsenbücher zu lesen und sich auch im Internet zu informieren, welche Einzelaktien, ETFs und aktiven Aktienfonds die wichtigsten ethischen Anforderungen erfüllen. Ein sozial verantwortungsbewusster Kapitalismus bedeutet, sich mit eigenem Geld an Unternehmen zu beteiligen, die dieses Eigenkapital vorrangig zum Ausbau ihres Geschäftsmodells im Kampf gegen den Klimawandel, Förderung erneuerbarer Energien und nachhaltiger Infrastruktur verwenden. Gerade bei der Aktienauswahl für risikofreudige Anleger mit einem Startkapital ab 50.000 € ist der Anteil von Aktien, die ethische Standards erfolgreich umsetzen, überproportional groß. Es geht da weniger um etablierte Dickschiffe als um chancenreiche junge Unternehmen mit Aktivitäten in Zukunftsmärkten, von denen durchaus die eine oder andere Firma das Zeug hat, sich zu einem Rennpferd bzw. Einhorn zu entwickeln, wovon ja viele Anleger träumen. Jetzt, wo alte Geschäftsmodelle wegbrechen und neue Herausforderungen mit Schwerpunkt Nachhaltigkeit auf verschiedenen Ebenen locken, ist dies ein Gebot der Stunde nicht nur für jeden innovativen Mittelständler, sondern auch für Großunternehmen und Fondsgesellschaften bei der Auswahl ihrer Produkte.

Abschließend ein Zitat von Friedrich Merz: Welche Branchen sollten wir fördern? *„Zunächst ist es fundamental wichtig, die digitale Infrastruktur auszubauen. – Das ist die Basis, insbesondere für alle Plattformtechnologien der Zukunft. Und dann wären als Branchen etwa der Maschinenbau, der Mobilitätssektor, die Energiewirtschaft, die Pharmaindustrie, die Bio- und Nanotechnologie zu nennen."*

Die meisten Bundesbürger wünschen eine nachhaltige „grüne" Wirtschaft mit dem Ausbau von Klimaschutz

Die Mehrheit von 59 % Bürgern fordert von der deutschen Politik, wichtige Maßnahmen für den Klimaschutz selbst dann zu ergreifen, wenn darunter das Wirtschaftswachstum leidet. 70 % der 2.000 Interviewpartner vom Technik-Radar der Deutschen Akademie Technikwissenschaft wünschen, dass Deutschland hier mit gutem Beispiel vorangeht. Den Konsum einzuschränken, halten drei von vier Befragten für wichtig. Dagegen hält nur jeder Fünfte es für gerechtfertigt, zugunsten des Klimaschutzes Freiheitsrechte zu beschneiden. Die knappe Hälfte lehnt dies strikt ab. Lediglich jeder Dritte begrüßt Einschränkungen beim Autoverkehr und spricht sich für höhere Steuern bei fossilen Brennstoffen aus.

8.8 Eine Erbschaft oder ein unerwarteter Geldsegen von über 100.000 Euro

Es gibt viele Gründe, dass jemand plötzlich über ein Startkapital von 100.000 € verfügt, sich für Aktien, Fonds und ETFs interessiert und eine langfristige Geldanlage anstrebt. Oft führt eine Erbschaft zum Kapitalzuwachs, weil die Eltern oder Großeltern gestorben sind. Auch der Verkauf des zu großen Wohnhauses im Alter mit Tausch in ein kleineres Projekt kann zu diesem Geldsegen führen.

Wer ein Aktiendepot von den Eltern oder Großeltern erbt, sollte sich nicht darauf verlassen, dass das Geld klug angelegt wurde. Vielleicht wurde durch Demenz die Depotführung in den letzten Jahren oder sogar Jahrzehnten sträflich vernachlässigt. Möglicherweise steckt alles in Misch-, Renten- und Anleihefonds oder in Fest- und Tagesgeld, Girokonten und Sparbüchern. Vielleicht sind Aktien von Firmen dabei, die seit Jahrzehnten Verluste schreiben oder wegen Insolvenz vom Kurszettel verschwanden. Also höchste Zeit, Ordnung zu schaffen und zu retten, was geht.

Jetzt heißt es, nicht wegzuschauen und unangenehme Sachen zu verdrängen, sondern beherzt und zielstrebig mit dem Geldsegen umzugehen. Mit Aktienfonds, ETFs und Einzeltiteln können Sie alle wichtigen Märkte abdecken. Auch Umschichten erfordert Wissen, umsichtiges Handeln, Geduld und Disziplin. Breit gestreut auch zeitlich, niedrige Kurse für Käufe, steigende Kurse für Verkäufe gehören zur Strategie für Könner. Unangenehm ist es, sich von Verlustbringern zu trennen. Es ist einfacher, mit einem Barvermögen von 100.000 € zu starten, als aus einem unglücklich geführten Depot etwas zu machen. Aber Ihre Mühe dürfte sich lohnen. Mit 100.000 € ist der Millionärstraum erfüllbar, wenn Sie aus schlimmen Fehlern lernen und selbst solche Patzer nicht wiederholen.

Bezüglich Qualität gibt es für jede Anlegergruppe eine Auswahl chancenreicher Aktien mit Schwerpunkt Nachhaltigkeit. Keineswegs begnüge ich mich mit Value-Titeln, die ich nur bei sicherheitsbewussten Anlegern wegen niedrigem KGV und hoher Dividendenrendite stark gewichte. Vorsichtige Privatanleger mögen keine teuren Growth-Wachstumstitel. Erfolgsorientierte Investoren und erst recht die risikofreudige Gruppe nehmen das volle Angebot wahr. Freilich gilt nach wie vor: Mit steigenden Chancen erhöht sich auch das Risiko. Daran besteht kein Zweifel.

Startkapital 100.000 € für vorsichtige Anleger

Ein Startkapital von 100.000 € eröffnet bei begrenztem Risiko langfristig gute Renditen: jährlich 5 % und mehr bei langem Anlagezeitraum. Aber Sie dürfen bei scharfer Korrektur und Crash nicht hektisch und übertrieben ängstlich alle Wertpapiere auf den Markt werfen. Verzichten Sie auf teure Absicherungssysteme. Fallen Sie nicht auf Tipps gieriger Gurus rein. Wenn Sie heute 10.000 € auf das Sparbuch einzahlen, dürfte der Wertverlust in 10 Jahren bei 1.200 € liegen.

Damit die Kurslisten nicht zu umfangreich werden, verzichte ich bei allen drei Anlegertypen erstmals auf Mischfonds, aktiv gemanagte Aktienfonds und die passiven ETFs. Bei entsprechendem Interesse sollten Sie schon deshalb auf die Vorschläge für 50.000 € zurückgreifen, weil es sonst zu viele Wiederholungen gäbe. Bei den Einzelaktien greife ich diesmal sowohl auf bereits berücksichtigte wie auch auf neue Titel zurück. Was zählt, ist die Beachtung der wesentlichen Nachhaltigkeitskriterien bzw. der Ausschluss, wenn der Verstoß offensichtlich ist. Die Zuordnung vorsichtig, erfolgsorientiert und risikofreudig ist fließend, also keineswegs starr und fest zementiert. Die Listen dienen als Musterdepots.

Vorschlag 100.000 €, Typ vorsichtig, 30 Aktien ab 1.500 €				
Aktie, Name	**WKN**	**Kurs am 05.06.20**	**Hoch/Tief 1 Jahr €**	**Kursverlauf 1, 3, 5 Jahre**
Einzelaktie	A1EWWW	241,10 €	317,5/162,2	-8/+37/+232 %
Adidas **DAX**		Börsenwert: 44,5 Mrd. €, **KGV: 24, Div.-Rendite: 0,0 %.** Breites Angebotsspektrum mit starken Marken bei Sportartikeln, vor allem Schuhe, Bälle, Bekleidung, Geräte und Zubehör.		
Einzelaktie	840 400	170,45 €	232,5/116,5	+14/+9/+43 %
Allianz **DAX**		Börsenwert: 56,2 Mrd. €, **KGV: 8,1, Div.-Rendite: 3,6 %.** Weltweit führend: Lebens-, Kranken-, Unfallversicherung sowie Vermögen mit Bankgeschäft und Anlagemanagement.		
Einzelaktie	865 985	288,00 €	301,4/287,5	+82/+118/+162 %
Apple, Dow Jones/ Nasdaq 100		Börsenwert: 1315 Mrd. €, **KGV: 21, Div.-Rendite: 1,0 %.** Weltmarktführer bei Smartphones, MP3-Player, Notebooks und PC. Downloadservice Filme, Videospiele und Apps.		
Einzelaktie	A0N FN3	55,65 €	64,75/48,80	+19/+91/+447 %
BB Biotech Schweiz		Börsenwert: 3,5 Mrd. €, **KGV: 10, Div.-Rendite: 4,6 %.** Weltweite Beteiligung Wachstumsbranche Biotechnologie durch Fundamentalanalyse von Ärzten und Molekularbiologen.		

Einzelaktie BASF DAX	BAS F11	57,45 €	72,15/37,35	-5/-31/-30 %
	Börsenwert: 48 Mrd. €, **KGV: 14, Div.-Rendite: 6,5 %**. Basischemikalien, Veredlungsprodukte und Pflanzenschutzmittel.			
Einzelaktie Danaher S&P 500	866 197	64,40 €	74,70/51,60	+28/+101/+166 %
	Börsenwert: 197 Mrd. €, **KGV: 28, Div.-Rendite: 0,4 %**. Forschung, Entwicklung, Produktion Verwaltungseinrichtungen.			
Einzelaktie Encavis SDAX nachhaltig!	609 500	11,60 €	13,50/11,80	+99/+117/+125 %
	Börsenwert: 1,74 Mrd. €, **KGV: 25, Div.-Rendite: 2,2 %**. Unabhängiger Betreiber von Solaranlagen und Windkraftparks.			
Einzelaktie Hamborner Reit SDAX	601 300	9,15 €	10,70/7,25 €	+1/+7/+14 %
	Börsenwert: 703 Mio. €, **KGV: 23, Div.-Rendite: 3,5 %**. Gewerbeimmobilien und unbebaute Grundstücke Deutschland.			
Einzelaktie Home Depot Dow Jones	866 953	222,75 €	228,1/134,4	+29/+63/+123 %
	Börsenwert: 243 Mrd. €, **KGV: 22, Div.-Rendite: 2,4 %**. Baumarkt: 40.000 Artikel, Heimwerker- und Gartenprodukte.			
Einzelaktie LEG Immobilien MDAX	LEG 111	118,65 €	119,9/76,70	+10/+48/+115 %
	Börsenwert: 8 Mrd. €, **KGV: 21, Div.-Rend.: 3,3 %**. 128.500 Wohn- und 1.150 Gewerbeeinheiten stadtnah und im Grünen.			
Einzelaktie L'Oréal Euro Stoxx 50	853 888	270,00 €	280,0/199,0	+12/+45/+74 %
	Börsenwert: 194 Mrd. €, **KGV: 31, Div.-Rendite: 1,4 %**. Parfüm, Kosmetik-, Haar- und Hautpflegeprodukte, 5 Segmente.			
Einzelaktie Medtronic Irland	A14 M2J	90,35 €	110,9/66,75	+9/+26/+48 %
	Börsenwert: 121 Mrd. €, **KGV: 17, Div.-Rendite: 2,4 %**. Medtechpionier Herzschrittmacher, Herzklappen, Diagnosegeräte.			
Einzelaktie Mensch & Ma Scale	658 080	48,20 €	56,00/26,90	+43/+177/+721 %
	Börsenwert: 744 Mio. €, **KGV: 33, Div.-Rendite: 1,8 %**. Computerunterstützte Software für Architektur und Maschinenbau.			
Einzelaktie Munich Re DAX	843 002	240,00 €	283,0/142,0	+15/+54/+82 %
	Börsenwert: 30,3 Mrd. €, **KGV: 10, Div.-Rendite: 4,9 %**. Weltmarktführer Rückversicherungen mit kalkulierbaren Risiken.			
Einzelaktie Nestlé Stoxx 50 Schweiz	A0Q 4DC	90,55 €	92,10/89,50	+40/+45/+85 %
	Börsenwert: 285 Mrd. €, **KGV: 22, Div.-Rendite: 2,8 %**. Großer Nahrungsmittelkonzern, Tiefkühlkost, Getränke, Milchprodukte, Süßwaren, Tiernahrung, auch Ersatzfleischgerichte.			

Aktie, Name	WKN	Kurs am 05.06.20	Hoch/Tief 1 Jahr €	Kursverlauf 1, 3, 5 Jahre
Einzelaktie **Novo Nordisk** **Stoxx 50 DK**	A1X A8R	57,10 €	59,65/42,00	**+36/+57/+27 %**
	Börsenwert: 109 Mrd. €, **KGV: 21, Div.-Rendite: 2,0 %.** Bio-pharmaceuticals, Therapie Diabetes, Wachstumshormone.			
Einzelaktie **Öko World** **nachhaltig!**	540 868	18,50 €	18,60/9,65 €	**+31/+70/+166 %**
	Börsenwert: 69 Mio. €, **KGV: 21, Div.-Rendite: 3,1 %.** Ökolo-gische Anlageprodukte & nachhaltige Vermögensverwaltung.			
Einzelaktie **Orsted DK** **nachhaltig!**	A0N BLH	105,25 €	108,2/71,25	**+2/+47/+168 %**
	Börsenwert: 44 Mrd. €, **KGV: 24, Div.-Rendite: 1,45 %.** Off-shore-Windkraft, Bioenergie, Lösungen Erneuerbare Energie.			
Einzelaktie **Roche GS** **Stoxx 50**	851 311	309,60 €	313,8/303,6	**+35/+20/+34 %**
	Börsenwert: 219 Mrd. €, **KGV: 15, Div.-Rendite: 2,8 %.** For-schungskonzern Gesundheitswesen, Diagnostik/Therapien.			
Einzelaktie **Samsung** **Südkorea**	881 823	893,00 €	1.028/631,0	**+32/+27/+111 %**
	Börsenwert: 242 Mrd. €, **KGV: 8,0, Div.-Rend.: 2,8 %.** Smart-phones, Chips, TV-Geräte, Videorecorder, Digitalkameras.			
Einzelaktie **Sony** **Nikkei 225**	853 687	59,35 €	67,00/42,00	**+40/+79/+132 %**
	Börsenwert: 75 Mrd. €, **KGV: 13, Div.-Rendite: 0,8 %.** Pro-dukte KI, Unterhaltungselektronik, TV, Musik, Spielekonsolen.			
Einzelaktie **Talanx** **MDAX**	TLX 100	31,25 €	48,35/22,30	**+5/+24/+65 %**
	Börsenwert: 8,4 Mrd. €, **KGV: 8,3, Div.-Rend.: 4,6 %.** Finanz-holding für Erst- und Rückversicherer. Schaden/Unfall/Leben.			
Einzelaktie **UnitedHealth** **Dow Jones**	869 561	268,15 €	294,7/178,3	**+26/+68/+156 %**
	Börsenwert: 259 Mrd. €, **KGV: 16, Div.-Rendite: 1,7 %.** Ge-sundheitsvorsorge/-versorgung, Krankenhausmanagement.			
Einzelaktie **UPM Kymme-ne, Finnland, nachhaltig!**	881 026	27,10 €	31,30/20,90	**+25/+23/+116 %**
	Börsenwert: 14 Mrd. €, **KGV: 16, Div.-Rendite: 4,9 %.** Euro-pas größter Holz- und Papierverarbeitungskonzern mit Ge-schäftssitz in Finnland. Schwerpunkt: Fein-/Zeitungspapier.			
Einzelaktie **Varta** **TecDAX/MDAX** **nachhaltig!**	A0T GJ5	94,15 €	128,0/44,90	**+112 %/IPO**
	Börsenwert: 3,9 Mrd. €, **KGV: 28, Div.-Rendite: 0,3 %.** Hör-geräte-Knopfzellen und wieder aufladbare Lithium-Ionen-Bat-terien für Unterhaltungselektronik und industriellen Bedarf.			

Aktie, Name	WKN	Kurs am 05.06.20	Hoch/Tief 1 Jahr €	Kursverlauf 1, 3, 5 Jahre
Einzelaktie Vestas, DK nachhaltig!	913 769	96,60 €	98,15/63,40	+34/+31/+140 %
	Börsenwert: 19 Mrd. €, **KGV: 19, Div.-Rendite: 1,3 %.** Konzentration auf Windkraftenergie: Produktion/Vertrieb/Wartung.			
Einzelaktie Vinci, FR Euro Stoxx 50	867 475	90,30 €	107,2/55,00	+2/+24/+92 %
	Börsenwert: 52 Mrd. €. **KGV: 15, Div.-Rendite: 3,6 %.** Europas großer Autobahnbetreiber und Baukonzern; Flughäfen, Schienen-/Straßen-/Transport-/Kommunikationsinfrastruktur.			
Einzelaktie VISA Dow Jones	A0N C7B	176,65 €	199,2/124,7	+20/+108/+187 %
	Börsenwert: 300 Mrd. €, **KGV: 33, Div.-Rend.: 0,6 %.** Marktführer elektronische Zahlungssysteme, vor allem Kreditkarten.			
Einzelaktie Vonovia DAX	A1M L7J	54,85 €	56,40/36,70	+15/+63/+140 %
	Börsenwert: 20,6 Mrd. €. **KGV: 18, Div.-Rendite: 3,2 %.** Die größte Unternehmensgruppe Wohnimmobilien Deutschland.			
Einzelaktie Vossloh SDAX nachhaltig!	766 710	38,45 €	42,40/24,25	+14/-30/-22 %
	Börsenwert: 8,4 Mrd. €, **KGV: 18, Div.-Rendite: 3,2 %.** Kernkompetenz des internationalen Schienenverkehrskonzerns: Technologie, Infrastruktur in 30 Ländern, neue Segmente.			

Sollten Sie sich als vorsichtiger Anleger für amerikanische Hochtechnologie- und Internetaktien der weltweit wertvollsten Unternehmen interessieren, so greifen Sie ruhig auch auf meine Vorschläge für erfolgsorientierte und risikofreudige Anleger zu. Schließlich sollte die jetzige Pandemie privat, vor allem aber unternehmerisch als Turbo für digitale Innovationen genutzt werden. Dennoch verträgt es sich durchaus, hauptsächlich dividendenstarke, defensive, konjunkturunabhängige Value-Aktien auszuwählen. Gegessen, getrunken, geheizt und geputzt wird immer. Handeln Sie also mutig entgegen dem Herdentrieb und eingefahrenen Verhaltensweisen. Wer 20 Jahre breit gestreut angelegt hat, erzielte mit DAX-Titeln im Jahresschnitt 9 % Rendite. Überwiegend sorgt beim DAX die Dividende für eine ordentliche Rendite. Da war es wichtig, dass sich Kürzungen in Grenzen hielten.

Vor allem wenn Sie zu der einkommensstarken Gruppe der 50- bis 65-Jährigen zählen, sollten Sie beherzt handeln. Nachhaltige Aktien bedeuten kein unkontrollierbares Risiko und sind nicht nur für Experten geeignet. Bedenken Sie, dass Sie mit Dividendenstars Ihren Freibetrag von 801 € alljährlich nutzen können. In 10 Jahren gingen Ihnen sonst 8.000 € verloren. Bei gemeinsam veranlagten Ehepaaren wären dies jährlich 1.602 und in einem Jahrzehnt ganz beträchtliche 16.000 €.

Die Corona-Krise bringt die Kräfteverhältnisse hierzulande und international gewaltig durcheinander

Der sich vollziehende Umbruch an den Märkten zeigt: Die Internet- und Medizinwerte legen deutlich zu und erreichen teilweise sogar neue Allzeithochs. Telekommunikation, IT-Software, Gesundheit und Medizin mit Biotech und Medtech sowie der Onlineversandhandel boomen.

Düster sieht es dagegen beim Maschinenbau, dem Finanzsektor, der Autoindustrie, bei Verkehr, Logistik, Tourismus aus. Das verschobene und durcheinandergebrachte Kräfteverhältnis in der Wirtschaft zeigt sich auch an der Börse. Offenkundig ist, dass sich der Nachhaltigkeitstrend verstärkt. Bei der Umstrukturierung, der Suche und Entwicklung neuer Geschäftsmodelle geht es vorrangig um Innovationen im Kampf gegen die drohende Erderwärmung mit ihren verheerenden Folgen. Bleibt eine zweite Infektionswelle bei Corona aus, geht es langsam wieder aufwärts. So kommt bei den meisten Anlegern und damit auch den wichtigsten Börsen wieder mehr Zuversicht bezüglich der künftigen konjunkturellen Entwicklung auf.

Viele Anleger fragen sich: Wie geht es weiter mit den Aktienkursen jetzt und in der nächsten Zeit? Seit dem zuvor tiefsten Fall in diesem Jahrtausend und der sich anschließenden schnellen Aufholjagd beruhigt sich das Angstbarometer spürbar. Der DAX hat seit seinem Absturz bis auf 8.200 Punkte viel Boden gut gemacht. Mit rund 12.800 Punkten trennen den DAX am 5. Juni 2020 nur 1.000 Zähler bis zum Allzeithoch von 13.800 Punkten im Februar 2020. Am 26. Juni waren es 12.090 Punkte.

Dabei wird jedoch immer öfter verdrängt, dass es bei noch fehlenden Wirkstoffen und Impfstoffen durchaus zu einer zweiten Corona-Infektionswelle kommen kann. Ob dann erneut so große Rettungs- und Konjunkturpakete geschnürt werden können, ist mehr als fraglich. Auch Deutschland sollte sich nicht bis zur Halskrause verschulden. Durch die zu begrüßenden Mehrwertsteuerabsenkung ab 1. Juli 2020 für ein halbes Jahr von 19 % auf 16 % und den ermäßigten Steuersatz von 7 % auf 5 % gehen die Steuereinnahmen erheblich zurück, auch wenn diese eher überraschende Maßnahme durchaus gerechtfertigt ist und auf Zustimmung trifft.

Da es noch längst nicht ausgemacht ist, dass für den Crashverlauf das günstigste Konjunktur-Buchstabensymbol **V** eintritt, sondern wir ebenso mit der Badewannenformation **U** oder dem **W** rechnen müssen, ist zielgerichtetes Handeln während der gesamten Bodenbildungsphase geboten: Also kein zögerliches Abwarten und das ganze Pulver auf einmal verschießen, sondern Kauf zu niedrigen und Verkauf zu hohen Kursen. Selbst wenn der deutsche Leitindex nochmals auf 8.200 oder sogar unter 8.000 Punkte absacken sollte, ist es keineswegs sicher, dass es erneut die gleichen Aktien erwischt.

In der ersten Crashphase stürzten vor allem die niedrig bewerteten, substanz- und dividendenstarken defensiven Aktien ins tiefste Kellerloch. In den letzten Wochen war insbesondere eine deutliche Erholung bei den bisherigen Verlierern von DAX & Co. angesagt. Die hochbewerteten, offensiven Wachstums- und Zukunftsaktien aus dem Technologie-, Software-, Internet-, Biotech- und Medtechsektor konnten jedoch ihre neuen Hochstände weitgehend verteidigen.

Stimmen bei der Corona-Krise noch die alten Einschätzungen zu Value-Aktien und Buchwerten? Lohnt es sich noch, nur in unterbewertete Aktien zu investieren?

Zweifel an der „Zauberformel Value" nehmen zu. Die amerikanische Börsenexpertin Merryn Sommerwet Webb erklärt: *„Buffett hielt die falschen Aktien in der Hand, als die Musik wegen Corona ausging."* Der US-Starinvestor bildet keine Ausnahme. Aber gerade sein seit Jahrzehnten leidenschaftlich vertretener Ansatz, in unterbewertete Value-Aktien zu investieren, um sich in Krisen vor größeren Verlusten zu schützen und selbst in schwierigen Zeiten mit stabilen Aktien verlässliche Erträge zu erzielen, gerät ins Wanken. Gerade die substanzstarken, defensiven Value-Aktien stürzten im März und April 2020 stärker ab als der Gesamtmarkt. Viele Anleger fragen sich nun: *„Ist dieser Ansatz überhaupt noch zeitgemäß? – Oder ist es nur ein Atemholen für einen neuen Aufwärtstrend?"*

Da wird auch der Buchwert kritisch hinterfragt. Ziel ist es, die Substanz von Unternehmen zu ermitteln, vor allem über bilanzielle Kennziffern wie Kapitalrückfluss, Eigenkapitalquote, Verschuldungsanteil und Dividenden. Bei der Berechnung des Buchwertes sind vor allem junge innovative Unternehmen deutlich im Nachteil. Fabriken und Produktionsanlagen lassen sich im Buchwert gut darstellen. Sobald der Buchwert den Aktienkurs deutlich übertrifft, gilt die Aktie als unterbewertet.

Dagegen lassen sich die immateriellen Firmenwerte, das geistige Eigentum, die dominierende Marktposition aufgrund neuer Technologien mit Einsatz der Künstlichen Intelligenz, Digitalisierung und starken Marken kaum aus Geschäftsberichten und Buchwertangaben herauslesen. Ben Inker vom Investmenthaus GMO gibt zu bedenken: *„Wenn ein Unternehmen eine Menge Geld in Fabriken steckt, beeinflusst das seinen Buchwert. Aber wenn in geistiges Eigentum investiert wird, zeigt sich das nicht in ähnlicher Weise."*

Meine Hoch-/Tief-Mutstrategie setzt seit Beginn auf Value und Growth. Sie verzichtet einerseits auf eine einseitige Ausrichtung, verwehrt sich aber auch dagegen, prozentuale Anteilswerte mathematisch exakt festzulegen. Es gilt, die Marktlage, die sich abzeichnenden Trends, aber auch eigene Vorlieben mit einzubringen.

Startkapital ab 100.000 €, erfolgsorientierter Anlegetyp; 30 Value- & Growth-Aktien, Anlagesumme 1.500 bis 3.000 €				
Aktie/ Unternehmen	WKN	Kurs am 05.06.20	Hoch/Tief 1 Jahr €	Kursverlauf 1, 3, 5 Jahre
Einzelaktie 2G Energy nachhaltig!	A0H L8N	52,70 €	54,80/29,20	+33/+155/+412 %
	KGV: 18, Div.-Rendite: 1,0 %. Führender Technologieanbieter bei der dezentralen Versorgung erneuerbarer Energie.			
Einzelaktie Alphabet A (Google)	A14 Y6F	1.273,0 €	1.419/927,1	+37/+45/+157 %
	KGV: 21, Div.-Rendite: 0,0 %. Alphabet besitzt viele Tochterfirmen. Google ist die meist verwendete Suchmaschine.			
Einzelaktie Amazon Nasdaq 100	906 866	2.184,0 €	2.299/1.431	+42/+146/+467 %
	KGV: 47, Div.-Rendite: 0,0 %. Amazon beherrscht als Händler die Konsumgüterindustrie: Bücher, Musik, DVD, Fotos.			
Einzelaktie Alstria Office Reit, MDAX	A0L D2U	14,40 €	19,10/9,90 €	+2/+23/+46 %
	KGV: 21, Div.-Rendite: 3,9 %. Bürogebäudeanbieter in Immobilienhochburgen und Städten wie Dresden, Mannheim.			
Einzelaktie Bechtle, TecDAX/MDAX	515 870	155,30 €	165,4/79,35	+53/+177/+389 %
	KGV: 37, Div.-Rendite: 1,0 %. Systemhaus, IT-Dienstleister, Cloud-Computing & Informationstechnologie Firmenkunden.			
Einzelaktie Carl Zeiss M. TecDAX/MDAX	531 370	93,15 €	122,1/67,70	+9/+103/+335 %
	KGV: 40, Div.-Rendite: 0,8 %. Produkte und Systeme für Augenheilkunde, Neuro- und Hals-Nasen-Ohren-Chirurgie.			
Einzelaktie Chugai Nikkei 225	857 216	135,00 €	135,0/56,20	+131/+291/+412 %
	KGV: 37, Div.-Rendite: 1,0 %. Marktführender Forschungskonzern bei therapeutischen Antikörpern und Krebsmedizin.			
Einzelaktie Datagroup Scale	A0J C8S	53,20 €	71,10/38,50	+23/+45/+382 %
	KGV: 21, Div.-Rendite: 1,5 %. Umbruchbeteiligungen an IT-Service-, IT-Consulting- und IT-Solutions-Unternehmen.			
Einzelaktie DIC Asset SDAX	A1X 3XX	12,95 €	17,40/6,70 €	+28/+47/+99 %
	KGV: 12, Div.-Rendite: 5,6 %. Langzeitvermietung hochwertiger Gewerbeimmobilien in attraktiven deutschen Lagen.			
Einzelaktie Eckert & Zieg. TecDAX/SDAX	565 970	143,80 €	205,0/95,10	+53/+362/+586 %
	KGV: 30, Div.-Rendite: 0,9 %. Eckert & Ziegler Strahlen- und Medizintechnik AG produziert radioaktive Komponenten.			

Aktie/ Unternehmen	WKN	Kurs am 08.06.20	Hoch/Tief 1 Jahr €	Kursverlauf 1, 3, 5 Jahre
Einzelaktie **Eurofins FR** **CAC 40**	910 251	596,20 €	614,0/348,0	**+58/+22/+122 %**
	KGV: 25, Div.-Rendite: 0,6 %. Führender europäischer Bioanalytikkonzern für Laboruntersuchungen auf Reinheit, Echtheit, Zusammensetzung einer breiten Substanzpalette.			
Einzelaktie **Eli Lilly** **Nasdaq 100**	858 560	133,10 €	153,2/94,65	**+28/+47/+99 %**
	KGV: 19, Div.-Rendite: 1,9 %. Pharmazeutische Produkte für die Human- und Tiermedizin, Standorte in 16 Staaten.			
Einzelaktie **Hannover** **Rück, MDAX**	840 221	164,30 €	192,6/99,10	**+24/+73/+133 %**
	KGV: 13, Div.-Rendite: 3,8 %. Rückversicherer für mehr als 5.000 Erstversicherungsgesellschaften auf allen Kontinenten.			
Einzelaktie **LPKF Laser** **SDAX**	645 000	21,10 €	25,70/6,45 €	**+45/+107/+166 %**
	KGV: 21, Div.-Rendite: 0,5 %. Laserunterstützte Anlagen für Leiterplatten, Metallschablonen, Oberflächenbearbeitung.			
Einzelaktie **Microsoft** **Dow Jones**	870 747	163,75 €	175,5/113,0	**+50/+173/+337 %**
	KGV: 25, Div.-Rend.: 1,1 %. Windows-Betriebssysteme, Anwenderprogramme, Applikationssoftware, Spielekonsole.			
Einzelaktie **Mowi ASA NO** **nachhaltig!**	924 848	18,55 €	23,70/12,45	**-11/+19/+77 %**
	KGV: 16, Div.-Rendite: 3,5 %. Norwegens marktführender Fischzuchtkonzern, atlantischer Lachs und Meeresfrüchte.			
Einzelaktie **Nemetschek** **TecDAX/MDAX**	645 290	62,70 €	74,35/32,45	**+44/+179/+603 %**
	KGV: 67, Div.-Rendite: 0,5 %. Marktführende Software für Architektur/Statik: Planen – Bauen – Nutzen – Multimedia.			
Einzelaktie **Nel ASA, FI** **nachhaltig!**	A0B 733	1,66 €	1,91/0,44 €	**+136/+549/+712 %**
	Marktkapitalisierung 2,23 Mrd. €, **Div.-Rendite: 0,0 %.** Keine weiteren Angaben zum norwegischen Wasserstoffkonzern.			
Einzelaktie **Norilsk Nickel** **RTX, Russland**	A14 0M9	26,35 €	33,1017,55	**+58/+114/+68 %**
	KGV: 9,9. Div.-Rendite: 8,6 %. Bergbaukonzern; Schwerpunkte: Nickel, Palladium, Platin, Kupfer, Chrom, Kobalt.			
Einzelaktie **PowerCell SW** **nachhaltig!**	A14 TK6	26,20 €	32,90/6,35 €	**+220/+831/+5176%**
	KGV: 15, Div.-Rendite: 1,9 %. Marktführender Wasserstoff-/Brennstoffzellenkonzern, Schweden, beste Kursentwicklung.			

Aktie/ Unternehmen	WKN	Kurs am 08.06.20	Hoch/Tief 1 Jahr €	Kursverlauf 1, 3, 5 Jahre
Einzelaktie Puma MDAX	696 960	70,40 €	84,25/40,80	+33/+109/+416 %
	KGV: 33, Div.-Rendite: 0,8 %. Entwicklung und Vertrieb von hochwertigen Sportschuhen und modischer Freizeitkleidung.			
Einzelaktie Procter & Gamble, Dow	852 062	104,00 €	117,8/89,00	+13/+46/+75 %
	KGV: 21, Div.-Rendite: 2,7 %. Weltweit führender Anbieter Hunderter von Marken bei Konsumgütern des Alltagsbedarfs.			
Einzelaktie SAP DAX/TecDAX	716 460	120,40 €	129,6/82,80	+9/+31/+97 %
	KGV: 20, Div.-Rendite: 1,5 %. Deutschlands wertvollstes Unternehmen und größter Datenbankanbieter mit Cloud. Entwickler von Managementsoftware für alle Branchen.			
Einzelaktie Secunet Secu-rity; Prime	727 650	181,00 €	185,5/88,40	+56/+160/+819 %
	KGV: 41, Div.-Rendite: 0,9 %. Komplettlösungen für Infor-mations- und Telekommunikationssicherheit mit Analysen.			
Einzelaktie SolarEdge nachhaltig!	A14 QVM	133,10 €	136,0/48,30	+171/+703/+261 %
	KGV: 31, Div.-Rendite: 1,0 %. Ein innovatives Solarstrom-unternehmen mit erstklassiger Kursentwicklung aus Israel.			
Einzelaktie Sberbank RTX Russland	A1J B8N	11,35 €	15,85/7,60 €	-8/+33/+202 %
	KGV: 5,7, Div.-Rendite: 7,8 %. Kreislaufsystem der russi-schen Wirtschaft; 14 Territorialbanken und 165.000 Filialen.			
Einzelaktie Stryker Medi-zintechnik	864 952	183,50 €	209,1/116,2	+11/+44/+116 %
	KGV: 22, Div.-Rend.: 1,2 %. Gelenkersatzimplantate, Not-fallausrüstung, chirurgische Geräte, navigatorische Systeme.			
Einzelaktie Teamviewer TecDAX/MDAX nachhaltig!	A2Y N90	42,80 €	48,80/21,45	+70 %/IPO 2019
	KGV: 50, Div.-Rendite: 0,0 %. Globale Kommunikations-plattform, Fernwartung, -steuerung und -überwachung von Computern und mobilen Geräten, 500.000 Firmenkunden.			
Einzelaktie Tomra System nachhaltig!	872 535	31,95 €	35,20/18,85	+18/+217/+296 %
	KGV: 48, Div.-Rendite: 0,8 %. Globaler norwegischer Ma-schinenbauer für Pfandflaschenautomaten und Recycling.			
Einzelaktie Zoom Video Communikat.	A2P GJ2	183,50 €	206,0/55,00	+163 %/IPO 2019
	KGV: 15, Div.-Rendite: 1,9 %. Ein großer Corona-Sieger wegen weltweiter Videokonferenzen und Fernunterricht.			

Rückbesinnung im Juni 2020 auf die im Corona-Crash stark abgestürzten niedrig bewerteten Value-Titel?

Warren Buffett dürfte sich freuen, wenn er die Kursentwicklung seit Ende Mai/Anfang Juni 2020 der wichtigsten Value- und Growth-Aktien aufmerksam studiert und miteinander vergleicht. Sah es im April und bis auf die letzten Maiwochen noch ganz danach aus, als ob altbewährte Bewertungsmaßstäbe plötzlich komplett über Bord geworfen werden, scheinen sich die Einschätzungen zumindest wieder leicht in Richtung Value zu drehen.

Bei den zuvor so brutal abgestraften niedrig bewerteten substanz- und dividendenstarken, defensiven Value-Aktien zeichnet sich ein gewisses Comeback ab. Umgekehrt müssen die bisherigen Corona-Crashsieger aus dem wachstumsstarken, offensiven, hochbewerteten Growth-Bereich hier und da plötzlich Federn lassen. Das gilt zwar nicht für alle Zukunftsmärkte, aber doch immerhin für einige wichtige Branchen. Die Zukunftsmusik pausiert zeitweilig im Software- und Halbleitersektor. Biotech, Medtech, Internet und Onlinehandel kommen bislang glimpflich davon. Man darf gespannt sein, wie Analysten, institutionelle und private Anleger auf diese wenngleich noch verhaltene Trendumkehr reagieren.

Außer Frage steht jedoch, dass die selbst sehr emotional reagierende Börse den stärksten konjunkturellen Einbruch dieses Jahrtausends unerwartet locker wegsteckt. Die gelockerten Verbote, aufgehobenen Einschränkungen und Freiheitsbeschneidungen, unterstützt von riesigen Rettungspaketen, sozialen Wohltaten und Absenkung der Mehrwertsteuer für ein halbes Jahr vom 1. Juli bis 31. Dezember 2020 bremsen die überbordende Verschuldung vieler Staaten, Kommunen und Unternehmen bis zur Halskrause nahezu aus.

Wer fragt sich schon jetzt bei den eher wieder steigenden Börsenkursen, wie dies wohl alles zu verkraften ist, wie sich die Wirtschaft in den nächsten Jahren entwickeln und wie die Bilanz am Ende aussehen wird. Ist das Virus tatsächlich gefährlicher als die gesamten finanziellen, wirtschaftlichen, gesellschaftlichen, sozialen und psychischen Auswirkungen? Und was passiert, wenn es zu einer zweiten Ansteckungswelle kommt? Sind Kraft und Stärke von Staat, Kommunen, Unternehmen und Menschen dann nicht schon weitgehend aufgebraucht?

Ich habe mich sehr darum bemüht, gerade in diesen abschließenden Vorschlägen einer Geldanlage ab 100.000 € für sicherheitsbewusste, erfolgsorientierte und risikofreudige Anleger neben dem Schwerpunkt Nachhaltigkeit sowohl Value- als auch Growth-Aktien mit allerdings unterschiedlicher Gewichtung einzubauen. Erinnert sei auch daran, dass die mit nachhaltig! gekennzeichneten Werte ethische Standards stärker berücksichtigen, als wenn es nur um Einhaltung der Ausschlusskriterien geht.

Ein Startkapital von 100.000 € für risikofreudige Anleger

Risikofreudige Anleger setzen auf neue Trends, die Industrie 4.0 mit Internet der Dinge, Hochtechnologie, Künstlicher Intelligenz, Robotik, digitaler und vernetzter Welt. Auch hier herrscht im Interesse hoher Qualität freie Aktienauswahl. Bei der Aufstellung Ihres eigenen Portfolios tauschen Sie ruhig die Vorschläge aus.

Startkapital ab 100.000 €, risikofreudiger Anlegertyp; 30 Aktien Übergewichtung Growth, je 1.500–3.000 €

Aktie/ Unternehmen	WKN	Kurs 09.06.20	Hoch/Tief 1 Jahr €	Kursverlauf 1, 3, 5 Jahre
Einzelaktie Alibaba China	A11 7ME	192,00 €	209,0/137,8	+41/+56/+142 %
	KGV: 35, Div.-Rendite: 0,0 %. Chinas größte Onlinehandelsplattform: Auto, Mode, Büro, Schule, Sport, Kosmetik.			
Einzelaktie Amgen Nasdaq 100	867 900	198,75 €	224,9/152,9	+28/+38/+43 %
	KGV: 13, Div.-Rendite: 2,08 %. Biopharmaprodukte; Forschung Krebs, Blutkrankheiten, Nierenleiden, Rheuma.			
Einzelaktie Adobe Nasdaq 100	871 981	352,20 €	363,5/231,3	+44/+173/+391 %
	KGV: 35, Div.-Rendite: 0,0 %. Grafik- und Bildbearbeitungsprogramme; Software, um digitale Inhalte zu erstellen.			
Einzelaktie Atoss Software, SDAX	510 440	175,00 €	194,5/96,00	+22/+145/+326 %
	KGV: 41, Div.-Rendite: 1,4 %. Intelligenter Personaleinsatz: Überstunden, Leerlaufzeiten, Sonderschichtzuschlag.			
Einzelaktie Ballard Power nachhaltig!	A0R ENB	10,50 €	14,30/2,95 €	+199/+331/+785 %
	Keine Angaben zu Kennzahlen. Kanadischer Wasserstoff-/ Brennstoffzellenkonzern mit sehr guter Kursentwicklung.			
Einzelaktie Biogen Nasdaq 100	789 617	262,10 €	321,0/196,8	+33/+17/-7 %
	KGV: 9,3, Div.-Rendite: 0,0 %. Medikamente lebensrettend und mit mehr Lebensqualität; Forschung Alzheimer/Krebs.			
Einzelaktie Biontech nachhaltig!	A2P SR2	43,00 €	102,0/11,50	+103 %/IPO
	Die Biotechfirma arbeitet an bahnbrechenden Krebstherapien und ist bei Corona-Impfstoffentwicklung chancenreich.			
Einzelaktie Cancom TecDAX/MDAX	541 910	52,40 €	59,05/31,20	+22/+92/+223 %
	KGV: 27, Div.-Rendite: 1,10 %. Herstellerunabhängiges Systemhaus; breites Produktspektrum Sektor Infrastruktur.			

Aktie/ Unternehmen	WKN	Kurs 09.06.20	Hoch/Tief 1 Jahr €	Kursverlauf 1, 3, 5 Jahre
Einzelaktie CompuGroup TecDAX/MDAX nachhaltig!	543 730	66,75 €	78,50/46,45	+6/+34/+137 %
	KGV: 28, Div.-Rendite: 0,7 %. Entwicklung von Software und Kommunikationslösungen zur Unterstützung organisatorischer Arbeiten für Ärzte, Zahnärzte, Kliniken und Institute.			
Einzelaktie Dermapharm SDAX/GEX	A2G S5D	43,20 €	50,40/28,05	+36 %/IPO
	KGV: 16, Div.-Rendite: 2,40 %. Patentfreie Markenarznei; über 900 Zulassungen für 200 pharmazeutische Wirkstoffe.			
Einzelaktie Hypoport SDAX	549 336	391,50 €	423,5/202,5	+91/+214/+1461 %
	KGV: 86, Div.-Rendite: 0,0 %. Vertrieb digitaler Finanzleistungen, Kreditplattform und Beratung Privat-/Firmenkunden.			
Einzelaktie Illumina Nasdaq 100	927 079	320,95 €	335,0/188,6	+7/+100/+72 %
	KGV: 45, Div.-Rendite: 0,0 %. Der Forschungskonzern entwickelt Systeme für genetische Funktionen und DNA-Profile.			
Einzelaktie Intuitive Surgical Nasdaq 100	888 024	519,50 €	572,2/345,0	+16/+90/+256 %
	KGV: 44, Div.-Rendite: 0,0 %. Globaler Technologieführer bei roboterunterstützter minimalinvasiver Chirurgie. Entwicklung von Robotersystemen, Instrumenten und Zubehör.			
Einzelaktie Medios, Prime nachhaltig!	A1MMCC	38,40 €	42,30/15,15	+130/+283/+3145%
	KGV: 39, Div.-Rendite: 0,0 %. Führender Hersteller hochpreisiger Arznei bei chronischen und seltenen Krankheiten.			
Einzelaktie Moderna nachhaltig!	A2N 9D9	51,75 €	86,40/10,80	+237 %/IPO
	Börsenwert 20 Mrd., Div.-Rendite: 0,0 %. Zusammenarbeit mit Lonza beim Entwickeln von Corona-Virusimpfstoffen.			
Einzelaktie Netflix Nasdaq 100	552 484	377,80 €	428,0/228,0	+19/+148/+361 %
	KGV: 45, Div.-Rendite: 0,0 %. Videos, TV-Serien, Filme mit Internetserviceabonnement für unbegrenztes Streaming.			
Einzelaktie Nvidia Nasdaq 100	918 422	319,45 €	344,5/126,8	+141/+126/+1447%
	KGV: 38, Div.-Rendite: 0,4 %. Marktführende Technologie programmierbarer Grafikprozessoren, 5 bekannte Marken.			
Einzelaktie Paypal Nasdaq 100	A14 R7U	138,25 €	142,2/76,65	+37/+185 %/IPO
	KGV: 38, Div.-Rendite: 0,0 %. Elektronischer Internetzahlungsverkehr mit Überweisungen, Lastschrift, Kreditkarten.			

Aktie/ Unternehmen	WKN	Kurs 09.06.20	Hoch/Tief 1 Jahr €	Kursverlauf 1, 3, 5 Jahre
Einzelaktie Rio Tinto Stoxx 50, GB	**852 147**	50,20 €	56,65/32,70	**+9/+75/+89 %**
	KGV: 11, Div.-Rendite: 7,1 %. Bergbau- und Rohstoffkonzern, Minen in 35 Ländern, Raffinerien und Schmelzöfen.			
Einzelaktie Salesforce S&P 500	**A0B 87V**	154,25 €	180,2/107,7	**+16/+91/+132 %**
	KGV: 47, Div.-Rendite: 0,0 %. Cloud-Computing-Lösungen für Kundenbeziehungsmanagement mit Plattformfunktion.			
Einzelaktie Sartorius Vz TecDAX/MDAX	**716 563**	280,00 €	344,6/158,3	**+57/+210/+591 %**
	KGV: 76, Div.-Rendite: 0,3 %. Labortechnologie für qualitätskritische Prozesse im Bereich der Biopharmaproduktion.			
Einzelaktie Shopify Kanada	**A14 TJP**	661,00 €	795,4/248,0	**+145/+643/+2572%**
	KGV: 330, Div.-Rendite: 0,0 %. Kanadas führender Onlineeinzelhändler; Schwerpunkt zufriedene Handelspartner.			
Einzelaktie Stora Enso, FI nachhaltig!	**871 004**	11,10 €	13,05/7,35 €	**+24/+5/+47 %**
	KGV: 13, Div.-Rendite: 4,7 %. Finnischer Produzent Holz, Papier, Biomaterialien: Verlage, Druckereien, Bauindustrie.			
Einzelaktie Symrise, MDax nachhaltig!	**SYM 999**	95,40 €	100,0/72,00	**+8/+53/+78 %**
	KGV: 32, Div.-Rendite: 1,1 %. Produzent von Duft-, Geschmacks- & aktiven Wirkstoffen für viele Industriezweige.			
Einzelaktie Stratec SE SDAX nachhaltig!	**STR A55**	77,20 €	92,80/49,00	**+28/+39/+84 %**
	KGV: 27, Div.-Rendite: 1,0 %. Entwicklung und Produktion patentgeschützter Technologien für vollautomatische Analysesysteme: Laborpartner klinische Diagnostik/Biotech.			
Einzelaktie Taiwan Semiconductor	**909 800**	49,20 €	55,10/33,40	**+50/+67/+190 %**
	Taiwan Semiconductor Manufacturing mit Sitz in Taiwan forscht als Halbleiterhersteller an sicheren Ökosystemen.			
Einzelaktie Tencent China	**A11 38D**	49,25 €	54,25/36,00	**+30/+56/+179 %**
	KGV: 35, Div.-Rendite: 0,3 %. Chinas größtes Onlineserviceportal; Spieleplattform, mobile Kommunikationslösung.			
Einzelaktie UnitedHealth Dow Jones	**869 561**	274,30 €	294,7/178,3	**+25/+69/+164 %**
	KGV: 16, Div.-Rendite: 1,8 %. Lösungen Gesundheitsvorsorge und Versorgung, Management Krankenhauspflege.			

Aktie/ Unternehmen	WKN	Kurs 09.06.20	Hoch/Tief 1 Jahr €	Kursverlauf 1, 3, 5 Jahre
Einzelaktie United Inter- net, Tec/MDAX nachhaltig!	508 903	36,05 €	38,15/21,00	+15/-21/-1 %
	KGV: 15, Div.-Rendite: 1,4 %. Globaler Internetspezialist mit G5-Lizenz. Schmalband-, Breitband- und mobile Access-Produkte einschließlich darauf bezogener Anwendungen.			
Einzelaktie Vertex Nasdaq 100	882 807	237,45 €	273,8/148,8	+54/+112/+108 %
	KGV: 27, Div.-Rendite: 0,0 %. Entwicklung und Produktion von Arzneimitteln zur Behandlung schwerer Krankheiten.			
Anmerkung:	87 von den 90 Aktien der Geldanlage 100.000 € für die drei Anlegertypen befinden sich in meinem Depot.			

Ein paar Worte zum Wohlstand: Wann gilt jemand als reich?

Reichtum selbst wird uneinheitlich gedeutet. Und das Sparverhalten zeigt bei den Altersgruppen ab 20 Jahren erhebliche Unterschiede. Abweichungen bestehen auch im Hinblick auf Wissen und Gefühl der Sicherheit. Das Ergebnis einer neueren Umfrage zeigt:

80 % der Befragten sprechen von Reichtum, wenn jemand einschließlich Immobilien zumindest über eine Million Euro frei verfügt. Wird das Eigenheim oder Mietshaus ausgeklammert, schätzt ein Drittel der Befragten jemanden als reich ein, wenn er mehr als 250.000 € besitzt. Als „hochvermögend" gilt, wenn der Betreffende mindestens auf eine Million Euro zurückgreifen kann. Allein mit dem Sparbuch wird niemand reicher. Eher droht da schon Altersarmut, wenn man beruflich zu wenig verdient. Die Deutschen lieben Versicherungen, aber scheuen weiterhin Aktien. Der Corona-Crash zeigt ein gespaltenes Anlageverhalten. Als die Kurse abstürzten, wuchs einerseits das Interesse, jetzt selbst endlich in den Aktienmarkt zu investieren. Umgekehrt bremsten die Corona-Crashängste die guten Vorsätze häufig aus.

Das Vermögen ist weltweit unterschiedlich verteilt. Die Nordamerikaner besitzen 30-mal mehr als die Einwohner Lateinamerikas. Die Japaner sind im Schnitt 14-mal so reich wie alle übrigen Asiaten. Das als wohlhabend eingeschätzte Deutschland bewegt sich im Ländervergleich lediglich im Mittelfeld. Dies liegt einerseits an der Aktienscheu der meisten Bürger, aber auch am falschen oder unterlassenen Sparen sowie an der oftmals dürftigen Altersabsicherung mithilfe der gesetzlichen Rentenversicherung. 2018 betrug das Nettogeldvermögen pro Haushalt in Deutschland 52.850 € gegenüber 173.840 € in der Schweiz, aber nur 14.810 € in Ungarn.

8.9 Die maßgeschneiderte Aktienanlage für den Nachwuchs

Wie lassen sich Kinder und Enkel für Aktien begeistern? Für Eltern und Großeltern, die sich in finanziellen Dingen gut auskennen und selbst Aktien, Aktienfonds und ETFs besitzen, ist es ziemlich einfach, beim Nachwuchs die Weichen zum klugen Sparen zu stellen. Wer selbst um die Börse einen hohen Bogen macht, sein Geld oft für Unnötiges ausgibt, falsch oder gar nicht spart, braucht Hilfen. Entscheidend ist das gute Vorbild, das Vorleben im Alltag.

Erste Vorschläge, um den Nachwuchs für Aktien zu begeistern

1. **Machen Sie Sparen und Geldanlage zum Gesprächsthema bei gemeinsamen Mahlzeiten.** Nutzen Sie die sich bietenden Gelegenheiten, um den Nachwuchs zu motivieren. Ausgangspunkt kann ein Pressebericht, eine Bank-, Internet- oder Fernsehinformation sein. Vielleicht ist es auch der Weltspartag oder eine Aktion in der Schule. Auch eine Unterhaltung mit Freunden, Verwandten, Bekannten kann Anstoßpunkt sein – oder Ihre letzte erfolgreiche Order.

2. **Sind Sie selbst Aktionär, gibt es zwei tolle Modelle, Ihren Nachwuchs für Aktien zu interessieren.** Dies habe ich bei meinen Enkeln erfolgreich ausprobiert. Schenken Sie dem Nachwuchs eine gute Aktie von einer Firma, deren Produkte die jungen Leute kennen, mögen, verstehen. Ich denke an das Auto, das Sie selbst fahren, ein VW, BMW oder Mercedes mit Reifen von Continental. Vielleicht stammt Ihr Fernsehgerät von Samsung oder Sony, Ihr Handy von Apple, der Fußball von Adidas, die Freizeitklamotten von Nike oder Puma, die Spielfiguren von Walt Disney. Ich denke an das Getränk Coca-Cola, den Burger von McDonald's, den Kühlschrank von Siemens, den Urlaubsflug bei der Lufthansa, das Katzenfutter von Zooplus oder Nestlé, die Bücher von Amazon, Videospiele von Nintendo oder EA. Da fällt es leicht, passende Aktien zu finden.

3. **Immer dann, wenn Sie dem Nachwuchs zum Geburtstag, zu Weihnachten, bei der Einschulung, Kommunion oder Konfirmation etwas schenken, bietet sich eine solche Aktie an.** Sie stellen am besten auf dickem Papier in großer Schrift die Aktie vor mit Wertpapierkennnummer, Stückzahl, Kauftag und Kaufpreis. Sie orientieren sich an den Börsennachrichten in Presse, Internet oder Fernsehen. Schön, wenn Sie dieses Blatt mit einer Zeichnung oder dem ausgeschnittenen Produkt aus Werbeunterlagen veranschaulichen. Legen Sie zur Kontrolle und für Ihr Kind einen Ordner an.

4. **Wird die Dividende ausgeschüttet, wandert die Auszahlung ins Sparschwein.** Die jährliche Dividende ist wichtig. Eine üppige Ausschüttung motiviert und erhöht das Interesse für Aktien – eine ideale Gelegenheit, mehr über Dividenden und sinnvolles Sparen zu erzählen. Schon deshalb habe ich bei deutschen Aktien Titel ausgewählt, die Dividenden bezahlen.

5. **Bei besonderen Kaufwünschen, z. B. Fahrrad oder Handy, darf die Aktie bei Ihnen eingelöst werden.** Sie bezahlen so viel wie die Aktie gerade kostet und vernichten danach das Dokument. Geschieht dies in einer Krise wie dem Corona-Crash, sollten Sie Sohn oder Tochter davon überzeugen, dass das jetzige Einlösen ungünstig ist. Springt die Aktie aufwärts, erklären Sie, wie ertragreich Aktien sein können, wenn man sie lange genug hält. Als Diskussionsgrundlage bietet sich an: Soll ich mich nun überhaupt von dieser Aktie trennen, noch dazu, wenn die Dividende hoch ist? Muss ich meinen Konsumwunsch unbedingt erfüllen? Brauche ich die Sachen tatsächlich? Oder geht es darum, mit anderen mitzuhalten und anzugeben?

6. **Ich stelle also bekannte Aktien von deutschen Firmen vor,** deren Produkte der Nachwuchs kennt, versteht, liebt und vielleicht sogar schon besitzt. Um die Auswahl nicht allzu stark einzuschränken, reicht es mir bezüglich Nachhaltigkeit bzw. Anlage mit gutem Gewissen aus, wenn die allgemeinen Ausschlusskriterien wie Waffenhandel, Rüstung, Rauschgift, Glücksspiele, Kinderarbeit, Rassismus, Diskriminierung von Frauen, Kohleförderung eingehalten werden, wenn also Umweltschutz, Menschen-, Tier- und Pflanzenwohl im Kampf gegen den Klimawandel ernst genommen werden. Es ist mir nicht möglich, dies selbst zu überprüfen. Ich muss mich damit begnügen, die Aktien von Unternehmen aus meinen Kurslisten und Musterdepots zu streichen, sobald die Massenmedien über grobe Verstöße berichten bzw. anfechtbare Geschäftsmodelle allgemein bekannt sind.

7. **In diesem Zusammenhang bietet es sich an, auch mit Kindern und Enkeln über Nachhaltigkeit und Umweltschutz zu sprechen.** Dies fängt damit an, gemeinsam zu überlegen, wie man selbst mit seinem alltäglichen Verhalten dazu beitragen kann, Energie zu sparen, weniger Abfälle zu erzeugen, für eine bessere Luft und weniger Schadstoffe zu sorgen. Viele Kinder und Jugendliche sind durchaus für solche Themen zu begeistern. Bei den Freitagsdemonstrationen im letzten Jahr ging es meistens nicht darum, die Schule zu schwänzen und mit dabei zu sein, sondern deutlich zu machen, alles zu tun für eine lebenswerte Umwelt und Zukunft auch der kommenden Generationen. Stellen Sie doch mal gemeinsam einen Plan auf, wie Nachhaltigkeit in Ihrem Familienalltag aussehen kann: Kinder und Jugendliche halten erfüllbare Vorschläge, die sie selbst einbringen, verlässlicher und bereitwilliger ein als verhängte Verbote.

12 Aktien aus deutschen Indizes, deren Produkte und Marken Kinder und Jugendliche im Allgemeinen kennen

Aktie/ Firma	WKN	Kurs am 10.06.20	Hoch/Tief 1 Jahr €	Kursverlauf 1, 3, 5 Jahre
Adidas	A1E WWW	249,50 €	316,9/160,1 €	-4/+52/+283 %
DAX: Sportartikel, Börsenwert 51,6 Mrd. €, KGV 29, Div.-Rendite: 0,0 %				
Einer der weltweit größten Sportartikelproduzenten und -händler mit herausragendem Angebot an Sportschuhen, Bekleidung, Bällen, Geräten, Zubehör.				
Allianz	840 400	185,40 €	232,5/11,5 €	-2/+25/+71 %
DAX: Versicherungen, Börsenwert 80 Mrd. €, KGV 9,8, Div.-Rendite 3,0 %				
Globaler Erstversicherer für Vorsorge und Vermögen: Schaden- und Unfallversicherung, Lebens- und Krankenversicherung, Asset Management und Sonstiges.				
BMW	519 000	58,80 €	77,00/36,90 €	+1/-18/-24 %
DAX: Sportwagenbauer, Börsenwert 37 Mrd. €, KGV 9,2, Div.-Rendite 2,0 %				
Der globale Sportwagenbauer stellt im Premiumsegment Automobile und Motorräder her und konzentriert sich auch auf Elektromobilität und autonomes Fahren.				
Cewe Stiftg.	540 390	97,20 €	111,4/75,00 €	+18/+36/+115 %
SDAX: Fotobücher, Börsenwert 494 Mio. €, KGV 20, Div.-Rendite 2,2 %				
Europas größte Laborgruppe ist in klassischer Fotografie, digitalen Dienstleistungen und im kommerziellen Onlinedruck tätig. Gefragt ist die Marke Fotobuch.				
Daimler	710 000	38,80 €	54,45/21,05 €	-18/-32/-40 %
DAX: Premiumautobauer, Börsenwert 43 Mrd. €, KGV 10, Div.-Rend. 0,7 %				
Der traditionsreiche Stuttgarter Autobauer hat sich auf qualitativ hochwertige Mercedes-Limousinen, zuverlässige Nutzfahrzeuge und Busse spezialisiert.				
Dt. Post	555 200	31,10 €	35,00/19,00€	+15/+6/+39 %
DAX: Briefpost/Pakete, Börsenwert 39 Mrd. €, KGV 13, Div.-Rendite 4,1 %				
Der internationale Konzern bietet mit den Marken Deutsche Post und DHL ein breites Portfolio an Dienstleistungen rund um Logistik und Kommunikation an.				
Dt. Telekom	555 750	15,20 €	16,75/10,45 €	+-0/-2/+20 %
DAX: Internet/Festnetz, Börsenwert: 72 Mrd. €, KGV 13, Div.-Rendite 4,0 %				
Der globale Telekommunikationskonzern bietet für Privatleute und Firmenkunden Festnetz, Internet, Mobilfunk, TV an mit Informationstechnologie und Cloud.				

Aktie/ Firma	WKN	Kurs am 10.06.20	Hoch/Tief 1 Jahr €	Kursverlauf 1, 3, 5 Jahre
Fielmann	577 220	61,60 €	76,15/42,65 €	+3/-4/+21 %
SDAX: Brillen, Börsenwert 5,4 Mrd. €, KGV 30, Dividendenrendite 3,1 %				
„Brille Fielmann" ist in allen Bereichen der Augenoptik und Akustik unterwegs mit zusätzlichen Angeboten an Kontaktlinsen, Sonnenbrillen sowie Hörgeräten.				
Puma	696 960	68,00 €	84,25/40,80 €	+23/+103/+397 %
MDAX: Sportartikel, Börsenwert 11 Mrd. €, KGV 36, Div.-Rendite 0,7 %				
Weltweiter, schnell wachsender Sportartikelhersteller mit eigenen Filialen und Mehrheitsaktionär Kering. Drei Segmente: Schuhe, Textilien, Accessoires.				
SAP SE	716 460	120,35 €	129,6/82,80 €	+8/+33/+101 %
DAX: Betriebssoftware, Börsenwert 148 Mrd. €, KGV 21, Div.-Rendite 1,4 %				
SAP ist führender Anbieter von Softwarelösungen und Cloud-Technologie für Unternehmen und unterstützt wichtige Kernprozesse in vielen Industriezweigen.				
Siemens	723 610	105,30 €	119,9/58,95 €	+7/-7/+36 %
DAX: Elektrotechnik, Börsenwert 92 Mrd. €, KGV 16, Div.-Rendite 3,7 %				
Der Technologiekonzern mit über 56.000 Patenten bietet Industrieautomatisierung, Infrastruktur und Mobilitätslösungen über bildgebende Diagnoseverfahren.				
VW VZ	766 403	139,15 €	187,6/80,00 €	+3/+16/-26 %
DAX: Automobilbauer, Börsenwert 31 Mrd. €, KGV 7,0, Div.-Rendite 1,9 %				
Das operative Geschäft des Elektromobilitätspioniers gliedert sich in Pkw, Nutzfahrzeuge & Engineering mit Spezialgetriebe, Antriebstechnik, Prüfsystemen.				

Auslandsaktien, die junge Leute begeistern und schrittweise den Weg zum erfolgreichen Vermögensaufbau ebnen. Insbesondere die US-Medienunternehmen haben hier viele treue Fans.

Die Niedrigzinspolitik sollte Deutschland zum Volk von Aktionären machen, vor allem, wenn Kinder, Jugendliche und Heranwachsende frühzeitig beteiligt sind. 2017 knackten die deutschen Aktienanleger endlich wieder die Zehn-Millionen-Marke. Jedoch ist die alte Rekordmarke zu den Zeiten Neuer Markt noch weit entfernt. Die größte Gruppe sind die über 50-Jährigen mit einem höheren Einkommen. Da sollten die jungen Leute möglichst bald nachrücken. Ob und wie erfolgreich dies gelingt, hängt weitgehend vom Verhalten der Eltern, oft auch der Großeltern ab. Die Politik sollte nicht untätig bleiben, sondern den Vermögensaufbau unterstützen.

Vieles ist Erziehungssache, also eine wichtige Aufgabe für Eltern, Großeltern und Lehrer im Fachbereich Wirtschaft. Die innovativen amerikanischen Titel der Branchen Elektronik, Industrie 4.0, digitalisierte und vernetzte Welt, Software, Internet der Dinge, Künstliche Intelligenz mit Robotik entwickeln sich zu Kursraketen mit erstaunlichem Aufwärtstrend selbst während der Corona-Krise. Das Riesenplus muss nicht immer anhalten. Größere Kursabschläge wie in der Frühphase beim Corona-Crash sind auch Chancen bei Einstieg und Zukauf bzw. neuen Geschenkideen für den Nachwuchs. Auch mit Sparplan gelingt der Aufbau Nachwuchsdepot. Die ausgewählten Aktien stellen Umweltschützer nicht voll zufrieden. Bei dieser Auswahl reicht mir das Beachten von Ausschlusskriterien.

12 Aktien von Nachhaltigkeitsfirmen weltweiter Indizes, deren Produkte und Marken der Nachwuchs kennt				
Aktie/ Firma	WKN	Kurs am 11.06.20	52-Wochen- Hoch/Tief	Kursentwicklung 1, 3, 5 Jahre
Alphabet A	A14 Y6F	1.272,0 €	1.419/938,0 €	+37/+44/+164 %
Nasdaq 100: Alphabet (Google) mit der weltweit größten Suchmaschine				
KGV 21, Div.-Rendite: 0,0 %. Alphabet bietet die weltweit häufigste Suchmaschine mit Applikationen und Dienstleistungen für Werbung von Firmenkunden.				
Amazon	906 866	2.302,5 €	2.350/1.431 €	48/+161/+516 %
Nasdaq 100: der weltweit führende Onlinehändler für unzählige Produkte				
KGV 49, Div.-Rendite: 0,0 %. Amazon erobert immer neue Marktplätze für Konsumgüter, führt eine Cloud-Plattform, ein Spracherkennungssystem und viel KI.				
Apple	865 985	306,35 €	311,0/168,9 €	+87/+135/+106 %
Dow Jones/Nasdaq 100: ein Technologiemarktführer bei Smartphones				
KGV 22, Div.-Rendite: 1,0 %. Breites Angebot Technologieprodukte: Handys, MP3-Player, Notebooks, PC; Apps und Plattform für Musik, Filme, Videospiele.				
Facebook	A1J WVX	205,50 €	221,6/126,2 €	+38/+52/+188 %
Nasdaq 100: unangefochtener Weltmarktführer bei sozialen Netzwerken				
KGV 21, Div.-Rendite: 0,0 %. Wer im größten sozialen Netzwerk registriert ist, tauscht sich virtuell mit Freunden und Familie über Fotos, Erlebnisse usw. aus.				
L'Oréal	853 888	265,60 €	277,6/198,8 €	+9/+42/+59 %
Euro Stoxx 50, Frankreich: international führendes Kosmetikunternehmen				
KGV 12, Div.-Rendite: 6,0 %. Der Kosmetikkonzern vermarktet Schönheits- und Pflegeprodukte in Handelsketten, Friseursalons, Apotheken und Versandhandel.				

Aktie/ Firma	WKN	Kurs am 11.06.20	52-Wochen-Hoch/Tief	Kursentwicklung 1, 3, 5Jahre
Microsoft	870 747	170,60 €	175,5/115,5 €	+49/+180/+356 %
Dow Jones: Weltmarktführer für Computerbetriebssysteme und Software				
KGV 26, Div.-Rendite: 1,1 %. Der Softwarepionier bietet ein breites Spektrum an Produkten, Windows-Betriebssystemen sowie Onlinevideoplattformen an.				
Netflix	552 484	379,30 €	423,1/229,0 €	+19/+160/+341 %
Nasdaq 100: marktführender Streaming-Konzern für TV-Serien und Filme				
KGV 43, Div.-Rendite: 0,0 %. Der US-Videoanbieter ist mit TV-Serien, Musik, Filmen weltweit präsent. Unbegrenztes Streaming mit einem Internet-Aboservice.				
Nike	866 993	87,90 €	96,50/57,00 €	+22/+87/+98 %
Dow Jones: internationaler Konzern für Sportartikel und Freizeitkleidung				
KGV 30, Div.-Rendite: 1,0 %. Produktion und Vertrieb von Sportschuhen, Kleidung, Ausrüstung, Gerät und Zubehör in eigenen Geschäften und über Händler.				
Nintendo	864 009	377,00 €	409,0/260,0 €	+18/+35/+158 %
Nikkei 225: japanischer Technologiekonzern, breites Videospieleangebot				
KGV 18, Dividenden-Rendite: 1,9 %, Marktkapitalisierung 49 Mrd. €. Der japanische Großkonzern ist bei Videospielen seit dem Corona-Crash gut im Rennen.				
Nvidia	918 422	323,80 €	333,4/126,8 €	+160/+139/+1.620 %
Nasdaq 100: Weltmarktführer bei IT-Hardware, z. B. Grafikprozessoren				
KGV 30, Div.-Rendite: 0,2 %. Der Technologiekonzern entwickelt 3-D-Grafik- & Medienkommunikationsprozessoren sowie Software für PCs und Workstations.				
Samsung	881 823	870,99 €	1.028/631,0 €	+27/+21/+123 %
Südkorea: Weltweiter Elektronikkonzern Smartphones und Speicherchips				
KGV 8,7, Div.-Rendite: 3,0 %. Der Technologiekonzern produziert Chips, Smartphones, DVD-Spieler, Digitalkameras, Videorekorder, TV- und Haushaltsgeräte.				
Sony	853 687	61,90 €	66,80/43,10 €	42/+91/+134 %
Nikkei 225, Japan: Unterhaltungselektronik, Playstation und Videospiele				
KGV 12, Div.-Rendite: 0,8 %. Entwicklung, Konstruktion, Herstellung von Elektronikgeräten und Instrumenten für Verbraucher und industrielle Anwendungen.				
Anmerkung: 10 von diesen 12 Aktien befinden sich in meinem Depot. Jung und Alt können also auch bei der Geldanlage gemeinsame Wege gehen.				

Fondsname/ Bezeichnung	WKN	Kurs 11.06.20	Hoch/Tief 52 Wochen	Kursverlauf 1, 3, 5 Jahre
<u>Aktienfonds</u> GAMAX FCP Junior I EUR ACC	A1J U6B	22,75 €	23,95/17,55 €	+10/+22/+39 %
	Umfang 160 Mio. €, Alter 8 Jahre, Ausgabeaufschlag **0,00 %**, Gebühr **0,90 %**, thesaurierend. Der Aktienfonds bevorzugt folgende Branchen: IT-Software und Telekommunikation, Konsumgüter, Finanzen, Industrie, Gesundheit. Die wichtigsten Aktien sind Alphabet, Amazon, Facebook, Apple, Tencent, Activision, Alibaba, Deutsche Telekom sowie Microsoft.			
<u>ETF</u> iShares Nasdaq-100	A0F 5UF	85,30 €	87,90/60,75 €	<u>+36/+71/+129 %</u>
	Umfang 1,83 Mrd. €, Alter 14 J., Verwaltungsgebühr **0,31 %**, ausschüttend. Der ETF bildet den Nasdaq 100 möglichst genau ab. Die großen amerikanischen Werte stimmen mit dem aktiv gemanagten Jugendaktienfonds überein. Momentan entwickelt sich dieser ETF besser als der Juniorfonds.			
<u>ETF</u> iShares TecDAX (DE)	593 397	28,25 €	30,10/19,40 €	+13/+34/+86 %
	Umfang 894 Mio. €, Alter 19 Jahre, Jahresgebühr **0,51 %**, thesaurierend. Die größten Positionen sind die auch im DAX notierten drei Titel, Deutsche Telekom, SAP und Infineon. Es folgen Sartorius, Qiagen, Siemens Healthineers, Carl Zeiss Meditec, MorphoSys, Bechtle. Auch dieser deutsche ETF liegt vor dem internationalen Junioraktienfonds.			

Besprechen Sie mit Ihrer Haus- oder Direktbank, ob es möglich ist, die verschenkten Aktien von Ihrem Depot auf das Depot von Kind oder Enkel zu übertragen – natürlich kostenfrei. Im Laufe der Jahre wächst das Nachwuchsdepot. Bei Volljährigkeit können Sie Ihr Verfügungsrecht auf Sohn oder Tochter übertragen. Verdienen die jungen Leute ihr erstes Geld, sollte die Sparsumme in selbst gekaufte Aktien wandern. Ab dann fallen für junge Leute Gebühren an.

Starten die jungen Leute ihre eigene Aktienanlage, bieten sich vor allem Sparpläne an. Bereits mit 25 € oder 50 € monatlich bzw. vierteljährlich am besten in die preiswerten ETFs ist der Sparplanvermögensaufbau auch für Auszubildende und Studenten möglich. Es empfiehlt sich unbedingt, Sparpläne und Daueraufträge am Monatsanfang abzuwickeln. Sonst könnte das Geld am Monatsende aufgebraucht sein. Bei finanziellem Engpass ist es möglich, eine Sparplanpause einzulegen.

Den Mutigen und Tüchtigen gehört das Glück! Nie zu früh und selten zu spät: Die richtige Geldanlage für jedes Alter

Eines haben die Geldanlage und der traurige Absturz und Untergang unserer Fußball-Nationalelf bei der Weltmeisterschaft 2018 in Russland gemeinsam: Ängstliches, zögerndes, unentschlossenes Verhalten ohne Elan und vollen Einsatz hilft nicht weiter. Es gilt, Überheblichkeit abzustreifen und aus Fehlern zu lernen. Verdrängung und Ausreden sind hier wie dort der schlechteste Ratgeber.

Viele junge Berufseinsteiger glauben, dass eine vernünftige Geldanlage nicht nur viel Börsenwissen und Glück erfordert, sondern auch eine kräftige Kapitaldecke braucht. Außerdem liegt der Ruhestand ja noch in weiter Ferne. Doch auch hier gilt wie so oft im Leben: *„Früher Vogel fängt den Wurm."* Es ist nie zu früh und nur selten zu spät, die eigene Vermögensanlage zu starten. Diese Erkenntnis hat sich in Deutschland aber noch nicht so richtig durchgesetzt. Wer mehr als 3.000 Euro monatlich verdient und/oder über 50 Jahre alt ist, investiert öfter in Aktien, ETFs, Misch- und Aktienfonds. Dagegen sind junge Menschen ab 15 bis 40 Jahren nur zu einem Zehntel dabei. Sie wollen zwar, glauben aber, es finanziell nicht meistern zu können und durchzuhalten: Auto, Wohnung, Familiengründung usw.

Wer vor 25 Jahren in weltweite Aktienfonds anlegte, erzielte im Schnitt einen Jahresgewinn von 7 %. Wer 15 Jahre lang diversifiziert in Aktien anlegte, war laut Deutschem Aktieninstitut stets erfolgreich und schaffte eine Rendite von 10,5 %. Wer vor 30 Jahren monatlich 100 € klug und langfristig anlegte, zahlte 36.000 Euro ein und freut sich heute über ein Guthaben von ca. 80.000 Euro. Also mehr als eine Verdopplung! Wer dagegen seinem lahmen Sparbuch die Treue hielt, vernichtete schleichend sein Geld durch Null- oder Niedrigzinsen und steigende Inflation.

Sobald Sie 2 bis 3 Monatsgehälter als Sicherheitsrücklage für Notfälle beiseitegelegt haben, können Sie auch mittels Einmalanlagen am besten jeweils über 1.000 € die Vermögensanlage beginnen. Für den Start empfiehlt sich bei kleinem Vermögen eine Anlage in ETFs, die den gewünschten Index bzw. das Börsenbarometer 1:1 abdecken und deshalb sehr preisgünstig sind. Sie gewinnen nie gegen den Index, aber verlieren auch nicht. Gerade daran liegt den meisten Privatanlegern viel. Ja kein Verlust, lieber mit bescheidenem Ertrag zufrieden sein! Dies gelingt mit der richtigen Strategie, Geduld und Disziplin.

Aktuelle Aussagen vom Juni 2020 zum Cloud-Computing-Trend:

René Kerkhoff, DJE Kapital: *„In Zeiten von Homeoffice, Home-Schooling und Co. dürfte sich der Trend zur Nutzung von Cloud-Diensten nochmals verstärkt haben."* Auch das Fondshaus Franklin Templeton glaubt, dass IT-Infrastruktur noch schneller in die Cloud verlagert wird. Amazon, Microsoft, Alphabet und Alibaba liegen vorn.

8.10 Ein spannendes Beispiel für spielerisches Lernen: Das Aktiendepot Value & Growth interessant für junge Leute

Börsenwissen mit Fußball: Zwei nachhaltige Musterdepots, Value & Growth, inspiriert durch die wieder mit Elan aufspielenden Fußballprofis, kämpfen um wichtige Bundesligapunkte.

Als ich mir beim Rosenheimer Börsentag im Herbst 2019 den Vortrag von Thomas Müller anhörte, inspirierte mich der Vergleich der weltweit besten Fußballer mit seinem Aktienfondsdepot. Ich entschloss mich, alles auszuprobieren, was spannend ist, die Erfolgschancen erhöht, ohne mehr Risiko einzugehen. So entwarf ich zwei internationale Aktiendepots, die strategisch die Erfolgskonzepte von Teams oberer Spielklassen kennzeichnen.

Bei der Mannschaft „VALUE" geht es um eine mehr defensive Ausrichtung mit exzellenter Abwehr- und Mittelfeldarbeit sowie flexibler Anpassung bei Spiel in Über- oder Unterzahl. VALUE rangiert aktuell im Mittelfeld auf Platz 9 mit der niedrigsten Quote bei eigenen Toreinschlägen. Umgekehrt lässt der Angriff mit Torschüssen und Torerfolgen zu wünschen übrig: die drittschlechteste Quote bei allen 18 Mannschaften.

So ganz zufrieden sind Vorstand, Trainer, Team und die eigenen Fans mit dem Spielstand nicht. Es besteht allerdings keine Abstiegsgefahr. Auch wurden die Vorfelderwartungen erfüllt. Aber zur Qualifikation für den internationalen Spielbetrieb reicht es nicht. Es stellt sich die Frage: künftig so weitermachen oder sich in der Winterpause mit einem flinken, jungen offensiven Mittelfeldspieler und einem gefährlichen Stürmer mit hoher Torschussquote verstärken, falls dies finanziell verkraftbar ist?

Die Mannschaft „GROWTH" spielt in derselben Liga und liegt derzeit zwei Punkte vorn auf Platz 8. Bald kommt es zum Lokalderby. GROWTH wollte zumindest den Relegationsplatz erkämpfen. Dieses Ziel noch zu erreichen, wird schwierig sein. Am torgefährlichen Angriff liegt dies nicht. Das offensiv ausgerichtete Team hat dicht vor der Winterpause nur zwei Treffer weniger erzielt als der Tabellenführer KI 4.0. Auch das Mittelfeld mit den schnellen Flankengebern und dem guten Ausnutzen von Konterchancen erfreut. Aber die löchrige Abwehr enttäuscht. Durch vermeidbare Fehler kommen spielstarke Gegner mit viel Ballbesitz gehäuft zu Torschüssen. Es gibt nur drei Mannschaften, die mehr Treffer ins eigene Tor hinnehmen mussten. Reicht ein Mittelfeldplatz? Oder ist die Abwehr aufzurüsten durch große, kopfball- und zweikampfstarke Innenverteidiger? Sollten sich die Außenverteidiger mehr auf die Abwehrarbeit konzentrieren, als mit schnellem Lauf den Angriff zu unterstützen?

Auf diesen Vorgaben baue ich beide Aktiendepots aus mit Ansätzen zu meiner **Hoch-/Tief-Mutstrategie**. Es geht um das Ziel, breit zu streuen, langfristig anzulegen, preiswert einzusteigen und bei Jahreshoch einen Teil zu verkaufen. Spätestens sobald der Corona-Crash überwunden ist, für mutige Anleger schon jetzt, bieten sich bei schrittweisem Vorgehen gute Chancen. Wenn Sie wissen wollen, welches Depot besser abschneidet, zählen Sie monatlich oder vierteljährlich die Einjahresergebnisse zusammen und teilen Sie jeweils durch 14.

Beim Depot „VALUE", Symbol für starke Abwehrarbeit, dominieren die defensiven, konjunkturunabhängigen, fair bewerteten substanz- und dividendenstarken Titel, ohne ganz auf chancenreiche heutige Zukunftsmärkte zu verzichten.

Das Depot „GROWTH" setzt auf offensive, wachstumsstarke Aktien aus den Zukunftsbranchen der Industrie 4.0. Kernpunkte sind die digitalisierte und vernetzte Welt, die Künstliche Intelligenz mit Robotik. Keineswegs wird auf VALUE komplett verzichtet. Nur die Gewichtung verändert sich. Bei den höheren Renditezielen, denn hier spielt die Zukunftsmusik, wird mehr Risikobereitschaft vorausgesetzt. Das KGV kann höher sein, denn Premium verdient Aufschläge.

Von der Fußball- zur Börsenstrategie: Suchen Sie sich aus den beiden spielbezogenen Musterdepots Ihre Lieblingsaktien aus, Oder bilden Sie denjenigen Vorschlag nach, der Ihren Vorstellungen am besten entspricht. Stürzt der Kurs um 50 % ab, verdoppelt sich die Dividendenrendite. Sinkt der Kurs z. B. von 200 € auf 150 € bei gleich hoher Ausschüttung von 4,50 €, erhöht sich die Div. von 2,25 % auf 3,00 %.

Depot Value: überwiegend defensive nachhaltige Titel				
14 Aktien/ Firmen	**WKN**	**Kurs 11.06.20**	**Hoch/Tief 1 Jahr €**	**Kursverlauf 1, 3, 5 Jahre**
Adidas	A1EWWW	232,10 €	316,9/160,1	-6/+50/+268 %
DAX: globaler Sportartikelfabrikant: Sportschuhe, Bekleidung und Zubehör.				
Allianz	840 400	175,35 €	232,5/116,5	-3/+24/+66 %
DAX: globaler Erstversicherungs-/Finanzdienstleister mit vielen Produkten.				
Encavis	609 500	11,50 €	13,35/6,50 €	+84/+104/+108 %
SDAX: unabhängiger Solar- und Windparkbetreiber im Kernmarkt Europa.				
Nel ASA	A0B 733	1,75 €	1,95/0,45 €	+166/+995/+890 %
Der norwegische Wasserstoffproduzent zeigt extreme Kursschwankungen.				
Mowi ASA	924 848	17,15 €	23,70/12,40	-15/+16/+72 %
Norwegen: internationaler Fischzuchtkonzern; Lachs und Meeresfrüchte.				

14 Aktien/ Firmen	WKN	Kurs 11.06.20	Hoch/Tief 1 Jahr €	Kursverlauf 1, 3, 5 Jahre
Novo Nordisk	A1X A8R	58,40 €	60,65/42,00	+38/+63/+28 %
Stoxx 50, Dänemark: Diabetes-Insulin-Behandlungen; Wachstumshormone.				
Orsted	A0N BLH	98,80 €	118,6/73,25	+40/+176 %/IPO
Dänemark: nachhaltige Offshore-Windenergie, Bioenergie, Energielösung				
Samsung El.	881 823	850,00 €	1.028/631,0	+27/+21/+123 %
Südkorea: Technologiekonzern, Elektro/Elektronik, Smartphones, Batterien				
Stora Enso	871 004	10,75 €	13,05/7,35 €	+23/+6/+47 %
Finnland: nachhaltige Verarbeitung Holz, Papierprodukte, Biomaterialien.				
Tomra Syst.	872 535	30,00 €	35,25/18,85	+13/+203/+299 %
Norwegen: nachhaltiger Maschinenbau, Pfandflaschenrücknahmesysteme				
UPM Kymm.	881 026	25,50 €	31,30/20,90	+23/+17/+115 %
Finnland: Europas Marktführer der Holzverarbeitungs- und Papierindustrie				
UnitedHealth	869 561	260,20 €	294,7/178,3	+23/+68/+158 %
Dow Jones: Gesundheitsversorgung und -vorsorge, Krankenhauspflege				
Varta	A0T GJ5	89,10 €	128,0/45,85	+113 %/IPO
MDAX: Hörgerätknopfzellen, aufladbare Lithium-Ionen-Batterien Elektronik.				
VISA	A0N C7B	168,10 €	198,4/124,9	+19/+113/+199 %
Dow Jones: Kreditkarten, Digitalbezahlung, 47.000 Transaktionen/Sekunde				

Nicht nur junge Leute, sondern Anleger aller Altersgruppen legen immer mehr Wert auf nachhaltige Aktien. Da geht es nicht nur um stabilen Umsatz und Ertrag, sondern um gesellschaftliche Werte, um Wohlergehen und Wertschätzung der Mitarbeiter, um einen sozialverträglichen Kapitalismus. Strategien und Geschäftsmodelle sollen schwerpunktmäßig mithelfen, dem Klimawandel wirksam entgegenzutreten. Also dürfen nachhaltige Firmen wie Mowi ASA, Nel ASA, Novo Nordisk, Orsted, Samsung, Tomra Systems, UPM Kymmene und Varta nicht fehlen.

Ich warne aber davor, all jene Aktien auszuschließen, die zwar im Wesentlichen, aber nicht überall den harten Kriterien entsprechen. Wer päpstlicher als der Papst sein will, macht womöglich durch Bürokratie alle gutgemeinten Vorhaben zunichte. Und es geht auch nicht nur um die Verantwortung der Unternehmen, nachhaltig zu wirtschaften, sondern ebenso um die eigenen Umweltschutzbeiträge im Lebensalltag mit Erhalt von Wohlgefühl und gutem Gewissen.

Depot Growth: überwiegend nachhaltige offensive Aktien

14 Aktien/ Firma	WKN	Kurs 12.06.20	Hoch/Tief 1 Jahr €	Kursverlauf 1, 3, 5 Jahre
2G Energy	A0H L8N	69,00 €	69,00/29,00	+54/+187/+227 %
Technologieanbieter Energieversorgung, Blockheizwerke/Bioerdgasanlagen				
Alphabet A	A14 Y6F	1.248,0 €	1.419/938,2	+31/+45/+156 %
Nasdaq: weltweit größte Suchmaschine, gezielte Firmenkundenwerbung.				
Apple	865 985	300,50 €	310,6/168,8	+77/+136/+163 %
Dow J.: Hersteller von Smartphones, MP3-Playern, Notebooks mit Software.				
Ballard Power	A0R ENB	11,40 €	14,30/2,95 €	+204/+339/+426 %
USA: Corona dürfte der Wasserstoffindustrie zum Durchbruch verhelfen.				
Eckert & Zieg.	565 970	131,00 €	206,0/90,10	+32/+286/+458 %
SDAX: radioaktive Komponenten für Messtechnik, Medizin, Wissenschaft.				
Medios	A1MMCC	38,60 €	42,00/14,75	+139/+292/+3171%
Prime: hochpreisige Arzneimittel für seltene Krankheiten, Individualtherapie.				
Mensch & Ma.	658 080	48,80 €	55,80/26,50	+42/+156/+674 %
Scale: Konstruktionssoftware Maschinenbau (CAM) und Architektur (CAD).				
Microsoft	870 747	167,65 €	175,5/106,0	+43/+178/+343 %
Dow Jones: PC-/Serversoftware, Betriebssysteme, Anwenderprogramme.				
Nemetschek	645 290	59,65 €	74,35/32,45	+30/+169/+579 %
TecDAX/MDAX: Software für Architektur; Kostenplanung, Bauausführung.				
Norilsk Nickel	A14 0M9	24,95 €	33,10/17,50	+42/+96/+57 %
RTX Russland: Marktführer Edel-/Industriemetall; Platin, Palladium, Nickel.				
PowerCell	A14 TK6	27,70 €	32,90/6,35	+242/+816/+5132%
Schweden: Die nachhaltigen Wasserstoff- bzw. Brennstoffaktien boomen.				
Puma	696 960	65,60 €	84,30/40,00	+19/+91/+341 %
MAX: schnell wachsender Sportartikelhändler; Sportschuhe, Freizeitmode.				
Sartorius Vz	716 563	288,00 €	339,0/157,3	+64/+239/+645 %
TecDAX/MDAX: qualitätskritische Prozesse Biopharmaproduktion & Labor.				
SAP	716 460	115,30 €	129,6/82,20	+3/+26/+76 %
DAX: Betriebssoftware mit Lösungspaketen für viele Branchen und Cloud.				

8.11 Können Videospiele helfen, die Erkenntnisse der Spieltheorie umzusetzen?

Strategisches Handeln ist in allen Lebenssituationen wichtig – aber auf die Börse bezogen, gewiss ganz entscheidend im Crash.

Egal, ob „Kingdom Hearts 3", „Anthem" oder „Days Gone": Der Videospielemarkt wird weiter boomen. Es sind schon zahlreiche neue Games angedacht mit einigen heiß erwarteten Titeln. Eine dreistellige Zahl neuer PC-Spiele wurden bereits 2019 vorgestellt. Es wird 2020/21 weitere Zuwachsraten geben: sehr unterschiedliche Spielformen, starker Wettbewerb, passend zugeschnitten auf alle Altersgruppen, angetrieben durch große Events. Dabei geht es nicht nur um das Ausleben von Aggressivität, Wut und Gewalt, um kriegerische Kampf- und Eroberungsspiele. Ebenso gefragt sind Weltraumabenteuer und virtuelle Erlebniswelten. Es gibt sportliche Spiele, die ähnliche Erfolgserlebnisse erzeugen wie der Sieg im echten Wettkampf. Es werden beispielsweise auch Strategiespiele aus dem Wirtschaftsleben und Finanzwesen konzipiert, die für das Managementtraining der Führungskräfte von Großkonzernen eingesetzt werden.

Die positiven Auswirkungen auf den Punkt gebracht: Es gibt Video- und Computerspiele, in denen voller Körpereinsatz gefordert wird. Dadurch können Ausdauer, Kraft und Beweglichkeit sogar zunehmen. Manche Spiele fördern zudem das soziale Miteinander. Auch Konzentration und Fähigkeiten, erfolgreiche Strategien zu erarbeiten, zu erproben und zielgerichtet anzuwenden, vermögen den Börsenerfolg günstig zu beeinflussen. Bei kluger Auswahl kann durch das Erlernen neuer Spiele die Leistungsfähigkeit des Gehirns zunehmen und Zugang schaffen zu neuen Hobbys und Erlebniswelten. Ebenso lassen sich Reaktion und psychische Belastbarkeit steigern. Manche Videospiele verbessern die Fitness und wecken Interesse an sportlichen Aktivitäten im wirklichen Leben. Es gibt neben fragwürdigen Erzeugnissen mit viel Waffeneinsatz und brutaler Machtausübung auch pädagogisch sinnvolle Produkte, die unterschiedliche Lernprozesse fördern und Strategien vorstellen, die beruflich und bei der Geldanlage nützlich sein können.

Umgekehrt ist der Zeitaufwand oft ganz beträchtlich. Viele Konsolenspieler verbringen täglich mehrere Stunden an den Geräten und vernachlässigen Schule, Beruf, Familie und Freunde. Zudem wird der Geldbeutel durch Zusatzleistungen fortlaufend strapaziert. Beim wochenlangem Apell *„wir bleiben zu Hause"* waren Videospiele hochwillkommen, um der Langeweile zu begegnen. Jedoch mag dahingestellt bleiben, ob die Begeisterung nachlässt, wenn Freizeit wieder draußen mit Bewegung, Spiel und Sport stattfindet und Schulen wie auch Unis geöffnet werden.

Welche negativen Folgen für Gesundheit und Wohlergehen sind zu befürchten? Weniger die Spiele selbst als die Folgen des oft zeitlich sehr hohen Aufwands gefährden das Wohlbefinden. Viele Videospiele sind bewegungsarm mit erhöhtem Risiko zu Übergewicht und motorischen Problemen. Es drohen Verdauungs- und Kreislaufprobleme, Kopf-, Nacken- und Rückenschmerzen, Krämpfe und Haltungsschäden. Hinzu kommt die Gefahr, Gewalt zu verherrlichen. Kontakte zu Familienmitgliedern und Freunden verkümmern. Ein starker schulischer und beruflicher Leistungsabfall ist zu befürchten, wenn die Freude am Spiel zur Sucht wird und andere Interessen dadurch verkümmern.

Einen Aufschwung gab es durch den Corona-Crash ab Frühjahr 2020. Die Ausgeh- und Reiseverbote, Aussperrungen, Schul- und Geschäftsschließungen, Absagen von Großveranstaltungen wie Messe und Fußballbundesliga machten viele Unternehmen krank mit Pleitegefahr. Die Spielebranche mit den Streaming-Angeboten erlebte einen ungeahnten Boom, was sich an den steigenden Aktienkursen bei Electronic Arts und Nintendo deutlich zeigte. Während andere Werte crashbedingt um die Hälfte einbrachen, gab es hier imposanten Zugewinn. Beim Streaming führen im Juni 2020 Netflix vor Walt Disney und Amazon.

7 internationale Entwickler und Hersteller Videospiele				
Aktie/Unternahmen	WKN	Kurs 12.06.20	Hoch/Tief 1 Jahr €	Kursverlauf 1, 3, 5 Jahre
Activision Blizz.	A0Q 4K4	63,95 €	70,40/45,15	+59/+26/+96 %
Nasdaq 100: US-Videospielhersteller und Betreiber von Onlineplattformen.				
Electronic Arts	878 372	108,05 €	113,4/76,15	+31/+11/+96 %
Nasdaq 100: Unterhaltungselektronik, Videospiele, Konsolen, Workstations.				
Microsoft	870 747	167,70 €	175,5/116,7	+47/+185/+353 %
Dow Jones: Weltmarktführer PC-Software, auch Konsolen und Videospiele.				
Nintendo	864 009	392,95 €	409,0/260,0	+29/+43/+168 %
Japan, Nikkei 225: seit Jahren im Videospielsektor mit Bestsellern aktiv.				
Sony	853 687	60,35 €	66,80/40,35	+38/+85/+125 %
Japan, Nikkei 225: Unterhaltungselektronik, Robotik, Videospiele/Konsolen.				
Take Two	914 508	118,00 €	134,0/91,60	+23/+81/+368 %
Nasdaq 100: Entwickler und Herausgeber der Labels „Rockstar" und „2K".				
Zynga	A1J MFQ	8,25 €	9,20 €/4,90	+52/+145/+214 %
Amerikanischer Entwickler, Hersteller und Vertreiber im Videospielbetrieb.				

Kann die Spieltheorie im Börsenalltag und in schwierigen Zeiten dazu dienen, den Anlageerfolg zu erhöhen?

Ausgehend von den Erkenntnissen der Spieltheorie können strategische Spiele wie Schach und andere Denkspiele durch Erkennen von Gemeinsamkeiten den eigenen Börsenerfolg günstig beeinflussen. Es geht darum, nicht stundenlang in der Vergangenheit herumzuwühlen, nicht zeitraubende Analysen auf Nebenschauplätzen durchzuführen, sich nicht durch Erbsenzählerei abzulenken. Was soll es beispielsweise bringen, das Kurs-Gewinn-Verhältnis (KGV) über einen Zeitraum von fünf Jahren zurückzuverfolgen? Lohnt es sich, in mühsamer Kleinarbeit ältere Geschäftsberichte durchzublättern?

Es gilt, sich auf die Schwerpunkte zu konzentrieren, ergebnisorientiert und zielgerichtet vorzugehen. Wichtige Auswirkungen und mögliche Folgeerscheinungen sind im Auge zu behalten. Wenn ich weiß, dass nach jedem bisherigen Crash – Japan einmal ausgenommen – die neuen Höchststände die alten Rekordmarken deutlich übertrafen, muss ich nicht in panischer Angst mein gesamtes Aktiendepot auflösen und mit erheblichem Verlust abverkaufen.

Folgende beispielhafte und anschauliche Erkenntnis sollte Sie davor bewahren, solche entscheidenden Fehler zu machen: Vor dem dreijährigen Crash von 2000 bis 2003 betrug der Höchststand beim deutschen Leitindex DAX rund 8.000 Punkte. Der Absturz ging bis 2.200 Punkte. Die anschließende Erholung gipfelte bei rund 10.000 Zählern. Der Crash in der Weltwirtschaftskrise 2008/09 führte zu einem neuerlichen Tiefstand im März 2009 von 3.600 Punkten. Anschließend erholte sich der deutsche Leitindex durch die Null- und Strafzinspolitik in einer zehnjährigen Rallye bis auf 13.800 Punkte.

Der im März 2020 begonnene Corona-Crash brachte in der heftigsten Reaktion in diesem Jahrtausend einen DAX-Absturz um rund 40 % auf 8.200 Punkte. Momentan notiert der DAX nach wochenlanger Kurserholung bei über 12.000 Punkten. Wo werden die neuen Höchststände wohl liegen, wenn die starke Rezension überwunden und das Überschuldungsszenario mit den großen Konjunkturprogrammen beendet ist? Ein DAX-Stand bei 14.000 oder 15.000 Punkten? Oder sogar noch mehr?

Was passiert, wenn ich übereilt oder zu spät Entscheidungen treffe? Was geschieht, wenn ich gute Einfälle habe, aber sie nicht beherzt umsetze? Meine Hoch-/Tief-Mutstrategie verwirklicht spieltheoretische Ansätze. Sie ist zielgerichtet konzipiert, konzentriert sich mit preiswertem Zukauf und gewinnbringendem Teilverkauf auf die Hauptschauplätze. Immer geht es auch um kurz-, mittel- und langfristige Auswirkungen. Welche Vorteile bringt die Neuausrichtung? Welche Nachteile drohen? Wie sieht es auf der Kosten- und der angepeilten Ertragsseite aus?

8.12 Helfen Spieltheorien in Krisen, im Gesundheitswesen und bei Robotik, nachhaltige Aktiendepots aufzubauen?

Im Bereich der weltweit innovativsten Firmen herrscht aufgrund der Corona-Krise im Gesundheitswesen ein heißer Konkurrenzkampf um die besten Wirkstoffe, Therapien und Impfstoffe.

Wer mithilfe der Spieltheorie lernt, strategisch zu denken, durch Ausschalten von Nebensächlichkeiten zielstrebig und zukunftsträchtig zu analysieren, dürfte im Gesundheitswesen zu den Siegern zählen. Es geht auch darum, im Zuge des demografischen Wandels mit dem längeren Leben nachhaltig wirtschaftende und ethische Standards erfüllende Unternehmen aus der riesigen Fülle börsennotierter Gesellschaften frühzeitig zu erkennen. Der patentgeschützte Ideenreichtum mit wegweisenden Forschungen, Entdeckungen und Erfindungen kennzeichnet die Erfolgsformel der kreativsten Firmen. Viele Aktionäre dürften zwar Medtronic, aber nicht unbedingt Boston Scientific, Intuitive Surgical, Masimo und Stryker auf dem Radarschirm haben.

Die weltweit innovativsten Gesundheitskonzerne 2019 aus Experten- und *Handelsblatt*-Listen übernommen				
Aktie, Unternehmen	WKN	Kurs 12.06.20	Hoch/Tief 1 Jahr €	Kursverlauf 1, 3, 5 Jahre
Abbott Laborat.	850 103	79,75 €	91,05/59,00	+11/+89/+82 %
AstraZeneca	886 455	91,65 €	108,0/64,55	+36/+69/+92 %
Bayer	BAY 001	65,80 €	79,00/45,00	+30/-36/-37 %
Boston Scienti.	884 113	31,60 €	41,60/23,65	-12/+30/+101 %
Carl Zeiss Med.	531 370	86,90 €	121,9/67,90	-3/+92/+309 %
Drägerwerk	555 060	53,40 €	77,60/31,50	+37/-30/-30 %
FMC	578 580	75,55 €	81,00/53,50	+15/-10/+6 %
Gilead Science	885 823	64,80 €	85,00/55,80	+14/+24/-28 %
Intuitive Surgi.	888 024	494,60 €	572,1/345,0	+11/+85/+237 %
Johnson & J.	853 260	125,40 €	145,2/104,0	+3/+16/+65 %
Masimo Corp.	578 074	197,00 €	240,0/123,5	+58/+153/+481 %

Aktie, Unternehmen	WKN	Kurs 12.06.20	Hoch/Tief 1 Jahr €	Kursverlauf 1, 3, 5 Jahre
Medtronic	A14 M2J	82,85 €	110,9/66,75	-1/+13/+37 %
Merck KGaA	659 990	101,50 €	125,6/76,35	+13/+1/+16 %
Roche Holding	851 311	247,60 €	252,6/244,4	+18/+20/+37 %
Stryker	864 952	163,85 €	209,1/116,8	-4/+32/+92 %

Die Aktien des deutschen Gesundheitswesens spielen zwar in der Weltrangliste der innovativsten Unternehmen keine herausragende Rolle. Aber innerhalb Deutschlands, alle Branchen eingeschlossen, rangiert der Siemens-Konzern mit seinem Geschäftsfeld „Healthcare" ganz vorn. Die Augenheilkunde-Firma Carl Zeiss Meditec und der DAX-Pharmariese Bayer werden ebenfalls von Experten als besonders innovativ eingeschätzt. Dies gilt ebenso für Fresenius Medical Care und Merck KGaA. Auch das Geschäftsmodell Schutzkleidung und Sicherheitssysteme des Medizintechnikers Drägerwerk ist vom TecDAX und SDAX gefallen. Alle aufgezählten Aktien schmücken mein Depot. Medizin-Cannabis-Aktien brachen nach dem unglaublichen Höhenflug früherer Jahre nach kurzer Erholung weiter ein. Dennoch wächst die Hoffnung, dass der US-Kongress für eine bundesweite Legalisierung von Cannabis stimmen wird. Fällt die Entscheidung zugunsten von Cannabis-Medizin aus, dürften die Aktienkurse von Canopy und Co. rasch nach oben springen.

Wer jedoch glaubt, die Spezialisten, also die großen Pharma-, Medtech- und Biotechkonzerne machen das Rennen allein unter sich aus, irrt gewaltig. Auch Samsung, Philips, Siemens, Olympus, Alphabet, Sony, Nike, Apple, Microsoft und Qualcomm mischen hier ordentlich mit. Möglich machen dies die zahlreichen Unternehmenstöchter, Übernahmen und Fusionen sowie die großteils erweiterten und ausgebauten Geschäftsmodelle im Bereich Industrie 4.0, Künstliche Intelligenz mit Robotik, digitalisierte und vernetzte Welt. Vor allem die Robotik wird den Medizinbereich erobern, und zwar bei Diagnostik, neuartigen Operationstechniken, medizintechnischen Apparaturen und Prothesen sowie digitaler Transformation.

Wie Robotik die Unternehmenslandschaft nachhaltig prägt, also Aktien Künstliche Intelligenz dazugehören

Bei der Suche nach neuen Geschäftsmodellen zum Klimaschutz als Antwort auf wegbrechenden Umsatz und Ertrag spielen die Digitalisierung, eine nachhaltige Infrastruktur, insbesondere aber die Künstliche Intelligenz mit Robotik eine Schlüsselrolle.

Die moderne Wirtschaftswelt ist ohne KI nicht denkbar.

Das digitale Zeitalter entwickelt sich zum Zeitalter der Algorithmen mit dem Ziel, wettbewerbsfähig zu bleiben und Alleinstellungsmerkmale auch im Hinblick Klima- und Umweltschutz auszubauen. Dies erfordert geschickte Strategien, wie sie die Spieltheorie entwickelt.

Dazu gehören Mut und Elan, Visionen und Ideen zu verwirklichen, bei Fehlschlägern nicht aufzugeben, sich von Veraltetem zu trennen und aus Fehlern zu lernen. Intelligente Roboter sollen die Mitarbeiter entlasten und dabei helfen, Aufgaben schnell und effizient zu lösen. Unternehmen versprechen sich Wachstum und Erfolg durch Künstliche Intelligenz mit dem Arbeitskollegen Roboter. Dieser wird nicht mehr, weil als gefährlich und unberechenbar empfunden, durch Gitter abgetrennt, sondern arbeitet Hand in Hand mit Technikern und Ingenieuren zusammen.

Unternehmerumfrage: Wie sehen Ihre Erwartungen und Hoffnungen im Einzelnen aus?

68 %:	**verbesserte Produktionsprozesse**
58 %:	**bessere Auslastung der Kapazitäten**
43 %:	**geringere Herstellungskosten**
41 %:	**schnelleres Umsetzen individueller Kundenwünsche**
21 %:	**bessere Planung von Wartungsprozessen**
19 %:	**niedrigere Personalkosten**
15 %:	**flexiblere Arbeitsorganisation**
14 %:	**Gewinnung neuer Kundengruppen**
10 %:	**Veränderung bzw. Entwicklung neuer Geschäftsmodelle**
4 %:	**Erweiterung der Produktpalette**

Unternehmerumfrage: Was belastet den Einsatz Industrie 4.0?

72 %:	**hohe Investitionskosten**
58 %:	**die hohen Anforderungen an den Datenschutz**
56 %:	**die vielen Vorschriften bezüglich Datensicherheit**
49 %:	**der sich verstärkende Mangel an Fachkräften**
45 %:	**Schwierigkeit und Umfang von Geschäftsmodell und Thema**
45 %:	**die Störanfälligkeit der Systeme**
42 %:	**ein noch fehlender klarer Rechtsrahmen**
31 %:	**fehlende oder unzureichende Standards**
10 %:	**eine noch geringe Akzeptanz in der Belegschaft**

Maschine gegen Mensch in Strategiespielen 1994 bis 2018

Jahr	Spiel	Wettbewerbsbeschreibung
1994	Dame	Das Programm Chinook gewinnt die Weltmeisterschaft im Gesellschaftsspiel Dame. Es ist der erste Triumph einer Maschine über den Menschen.
1996	Schach	Der Schachcomputer Deep Blue besiegt den Weltmeister Garri Kasparow, damals eine Sensation.
2011	Jeopardy	Der Computer IBM Watson schlägt menschliche Gegner in dem Ratespiel, wo es auf Wortspiele und Ironie ankommt – ein ganz neues Gebiet für KI.
2016	GO	Google AlphaGo besiegt die Spieler in dem vermeintlich undurchdringbaren chinesischen Brettspiel.
2017	Poker	Ein Programm von Carnegie Mellon triumphiert in dem Kartenspiel, das von Bluff und Abwägung lebt.
2018	Dota 2	Fünf neuronale Netze bezwingen ein Team von fünf Experten im Videospiel Dota 2. Hier kommt es auf Vorstellungskraft und Teamplay an.

Quelle: *Handelsblatt*, Nr. 158: „Digitaler Umbruch", 17. August 2018, S. 40

Blick auf drei innovative Industrieroboter-Neuheiten von 2018

2018: Eine eindrucksvolle Roboterauswahl Industrie 4.0

Name und Typ	Leistungsbeschreibung
Exoskelett Mate von Comau	**Typ: Medizintechnikroboter zur Vorbeugung.** Er unterstützt Arbeiter beim Beugen und Strecken der Schultern und sorgt für Kraft, Kontrolle, Balance. Die Zahl der Fehltage sinkt, Arbeitsqualität und Effektivität steigen.
OnRobot Gecko Gripper	**Typ: Weltweit erster Roboter mit einem neuartigen Greifsystem.** Gecko Gripper kann Werkstücke mit einer unebenen oder löchrigen Oberfläche problemlos aufheben und absetzen.
Yaskawa Moto-Mini	**Typ: Minitalent.** Das bislang kleinste Modell der Motoman-Roboterserie eignet sich für die Montage kleinerer Werkstücke. Bei einer Reichweite von 35 cm und Tragfähigkeit von 500 g bewegt er sich blitzschnell.

Wettrennen der Roboterautos mit Google-Tochter Waymo

16 Millionen Kilometer hat der Autoroboter von Waymo, Tochter des Weltkonzerns Google, auf öffentlichen Straßen bereits zurückgelegt. Der Mini-Van ist in der Stadt Phoenix im Bundesstaat Arizona unterwegs. Hier erhielt Waymo als erster Entwickler von selbst fahrenden Autos die Genehmigung, seine Kraftfahrzeuge ohne menschlichen Fahrer zu testen. Der weiße Van ist schon so weit entwickelt und fahrtüchtig, dass er eigenständig auf den Straßenverkehr, kreuzende Autos, Radler, Fußgänger, Ampeln und Stoppschilder reagieren kann. Er beschleunigt das Tempo, wenn die Fahrbahn frei ist, und drosselt die Geschwindigkeit, wenn sich ein Verkehrsteilnehmer vordrängeln will. So weit sind deutsche Autohersteller noch nicht.

Der wichtige Zukunftsmarkt Künstliche Intelligenz (KI)					
Aktie/ Firma	**WKN**	**Index**	**Kurs 12.6.20**	**Hoch/Tief 1 Jahr €**	**Kursverlauf 1, 3, 5 Jahre**
Alphabet C	A14 Y6H	Nasdaq	1.240 €	1.419/943,3	+31/+47/+161 %
Googles Mutterkonzern spielt mit seiner Suchmaschine und KI ganz vorn mit.					
Amazon	906 866	Nasdaq	2.225 €	2.348/1.440	+36/+159/+485 %
Weltweit größter Onlinehändler, 150 Länder, sehr viel Künstliche Intelligenz.					
Intuitive S.	888 024	Nasdaq	494,60 €	572,1/345,0	+11/+85/+237 %
Roboterunterstützte Chirurgie, hochentwickelte Instrumente/Geräte/Zubehör.					
KLA Corp.	865 884	Nasdaq	161,55 €	171,3/95,75	+61/+76/+223 %
Prozesssteuerung und Kontrolle für Halbleiterindustrie und Mikroelektronik.					
Siemens	723 610	DAX	97,70 €	119,9/58,95	-4/+32/+92 %
Industrieautomatisierung, ICE/IC-Lokomotivenbau, Infrastrukturlösungen.					
Sony	853 687	Nikkei	60,40 €	66,80/44,25	+38/+85/+125 %
Elektronische Geräte, Instrumente, Spielekonsolen, Software, TV, Roboter.					
Synopsys	883 703	Nasdaq	157,3 €	168,1/98,55	+40/+140/+254 %
Chip-Automatisierungsprozesse, Schaltkreise, Designsoftware Elektronik.					
Teledyne	926 932	S&P 500	310,0 €	368,0/180,0	+40/+167/+229 %
Elektronikausstattungen Industrie 4.0, Anwendungen Künstliche Intelligenz.					
Xilinx	880 135	Nasdaq	80,35 €	118,0/61,90	-16/+46/+114 %
Weltmarktführer für programmierbare, logische Schaltkreise, Platinen (PLD).					

Fallbeispiel: Cozmo, der smarte kleine Spielroboter für einen ständigen Platz am Tisch

Immer mehr Spielroboter für Jung und Alt erobern die häusliche Umwelt, aber sind auch in Pflegeheimen begehrt. Bekannt ist vor allem COZMO, der so klein wie ein Hamster ist, niedlich aussieht, auf dem Schreibtisch steht und für vielfältige Unterhaltung sorgt. Er erweitert, da mit Künstlicher Intelligenz ausgestattet, seine Fähigkeiten und beeindruckt durch sein Lernvermögen. Er lädt zum Spielen und Organisieren ein, kann aber als Tischbewohner auch von zu erledigenden Büro- und Schreibarbeiten ablenken.

COZMO erkennt seinen Besitzer, spricht ihn mit Namen an, unterscheidet ihn von anderen Personen und erinnert an Termine. Der smarte, kluge Roboter, beliebt bei Groß und Klein, hat vier Motoren, Kamera und Gesichtserkennung. Er kostet ungefähr 230 €. Auch für alleinlebende Senioren bietet er vielleicht eine willkommene, informative Abwechslung. Dies umso mehr, solange Freiheitsrechte wie uneingeschränkter Ausgang und Besuche in den Zeiten der Corona-Pandemie weitgehend untersagt waren.

Lässt sich in der Krise auf Unternehmerseite und auch privat Gutes tun, um Nachhaltigkeitsvorhaben nicht zu verdrängen, sondern weiter zu entwickeln?

Auszüge „Bulle & Bär" von Peter Köhler, *Handelsblatt* 09.06.2020

„Die Krise bietet die Chance, den eigenen Ruf zu verbessern und Marktanteile zu gewinnen, meinen etwa die Experten der Gesellschaft Nikko Asset Management. – In Asien habe der Lebensversicherer AIA Millionen von Kunden, Mitarbeitern und Vertretern kostenlose Covid-19-Versicherungen zur Verfügung gestellt. Und in den USA habe der Versicherer Progressive Corp. 1 Mrd. Dollar an Prämien an Kunden zurückgegeben, die ihr Fahrzeug nicht so häufig nutzten. – Und der Konsumgüterkonzern Unilever spendete in Europa mehr als 100 Mio. € in Form von Seife, Desinfektions- und Lebensmitteln. Darüber hinaus habe er Kunden und Lieferanten 500 Mio. € zur Verfügung gestellt, um ihnen durch die Krise zu helfen.

Mehr als die Hälfte der weltweiten Vermögensmanager kann sich künftig vorstellen, dass nur noch solche Anbieter finanzielle Mittel zum Anlegen erhalten, die ESG-Kriterien berücksichtigen. Ganz oben auf der Agenda der Geldverwalter steht der Klimawandel. Danach kommen Fragen zur Wasserversorgung und Reduzierung von Kunststoffmüll. An Bedeutung gewinnen dürften in Zukunft die Themen Bildung und Gesundheit. Längst erwiesen ist, dass sich nachhaltige Anlagen lohnen."

⑨ Überprüfen Sie in wenigen Minuten Ihr Börsenwissen in 6 Schnelltests

Die sechs Bögen für Schnelltests sollen Ihnen vor allem dabei helfen, neben dem unverzichtbaren Grundwissen Zugang zu guten börsennotierten Nachhaltigkeitsfirmen zu finden. Das sich daran anschließende kleine Lexikon dient als Nachschlagewerk, sobald Sie sich unsicher fühlen. Vergleichen Sie Ihre Arbeiten erst dann mit den Lösungen, wenn Sie mit den Aufgaben fertig sind. Vorheriges Spicken täuscht Wissen vor, das dann fehlt.

In den sechs Schnelltests dreht sich vieles, aber nicht alles um nachhaltig wirtschaftende und nach ethischen Grundsätzen handelnde Firmen und deren Aktien. Sie sollten wissen, in welchem Index sie gelistet sind, in welcher Marktnische sie sich bewegen, worauf sich ihr Geschäftsmodell konzentriert, womit sie ihr Geld verdienen. Es lohnt sich die Kenntnis, ob sie hoch oder niedrig bewertet sind, viel, wenig oder nichts ausschütten und ob sie soziale, auf Umweltschutz und Wertschätzung ausgerichtete ethische Standards erfüllen.

Lösungstipps: Wie gehen Sie klug mit den Eingangsrätseln um?

Nehmen wir als Lösungswort den Börsenaltmeister André Kostolany. In die farbig markierte Spalte nach den Begriffen ist das Lösungswort einzutragen. Es sofort zu suchen, ist mühsam, zeitraubend und verleitet zu Fehlern. Besser ist es, zunächst die Begriffe in jene Buchstabenspalten einzutragen, die genau passen und andere Lösungen kaum zulassen. So ist es nicht allzu schwierig, als zweites Wort eine dänische Firma mit 6 Buchstaben zu finden, die im Bereich Erneuerbare Energien tätig ist, nämlich Orsted. Gewiss fällt es jedem ein, dass ein deutscher Index mit vier Buchstaben wohl nur der SDAX oder MDAX sein kann. Und beim norwegischen Nachhaltigkeitsunternehmen, dass Pfandflaschenautomaten baut, dürfte Tomra kaum Probleme bereiten.

Buchstabenfolgen geben praktische Zuordnungshinweise. Zwischen **S** und **H** steht fast immer ein **C**. Drei Selbstlaute hintereinander sind so selten wie fünf Mitlaute. Vor **NG** steht meist ein **U** oder **I**. Nach einem **M**, **N** oder **R** folgt oft der Doppelmitlaut oder ein Vokal, nach **Q** ein **U**, nach **J** oder **Z** gewöhnlich ein Selbstlaut. Sobald das Gerüst beim Lösungswort steht, winkt die Lösung blitzschnell. Das macht Spaß.

Schnelltest:-Aufgabe Nr. 1 zur Wissensüberprüfung

Nr.	Lösungsmuster 1 auf Seite 217		Punkte
1	**Börsenrätsel: Setzen Sie die fehlenden Buchstaben ein. Das Lösungswort aus den Anfangsbuchstaben betrifft die Börse.**		12 [ ]
1.1	Grundlage für Aktienauswahl		1 [ ]
1.2	wichtiges Anlageziel		1 [ ]
1.3	Begriff aus der Charttechnik		1 [ ]
1.4	Preissteigerungsrate		1 [ ]
1.5	Aktienindex, Börsenbarometer		1 [ ]
1.6	günstig bei Kreditaufnahme		1 [ ]
1.7	typische Reaktion im Crash		1 [ ]
1.8	Anlageziel gutes Gewissen		1 [ ]
1.9	EZB legt ihn fest für die EU		1 [ ]
1.10	DAX-Aktie Sportartikel		1 [ ]
1.11	Anlageform für Vorsichtige		1 [ ]
1.12	preiswerte Geldanlage		1 [ ]
2	**Wissen: Was stimmt? Was ist falsch? Ankreuzen!**	Ja Nein	8 [ ]
2.1	Vergangenheitsanalysen müssen zielführend sein.		1 [ ]
2.2	Schnüffeln in Nebenschauplätzen ist unverzichtbar.		1 [ ]
2.3	Kluge Strategien beziehen die Zukunftsfolgen mit ein.		1 [ ]
2.4	Der Digitalisierungstrend ist nicht mehr aufzuhalten.		1 [ ]
2.5	Stimmt oft: Gier frisst Hirn. Panik tötet den Verstand.		1 [ ]
2.6	Guter Rat: Gewinne laufen lassen, Verluste aussitzen.		1 [ ]
2.7	Charttechnik wertlos, da auf Vergangenheit bezogen		1 [ ]
2.8	Videospiele sind wegen Ablenkung strikt abzulehnen.		1 [ ]
3	**Zuordnung: Welche Aussagen treffen voll zu?**	Nr.	6 [ ]
3.1	**Value-Aktien:** 1) Konjunkturabhängig, 2) fair bewertet, 3) immer nachhaltig, 4) defensiv, 5) wachstumsstark, 6) nur große Titel, 7) oft hohe Dividende, 8) Warren Buffett als Vorbild, 9) viele TecDAX-Aktien	**Nr.**	3 [ ]
3.2	**Growth-Aktien:** 1) Zukunftsmärkte, 2) Internet der Dinge, 3) konjunkturunabhängig, 4) starkes Wachstum, 5) offensiv, 6) niedriges KGV, 7) viele Konsumaktien, 8) nur kleine und mittelgroße Titel, 9) Robotikaktien	**Nr.**	3 [ ]
	24–26 P. = 1, 21–23 P. = 2, 18–20 P. = 3, 15–17 P. = 4	26 P.	[ ]

Nr.	Lösungsmuster 2 auf Seite 218	Punkte

Schnelltest:-Aufgabe Nr. 2 zur Wissensüberprüfung

Nr.	Lösungsmuster 2 auf Seite 218	Punkte
1	Börsenrätsel: Setzen Sie die Buchstaben ein. Das Lösungswort aus den Anfangsbuchstaben ist Basis für Börsenerfolg.	12 [ ]
1.1	Strategie von Hedgefonds	1 [ ]
1.2	Weltweit größte Suchmasch.	1 [ ]
1.3	Wasserstoffaktie	1 [ ]
1.4	Wachstumsaktien	1 [ ]
1.5	wichtig für Anlageerfolg	1 [ ]
1.6	Produktionsziel Autoindustrie	1 [ ]
1.7	Zahlungsunfähigkeit	1 [ ]
1.8	Teil der Hoch-/Tief-Strategie	1 [ ]
1.9	Hauptziel von Kapitalanlage	1 [ ]
1.10	Börsenbarometer	1 [ ]
1.11	Order bis Monatsende	1 [ ]
1.12	wichtiger Index	1 [ ]
2	Wissenstest: Was stimmt? Was ist falsch? Kreuz! Ja Nein	8 [ ]
2.1	Biotech-/Software-/Technologiebranche chancenreich	1 [ ]
2.2	unverzichtbar Industrie 4.0: Digitalisierung/Vernetzung	1 [ ]
2.3	Rohstoffe spielen langfristig weltweit keine Rolle mehr.	1 [ ]
2.4	Schnelles Rein/Raus bringt gewöhnlich beste Rendite.	1 [ ]
2.5	Kein Fluch, sondern Segen, langfristig anlegen!	1 [ ]
2.6	Bei Konsumgütern ist das Risiko höher als bei Biotech.	1 [ ]
2.7	Nachhaltig: gut fürs Gewissen, schlecht für die Rendite.	1 [ ]
2.8	Klimaschutz ist als Unternehmensziel immer wichtiger.	1 [ ]
3	Welche Aussagen stimmen zur Beispielreihe Crash? Nr.	3 [ ]
	1) droht nur im Oktober, 2) nur bei Platzen von Spekulationsblasen, 3) droht bei großen Krisenherden, 4) wahrscheinlich bei neuem gefährlichem Virus, 5) alle Titel tief im Minus, 6) leider oft: Depot-Panikausverkauf **Nr.**	3 [ ]
4	Welche Aussagen gelten für Hoch/Tief-Mutstrategie? Nr.	3 [ ]
	1) möglichst Order ab 1.000 €, 2) bei Crash Komplettverkauf, 3) nur Value-Aktien kaufen, 4) Stammtischtipps beachten, 5) auf Bauchgefühl vertrauen, 6) Kursschwäche: Zukauf, 7) bei den besten Aktien nur Teilverkauf **Nr.**	3 [ ]
24–26 P. = 1, 21–23 P. = 2, 18–20 P. = 3, 15–17 P. = 4	26 P.	[ ]

Nr.	Lösungsmuster 3 auf Seite 219	Punkte
1	Börsenrätsel: Setzen Sie die Buchstaben ein. Das Lösungswort hängt mit Börse zusammen und ist beliebt.	12 [ ]
1.1	aufwärts strebende Börse	1 [ ]
1.2	schnell und preiswert	1 [ ]
1.3	Deutschland hoher Anteil	1 [ ]
1.4	wichtige Zukunftsbranche	1 [ ]
1.5	Nachhaltigkeitsaktie	1 [ ]
1.6	Aktienindex	1 [ ]
1.7	Aktienindex	1 [ ]
1.8	Anlage für Nachwuchs	1 [ ]
1.9	Wasserstoffaktie	1 [ ]
1.10	Preissteigerungsrate	1 [ ]
1.11	Investition gutes Gewissen	1 [ ]
1.12	DAX-Konzern Gase	1 [ ]

Nr.	Nebenwerte: Richtig oder falsch? Ankreuzen!	Ja	Nein	8 [ ]
2.1	Nebenwertefirmen arbeiten nur selten nachhaltig.			1 [ ]
2.2	Im TecDAX seit Indexreform sechs DAX-Titel dabei.			1 [ ]
2.3	20 Jahre: MDAX-Rendite doppelt so hoch wie DAX.			1 [ ]
2.4	Strategiefehler: Konzentration auf Nebenschauplätze			1 [ ]
2.5	effiziente Strategie: Fokus auf Ziel und Folgen			1 [ ]
2.6	Hohe Dividende mit Value-Strategie im Einklang.			1 [ ]
2.7	Auf-/Abstieg MDAX/TecDAX/SDAX einmal jährlich.			1 [ ]
2.8	Familiengeführte Firmen arbeiten immer nachhaltig.			1 [ ]

Nr.	A sucht B. Bilden Sie die passenden Wortpaare.	A/B	Punkte
3.1	A1) Defensivstrategie, A2) Offensivstrategie, A3) genaue Indexanpassung, A4) Klima-/Umweltschutz, A5) Nasdaq 100, A6) Leitindex USA, A7) drohender Totalverlust, A8) Zukunftsmärkte, A9) größter Crashfehler, A10) risikoreiche Kapitalanlage	A1/B	1 [ ]
		A2/B	1 [ ]
		A3/B	1 [ ]
		A4/B	1 [ ]
		A5/B	1 [ ]
		A6/B	1 [ ]
3.2	B1) Panikausverkauf, B2) Nachhaltigkeitsfirmen, B3) Dow Jones, B4) Robotik, B5) Value-Aktien, B6) Technologiebörse USA, B7) ETF, B8) Hebelprodukte, B9) Bilanzbetrug, B10) Growth-Aktien	A7/B	1 [ ]
		A8/B	1 [ ]
		A9/B	1 [ ]
		A10/B	1 [ ]

28–30 P.: 1, 25–27 P.: 2, 22–24 P.: 3, 18–21 P.: 4	30 P.	[ ]

Schnelltest:-Aufgabe Nr. 4 zur Wissensüberprüfung		
Nr.	**Lösungsmuster 4 auf Seite 220**	**Punkte**
1	Börsenrätsel: Setzen Sie die Buchstaben ein. Das Lösungswort kennzeichnet das heutige Börsengeschehen.	12 [ ]
1.1	Nachhaltigkeitsaktie	1 [ ]
1.2	Aktienindex	1 [ ]
1.3	Zuständigkeit EZB	1 [ ]
1.4	wichtig bei Corona	1 [ ]
1.5	Aktienindex	1 [ ]
1.6	Ziel Fahrzeugindustrie	1 [ ]
1.7	Zukunftsmarkt	1 [ ]
1.8	Begriff aus Informatik	1 [ ]
1.9	Windkraftaktie	1 [ ]
1.10	Ausschüttung	1 [ ]
1.11	nur breit gestreut gut	1 [ ]
1.12	DAX-Absteiger 2020	1 [ ]
2	Welche Aussagen passen nicht? Nummern einsetzen! 10 [ ]	
2.1	**Gesundheit:** 1) Biotech, 2) Medtech, 3) Diagnostik, 4) Nanotechnik, 5) Suchmaschine, 6) Klinische Studie	Nr. 2 [ ]
2.2	**Zukunftstrends:** 1) Industrie 4.0, 2) Cloud, 3) Internet der Dinge, 4) Kosmetik, 5) Big Data, 6) Erdölabbau	Nr. 2 [ ]
2.3	**MDAX:** 1) 70 Werte, 2) nur deutsche Titel, 3) jährlich Auf-/Abstieg, 4) Mid Caps, 5) auch Medtech/Biotech	Nr. 2 [ ]
2.4	**TecDAX:** 1) 50 Technologietitel, 2) auch Ausland, 3) Nachfolger Neuer Markt, 4) Micro Caps, 5) Finanztitel	Nr. 2 [ ]
2.5	**SDAX:** 1) 70 klassische Werte, 2) nur Deutschland, 3) Prime Standard, 4) Small Caps, 5) vier DAX-Aktien	Nr. 2 [ ]
3	A sucht B. Bilden Sie die passenden Wortpaare.	A/B 8 [ ]
3.1	A1) besitzen kreative Firmengründer, A2) wirtschaften oft nachhaltig, A3) Strategie zielorientiert, A4) Stoxx 50, A5) nichts für Anfänger, A6) hält mit Nasdaq oft mit, A7) Euro Stoxx 50, A8) ETF	A1/B 1 [ ] A2/B 1 [ ] A3/B 1 [ ] A4/B 1 [ ] A5/B 1 [ ]
3.1	B1) Spieltheorie, B2) TecDAX, B3) Gesamteuropa, B4) Eurozone, EU, B5) Bitcoin, B6) passiv gemanagt, B7) Familienfirmen, B8) Erfinder/Entdecker-Gen	A6/B 1 [ ] A7/B 1 [ ] A8/B 1 [ ]
	28–30 P.: 1, 25–27 P.: 2, 22–24 P.: 3, 18–21 P.: 4	30 P. [ ]

\multicolumn{3}{}		
Schnelltest: Aufgabe Nr. 5 zur Wissensüberprüfung		
Nr.	**Lösungsmuster 5 auf S. 221**	**Punkte**
1	Börsenrätsel: Setzen Sie die fehlenden Buchstaben ein. Beim Lösungswort geht es um eine Gesellschaftsform.	13 [ ]
1.1	frei handelbare Aktien	1 [ ]
1.2	Aktien als Schutz vor	1 [ ]
1.3	Medtechaktie Ausland	1 [ ]
1.4	Schwellenland	1 [ ]
1.5	verringert Gewicht	1 [ ]
1.6	anderer Name für ETF	1 [ ]
1.7	Energie sollte sein	1 [ ]
1.8	Wasserstoffaktie	1 [ ]
1.9	jährlich 801 Euro	1 [ ]
1.10	Halbleiteraktie DAX	1 [ ]
1.11	Anlageziel	1 [ ]
1.12	Mischfonds modern	1 [ ]
1.13	Vorsicht, Warnung vor	1 [ ]
2	Nebenwerte: Was stimmt? Was ist falsch? Kreuz! Ja Nein	7 [ ]
2.1	Nasdaq 100: Der Index für Technologieaktien weltweit.	1 [ ]
2.2	Den MDAX und TecDAX gibt es seit über 20 Jahren.	1 [ ]
2.3	Nachhaltigkeitsaktien gleich viel Rendite wie andere Titel.	1 [ ]
2.4	Es gibt noch keine aktiven Nachhaltigkeitsaktienfonds.	1 [ ]
2.5	Dividendenfonds: Das Management behält Ausschüttung.	1 [ ]
2.6	Thesaurierung: Dividende wird in weitere Anteile angelegt	1 [ ]
2.7	Biotech-Aktienfonds im Bullenmarkt oft besser als ETF.	1 [ ]
3	Welche Aussagen treffen zu? Bitte Nummern einsetzen.	6 [ ]
3.1	**Biotech:** 1) Immuntherapie boomt, 2) kein Konjunkturabschwung durch Corona, 3) Value: Biotechfonds, 4) DAX enthält Biotech, 5) Impfstoffsuche Biotechfirmen **Nr.**	2 [ ]
3.2	**Rechtslage:** 1) Altbestand vor 2010 steuerfrei, 2) keine Abgeltungsteuer ETF, 3) Sondervermögen ETF, 4) Aktienfonds aktiv gemanagt, 5) Ausgabeaufschlag bei ETF **Nr.**	2 [ ]
3.3	**Gute Strategien:** 1) schnelles Rein/Raus, 2) breit gestreut, 3) Kauf niedrige Kurse, 4) Allzeithoch Teilverkauf, 5) nur Value kaufen, 6) wenig Zeit: Aktienfonds/ETF **Nr.**	2 [ ]
	24–26 P. = 1, 21–23 P. = 2, 18–20 P. = 3, 15–17 P. = 4 26 P.	[ ]

Schnelltest: Aufgabe Nr. 6 zur Wissensüberprüfung		
Nr.	**Lösungsmuster 6 auf S. 222**	**Punkte**
1	Börsenrätsel: Setzen Sie die richtigen Buchstaben ein. Das aus 14 Buchstaben zusammengesetzte Lösungswort ist ein Firmenziel.	14 [ ]
1.1	Bausoftwareaktie	1 [ ]
1.2	Anlage aktiv gemanagt	1 [ ]
1.3	starker Abschwung durch:	1 [ ]
1.4	Zukunftsbranche Growth	1 [ ]
1.5	DAX-Nachhaltigkeitsaktie	1 [ ]
1.6	Fachbegriff aus Informatik	1 [ ]
1.7	Luxuskonzern Euro Stoxx	1 [ ]
1.8	Ethikaktie Skandinavien	1 [ ]
1.9	Kapitalanlage	1 [ ]
1.10	Anlageform in Krisen	1 [ ]
1.11	wichtiges Firmenziel	1 [ ]
1.12	wichtige Finanzkennzahl	1 [ ]
1.13	Zahlungsunfähigkeit	1 [ ]
1.14	bei Hoc-h/Tief-Strategie	1 [ ]
2	Nebenwerte: Was stimmt? Was ist falsch? Ankreuzen! Ja Nein	8 [ ]
2.1	S&P 500: bewährte Aktienauswahl rund um den Globus.	1 [ ]
2.2	Im TecDAX sind seit der Indexreform auch DAX-Titel.	1 [ ]
2.3	Der DAX-Nachhaltigkeitsindex erfüllt Ausschlusskriterien.	1 [ ]
2.4	Nachhaltigkeitsziele: Verzicht auf Luftfracht und Schifffahrt	1 [ ]
2.5	Umwelt- und Naturschutz verlangen vegane Ernährung.	1 [ ]
2.6	Der Sparerfreibetrag ist nicht bei Dividenden nutzbar.	1 [ ]
2.7	mehr Naturkatastrophen durch Erderwärmung/Klimawandel	1 [ ]
2.8	Die meisten ETFs schlagen beim Kursgewinn den DAX.	1 [ ]
3	A sucht B. Bilden Sie die passenden Wortpaare. A/B	13 [ ]
3.1	A1) Defensivstrategie, A2) Offensivstrategie, A3) Small-Cap-Index, A4) viele Nachhaltigkeitsfirmen in, A5) Nasdaq, A6) Familienfirmenindex, A7) Riesenverlust droht dabei, A8) Zukunftsmärkte, A9) Hauptfehler Crash, A10) riskante Anlage, A11) Streuung, A12) Ordergebühr, A13) Mischfonds	A1/B 1 [ ] A2/B 1 [ ] A3/B 1 [ ] A4/B 1 [ ] A5/B 1 [ ] A6/B 1 [ ]
3.2	B1) Skandinavien, B2) besteht aus Aktien/Anleihen, B3) Robotik/KI, B4) Transaktionskosten, B5) Value-Fonds, B6) Technologiebörse USA, B7) Diversifikation, B8) Hebelprodukte, B9) Bilanz-/Umsatzbetrug, B10) Growth-Fonds, B11) SDAX, B)12 Panikausverkauf, B13) DAXplus Family 30	A7/B 1 [ ] A8/B 1 [ ] A9/B 1 [ ] A10/ 1 [ ] A11/ 1 [ ] A12/ 1 [ ] A13/ 1 [ ]
	33–35 P. = 1, 30–32 P. = 2, 27–29 P. = 3, 23–26 P. = 4	35 P. [ ]

Schnelltest: Lösung Nr. 1 zur Wissensüberprüfung											
Nr.	**Aufgabenstellung 1 auf Seite 211**										**Punkte**
1	Börsenrätsel: Setzen Sie die fehlenden Buchstaben ein. Das Lösungswort aus den Anfangsbuchstaben betrifft die Börse.										12 [ ]
1.1	Grundlage für Aktienauswahl	**A** N A L Y S E									1 [ ]
1.2	wichtiges Anlageziel	**K** U R S G E W I N N								1 [ ]
1.3	Begriff aus der Charttechnik	**T** R E N D K A N A L								1 [ ]
1.4	Preissteigerungsrate	**I** N F L A T I O N								1 [ ]
1.5	Aktienindex, Börsenbarometer	**E** U R O S T O X X								1 [ ]
1.6	günstig bei Kreditaufnahme	**N** U L L Z I N S E N								1 [ ]
1.7	typische Reaktion im Crash	**A** B V E R K A U F								1 [ ]
1.8	Anlageziel gutes Gewissen	**N** A C H H A L T I G								1 [ ]
1.9	EZB legt ihn fest für die EU	**L** E I T Z I N S								1 [ ]
1.10	DAX-Aktie Sportartikel	**A** D I D A S								1 [ ]
1.11	Anlageform für Vorsichtige	**G** O L D B A R R E N								1 [ ]
1.12	preiswerte Geldanlage	**E** T F								1 [ ]
2	**Wissen: Was stimmt? Was ist falsch? Ankreuzen!**							**Ja**	**Nein**		8 [ ]
2.1	Vergangenheitsanalysen müssen zielführend sein.							X			1 [ ]
2.2	Schnüffeln in Nebenschauplätzen ist unverzichtbar.								X		1 [ ]
2.3	Kluge Strategien beziehen die Zukunftsfolgen mit ein.							X			1 [ ]
2.4	Der Digitalisierungstrend ist nicht mehr aufzuhalten.							X			1 [ ]
2.5	Stimmt oft: Gier frisst Hirn. Panik tötet den Verstand.							X			1 [ ]
2.6	Guter Rat: Gewinne laufen lassen, Verluste aussitzen.								X		1 [ ]
2.7	Charttechnik wertlos, da auf Vergangenheit bezogen								X		1 [ ]
2.8	Videospiele sind wegen Ablenkung strikt abzulehnen.								X		1 [ ]
3	**Zuordnung: Welche Aussagen treffen voll zu?**							**Nr.**			6 [ ]
3.1	**Value-Aktien:** 1) konjunkturabhängig, 2) fair bewertet, 3) immer nachhaltig, 4) defensiv, 5) wachstumsstark, 6) nur große Titel, 7) oft hohe Dividende, 8) Warren Buffett als Vorbild, 9) viele TecDAX-Aktien							**Nr. 2, 4, 7, 8**			3 [ ]
3.2	**Growth-Aktien:** 1) Zukunftsmärkte, 2) Internet der Dinge, 3) konjunkturunabhängig, 4) starkes Wachstum, 5) offensiv, 6) niedriges KGV, 7) viele Konsumaktien, 8) nur kleine und mittelgroße Titel, 9) Robotikaktien							**Nr. 1, 2, 4, 5, 9**			3 [ ]
	24–26 P. = 1, 21–23 P. = 2, 18–20 P. = 3, 15–17 P. = 4							26 P.			[ ]

Schnelltest: Lösung Nr. 2 zur Wissensüberprüfung

Nr.	Aufgabenstellung 2 auf Seite 212		Punkte
1	Börsenrätsel: Setzen Sie die Buchstaben ein. Das Lösungswort aus den Anfangsbuchstaben ist Basis für Börsenerfolg.		12 [ ]
1.1	Strategie von Hedgefonds	L E E R V E R K A U F	1 [ ]
1.2	Weltweit größte Suchmasch.	A L P H A B E T	1 [ ]
1.3	Wasserstoffaktie	N E L A S A	1 [ ]
1.4	Wachstumsaktien	G R O W T H	1 [ ]
1.5	wichtig für Anlageerfolg	Z I E L F I N D U N G	1 [ ]
1.6	Produktionsziel Autoindustrie	E L E K T R O A U T O	1 [ ]
1.7	Zahlungsunfähigkeit	I N S O L V E N Z	1 [ ]
1.8	Teil der Hoch/Tief-Strategie	T E I L V E R K A U F	1 [ ]
1.9	Hauptziel von Kapitalanlage	R E N D I T E	1 [ ]
1.10	Börsenbarometer	A K T I E N I N D E X	1 [ ]
1.11	Order bis Monatsende	U L T I M O	1 [ ]
1.12	wichtiger Index	M S C I W O R L D	1 [ ]
2	Wissenstest: Was stimmt? Was ist falsch? Kreuz!	Ja Nein	8 [ ]
2.1	Biotech-/Software-/Technologiebranche chancenreich.	X	1 [ ]
2.2	unverzichtbar Industrie 4.0: Digitalisierung/Vernetzung	X	1 [ ]
2.3	Rohstoffe spielen langfristig weltweit keine Rolle mehr.	X (Nein)	1 [ ]
2.4	Schnelles Rein/Raus bringt gewöhnlich beste Rendite.	X (Nein)	1 [ ]
2.5	Kein Fluch, sondern Segen, langfristig anlegen!	X	1 [ ]
2.6	Bei Konsumgütern ist das Risiko höher als bei Biotech.	X (Nein)	1 [ ]
2.7	Nachhaltig: gut fürs Gewissen, schlecht für die Rendite.	X (Nein)	1 [ ]
2.8	Klimaschutz ist als Unternehmensziel immer wichtiger.	X	1 [ ]
3	Welche Aussagen stimmen zur Beispielreihe Crash?	Nr.	3 [ ]
	1) droht nur im Oktober, 2) nur bei Platzen von Spekulationsblasen, 3) droht bei großen Krisenherden, 4) wahrscheinlich bei neuem gefährlichem Virus, 5) alle Titel im Minus, 6) leider oft: Depot-Panikausverkauf	Nr. 3, 4, 6	3 [ ]
4	Welche Aussagen gelten für Hoch/Tief-Mutstrategie?	Nr.	3 [ ]
	1) möglichst Order ab 1.000 €, 2) bei Crash Komplettverkauf, 3) nur Value-Aktien kaufen, 4) Stammtischtipps beachten, 5) auf Bauchgefühl vertrauen, 6) Kursschwäche: Zukauf, 7) bei den besten Aktien nur Teilverkauf	Nr. 1, 6, 7	3 [ ]
	24–26 P. = 1, 21–23 P. = 2, 18–20 P. = 3, 15–17 P. = 4	26 P.	[ ]

Nr.	Aufgabenstellung 3 auf Seite 213												Punkte
1	Börsenrätsel: Setzen Sie die Buchstaben ein. Das Lösungswort hängt mit Börse zusammen und ist beliebt.												12 [ ]
1.1	aufwärts strebende Börse	B	U	L	L	E	N	M	A	R	K	T	1 [ ]
1.2	schnell und preiswert	O	N	L	I	N	E	O	R	D	E	R	1 [ ]
1.3	Deutschland hoher Anteil	E	X	P	O	R	T	Q	U	O	T	E	1 [ ]
1.4	wichtige Zukunftsbranche	R	O	B	O	T	I	K					1 [ ]
1.5	Nachhaltigkeitsaktie	S	T	O	R	A		E	N	S	O		1 [ ]
1.6	Aktienindex	E	U	R	O		S	T	O	X	X		1 [ ]
1.7	Aktienindex	N	A	S	D	A	Q		1	0	0		1 [ ]
1.8	Anlage für Nachwuchs	S	P	A	R	V	E	R	T	R	A	G	1 [ ]
1.9	Wasserstoffaktie	P	O	W	E	R	C	E	L	L			1 [ ]
1.10	Preissteigerungsrate	I	N	F	L	A	T	I	O	N			1 [ ]
1.11	Investition gutes Gewissen	E	T	H	I	K	A	N	L	A	G	E	1 [ ]
1.12	DAX-Konzern Gase	L	I	N	D	E							1 [ ]

2	Nebenwerte:? Richtig oder falsch? Ankreuzen!	Ja	Nein	8 [ ]
2.1	Nebenwertefirmen arbeiten nur selten nachhaltig.		X	1 [ ]
2.2	Im TecDAX seit Indexreform sechs DAX-Titel dabei.		X	1 [ ]
2.3	20 Jahre: MDAX-Rendite doppelt so hoch wie DAX.	X		1 [ ]
2.4	Strategiefehler: Konzentration auf Nebenschauplätze	X		1 [ ]
2.5	effiziente Strategie: Fokus auf Ziel und Folgen	X		1 [ ]
2.6	Hohe Dividende mit Value-Strategie im Einklang.	X		1 [ ]
2.7	Auf-/Abstieg MDAX/TecDAX/SDAX einmal jährlich.		X	1 [ ]
2.8	Familiengeführte Firmen arbeiten immer nachhaltig.		X	1 [ ]

3	A sucht B. Bilden Sie die passenden Wortpaare.	A/B	10 [ ]
3.1	A1) Defensivstrategie, A2) Offensivstrategie, A3) genaue Indexanpassung, A4) Klima-/Umweltschutz, A5) Nasdaq 100, A6) Leitindex USA, A7) drohender Totalverlust, A8) Zukunftsmärkte, A9) größter Crashfehler, A10) risikoreiche Kapitalanlage	A1/B5	1 [ ]
		A2/B10	1 [ ]
		A3/B7	1 [ ]
		A4/B2	1 [ ]
		A5/B6	1 [ ]
		A6/B3	1 [ ]
3.2	B1) Panikausverkauf, B2) Nachhaltigkeitsfirmen, B3) Dow Jones, B4) Robotik, B5) Value-Aktien, B6) Technologiebörse USA, B7) ETF, B8) Hebelprodukte, B9) Bilanzbetrug, B10) Growth-Aktien	A7/B9	1 [ ]
		A8/B4	1 [ ]
		A9/B1	1 [ ]
		A10/B8	1 [ ]
	28–30 P.: 1, 25–27 P.: 2, 22–24 P.: 3, 18–21 P.: 4	30 P.	[ ]

Schnelltest: Lösung Nr. 4 zur Wissensüberprüfung

Nr.	Aufgabenstellung 4 auf Seite 214												Punkte
1	**Börsenrätsel: Setzen Sie die Buchstaben ein. Das Lösungswort kennzeichnet das heutige Börsengeschehen.**												12 [ ]
1.1	Nachhaltigkeitsaktie	**O**	R	S	T	E	D						1 [ ]
1.2	Aktienindex	**N**	I	K	K	E	I		2	2	5		1 [ ]
1.3	Zuständigkeit EZB	**L**	E	I	T	Z	I	N	S	S	A	T	Z	1 [ ]
1.4	wichtig bei Corona	**I**	M	P	F	S	T	O	F	F	E		1 [ ]
1.5	Aktienindex	**N**	A	S	D	A	Q		1	0	0		1 [ ]
1.6	Ziel Fahrzeugindustrie	**E**	L	E	K	T	R	O	A	U	T	O	S	1 [ ]
1.7	Zukunftsmarkt	**H**	I	G	H	T	E	C	H				1 [ ]
1.8	Begriff aus Informatik	**A**	L	G	O	R	I	T	H	M	E	N		1 [ ]
1.9	Windkraftaktie	**N**	O	R	D	E	X						1 [ ]
1.10	Ausschüttung	**D**	I	V	I	D	E	N	D	E			1 [ ]
1.11	nur breit gestreut gut	**E**	I	N	Z	E	L	A	K	T	I	E	N	1 [ ]
1.12	DAX-Absteiger 2020	**L**	U	F	T	H	A	N	S	A			1 [ ]
2	**Welche Aussagen passen nicht? Nummern einsetzen!**										10 [ ]
2.1	**Gesundheit:** 1) Biotech, 2) Medtech, 3) Diagnostik, 4) Nanotechnik, 5) Suchmaschine, 6) klinische Studie	**Nr. 4, 5, 6**	2 [ ]
2.2	**Zukunftstrends:** 1) Industrie 4.0, 2) Cloud, 3) Internet der Dinge, 4) Kosmetik, 5) Big Data, 6) Erdölabbau	**Nr. 4, 6**	2 [ ]
2.3	**MDAX:** 1) 70 Werte, 2) nur deutsche Titel, 3) jährlicher Auf-/Abstieg, 4) Mid Caps, 5) auch Medtech/Biotech	**Nr. 1, 2, 3**	2 [ ]
2.4	**TecDAX:** 1) 50 Technologietitel, 2) auch Ausland, 3) Nachfolger Neuer Markt, 4) Micro Caps, 5) Finanztitel	**Nr. 1, 4, 5**	2 [ ]
2.5	**SDAX:** 1) 70 klassische Werte, 2) nur Deutschland, 3) Prime Standard, 4) Small Caps, 5) vier DAX-Aktien	**Nr. 1, 2, 5**	2 [ ]
3	**A sucht B. Bilden Sie die passenden Wortpaare.**	A/B	8 [ ]
3.1	A1) besitzen kreative Firmengründer, A2) wirtschaften oft nachhaltig, A3) Strategie zielorientiert, A4) Stoxx 50, A5) nichts für Anfänger, A6) hält mit Nasdaq oft mit, A7) Euro Stoxx 50, A8) ETF	A1/B**8** A2/B**7** A3/B**1** A4/B**3**	1 [ ] 1 [ ] 1 [ ] 1 [ ]
3.1	B1) Spieltheorie, B2) TecDAX, B3) Gesamteuropa, B4) Eurozone, EU, B5) Bitcoin, B6) passiv gemanagt, B7) Familienfirmen, B8) Erfinder/Entdecker-Gen	A5/B**5** A6/B**2** A7/B**4** A8/B**6**	1 [ ] 1 [ ] 1 [ ] 1 [ ]
	28–30 P.: 1, 25–27 P.: 2, 22–24 P.: 3, 18–21 P.: 4	30 P.	[ ]

Schnelltest: Lösung Nr. 5 zur Wissensüberprüfung

Nr.	Aufgabenstellung 5 auf S. 215											Punkte
1	**Börsenrätsel: Setzen Sie die fehlenden Buchstaben ein. Beim Lösungswort geht es um eine Gesellschaftsform.**											13 [ ]
1.1	frei handelbare Aktien	F	R	E	E		F	L	O	A	T	1 [ ]
1.2	Aktien als Schutz vor	A	L	T	E	R	S	A	R	M	U T	1 [ ]
1.3	Medtechaktie Ausland	M	E	D	T	R	O	N	I	C		1 [ ]
1.4	Schwellenland	I	N	D	I	E	N					1 [ ]
1.5	verringert Gewicht	L	E	I	C	H	T	M	E	T	A L L	1 [ ]
1.6	anderer Name für ETF	I	N	D	E	X	F	O	N	D	S	1 [ ]
1.7	Energie sollte sein	E	R	N	E	U	E	R	B	A	R	1 [ ]
1.8	Wasserstoffaktie	N	E	L		A	S	A				1 [ ]
1.9	jährlich 801 Euro	F	R	E	I	B	E	T	R	A	G	1 [ ]
1.10	Halbleiteraktie DAX	I	N	F	I	N	E	O	N			1 [ ]
1.11	Anlageziel	R	E	N	D	I	T	E				1 [ ]
1.12	Mischfonds modern	M	U	L	T	I		A	S	S	E T	1 [ ]
1.13	Vorsicht, Warnung vor	A	N	L	A	G	E	B	E	T	R U G	1 [ ]

Nr.	Nebenwerte: Was stimmt? Was ist falsch? Kreuz!	Ja	Nein	Punkte
2	**Nebenwerte: Was stimmt? Was ist falsch? Kreuz!**	**Ja**	**Nein**	7 [ ]
2.1	Nasdaq 100: der Index für Technologieaktien weltweit.		X	1 [ ]
2.2	Den MDAX und TecDAX gibt es seit über 20 Jahren.		X	1 [ ]
2.3	Nachhaltigkeitsaktien gleich viel Rendite wie andere Titel.		X	1 [ ]
2.4	Es gibt noch keine aktiven Nachhaltigkeitsaktienfonds.		X	1 [ ]
2.5	Dividendenfonds: Das Management behält Ausschüttung.		X	1 [ ]
2.6	Thesaurierung: Dividende wird in weitere Anteile angelegt	X		1 [ ]
2.7	Biotech-Aktienfonds im Bullenmarkt oft besser als ETF.	X		1 [ ]

Nr.	Welche Aussagen treffen zu? Bitte Nummern einsetzen.		Punkte
3	**Welche Aussagen treffen zu? Bitte Nummern einsetzen.**		6 [ ]
3.1	**Biotech:** 1) Immuntherapie boomt, 2) kein Konjunkturabschwung durch Corona, 3) Value: Biotechfonds, 4) DAX enthält Biotech, 5) Impfstoffsuche Biotechfirmen	Nr. 1, 5	2 [ ]
3.2	**Rechtslage:** 1) Altbestand vor 2010 steuerfrei, 2) keine Abgeltungsteuer ETF, 3) Sondervermögen ETF, 4) Aktienfonds aktiv gemanagt, 5) Ausgabeaufschlag bei ETF	Nr. 3, 4	2 [ ]
3.3	**Gute Strategien:** 1) schnelles Rein/Raus, 2) breit gestreut, 3) Kauf niedrige Kurse, 4) Allzeithoch Teilverkauf, 5) nur Value kaufen, 6) wenig Zeit: Aktienfonds/ETF	Nr. 2, 3, 4, 6	2 [ ]
	24–26 P. = 1, 21–23 P. = 2, 18–20 P. = 3, 15–17 P. = 4	**26 P.**	[ ]

Schnelltest: Lösung Nr. 6 zur Wissensüberprüfung

Nr.	Aufgabenstellung auf S. 216													Punkte
1	**Börsenrätsel: Setzen Sie die richtigen Buchstaben ein. Das aus 14 Buchstaben zusammengesetzte Lösungswort ist ein Firmenziel.**													14 [ ]
1.1	Bausoftwareaktie	**N**	E	M	E	T	S	C	H	E	K			1 [ ]
1.2	Anlage aktiv gemanagt	**A**	K	T	I	E	N	F	O	N	D	S		1 [ ]
1.3	starker Abschwung durch:	**C**	O	R	O	N	A	C	R	A	S	H		1 [ ]
1.4	Zukunftsbranche Growth	**H**	I	G	H	T	E	C	H					1 [ ]
1.5	DAX-Nachhaltigkeitsaktie	**H**	E	N	K	E	L							1 [ ]
1.6	Fachbegriff aus Informatik	**A**	L	G	O	R	I	T	H	M	E	N		1 [ ]
1.7	Luxuskonzern Euro Stoxx	**L**	V	M	H									1 [ ]
1.8	Ethikaktie Skandinavien	**T**	O	M	R	A		S	Y	S	T	E	M	1 [ ]
1.9	Kapitalanlage	**I**	N	V	E	S	T	M	E	N	T			1 [ ]
1.10	Anlageform in Krisen	**G**	O	L	D	B	A	R	R	E	N			1 [ ]
1.11	wichtiges Firmenziel	**K**	L	I	M	A	S	C	H	U	T	Z		1 [ ]
1.12	wichtige Finanzkennzahl	**E**	I	G	E	N	K	A	P	I	T	A	L	1 [ ]
1.13	Zahlungsunfähigkeit	**I**	N	S	O	L	V	E	N	Z				1 [ ]
1.14	bei Hoc-h/Tief-Strategie	**T**	E	I	L	V	E	R	K	A	U	F		1 [ ]

Nr.	Nebenwerte: Was stimmt? Was ist falsch? Ankreuzen!	Ja	Nein	Punkte
2	**Nebenwerte: Was stimmt? Was ist falsch? Ankreuzen!**			8 [ ]
2.1	S&P 500: bewährte Aktienauswahl rund um den Globus.		X	1 [ ]
2.2	Im TecDAX sind seit der Indexreform auch DAX-Titel.	X		1 [ ]
2.3	Der DAX-Nachhaltigkeitsindex erfüllt Ausschlusskriterien.	X		1 [ ]
2.4	Nachhaltigkeitsziele: Verzicht auf Luftfracht und Schifffahrt		X	1 [ ]
2.5	Umwelt- und Naturschutz verlangen vegane Ernährung.		X	1 [ ]
2.6	Der Sparerfreibetrag ist nicht bei Dividenden nutzbar.		X	1 [ ]
2.7	mehr Naturkatastrophen durch Erderwärmung/Klimawandel	X		1 [ ]
2.8	Die meisten ETFs schlagen beim Kursgewinn den DAX.		X	1 [ ]

Nr.	A sucht B. Bilden Sie die passenden Wortpaare.	A/B	Punkte
3	**A sucht B. Bilden Sie die passenden Wortpaare.**	A/B	13 [ ]
3.1	A1) Defensivstrategie, A2) Offensivstrategie, A3) Small-Cap-Index, A4) viele Nachhaltigkeitsfirmen in, A5) Nasdaq, A6) Familienfirmenindex, A7) Riesenverlust droht dabei, A8) Zukunftsmärkte, A9) Hauptfehler Crash, A10) riskante Anlage, A11) Streuung, A12) Ordergebühr, A13) Mischfonds	A1/B**5** 1 [ ] A2/B**10** 1 [ ] A3/B**11** 1 [ ] A4/B**1** 1 [ ] A5/B**6** 1 [ ] A6/B**13** 1 [ ]	
3.2	B1) Skandinavien, B2) besteht aus Aktien/Anleihen, B3) Robotik/KI, B4) Transaktionskosten, B5) Value-Fonds, B6) Technologiebörse USA, B7) Diversifikation, B8) Hebelprodukte, B9) Bilanz-/Umsatzbetrug, B10) Growth-Fonds, B11) SDAX, B)12 Panikausverkauf, B13) DAXplus Family 30	A7/B**9** 1 [ ] A8/B**3** 1 [ ] A9/B**12** 1 [ ] A10/B**8** 1 [ ] A11/B**7** 1 [ ] A12/B**4** 1 [ ] A13/B**2** 1 [ ]	

33–35 P. = 1, 30–32 P. = 2, 27–29 P. = 3, 23–26 P. = 4	35 P.	[ ]

Schlussgedanken: Auszüge aus einem *Handelsblatt*-Interview mit dem Philosophen David Precht am 15.06.20 zur Corona-Pandemie: *„Man hat überreagiert!"*

Was bedeutet Corona für Sie und Ihr Fachgebiet?

„Meine verblüffendste Erkenntnis war anfangs interessant, was Staaten alles können, wenn sie nur wollen! Im Fall Klimawandel werden die Ratschläge der Experten von der Politik ja allenfalls als Empfehlungen betrachtet, die sich eher nicht umsetzen lassen. Bei Corona wurde eigentlich alles realisiert, was sich die Fachleute, hier die Virologen, nur wünschen konnten. Innerhalb kürzester Zeit wurden auch drastischste Schritte ermöglicht."

Warum blicken wir überhaupt so hysterisch auf ein Virus, das sicher nicht das Gefahrenpotenzial von Pest oder Pocken hat? Und die viel größeren Probleme blenden wir geschickt aus?

„Bei Corona sah es ja zumindest so aus, als sei man nach zwei Monaten mit dem Thema Shutdown durch. Wegen des Klimawandels müssen dagegen komplette Geschäftsmodelle und Branchen existenziell hinterfragt werden."

Sie schreiben: „Das Virus weckt die Welt aus ihrem technologischen Schlummer." Ist nicht das Gegenteil der Fall?

„Wenn die Digitalisierung dafür sorgt, dass die Zahl der Berufspendler zurückgeht, immer mehr Menschen eigenverantwortlich im Home-office arbeiten können, viele Konferenzen schon aus Umweltgesichtspunkten im Internet stattfinden, dann halte ich das für großartig. Im Bildungssektor ist dagegen vieles Murks, was unter dem Deckmantel der Digitalisierung als vermeintliche Innovation daherkommt. – Wir sprechen zu wenig übers Lernen an sich, über Inhalte und viel zu viel über Technik."

Stimmt es, dass Sie persönlich die Stille im Shutdown eher als wohltuend empfanden?

„Ich konnte viel und konzentriert schreiben und mehr Sport machen als zuvor. Ich habe weder Angehörige, die von Corona betroffen waren, noch kleine Kinder, um die ich mich den ganzen Tag kümmern musste. Es ist ja überraschend, wie viele Menschen es mit ihrem eigenen Nachwuchs kaum aushalten konnten."

Was verlieren Sie persönlich an Einnahmen durch den Shutdown?

„Ziemlich viel, da ich derzeit keine Vorträge halten kann. Aber es gibt Schlimmeres. Ich muss mir keine Sorgen machen, dass mein Job morgen weggespart wird. Vielen Menschen und Branchen dagegen geht es jetzt wirklich schlecht."

10.1 Das moderne Nachschlagewerk für Fachbegriffe

Abgeltungsteuer. Kursgewinne beim Altbestand vor 2009 sind steuerfrei. Für alle Kursgewinne im Aktienneubestand fällt eine Abgeltungsteuer von 25 % plus Solidaritätszuschlag und Kirchensteuer für Mitglieder an. Sie wird automatisch von der Depotbank eingezogen. Das Finanzamt greift zu, sobald der Pauschalfreibetrag von 801 € für Singles und 1.602 € für Ehepaare aufgebraucht ist. Während im Neubestand Verluste mit der für Kursgewinne abgeführten Abgeltungsteuer ausgleichbar sind, gilt dies nicht für Dividenden. Sie sind mit Ausnahme von Ertragsgutschriften immer steuerpflichtig. Sind die Verluste höher als die Kapitalerträge, entfällt der Steuerausgleich. Aktiengewinne aus Vorjahren sind nicht übertragbar.

Aktien. Die Aktie verbrieft einen Anteil am Grundkapital. Der Aktionär ist Miteigentümer der AG. Es gibt folgende Rechte: **a) Verwaltungsrechte** (Teilnahme an der HV, Auskunfts- und Rederecht, Stimmrecht) und **b) Vermögensrechte** (Anspruch auf Dividende, wenn Gewinn ausgeschüttet wird; Bezugsrecht bei Kapitalerhöhung gegen Bareinzahlung; Berichtigungs- bzw. Gratisaktien bei Kapitalerhöhung aus Gesellschaftsmitteln). Nach **Art der Übertragbarkeit** unterscheiden wir: Inhaber-, Namens- und vinkulierte Namensaktien (die AG entscheidet, ob jemand Aktionär wird). Bezüglich der **Rechte** gibt es Stammaktien (ST = Stimmrecht auf der HV) und Vorzugsaktien (VZ = keine oder begrenzte Stimmrechte).

Aktienanalyse. Der Analyst bewertet Aktien und zieht Rückschlüsse auf die künftige Entwicklung. Aus Rücksicht gegenüber guten Kunden überwiegen Kaufempfehlungen. Darum sollte nie eine einzige Analyse als Entscheidungshilfe dienen.

Aktienanleihen. Üblich sind einjährige Laufzeit, fester Zinssatz und Aktienandienungsrecht. Bei Aktienanleihen mit hohem Zinskupon entscheidet die ausgebende Bank, ob sie das Geld bar oder in Aktien zurückgibt. Mit Aktienanleihen lässt sich im Seitwärtstrend im Allgemeinen Geld verdienen. Die Aktiengesellschaften begeben selbst Wandelanleihen mit Niedrigzinskupon. Hier bestimmt der Anleger, ob er Barauszahlung oder Aktien vorzieht.

Aktienfonds, Investmentfonds. Die Fondsgesellschaften bieten unterschiedliche Finanzprodukte an. Es gibt Produkte mit Garantie auf Kapitalerhalt und alternative Investments in Form von Hedgefonds. Aktiv gemanagte Aktienfonds decken Märkte, Länder, Branchen, Themen und Indizes schwerpunktmäßig ab.

Aktienrückkauf. Der auf der HV zu genehmigende Aktienrückkauf dient dazu, Aktien einzuziehen, als Belegschaftsaktien auszugeben oder als Akquisitionswährung Übernahmen zu finanzieren. Bei Einzug gewinnt die einzelne Aktie an Wert.

Aktionärsschützer. Die Vertreter der Deutschen Schutzvereinigung für Wertpapierbesitz (DSW) und der Schutzgemeinschaft der Kapitalanleger (SdK) sehen sich als Anwalt der Privatanleger. Sie üben auf der HV Kritik, erklären ihr Abstimmungsverhalten. Zu viele Detailfragen sind nicht im Sinne der meisten Aktionäre.

Algorithmus. Algorithmen sind formale Handlungsvorschriften für Problemlösungen. Auch außerhalb der Informatik wird der Begriff verwendet. Algorithmen für Computer und im Internet werden heute vielfältig als Kern von Apps, Anwenderprogrammen und Dienstleistungen eingesetzt. Man denke an Algorithmen für Onlinesuchmaschinen, Rechtschreib- und Satzbaukontrolle in Textverarbeitungsprogrammen oder Analysen in Finanz-, Termin- und Aktienmärkten.

Allzeithoch. Hochstände zeigen den Aktienspitzenpreis an. Charttechnisch gibt es keine Widerstandslinie mehr, die den Aufwärtstrend abbremst. Bei Technologie- und Softwareaktien gibt es sogar während des Corona-Crashs neue Höchststände.

Altersvorsorge. Das Ungleichgewicht längeren Lebens bei noch niedriger Geburtenrate stellt Renten und Arbeitsmarkt vor Probleme. Das auf 67 Jahre erhöhte Renteneintrittsalter schwächt negative Folgen etwas ab. Die Frühverrentung mit 63 Jahren hebelt dies bei Fachkräftemangel dramatisch aus. Bei 0 % Zinsen bewirkt das Sparbuch eine schleichende Kapitalvernichtung. Die Betriebsrente gewinnt an Zuspruch. **Fazit:** Raus aus dem Sparbuch, rein in nachhaltige Aktien!

Anlagebetrug. Alle Warnlampen sollten aufleuchten, wenn dubiose Berater ungebeten anrufen, Traumrenditen versprechen, Zeitdruck aufbauen, Supergeschäfte vorgaukeln und das Produkt kaum erklären. Viele Leute ordnen Produkte vom Grauen Kapitalmarkt nicht richtig zu. Sie reihen hier Beteiligungen und Börsengänge ein und erkennen oft nicht, wie spekulativ Geschlossene Fonds sein können.

Anlagestrategie. Das A und O für den Börsenerfolg ist eine gute Strategie. Wir unterscheiden: Sicherheitsbewusstsein, Chancenorientierung, Risikofreude. Je höher die Chance, umso größer ist das Risiko! Zu berücksichtigen sind: Einkommen, Vermögensdecke, Anlagezeitraum, Renditeziele, familiäre Lage, finanzielle Pflichten und Lebensalter. Das höchste Risiko bei Nullzinsen und im Crash ist, kein Risiko einzugehen und dem schleichenden Kapitalvernichter Sparbuch treu zu bleiben.

Anleihen. Es sind mit festem oder variablem Zinssatz ausgestattete Staats- und Firmenanleihen. Schuldverschreibungen zur Beschaffung von Fremdkapital haben feste Rückzahlungstermine. Je nach Kreditwürdigkeit vergeben die Agenturen ein Rating von AAA (höchste Bonität) bis DDD (Zahlungsunfähigkeit).

Antizyklisches Handeln. Dies ist ein beherztes Handeln entgegen dem Trend. Mutige greifen in der Bodenbildungsphase bei starker Korrektur und im Crash zu, während Angsthasen auf dem vermeintlichen Gipfel schrittweise verkaufen.

AS-Fonds. Die Altersvorsorge-Sondervermögen-Fonds investieren in Aktien, Anleihen und Immobilien, haben also Mischfonds-Charakter. Die AS-Fonds werden im Gegensatz zu Riester-Rentenprodukten nicht staatlich gefördert.

Aufsichtsrat. Er besteht aus mindestens drei Mitgliedern und wählt selbst den Vorsitzenden. Der Aufsichtsrat überwacht das Management und beruft die Hauptversammlungen ein, die als Folge der Corona-Krise 2020 virtuell abgehalten wurden durften. Die fachlichen Anforderungen an Aufsichtsräte steigen.

Ausgabeaufschlag. Bei vielen Investmentfonds besteht ein Ausgabe- und Rücknahmepreis. Der bei Investmentfonds verhandelbare Ausgabeaufschlag beträgt meist 5 % und fällt bei der Kauforder an. Im Schnitt wird bei Aktienfonds eine jährliche Managementgebühr von 1,8 %, bei ETFs dagegen nur 0,3 % erhoben.

Außerbörslicher Handel. Dies ist der stark im Auftrieb befindliche Wertpapierhandel außerhalb der Börsenzeiten. Kurz vor dem Börsengang erleichtern die hier erzielten Preise die Entscheidung, die Aktie zu zeichnen oder es nicht zu tun.

Automation, Automatisierung. Automation ist ein automatischer Ablauf von Prozessen, die sich mithilfe von mechanischen Komponenten lösen lassen. Bei der Automatisierung wird der Prozessablauf mit elektronischen Komponenten, mit Software auch unter Einsatz von KI gelöst. Automatisierungsprozesse spielen eine immer wichtigere Rolle auch bei Kostensenkungsprogrammen und Neuausrichtung.

Autonomes Fahren. Die Digitalisierung im Autoverkehr wird schrittweise Realität. Es gibt bereits selbstfahrende Autos und Busse. So weit ist die Technik schon. Aber es bestehen eine Reihe von Hürden und Grenzen vor allem im Bereich Sicherheit und Unfallhaftung. Die knappe Hälfte der Autofahrer bezweifelt die Verlässlichkeit der modernen Fahrzeugtechnologie. Hilfen bei Ein-, Ausparken und Stau: ein klares Ja. Autonomes Fahren im fließenden Autobahnverkehr: mehrheitliches Nein.

 B

Baisse. Damit ist ein länger anhaltender Kursrückgang gemeint, verursacht durch konjunkturelle Schwächen bis hin zu Rezession und Deflation. Hinweise für einen Umschwung liefern günstige Frühindikatoren zu wichtigen Wirtschaftsdaten.

Behavioral Finance. Dieser moderne Zweig der Börsenpsychologie schlägt eine Brücke zur Wirtschaft und untersucht Einflüsse irrationaler Verhaltensmuster. Angst vor Gesichtsverlust, Selbstwertprobleme, Verdrängung, Herdentrieb, Hektik, Ungeduld und Unbeherrschtheit begünstigen grobe Fehler. Allerdings verläuft der tägliche Börsenhandel selbst oft irrational: vom Plus ins Minus und umgekehrt.

Benchmark. Fondsmanager wollen die Vergleichsmarke schlagen. Bei DAX und Dow Jones glückt dies wegen der geringen Anzahl von nur 30 Titeln selten. Eher klappt dies bei Nebenwerte-, Branchen- und Themenfonds sowie Investments in Entwicklungsländern. Die boomenden passiv gemanagten preiswerten ETFs gewinnen zwar nicht gegen den Referenzindex, aber sie verlieren eben auch nicht.

„Bestens". Dies ist eine unlimitierte Verkaufsorder. Die Depotbank soll das Wertpapier möglichst teuer verkaufen. Orders ohne Limit werden an den führenden Börsenplätzen wie Tradegate bei den meisten Titeln blitzschnell ausgeführt.

Bezugsverhältnis. Es geht um das Verhältnis der Zahl alter und neuer Aktien bei Kapitalerhöhungen. Ein Bezugsverhältnis von 5:1 zeigt an, dass ein Altaktionär für je 5 Anteilsscheine eine junge Aktie erwerben kann – oft mit hohem Nachlass.

„Billigst". Dies sind unlimitierte Kaufaufträge. Die Depotbank versucht, den Titel preiswert zu erwerben. Unlimitierte Orders werden schnell ausgeführt, haben aber den Nachteil, dass bei starken Schwankungen vielleicht zu viel bezahlt wird.

Biotechnologie, Biotechaktien. Üppige Kursgewinne winken, wenn die klinische Phase III erfolgreich ist, das Präparat zugelassen und ein Bestseller wird. Forschungsabbrüche, schlechte Ergebnisse bei neuen Projekten und Meldungen über schädliche Nebenwirkungen führen zum Kurssturz. Riskanter sind Biotechfonds oder ETFs. Die Corona-Pandemie führt zu höheren Standards und besseren Ausstattungen von Krankenhäusern auch in ländlichen Regionen und Förderung von niedergelassenen Hausärzten auf dem Lande. Momentan wird fieberhaft an neuen Medikamenten, Behandlungsformen und insbesondere Impfstoffen gearbeitet. Es bleibt völlig offen, wer hier das Rennen macht. Den Siegern winken Milliardengewinne.

Blockchain-Technologie. Ziel ist, alle Informationen über vertrauensvolle Vorgänge wie Finanztransaktionen, nicht auf einem Server bei einem Unternehmen zu speichern, sondern auf viele Computer zu verteilen. Keine Institution, Behörde oder Person hat die Macht über diese Daten. Jeder hat gleiche Zugriffsrechte und Einsichtsmöglichkeiten. Die Visionäre sehen bei Blockchain kaum Risiken bezüglich Manipulation. Bedarf besteht in der Musikindustrie, im Vertragswesen, bei internationalen Banküberweisungen oder anderen Transaktionen in der Finanzbranche.

Bluechips. Dieser Begriff ist für große Standardwerte, für bekannte Qualitätstitel beispielsweise aus dem DAX, Euro Stoxx 50, Dow Jones oder Nikkei reserviert.

Bookbuilding-Verfahren. Vor dem Börsengang (IPO) wird die Preisspanne festgelegt, zu der Sie zeichnen können. In schlechten Börsenzeiten ist eher mit einem fairen Preis zu rechnen, als wenn die Börse boomt. Erfolgt die Neuemission zum überhöhten Preis, kann der Börsengang scheitern. Ein Blick auf die außerbörsliche Kursentwicklung dient zur Orientierung und erleichtert die Entscheidung.

Börse. Die Börse als hoch organisierter Handelsplatz ist ein Treffpunkt von Angebot und Nachfrage. Der Börsenhandel findet in Frankfurt (Handelssystem Xetra) und an den Regionalbörsen Berlin-Bremen, Düsseldorf, Hamburg, Hannover, München und Stuttgart statt. Die Deutsche Börse AG ist im DAX notiert. Die Transparenz wird durch Presse, Börsenmagazine, TV, Internet und Onlinebanking erhöht. An den Präsenzbörsen sind Börsenhändler und Skontroführer tätig.

Börsenbriefe. Es gibt mittlerweile unzählige Börsenbriefe, die einmal oder mehrmals wöchentlich bzw. monatlich ihren Kundenkreis bevorzugt über das Internet informieren. Es gibt gute und schlechte, preiswerte und überteuerte Produkte. Wichtig ist es, einen seriösen Börsenbrief ausfindig zu machen, der den eigenen Einschätzungen, Vorlieben, Renditeerwartungen, strategischen Vorstellungen und dem Risikoprofil entsprechen. Bei einem Depotvolumen im vier- und niedrigen fünfstelligen Bereich fressen die Kosten oft die erzielten Kursgewinne auf.

Börsenspiele. Auch hier ist das Angebot mittlerweile riesengroß, erfreulicherweise häufig kostenlos, um Börsenerfahrungen zu sammeln und nach dem virtuellen Spiel den Einstieg in den Kapitalmarkt zu wagen. Freilich gibt es auch Börsenspiele, wo sich die Profis messen, um der eigenen Strategie den notwendigen Rückhalt zu verschaffen und mit einem Sieg das Ansehen zu steigern.

Branchenanalyse. Fundamentalanalysten untersuchen die Folgen einer anziehenden oder sich abschwächenden Konjunktur auf die Branche, zu der die zu beurteilende AG gehört, z. B. Chemie, Maschinenbau, Konsumgüter, Logistik.

Branchenfonds. Mal gibt es hohe Kursgewinne bei Biotech, dagegen Abschläge bei Edelmetall und Rohstoffen. Etwas später verhält es sich vielleicht umgekehrt. Die Zukunftsmärkte werden von Industrie 4.0, Internet der Dinge, Digitalisierung, vernetzter Welt, Künstlicher Intelligenz mit Robotik und Automatisierung geprägt.

Branchenrotation. Je nach Konjunktur laufen zyklische oder nichtzyklische Aktien gut. Heute schwört man vielleicht auf Industrie 4.0 und soziale Netzwerke. Morgen sind Biotechaktien (Growth) und übermorgen Konsum (Value) begehrt.

Break-even, Gewinnschwelle. Es stellt sich die Frage, ob und wann eine Firma wieder profitabel arbeitet und schwarze Zahlen schreibt. Einflussfaktoren sind Kostensenkung, Schrumpfung, neue Produktpaletten oder Übernahmen.

Brexit. Am 31. Januar 2020 trat Großbritannien endgültig aus der Europäischen Union (EU) aus. Dies betrifft vor allem Firmen, die in das Vereinigte Königreich Waren liefern, dort Dienstleistungen erbringen oder umgekehrt Sachen kaufen oder Dienstleistungen beanspruchen. Da die Vereinbarungen über wichtige Einzelfragen noch stocken, befinden wir uns in einer Übergangsphase mit der Befürchtung, dass es zu einem harten Brexit kommt, der Großbritannien, Deutschland und der EU gleichermaßen großen Schaden zufügen dürfte.

BRIC- und BRICS-Staaten. Die Abkürzung betrifft die Schwellenländer **B**rasilien, **R**ussland, **I**ndien, **C**hina. Wird das Quartett zum Quintett ausgebaut, steht das **S** für **S**üdafrika. Das **I** kann bei guter Entwicklung auch für **I**ndonesien gelten.

Briefkurs. „**B**" für Brief zeigt an, zu welchem Kurs Sie kaufen können. Der Briefkurs ist der höhere Kaufpreis, der Geldkurs der niedrigere Verkaufspreis.

Buch-/Substanzwert. Damit sind Immobilien, Fahrzeuge, Anlagen, Maschinen usw. gemeint. Der Buchwert betrifft Vermögensgegenstände bzw. das Eigenkapital. Liegt der Buchwert über dem Kurs, spricht dies für faire Bewertung.

Bullen-/Bärenfalle. Die Bullenfalle liefert charttechnisch falsche Kaufsignale. Anleger erleiden Verluste. Umgekehrt signalisiert die Bärenfalle sinkende Kurse.

 C

CAC-40-Index. Der französische Aktienindex der Börse Paris ist in seiner Bedeutung mit dem DAX vergleichbar und umfasst die größten 40 französischen Aktien.

Cashflow. Dies ist die wohl wichtigste Kennzahl zur Beurteilung der Finanz- und Ertragskraft eines Unternehmens. Der Cashflow umfasst Jahresüberschuss, Abschreibungen, Rückstellungen sowie Steuern auf Einkommen und Ertrag.

Charttechnik. Ein Chart stellt den Kursverlauf über eine bestimmte Zeit wie Tages-, Wochen-, Jahres- und Mehrjahreschart mittels Linien, Balken, Kerzen dar. Aus der Kursentwicklung der Vergangenheit ziehen Experten Rückschlüsse für die Zukunft, da menschliches Verhalten wiederkehrende Regelabläufe zeigt.

China. Das Riesenreich erwirbt ausländische Währungen und globale Beteiligungen. Nutznießer sind Technologie, Software, Maschinenbau, Bauwirtschaft, Leidtragende die Produktpiraterie-Opfer. Börsenfavoriten sind Alibaba und Tencent.

Cloud-Computing gilt weiterhin als Zukunftsmarkt der vernetzten und digitalisierten Welt. Immer mehr Konzerne steigen ins Cloud-Geschäft ein und bieten für das Internet der Dinge alles aus einer Hand. Beim Cloud-Computing herrscht harter Konkurrenzkampf. International liegen Amazon, Salesforce, Microsoft und SAP vorn.

CO2-Ausstoß. Das schädliche Kohlenstoffdioxid macht knapp zwei Drittel des vom Menschen verursachten Treibhauseffekts aus und begünstigt den Klimawandel mit drohender Erderwärmung. Deshalb ist es so wichtig, schadstoffarme Autos zu produzieren und weitgehend auf Kohle und andere fossile Energieträger zu verzichten.

Computerhandel. Es ist der vollelektronische, sekundenschnelle Aktienhandel, der weltweit Kauf- und Verkaufsaufträge durch zentrale Computernetze vermittelt.

Corona-Crash 2020. Seit dem Ausbruch des Corona-Crashs im März 2020 mit dem zunächst heftigsten Kurseinbruch beim DAX (minus 40 %, Tiefstand 8.200 Punkte) und weltweit in diesem Jahrtausend, haben sich die Aktienkurse bis jetzt, Mitte Juni 2020, deutlich erholt. Kritiker warnen davor, dass die derzeitige Rallye an den Finanzmärkten auf tönernen Füßen steht, also einem Strohfeuer gleichkommt. Dabei ist das Corona-Virus keineswegs besiegt. Es fehlt an wirksamen, heilenden Arzneimitteln. Und ein Impfstoff wird kaum vor 2021 verfügbar sein. Möglicherweise droht eine zweite Infektionswelle. Dennoch präsentieren sich die Aktienkurse völlig entkoppelt und wirklichkeitsfern von den weltwirtschaftlichen Verwüstungen und den horrenden Staats- und Unternehmensverschuldungen. Optimisten versuchen die Gemüter zu beruhigen, indem sie auf die beträchtlichen Wachstumsaussichten in den nächsten Jahren verweisen. Schließlich spiele die Börse ja nicht die Karte Gegenwart, sondern spiegele die Zukunft wider.

Corona-Pandemie. Die Bundesregierung bündelt Themenbereiche, die in der aktuellen Corona-Pandemie hilfreich sind. Das Robert-Koch-Institut bestätigt die Corona-Fälle für Deutschland und rund um den Globus. Es liefert zudem aktuelle Informationen zum Virus und der neuen Virus-Warn-App. Geht es um die Beschaffung und Qualitätssicherung von Schutzausrüstungen, bietet das Bundesministerium für Gesundheit eine gesonderte Seite an. Hygiene und Verhaltensempfehlungen zur Vorbeugung stellt die Bundeszentrale für gesundheitliche Aufklärung (BZgA) bereit. Über die zu befürchtenden wirtschaftlichen Auswirkungen und Corona-Soforthilfen unterrichtet das Bundesministerium für Wirtschaft (BMWI), über Reisebeschränkungen und Grenzkontrollen das BMI, über arbeitsrechtliche Maßnahmen das BMAS, über Lebensmittel und Landwirtschaft das BMEL. Zudem informieren die Massenmedien im Print-, Online- und TV-Bereich die Bevölkerung fortlaufend über die aktuelle Lage.

Cost average. Funktioniert bei Sparplänen für Aktienfonds und ETFs und ist auf Einzelaktien übertragbar. Der Durchschnittspreis sinkt, indem Sie mit gleichem Einsatz bei fallendem Kurs mehr und bei Kursanstieg weniger Wertpapiere kaufen.

Crash. Die größten Kurseinbrüche gab es in den Jahren 1929 und 1987 jeweils im Oktober. Bei dem dreijährigen Crash von Frühjahr 2000 bis März 2003 stürzte der DAX von 8.150 auf 2.200 Punkte ab. Der Neue Markt verlor sogar mehr als 95 %.

Auch die US-Technologiebörse Nasdaq büßte vom Allzeithoch zwei Drittel des Wertes ein. Im Herbst 2008 und Frühjahr 2009 kam es durch die weltweite Finanz- und Wirtschaftskrise zum erneuten Crashszenario. Der DAX sank auf 3.600 Punkte. Untergangspropheten malten den nächsten Crash in düsteren Farben aus. Aber niemand wusste: Wann? Wie lange? Wie heftig? Einen Technologiecrash gab es im Dezember 2018. Danach erholten sich die Kurse kräftig, und zwar bis Februar 2020 mit einem neuen Rekord von knapp 13.800 Punkten. Seitdem befinden wir uns im Corona-Crash mit verheerenden wirtschaftlichen Einbrüchen und paradoxerweise wieder steigenden Kursen, Stand 12.400 Zähler am 17. Juni 2020.

 D

Dachfonds. Sie erinnern an Mietshäuser, unter dessen Dach sich mehrere Wohnungen befinden. Die Manager investieren in Fonds anderer Emittenten, verbunden mit höherer Gebühr. Bei der Rendite sind sie besten Aktienfonds unterlegen.

D-A-CH-Region. Die Abkürzung wird im Wirtschaftsleben gern für den deutschsprachigen Raum, also Deutschland, Austria (Österreich) und Schweiz verwendet.

Datenschutz. Er betrifft den Bürgerschutz vor Beeinträchtigungen durch unbefugte Erhebung, Speicherung und Weitergabe von Daten, die sich auf seine Person beziehe. Die Datenschutzverordnung verlangt von Unternehmen und Medien immer strengere Auflagen, die weit in das Alltagsleben eingreifen.

DAX. Dies ist die Abkürzung für **D**eutscher **A**ktieninde**X**. Im DAX werden die Kurse der 30 führenden deutschen AGs notiert. Neben dem Börsenwert ist der Streubesitz, der Anteil frei handelbarer Aktien, Free Float genannt, entscheidend.

DAX 50 ESG (WKN A0S3E0). Der neue Index bildet die Kursentwicklung der 50 größten Aktien bezüglich Marktkapitalisierung und liquideste Titel ab auf der Grundlage von ESG-Anforderungen. Diese Nachhaltigkeitskriterien beziehen sich auf Umwelt, Soziales und Unternehmensführung. Zu den wichtigsten Ausschlusskriterien zählen Waffen, Tabakproduktion, Kraftwerkskohle und Kernenergie. Der Löwenanteil entfällt auf den Leitindex DAX mit 23 Titeln. Den Rest müssen sich die großen Nebenwerte-Indizes teilen, allen voran der MDAX.

DAXplus Family 30. Der 2010 eingeführte Familienfirmen-Index galt als GEX-Kampfansage. Es gibt keine Sperrklausel bei längerer Mitgliedschaft als 10 Jahre. So werden große Traditionsfirmen nicht mehr ausgebremst. Der DAXplus-Family-Index enthält vier DAX-Titel. MDAX, TecDAX und SDAX überwiegen. Obwohl der neue Familienindex gut abschneidet, wird er im Printbereich nicht publiziert.

Day Trading. Es geht um den Kauf/Verkauf am selben Tag. Ziel ist das Ausnutzen von Preisschwankungen. Bevorzugt werden volatile, liquide Aktien. Day Trading eignet sich für fachkundige, disziplinierte, nervenstarke, spekulative Anleger.

Demografie. Die Lebenserwartung nimmt bei noch niedriger Geburtenrate weiter zu – pro Jahrzehnt um 2 Jahre. Interessant für die Aktienauswahl sind der Biotech-, Medtech- und Pharmasektor, Bauindustrie und Senioreneinrichtungen, Wellness, Touristik, Haustierhaltung, gediegene Kleidung, Körperpflege, Ernährung. Die Autoindustrie muss bei Elektromobilität und autonomem Fahren vorankommen. Ob das Corona-Virus längerfristige Auswirkungen auf die Lebenserwartung hat, bleibt abzuwarten. Aktuell bestehen hinsichtlich der Sterbequoten keine großen Unterschiede zwischen 2019 und 2020, berechnet bis zum Juni. Die größten, die Lebenserwartung entscheidend verkürzenden Sünden sind: Rauchen, Saufen, Bewegungsmangel und ungesunde Ernährung.

Depot, Depotgebühren. Vor dem Aktienkauf ist ein Wertpapierdepot einzurichten. Depotauszug heißt das erstellte detaillierte Verzeichnis über alle geführten Wertpapiere. Für das Verwalten darf die Bank Depotgebühren berechnen.

Deutsche Bundesbank. Sie setzt die geldpolitischen Beschlüsse der Europäischen Zentralbank um. Die Deutsche Bundesbank übernimmt gemeinsam mit der Bundesanstalt für Finanzdienstleistungsaufsicht (BaFin) die Bankenaufsicht.

Deutsches Aktieninstitut (DAI). Der Verband börsennotierter Unternehmen will rechtliche und wirtschaftliche Rahmenbedingungen am Aktienmarkt und die Aktienkultur durch Grundlagenforschung, Beratung und Information verbessern.

Digitale Transformation. Der digitale Wandel bezeichnet die fortlaufend stattfindenden technologischen Veränderungsprozesse in unserer von Künstlicher Intelligenz und um sich greifender Vernetzung geprägten Welt. Für nachhaltig wirtschaftende Unternehmen spielt die digitale Transformation gerade im Hinblick auf die Neuausrichtung von Geschäftsmodellen eine wichtige Rolle für Überleben, Wachstum und Ertrag. Dazu zählen auch Kundenerwartungen bezüglich des Klimawandels und einer umweltfreundlichen Infrastruktur.

Digitalisierung. Wir befinden uns im Zeitalter der Digitalisierung, Vernetzung, Robotik und neuartiger Maschinen. Ob autonomes Fahren, Drohnen, Roboter oder Künstliche Intelligenz: Was alles möglich ist, übersteigt unser Vorstellungsvermögen. Die Industrie 4.0 prägt Produktionsprozesse und Arbeitswelt. Digitale Technologien, die Vernetzung riesiger Datenmengen (Big Data) verändern die Welt.

Disruptive Innovation. Fachleute schwärmen von disruptiver Innovation, Unterbrechung oder Abbruch, auch Sprunginnovation genannt. Es geht um Herausforderungen bei Produktlinien oder Marktpositionen, damit etwas digital Neues entstehen kann. Der Niedergang der Erfolgsfirma Kodak, einst Weltmarktführer bei Fotos und Filmen, zeigt das Scheitern am Digitalisierungstrend beispielhaft auf.

DivDAX. Den Index gibt es seit 2005 mit den 15 dividendenstärksten DAX-Werten. Alljährlich aktualisiert die Deutsche Börse AG die Zusammensetzung. Beim Blick auf eine üppige Dividende wird oft übersehen, dass vor allem diejenigen Konzerne prozentual viel ausschütten, deren Kursentwicklung nicht vorankommt. Aktuell liegt der DivDAX bezüglich Kursentwicklung gegenüber dem DAX knapp vorn.

Diversifikation. Das A und O erfolgreicher Strategien ist eine breite Streuung nach Indizes, Branchen, Ländern und vom Zeitpunkt her. Wer zu wenig Kapital hat, um mit Einzelaktien zu streuen, sollte auf ETFs und Aktienfonds zurückgreifen.

Dividende. Wer den Titel am HV-Tag hält, bekommt die volle Gewinnausschüttung binnen 3 Werktagen ausgezahlt. Bei Vorzugsaktien ist die Dividende oft höher als bei Stämmen. Verlässlich steigende Ausschüttungen gelten wegen Nullzinsen neben Substanzkraft, Nachhaltigkeit und Seriosität als wichtiges Kaufargument.

Dividenden-Aktienfonds. Bei der ausschüttenden Form bündelt das Management die Dividende und zahlt sie ein- oder zweimal jährlich aus. Bei thesaurierend wird die Dividende in weitere Anteile angelegt, sodass sich der Bestand im Laufe der Jahre erhöht. So wird auf ideale Weise der Zinseszinseffekt genutzt.

Dow Jones. Der an der New Yorker Börse (NYSE) gehandelte Dow Jones erfasst als Leitindex die Kurse der 30 größten US-Firmen und gibt weltweit die Marschroute vor. Der DAX kann sich nicht abkoppeln und vollzieht die Entwicklung am US-Markt übertrieben nach. Institutionelle Investoren orientieren sich eher am S&P 500.

E

EBIT, EBITDA. Als EBIT wird der Gewinn einer Firma vor Zinsen und Steuern bezeichnet. EBITDA ist der Gewinn vor Zinsen, Steuern und Abschreibungen.

Eigenkapital. Dies sind die finanziellen Mittel, über die ein Betrieb nach Abzug aller Verbindlichkeiten verfügt. Kapitalerhöhungen stärken die Eigenkapitalbasis der Gesellschaft und machen F&E, Investitionen und Übernahmen möglich.

Einzelanalyse. Die Fundamentalanalyse überprüft die AG gründlich. Im Blickpunkt stehen KGV, Buchwert, Cashflow, Umsatz, Ertrag, Jahresüberschuss, Ergebnis je Aktie, Dividendenrendite, Eigenkapitalquote, Geschäftsmodell, Marke.

Emerging Markets. Dies sind aufstrebende Volkswirtschaften Ostasiens, Afrikas und Lateinamerikas. Bei intakter Konjunktur werden Wirtschaftswachstum und steigender Lebensstandard mit Angleichung an westliche Industrieländer erwartet.

Entry Standard. Er wurde 2017 im Zuge der Umstrukturierung durch das neue Segment Scale für profitable, innovative Mittelständler ersetzt.

Erderwärmung. Mit der globalen Erderwärmung ist der beobachtete, festgestellte und voraussichtliche Trend zu einer vergleichsweise höheren Durchschnittstemperatur gemeint. Dabei geht es vor allem um die Folgen wie steigender Meeresspiegel, Gletscherschmelze, Verschiebung von Klima- und Vegetationszonen sowie Lebensräumen. Dies führt zu den sich häufenden Naturkatastrophen wie Waldbränden, Starkregen, Orkanen, Überflutungen und Dürre, aber auch zu Ausbreitung von Parasiten und neuen Krankheitsformen. Die globale Erwärmung wird vor allem durch Treibhausgase verursacht, also den sich erhöhenden Kohlendioxidgehalt.

Ethikanlagen. Das Ethik-Rating *„mit gutem Gewissen Geld anlegen"* fordert: Umweltverträglichkeit (Erneuerbare Energie, Schutz bedrohter Tiere und Pflanzen, energiesparendes Bauen, Recycling, Schadstoffvermeidung); Sozialverträglichkeit (keine Niedriglöhne, Ausbeutung, Diskriminierung) und Kulturverträglichkeit.

ESG-Ausschlusskriterien Nachhaltigkeit. Die Nachhaltigkeitsfonds nehmen im Allgemeinen Aktien auf, deren Unternehmen die gängigen Ausschlusskriterien beachten. Dies sind vor allem Waffen und Rüstung, fossile Energie Kohle, Kernkraftwerke, Rauschgift, Alkohol, Verstoß gegen Menschenrechte. Bevorzugt werden Titel, die im Kampf gegen den Klimawandel mit der Erderwärmung aktiv sind.

Euro Stoxx 50. Der Leitindex der EU umfasst die 50 größten Firmen mit etlichen Energie- und Finanztiteln. Der dividendenstarke Euro Stoxx 50 für die Europäische Union (EU) ist vergleichbar mit der Champions League im Fußball.

Exchange Traded Commodity (ETC). Ein ETC gilt im Gegensatz zum ETF nicht als geschütztes Sondervermögen, sondern als Zertifikat und damit als Schuldverschreibung. ETCs können physisch unterlegt sein wie bei den Edelmetallen Gold, Silber, Platin und Palladium.

Exchange Traded Funds (ETF). Dies sind preiswerte börsengehandelte Indexfonds, die weder besser noch schlechter als der Index abschneiden. Mit passiv gemanagten ETFs lassen sich wichtige Märkte abdecken. Der Ausgabeaufschlag entfällt. Passiv gemanagte ETFs sind vorteilhaft, um große globale Indizes breit gestreut abzudecken. In Zukunftsmärkten sind Aktienfonds oft die bessere Wahl.

F

Familienunternehmen. International weichen die Zugangsvoraussetzungen stark voneinander ab. Um in den Index DAXplus Family 30 aufgenommen zu werden, müssen die Unternehmen im Prime Standard der Frankfurter Börse notiert sein. Grundbedingung ist, dass die Gründerfamilie mindestens über einen 25-prozentigen Stimmrechtsanteil verfügt oder zum Vorstand bzw. Aufsichtsrat gehört. Die 30 größten und liquidesten Werte bilden den Index DAXplus Family 30.

Fernunterricht. Die wegen der Corona-Krise teilweise noch geschlossenen Schulen und Universitäten sind in jedem Fall noch weit von der Normalität bzw. vom Regelbetrieb entfernt. Da spielt Fernunterricht in Form von Videokonferenzen eine wichtige Rolle. Allerdings gibt es qualitativ riesige Unterschiede, nachdem nicht jede Lehrkraft den Umgang mit der modernen Medienwelt hundertprozentig beherrscht und nicht alle Schüler technologisch zufriedenstellend ausgestattet sind. Hinzu kommen Ängste vor allem bei den älteren, zur Corona-Risikogruppe zählenden Pädagogen.

Finanztermingeschäftsfähigkeit. Zu den spekulativen Finanztermingeschäften zählen Derivate (Optionen/Futures) und Optionsscheine. Die Bank muss bei Termingeschäften Risiken genau darlegen und Beratungsprotokolle erstellen.

Fonds. Während Standardwertefonds meist schlechter abschneiden als der Index und preiswerte ETFs vorzuziehen sind, liegt die Stärke in Themenfonds wie Biotech, Software, Hightech. Da kann ein aktives, innovatives Management zeigen, was in ihm steckt. Aktien, Aktienfonds, ETFs sind geschütztes Sondervermögen.

Footsie, FTSE-100-Index. Der seit 1984 bestehende und von der *Financial Times* betreute Aktienindex der Londoner Börse umfasst die 100 wichtigsten Titel.

Free Float. Frei handelbare Aktien befinden sich im Streubesitz statt in fester Hand. Für die DAX-Gewichtung sind Börsenwert und Streubesitz maßgebend.

Freibetrag. Liegt der Bank ein Freistellungsauftrag (Pauschalbetrag 801 €, gemeinsam veranlagte Eheleute 1.602 €) vor, schreibt sie Dividenden, Zinseinkünfte und Kursgewinne bis zum Ausschöpfen steuerfrei gut. Wer seinen Freistellungsauftrag ändert oder erstmals einreicht, muss seine Steuer-Identifikations-Nr. angeben, um Missbrauch vorzubeugen. Niemand kann hier mehr ohne ertappt zu werden schummeln, indem er Freistellungsaufträge bei mehreren Depotbanken anmeldet.

Frontierfonds, Frontiermärkte. Die Emerging Markets der 2. Generation sind an einem Entwicklungspunkt angelangt, wo gängige Schwellenländer vor 20 Jahren standen. Es gibt wachstumsstarke Frontier-Nebenwertefonds für Mutige.

Fundamentalanalyse. Sie umfasst die Global-/Branchen-/Einzelanalyse. Analysten untersuchen die unternehmerischen Einflussfaktoren auf den Geschäftsverlauf. Ist die Aktie fair bewertet? Wie ist die künftige Entwicklung einzuschätzen?

Fusion. Der Zusammenschluss von Unternehmen durch freundliche oder feindliche Übernahmen soll Kosten senken, die Marktstellung stärken und die Umsatz- und Gewinnchancen erhöhen. Fusionen führen wegen unterschiedlicher Firmenkulturen nicht immer zum erhofften Erfolg. Bei einer Übernahme steigt der Aktienkurs der Zielfirma meist deutlich, während er bei der Bieterfirma eher sinkt.

G

Geldkurs. Börse und Nachrichtensender informieren, zu welchem Preis Sie handeln können. Aus Anlegersicht ist der Geldkurs „G" der niedrigere Verkaufspreis (englisch: bid) und der Briefkurs „B" (englisch: ask) der höhere Kaufpreis.

Genehmigtes Kapital. Eine AG darf ihr Grundkapital nur aufstocken, also eine Kapitalerhöhung durch Ausgabe junger Aktien starten, wenn ein HV-Beschluss vorliegt. Im Aktienrecht wird vom „Genehmigten Kapital" gesprochen.

Genussscheine mit aktien- oder rentenähnlichen Merkmalen, fester oder ergebnisabhängiger Ausschüttung geben kein Mitgliedschaftsrecht und berechtigen nicht zur HV-Teilnahme. Es gibt Genussscheine mit Wandelrecht in Aktien.

Geschäftsfähigkeit. Die volle Geschäftsfähigkeit setzt Volljährigkeit ab dem 18. Geburtstag voraus. Sie berechtigt zur Kreditaufnahme, zur Landtags- und Bundestagswahl, zum alleinigen Autofahren und Aktienhandel ohne elterliche Erlaubnis.

Geschlossene Fonds. Dies sind riskante Beteiligungen an Unternehmen. Hier wird Geld für bestimmte Objekte eingesammelt, z. B. Immobilien-, Schiffs-, Flugzeug- und Filmbeteiligungen. Geschlossene Fonds haben eine Laufzeit ab einem Jahrzehnt. Ohne Ersatzperson ist ein vorzeitiger Ausstieg unmöglich. Bei Verlust wird häufig Nachschuss verlangt. Am Ende steht oft die Zahlungsunfähigkeit.

Gesundheitswesen als Zukunftsmarkt. Die Lebenserwartung nimmt durch den Medizinfortschritt weiter zu – pro Jahrzehnt um 2 Jahre. Biotechfirmen profitieren durch neuartige Wirkstoffe, Therapien und Operationstechniken. Die Medizintechnik hat Wachstumspotenzial, entwickelt sich der alternde Mensch doch oft zum Ersatzteillager von Kopf bis Fuß. Hier gibt es innovative Themen-Aktienfonds.

Gewinnschwelle. Der Break-even bedeutet „schwarze Zahlen". Die Gewinnschwelle, ab der eine Firma Erträge erwirtschaftet, erscheint greifbar nahe.

Gewinnwarnung. Das Unwort warnt nicht vor Gewinn. Es ist eine negative Ergebniserwartung. Je schlimmer die Abweichung, umso größer der Kurssturz!

GEX. Seit 2004 gibt es im Prime Standard den GEX (German Entrepreneurial Index) für Familienfirmen aller Branchen. Der GEX krankt daran, dass die Börsennotiz höchstens 10 Jahre zurückliegen darf. Danach erfolgt der Rauswurf.

Girosammelverwahrung. Bei dieser rationellen Art der Wertpapierverwahrung erhalten Aktionäre ein Miteigentumsrecht an den eingebuchten Wertpapieren.

Globalanalyse. Die Fundamentalanalysten durchforsten die Wirtschafts-, Sozial- und Steuerpolitik, Ölpreis, Währung, Wechselkurse, Zinsen, politische Ereignisse.

Gold. Das von Mythen umrankte Edelmetall gilt in Krisen als sicherer Hafen mittels Barren und Münzen. Interessant sind physisch unterlegte Edelmetall-ETC. 5 % bis 15 % Vermögensanteil Gold in unterschiedlicher Form sind vernünftig.

Gratisaktien, Berichtigungsaktien. Bei Kapitalerhöhungen aus Gesellschaftsmitteln werden Unternehmensrücklagen in Grundkapital umgewandelt. Die Altaktionäre erhalten weitere Aktien. Der Anteil am Grundkapital bleibt gleich.

Growth. Damit sind wachstumsstarke Wertpapiere gemeint. Langfristig lässt sich mit der Kombination Value/Growth eine bessere Rendite erzielen. Hier gilt: Bei Konjunkturschwäche eher Value, bei Wirtschaftswachstum Growth übergewichten. Der Corona-Crash hat gezeigt, dass die niedrig bewerteten substanzstarken Value-Aktien nicht vor heftigem Kursverlust gefeit sind. Umgekehrt können die hochbewerteten offensiven Growth-Wachstumsaktien prozentual weniger einbrechen und in der Bodenbildungsphase sogar neue Höchststände anpeilen, sofern ihr Geschäftsmodell zu den Zukunftsmärkten zählt, wozu auch der Nachhaltigkeittrend gehört.

Grundkapital. Das Grundkapital einer AG wird in Aktien zerlegt, muss also mit der Stückelung der ausgegebenen Aktien übereinstimmen. Aktionäre sind entsprechend ihrer Aktienzahl als Miteigentümer am Grundkapital beteiligt.

Hauptversammlung. Auf dem Jahresaktionärstreffen werden Beschlüsse über Kapitalerhöhungen, Rückkaufprogramme usw. gefasst. Pro Aktie eine Stimme. Wer am HV-Tag den Titel besitzt, erhält die Dividende 3 Werktage später ausgezahlt.

Hausse. Sie bildet das positive Gegenstück zur Baisse und steht für länger anhaltenden Kursanstieg. Antizyklisch handelnde Aktionäre realisieren einen Teil ihrer Kursgewinne in der Höhepunktphase und kaufen in der Baisse wieder zu.

Hebel (Leverage). Das Basisinstrument ist z. B. eine Aktie oder Währung. Bei positiver Einschätzung werden mit einem Hebel Call-OS bzw. Long- oder Bull-Derivate gekauft. Beim Put-OS, Short- oder Bear-Zertifikat ist es umgekehrt.

Hedgefonds. „To hedge" steht für „absichern". Hedgefonds haben viel Freiraum. Die Assetklasse gerät wegen mangelnder Transparenz, hoher Gebühren, massivem Leerverkauf und aggressivem HV-Auftritt in Verruf.

Hoch-/Tief-Mutstrategie. Bei Korrektur und Crash gilt es, Kursschwankungen zu nutzen. Nicht jede Aktie versinkt im Kellerloch. Mancher Wert notiert nahe am Allzeithoch. Beim Teilverkauf dienen hohe Gewinne zur Finanzierung übertrieben abgestürzter Aktien mit Zukunftschancen. Niemals werden beste Aktien komplett verkauft, zumal Dividenden langfristig oft zweistellige Renditen bringen.

Homeoffice. Unter diesem Begriff werden Arbeitsformen zusammengefasst, bei denen die Mitarbeiter ihre beruflichen Aktivitäten ganz oder zeitweilig außerhalb des Firmensitzes verrichten. Beim Homeoffice findet diese Arbeit zu Hause statt. Im Verlauf der Corona-Krise wurde ein Großteil der anfallenden Arbeit wochenlang in die häusliche Wohnung verlegt, um die Ansteckungsgefahr zu verringern. Schließlich lässt es sich am Arbeitsplatz nicht überall den Vorschriften entsprechend umsetzen, Abstände von 1,50 Meter zu halten und körperliche Kontakte zu vermeiden. Vor allem den Risikogruppen wurde empfohlen, das Homeoffice zu nutzen.

Es sieht so aus, dass sich diese Arbeitsform auch künftig in zahlreichen Branchen und Geschäftsfeldern behaupten wird. Viele Mitarbeiter wollen zwar auch gern mit den Kollegen zusammen sein und im Betrieb ihre beruflichen Aufgaben erfüllen, aber nicht ausschließlich. Warum nicht zwei oder drei Tage im Betrieb und zwei oder drei Tage zu Hause sein Arbeitspensum erledigen? Die Mehrheit der Beschäftigten begrüßt solche flexiblen Lösungen. Im Einklang mit Homeoffice ließen und lassen sich mithilfe von Teamviewer, Zoom und Skype auch Videokonferenzen problemlos durchführen. Ohne diese digitale Transformation mit neuartigen Kommunikationsformen wäre die Corona-Krise viel schwerer zu ertragen gewesen.

Impfstoffe Corona-Pandemie. Momentan herrscht sowohl bei den mittelständischen Biotech- und Medtechunternehmen als auch bei den internationalen Pharmakonzernen ein knallharter, leidenschaftlich geführter Wettbewerb. Das Ziel ist der erste wirksame Impfstoff gegen das Corona-Virus, das noch nicht besiegt ist, sondern sich möglicherweise zu einer zweiten Pandemiewelle aufrafft. In Deutschland sind Biontech, in den USA Moderna, in Großbritannien an vorderster Front AstraZeneca zu nennen. Vielleicht macht auch ein ganz anderes Unternehmen das Rennen, 2021 erfolgreich zu sein. Es ist weniger riskant, mit kleineren Einsätzen bei mehreren, statt mit einer höheren Summe beim eigenen Favoriten investiert zu sein.

Index, Aktienindex. Allgemein sind die Aktien nach Marktkapitalisierung bzw. Börsenwert gewichtet. Dies gilt neben der Umsatzentwicklung beim Streubesitz auch für den Auf- und Abstieg bei DAX, MDAX, TecDAX und SDAX.

Indexfonds (ETF). Im Gegensatz zu Zertifikaten sind ETFs geschütztes Sondervermögen und bilden Aktien von Indizes wie DAX, MDAX, TecDAX, Dow Jones nach. Ein Ausgabeaufschlag entfällt. Die jährliche Verwaltungsgebühr ist niedrig.

Industrie 4.0 mit Internet der Dinge, Digitalisierung und Vernetzung soll hierzulande bis 2025 zum Mehrwert von 11 Billionen Dollar führen. Industrie 4.0 bezeichnet die vierte industrielle Revolution, nach der ersten durch Kohle und Stahl, der zweiten im Zeichen der Elektrifizierung, der dritten durch Mikroelektronik und Mikrochips.

Es geht um die industrielle Digitalisierung mit maßgeschneiderter Produktion nach individuellen Wünschen statt Massenfertigung. Die Künstliche Intelligenz mit neuen Mensch-Maschine-Schnittstellen, 3-D-Druckern und Robotern spielt eine entscheidende Rolle. Lernfähige Maschinen sollen den Produktionsprozess, die Logistikketten und Lieferwege verbessern. Neue Chancen bietet im Gesundheitswesen beim Kampf gegen Krebs die personalisierte Medizin mit Immun- und Gentherapie sowie Robotik bei Operationen und neuen Verfahren. Vorrangig geht es bei neu ausgerichteten Geschäftsmodellen um Nachhaltigkeit im Kampf gegen den Klimawandel.

Inflation. Zum Preisanstieg kommt es, wenn die Nachfrage das Angebot übertrifft oder Spekulanten agieren. Ungleichgewichte bei Dollar, Euro, Yen gefährden die Stabilität. Notenbanken drehen je nach konjunktureller Entwicklung an der Zinsschraube nach oben oder unten. In der EU dürften vorläufig keine Zinsen steigen.

Insidergeschäft. Wer dank seiner beruflichen Position über Insiderinformationen verfügt, darf sein Wissen erst nach erfolgter Veröffentlichung weitergeben und die Aktie handeln. Verstöße werden mit Geld- oder Freiheitsstrafen geahndet.

Insolvenz ist die Unfähigkeit, Zahlungsverpflichtungen zu erfüllen. Das Ranking sinkt auf die niedrigste Stufe. Ab **C** lautet das Vokabular Schrott oder Ramsch. Zinsen werden nicht ausgezahlt. Aktien stürzen bodenlos ab. Warnung: Nicht jeder, der zu Boden geht, steht wieder auf. Mittelstandsanleihen mit hohem Zinskupon führten oft zur Pleite. Dadurch geriet diese Anlageform in Verruf.

Investmentclubs. In Städten tun sich mitunter engagierte Privatanleger zusammen, um zu diskutieren, Erfahrungen auszutauschen, gemeinsam ein Aktiendepot aufzubauen, Kosten zu sparen und gute Renditen zu erzielen.

Investmentfonds. Dies ist das von Kapitalgesellschaften aktiv gemanagte angelegte und verwaltete Vermögen. Je nach Ausrichtung investiert das Fondsmanagement in Aktien, Anleihen, Immobilien, Rohstoffe usw. Häufig werden derivative Techniken mit Swaps zur Absicherung gegen Währungseinflüsse eingesetzt.

ISIN. Seit 2003 gilt die zwölfstellige ISIN neben der sechsstelligen WKN. Die ersten zwei Positionen nennen das Land, DE für Deutschland. Die drei Nullen dienen Erweiterungen. Bei deutschen Aktien folgt als Kern die frühere WKN. Eine einprägsame WKN wird bevorzugt. Bei zu kleiner Schrift droht Verwechslungsgefahr.

Junge Aktien. Bei einer Kapitalerhöhung werden neue Aktien mit oder ohne Bezugsrechte für Altaktionäre ausgegeben. Dies führt zur Verwässerung und löst nur bei hohem Preisabschlag und günstigem Bezugsverhältnis Freude aus.

K

Kapitalerhöhung. Eine AG kann nach Genehmigung auf der jährlichen HV ihr Grundkapital aufstocken durch Ausgabe junger Aktien, Genussscheine oder Wandelanleihen. Ein solcher Beschluss steht auch bei einer Übernahme an.

Kaufsignal. Die Technische Analyse liefert Kauf- und Verkaufssignale. Durchbricht der Kurs die obere Widerstandslinie oder hält die untere Unterstützungslinie, entsteht ein Kaufsignal. Bullen- und Bärenfallen zeigen falsche Signale.

Klimaschutz, Klimawandel. Klimaschutz umfasst als Sammelbegriff alle Maßnahmen, um der vom Menschen verursachten globalen Erderwärmung entgegenzuwirken und damit die negativen Folgen abzumildern oder zu verhindern. Der Klimawandel selbst lässt sich nicht rückgängig machen, sondern nur verlangsamen. Dies geschieht am wirksamsten durch Verringern ausgestoßener Treibhausgase. Das Bundesumweltministerium informiert über alle Vorhaben und Ziele. Es fehlt nicht an konkreten Tipps, wie jeder Einzelne das Klima und damit Natur & Umwelt schützen kann.

Konjunktur. Ein Konjunkturzyklus verläuft wellenförmig. Günstig im Abwärtstrend ist der **V**-Verlauf. Die Wirtschaft erholt sich rasch. Beim **U**-Verlauf wird die Talsohle nur langsam durchschritten. Das **W** markiert den Double-Dip. Nach kurzem Auftrieb geht es erneut abwärts. Gefährlich ist der **L**-Verlauf mit drohender Deflation.

Konsolidierung, Korrektur. Ein mäßiger Abwärtstrend wird Konsolidierung, ein stärkerer Einbruch Korrektur genannt. Ein heftiger Absturz gilt als Crash.

Künstliche Intelligenz, KI. Die Künstliche Intelligenz verändert unsere Welt und damit unser Leben erheblich. KI gilt als ein Teilgebiet der Informatik und befasst sich mit der Automatisierung intelligenten Verhaltens und maschinellen Lernens.

Dabei geht es auch um den Versuch, bestimmte menschliche Entscheidungsstrukturen nachzubilden. Beispielsweise wird ein Computer so gebaut und programmiert, dass er eigenständig Probleme und Projekte bearbeiten kann. Mit Algorithmen lässt sich intelligentes Verhalten simulieren, z. B. an einer Reihe von Computer- und Videospielen. Die Ziele der sogenannten starken KI sind auch noch nach Jahrzehnten der Forschung visionär. Neben dem Militär ergeben sich hervorragende Möglichkeiten beispielsweise im Gesundheitswesen, wenn es um Diagnostik, Laboruntersuchungen, schwierige Herz-/Lungenoperationen und Transplantationen geht. Aber auch Weltraumforschung und autonomes Fahren sind ohne KI undenkbar.

Kurs-Gewinn-Verhältnis. Das KGV bildet die wichtigste Kennziffer der Fundamentalanalyse und erleichtert Aktienbewertungen. Ein möglichst niedriges KGV zeigt, mit welch Vielfachem vom Jahresgewinn die Aktie gehandelt wird.

Der KGV-Vergleich erweist sich als nützlich innerhalb der gleichen Branche. So wie es wenig bringt, Äpfel und Birnen zu vergleichen, hilft es nicht weiter, bei Kaufentscheidungen Value- und Growth-Aktien gegenüberzustellen. Vergeuden Sie Ihre Zeit nicht mit Nebenschauplätzen, indem Sie das KGV über einen Zeitraum von fünf Jahren zurückverfolgen. Interessanter ist die erwartete Einschätzung für das nächste Jahr.

Kurszusätze. Der Zusatz **B** für Brief (der höhere Kaufkurs) und **G** für Geld (der niedrigere Verkaufskurs) erleichtert bei Nebenwerten aktuelle Entscheidungen. Der Hinweis **exD** zeigt die Kursnotierung am Tag des Dividendenabschlags an.

Leerverkauf. Diese Spekulation setzt auf den fallenden Kurs überbewerteter Aktien. Hedgefonds nutzen solche Finanzinstrumente. Der Short Seller verkauft an der Börse Papiere, die er sich gegen Zahlung einer Gebühr in der Annahme leiht bzw. mietet, sie später zum geringeren Kurs an der Börse zurückzukaufen.

Leitzins EZB. Die Europäische Zentralbank mit der Französin Christine Lagarde als Nachfolgerin des italienischen Präsidenten Mario Draghi seit Nov. 2019 legt den EU-Leitzinssatz fest. Zu diesem Zinssatz erhalten die Banken Geld von der EZB. Die Null- und Strafzinspolitik dürfte noch jahrelang anhalten.

Leitzinspolitik Fed. US-Notenbankchef Jerome Powell als Nachfolger von Janet Yellen senkte Ende Oktober 2019 zum dritten Mal die Zinsen um 0,25 % auf die neue Spanne von 1,50 % bis 1,75 % und will nun eine Pause einlegen.

Limit, Limitierung. Um Überraschungen bei marktengen Werten zu vermeiden, ist es ratsam, ein Limit bis zum Monats- oder Quartalsende einzugeben. Beim Kauf ist das Limit der höchste Kurs, beim Verkauf der niedrigste akzeptierte Kurs.

Liquidität bezeichnet die Fähigkeit, seine Zahlungsverpflichtungen zu erfüllen. Bei hoher Liquidität werden Wertpapieraufträge sekundenschnell abgewickelt.

Marathonaktien, Highflyer. Dies sind Aktien, die sich dauerhaft zu Kursraketen entwickeln. Es zahlt sich nur selten aus, Gewinne vorzeitig mitzunehmen. Spitzenaktien setzen ihren drei- oder vierstelligen Höhenflug meist fort.

Marktkapitalisierung. Der Börsenwert ist neben dem Umsatz entscheidend für Aufnahme und Gewichtung im Index. Der Börsenwert ergibt sich, indem der Kurs mit der Aktienanzahl multipliziert wird. Kleine AGs sind anfällig für Kursmanipulationen. Aktienfonds greifen oft erst beim Börsenwert ab 100 Mio. € zu.

MDAX. Seit der Indexneuordnung umfasst der MDAX nach dem DAX die Aktien der nächstgrößeren 60 Titel und ist vergleichbar mit der 2. Fußballbundesliga. Auf- und Abstieg erfolgen halbjährlich. Der MDAX ist nicht mehr klassisch nur mit Value-Aktien bestückt. Hier sind seit September 2018 zusätzlich 16 TecDAX-Titel notiert, um mit Technologie, Software, Biotech, Medtech die Attraktivität zu steigern. Der MDAX entwickelt sich seit 20 Jahren im Schnitt doppelt so gut wie der DAX. Das Geheimnis liegt in Blutauffrischung, Neuemissionen und tüchtigen SDAX-Nachrückern.

Medizintechnik. Sie bezeichnet die Anwendung ingenieurwissenschaftlicher Grundsätze und Regeln in der Medizin. Medizintechnik kombiniert Kenntnisse aus dem Bereich der Technik, Forschung und Entwicklung mit Problemlösungen, verbunden mit der medizinischen Sachkenntnis von Ärzten und Pflegefachleuten. Dazu gehören die Gebiete Diagnostik, Therapie, Krankenpflege, Rehabilitation und intensive Laborarbeit mit Proben, Tests und Prozesslösungen. Im TecDAX und MDAX zählt Sartorius zu den führenden Medizintechnikunternehmen im Laborbereich.

Micro Caps. Die niedrig kapitalisierten Werte unterhalb des SDAX befinden sich in den wenigsten Anlegerdepots. Oft liegt die Kommunikationspolitik im Argen. Bei einer Turnaround-Story locken hohe Kursgewinne. Es ist ratsam, ausländische Nebenwerte über einen Indexfonds (ETF) oder aktive Themenfonds abzudecken.

Mid Caps. Die Aktien mittelgroßer AGs sind im MDAX mit 60 Titeln und im TecDAX mit 30 Hightechwerten aus dem In- und Ausland gelistet.

Mischfonds. Sie setzen sich meist aus Aktien und Rententiteln zusammen. Bei einem festen Verhältnis 50:50 sind kaum Erträge zu erwirtschaften. Es sei denn, Hochzinsanleihen zählen zum Anlagekonzept. Ebenso lässt sich mit flexiblen Multi-Asset-Strategien die Rendite steigern und das Risiko senken. Hier beträgt das Verhältnis Aktien und Anleihen nicht mehr 1:1. Abhängig von Markt- und Börsenlage können die Anteile zwischen 90:10 oder 10:90 % schwanken. Auch beigemischte Edelmetalle und andere Rohstoffe sind denkbar. Für das Nachwuchsdepot Kinder und Enkel bieten Multi-Asset-Mischfonds interessante Perspektiven, nachdem sich bei einem langen Anlagehorizont von einem Jahrzehnt und mehr die Zinssätze vermutlich verändern.

Nachhaltige, ethische Geldanlage. Sie müssen keineswegs befürchten, bezüglich Rendite vielleicht schlechter abzuschneiden. Ganz im Gegenteil! Allein schon die Tatsache, dass nachhaltige Geldanlagen bereits im Jahr 2018 in Deutschland mit 219 Mrd. € einen neuen Höchststand erreichten und für steigende Aktienkurse sorgten, zeigt, dass Sie mit ethischen Geldanlagen auf dem richtigen Weg sind.

Es geht nicht nur um CO_2-Ausstoß, weniger Wasser- und Energieverbrauch, Tier- und Pflanzenwohl, sondern auch um gesellschaftliche Werte sowie umweltfreundliche Infrastruktur und Abfallverwertung. Aktienfonds mit nachhaltiger Ausrichtung erzielen gegenüber anderen Aktienfonds im Ein-, Fünf- und Zehn-Jahresvergleich nun deutlich bessere Renditen.

Nanotechnologie. Den Strukturen in Nanometergröße (Nano = Zwerg), der millionste Teil eines Millimeters, werden beeindruckende Eigenschaften nachgesagt. Ein Nanometer steht zum Fußball im gleichen Verhältnis wie der Fußball zur Erdkugel. Die Grundlagenforschung umfasst insbesondere Naturwissenschaften. Das Problem: Ist tatsächlich immer drin, was darauf steht? Die Missbrauchsgefahr ist groß.

Nasdaq 100. An der US-Technologiebörse sind Hightech-, Biotech-, Internet- und Medienaktien gelistet. Der Nasdaq 100 eilte jahrelang von einem zum nächsten Allzeithoch. Er wurde im Dezember 2018 vom Technologiecrash ausgebremst, notierte aber Anfang November 2019 mit 8.370 Punkten schon wieder auf Allzeithoch. Dieser Aufwärtstrend wurde selbst durch den anfangs mit sehr hohem Kursverlust verbundenen Corona-Crash ab März 2020 nur kurzfristig unterbrochen. Bereits im Juni 2020 kam es zu einem neuen Allzeithoch von über 10.150 Punkten. Der TecDAX orientiert sich am Nasdaq mit so bekannten Titeln wie Adobe, Alexion, Alphabet, Amazon, AMD, Amgen, Apple, Applied Materials und ASML, um allein beim Buchstaben A aufzuzeigen, wie hoch das Zukunftspotenzial ist. Erstaunlicherweise sind es nicht die niedrig bewerteten Value-Aktien, sondern die als absturzgefährdet geltenden hoch bewerteten Wachstumsaktien, die jetzt auf Allzeithoch notieren.

Nebenwerte. Dazu zählen der MDAX mit 60 Titeln, der SDAX mit 70 Werten aus dem Value- und Growth-Bereich sowie der TecDAX mit 30 Hightech-Aktien. Marktkundige Investoren stöbern hier substanzstarke Titel mit üppiger Dividende und guter Gewinnentwicklung auf. ETFs und Themenfonds sind durch die Doppelnotiz der TecDAX-Aktien im MDAX oder SDAX in jeweils zwei Segmenten vertreten.

Neuemission. Eine AG tritt ihren Börsengang (**IPO: I**nitial **P**ublic **O**ffering) an. Bei Notierung im Prime Standard besteht die Aussicht, bei späteren Indexüberprüfungen in den DAX, MDAX, TecDAX oder SDAX aufzusteigen. Das Bookbuilding-Verfahren nennt die Preisspanne, zu der Zeichnungsangebote möglich sind. Es ist riskant, die Aktien milliardenschwerer Unternehmen zu zeichnen, die trotz überzeugender Umsätze Schulden in mehrfacher Millionenhöhe fabrizieren.

Nichtzyklische Aktien. Dies sind die nicht konjunkturabhängigen Aktien, wie Energie, Versorger, Nahrungsmittel, Haushaltsbedarf, Versicherungen. An Essen, Trinken, Pflegemitteln, Strom und Heizung wird auch in Krisen kaum gespart. Diese defensiven, oft substanzstarken und nachhaltigen Aktien zählen zum Value-Sektor.

Nikkei 225. Dem Leitindex für 225 japanische Aktien an der Börse Tokio gelang seit dem Absturz von 40.000 auf 7.000 Punkte im Februar 2020 eine Erholung auf über 24.100 Punkte, um im Verlauf des Corona-Crashs bis auf 16.350 Punkte zurückzufallen. Interessant ist auch der breiter aufgestellte TOPIX mit 1.700 Titeln.

NYSE (New York Stock Exchange). Die NYSE an der Wall Street gilt als wichtigste Aktienbörse. Der Dow-Jones-Index mit den 30 größten US-Industriekonzernen liefert Vorgaben für die weltweite Kursentwicklung der Standardwerte.

Offene Immobilienfonds. Wer sich keine eigene Immobilie leisten kann, kauft vielleicht Einzelaktien aus DAX, MDAX, SDAX oder entscheidet sich für Aktien-Immobilienfonds oder offene Immobilienfonds. Das Management investiert in mehrere Projekte aus dem Wohn- oder Gewerbebereich. Bei hohem Mittelabschluss kann die Rückzahlung zeitweilig gesperrt werden. Bei starkem Andrang besteht das Risiko, dass beste Objekte ausgebucht sind oder zu teuer zugegriffen wird.

OGAW/UCITS. Beide Abkürzungen bedeuten Anlegerschutz für Publikumsfonds. Die OGAW-Richtlinie informiert über Rechts- und Verwaltungsvorschriften sowie Vorgaben und Anforderungen für Fondsgesellschaften. OGAW ist die deutsche Abkürzung für **O**rganismus **G**emeinsame **A**nlagen **W**ertpapiere. UCITS ist die englische Abkürzung von **U**ndertakings for **C**ollective **I**nvestments in **T**ransferable **S**ecurities.

Order. Hier geht es um Aufträge im Wertpapierhandel. Bei marktengen Werten begrenzen Sie durch Limit die Preisspanne beim Verkauf nach unten, beim Kauf nach oben. Beim Einsatz unterhalb von 1.000 € frisst die Gebühr oft den Kursgewinn auf.

Penny Stock. Durch den Kurssturz am längst beerdigten Neuen Markt sind manche Aktien so stark abgestürzt, dass sie unter 1 € notieren. Penny Stocks sind beliebte Spielwiesen für Zocker, aber oft ungeeignet bei langem Anlagehorizont. In China ist es nicht ungewöhnlich, beim Börsengang als Penny Stock zu starten.

Performance. Dies ist die Entwicklung des Depots und einzelner Wertpapiere. Ein gutes Abschneiden verlangt eine auf das Marktgeschehen angepasste Anlagestrategie mit Blick auf dividendenstarke Qualitätstitel. Wer breit gestreut mindestens 14 Jahre in Aktien anlegte, zählte bislang immer zu den Siegern.

Photovoltaik/Solarstrom. Mit verringerten Einspeisevergütungen in Deutschland und riesigem Preisdruck wegen starker Konkurrenz aus China und Amerika ist vom früheren Boom in Deutschland nichts mehr zu spüren. Eine Bereinigung des übersättigten Marktes durch Abbau überhöhter Kapazitäten war unumgänglich.

Weltweit sieht die Lage freilich anders aus. So eilt die israelische Photovoltaikaktie SolarEdge von einem zum nächsten Allzeithoch. Die Zukunft gehört den Erneuerbaren Energien im Kampf gegen den Klimawandel ohnehin.

PIN. Die **p**ersönliche **I**dentifikations-**N**ummer sollte auswendig gelernt und raffiniert verschlüsselt verwahrt werden, beispielsweise in einem Telefonnummerversteck.

Portfolio. So wird der Depotbestand von Anlegern, die Wertpapierzusammensetzung bei Fondsmanagern und die Produktpipeline von Unternehmen genannt.

Prime Standard. Seit 2003 gibt es den Prime Standard mit strengen und den General Standard, ein Auslaufmodell, mit milderen Auflagen. Im Prime Standard sind alle Aktien von DAX, MDAX, TecDAX, SDAX, DAXplus Family 30 vertreten.

Publikumsfonds. Aktien-, Renten-, Geldmarkt-, Dach- und Mischfonds zählen dazu. All diese Produkte werden von der Bundesanstalt für Finanzdienstleistungsaufsicht BaFin kontrolliert bzw. überwacht.

Quanto. Der Zusatz besagt, dass der Aktienfonds oder ETF währungsgesichert ist und die Kursentwicklung nicht unter dem Wechselkurs Euro/Dollar/Yen leidet.

Quartalsbericht. Von den im Prime Standard notierten AGs verlangt die Deutsche Börse vierteljährlich nur noch verkürzte Berichte über die Umsatz- und Gewinnentwicklung. Die Halbjahreskommentare müssen weiterhin ausführlich sein.

Rallye. Die Rezeptur lautet: Nachhaltigkeit, Substanzkraft, steigender Umsatz und Ertrag, gesunde Bilanzstruktur, verlässliche Dividende, erstklassiges Management.

Rating/Ranking. Die Ratingskalen der Agenturen S&P, Moody's, Fitch und Feri Trust beurteilen die Kreditwürdigkeit von Staaten und Fonds. AAA ist die höchste Bonitätsstufe. Rating bewertet qualitative Kriterien wie das Management, Ranking quantitative Maßstäbe wie die Rendite und verwendet das Sternesystem.

Realtime-Kurse. Im Internet erscheinen Börsenkurse oft zeitverzögert um 15 Minuten, teilweise auch sekundengenau wie im Teletext auf Seite 216 beim TV-Sender n-tv für den DAX. Discountbroker bieten den Kunden aktuelle Notierungen an.

Referenzindex. Bei Indexangleichungen greifen Investmentfonds zu Tauschgeschäften mit Banken und setzen Swaps und andere derivative Techniken ein. Klassische ETFs bilden den Referenzindex möglichst genau nach. Aktiv gemanagte Investmentfonds haben je nach Vorgabe mehr Freiraum bei der Gestaltung.

Regenerative Energie. Ob Solarstrom, Windkraft, Erdwärme oder Biodiesel: Bevölkerungswachstum, knapper werdende fossile Energieträger und Klimawandel machen erneuerbare Energien für Strom und Heizung unverzichtbar. Sie sollten bei guter Marktkenntnis mit guten Einzeltiteln in Zukunftsmärkten vertreten sein.

Regionalbörsen. Neben der Leitbörse in Frankfurt gibt es die Regionalbörsen Berlin-Bremen, Düsseldorf, Hamburg, Hannover, München, Stuttgart. Nach Frankfurt ist Stuttgart am besten positioniert. Privatanleger bilden die Zielgruppe.

Rendite. Sie bezeichnet den Wertpapierertrag im Verhältnis zum eingesetzten Kapital. Die Dividendenrendite bezieht sich auf die prozentuale Ausschüttung für bestimmte Zeiträume. Langfristig erzielen substanzstarke Aktien hohe Renditen. Aktien und Aktienfonds mit Schwerpunkt Nachhaltigkeit, Ethik, sozialer Kompetenz werden immer beliebter und können bezüglich Rendite durchaus mithalten.

Reverseplit(t). Beim Umkehrsplit werden Aktien zusammengelegt, z. B. im Verhältnis 5:1 oder 10:1, um einen Kapitalschnitt vorzunehmen und eine Kapitalerhöhung zu ermöglichen. Dies wäre bei einer Notierung von unter 1 € unzulässig. Trotz Kapitalherabsetzung ein- oder zweimal sogar im Verhältnis von 10:1 konnten sich beispielsweise Intershop und Solarworld nie mehr richtig erholen, sondern zählen zu den verlustreichsten deutschen Aktien überhaupt.

Riester-Rente. Nutznießer dieses staatlich geförderten Altersvorsorgemodells sind Personen, die in die gesetzliche Rentenversicherung einzahlen. Gefördert werden zertifizierte Rentenversicherungen, Investmentfonds und Banksparpläne. Viele Riesterverträge erzielten allerdings ein enttäuschendes Gesamtergebnis.

Risikoneigung. Jeder sollte seine Risikobereitschaft und Renditeerwartung kennen und richtig einschätzen. Ein risikofreudiger Anleger setzt nur am Rande auf Sicherheit. Er weiß, dass es bei Sparbuchzinsen nahe 0 % wohl das größte Risiko ist, überhaupt kein Risiko eingehen zu wollen. Bei Einzelaktien wird er Growth-Wachstumsaktien und nachhaltige Aktien bevorzugen, aber keineswegs auf niedrig bewertete, dividendenstarke Value-Titel verzichten.

Robo Advisor. Robo bedeutet Roboter, Advisor steht für Beratung. Ein Robo Advisor stützt sich auf systematische, weitgehend automatisierte Prozesse, um im Finanzbereich Anlegern Zugang zur professionellen Vermögensverwaltung zu geben. Gleichzeitig soll der Kunde vor emotional getriebenen Anlageentscheidungen geschützt werden. Hier wird jedoch übersehen, dass die Börse selbst höchst emotional statt rational reagiert. Dies ist bei besonderen Vorkommnissen, schweren Krisen und Leerverkäufen oft binnen weniger Stunden oder Tage erkennbar. Wünschenswert sind mehr Transparenz und geringere Mindestanlagebeträge. Beim Corona-Crash haben nicht alle Robo-Advisor-Produkte ihre Feuerprobe bestanden.

Robotik, Roboter. Die Robotik greift auf Grundsätze der Informationstechnik zurück und nutzt die Möglichkeiten der Künstlichen Intelligenz. Kernbereiche bilden die Entwicklung und Steuerung von Robotern für unterschiedlichste Branchen und Anwendungen in der Fahrzeugindustrie, in Militär, Wissenschaft, Medizin, Maschinenbau, aber auch bei Denkspielen wie Schach. Auf der Basis von Sensoren, Aktoren und Informationsverarbeitung spielt die Robotik eine immer größere Rolle in der Elektrotechnik und im Maschinenbau. Wegweisend sind die USA, China und Japan. In der Medizintechnik zählt Intuitive Surgical zu den führenden Aktien.

Rohstoffmarkt. Der Experte Jim Rogers setzt für den Rohstoffzyklus eine Zeitspanne von ein bis zwei Jahrzehnten an. Neben der physischen Edelmetallanlage bieten sich Rohstoff-ETCs, Themenfonds und chancenreiche Einzelaktien an.

Rückkaufprogramme sind beliebt, wenn die AG eigene Titel einzieht, vernichtet und den Wert der übrigen Aktien erhöht. Bejaht wird auch, wenn der Rückkauf als Akquisitionswährung für Übernahmen oder Belegschaftsprogramme dient.

Rürup-Rente. Wer hier einzahlt, nutzt Steuervorteile und bezieht eine Leibrente bis zum Tod. Die Lebenszeit wird voll abgesichert. Die Rürup-Rente darf nicht beliehen, verkauft und vererbt werden und gilt auch für Selbstständige. Wer die Wahl hat, soll sich um die Betriebsrente kümmern und bei Belegschaftsaktien zugreifen.

S

Scale. Das Mittelstandssegment für junge börsennotierte Firmen löste im März 2017 den nicht transparenten Entry Standard ab. Wer zum Wachstumssegment Scale gehören will, soll über 2 Jahre alt sein mit positivem Eigenkapital, profitabel wirtschaften, schwarze Zahlen schreiben, Jahresumsätze ab 10 Mio. € und einen Börsenwert ab 30 Mio. € nachweisen. Die Vorgaben sind strikt einzuhalten, damit es nicht wieder zu Zuständen wie früher am Neuen Markt kommt.

Schuldverschreibungen. Sie heißen auch Bonds, Anleihen, Renten, Obligationen und verbriefen Gläubigerrechte. Der Inhaber ist kein Anteilseigner, sondern hat Anspruch auf Nennwertrückzahlung. Indexzertifikate sind Schuldverschreibungen, Indexfonds (ETFs) dagegen geschütztes Sondervermögen.

Schulter-Kopf-Schulter-Chart. Diese charttechnische Formation besteht aus Kopf und Schultern. Die Nackenlinie verbindet die Tiefpunkte. Der Durchstoß nach unten ist ein Verkaufssignal. Hält die Unterstützungslinie, bietet sich ein Kauf an.

Schwarmintelligenz. Die Intelligenz der Masse kann die Geisteskraft eines Einzelnen übertreffen. Expertenteams hebeln die Performance von Mitmachfonds oft deutlich aus. Der MSCI-World-Index liegt im Mehrjahresvergleich weit vorn.

SDAX. Bei der Neusegmentierung 2003 wurde der SDAX umstrukturiert. Und am 24. Sept. 2018 ordnete die Deutsche Börse AG den SDAX neu. Er umfasst nach dem MDAX die 70 größten AGs klassischer Value-Branchen, ergänzt um derzeit neun TecDAX-Titel. Technologie zieht also in den MDAX und SDAX ein und macht diesen Sektor attraktiver. Die Anpassung geschieht halbjährlich. Hier dominieren flexible familiengeführte Mittelständler, die sich in Nischen behaupten. Neuemissionen sorgen für Blutauffrischung. Der SDAX schnitt in 10 Jahren doppelt so gut wie der DAX ab, weil manövrierfähige Schnellboote rascher reagieren als Dickschiffe.

Sell in May and go away. Welch Widersinn, im Mai seine Aktien zu verkaufen! Nutznießer sind: **B**örse, **B**roker, **B**anken. Die Gebühren schmälern die Rendite und bedeuten vielfach den Verzicht auf Dividenden. Wer vor 2009 diesen Rat befolgte, versäumte es, sich einen steuerfreien Altbestand aufzubauen – ein Riesenpatzer!

Sell on good news. Der Tipp, nach positiven Nachrichten auszusteigen, beruht auf der Erfahrung, dass gute Geschäftszahlen oft vorweggenommen werden. Der Ratschlag übersieht jedoch, dass die besten Aktien langfristig steigen, es also unklug ist, sich von ihnen komplett zu trennen. Klüger ist ein Teilverkauf.

Sell-out. Der panikartige Aktienverkauf zu Tiefstpreisen zeigt schon die Crashbodenbildung an. Die Chance auf Trendumkehr steigt. Gut, wer die Nerven behält und günstig zukauft, statt verlustreich seine Aktien aus dem Depot zu werfen!

Shareholder Value. Die Firmenpolitik orientiert sich an den Interessen der Aktienhalter. Viele werthaltige Industriefirmen sind auf Shareholder Value ausgerichtet. Dazu gehören eine attraktive Dividende und eine gute Informationspolitik. Wer in schwierigen Zeiten wie der Corona-Pandemie wortstark die Streichung von Dividenden fordert, sollte bedenken, dass beispielsweise beim Einkauf im Warenhaus der Kunde für sein Geld die gewünschten Konsumgüter erhält. Aktien werden vor allem von Kleinsparern und Privatanlegern erworben, um etwas für die Altersvorsorge zu tun. Gerade bei DAX-Titeln und auch sonst im Value-Bereich geht es den Langzeitanlegern weniger um Kursgewinne, sondern um Dividenden. Ein DAX ohne Ausschüttungen hätte in 30 Jahren kaum Gewinne beschert.

Short Seller. Leerverkäufe sind bei Hedgefonds, dubiosen Research-Instituten und Spekulanten beliebt. Short Seller verkaufen von Brokern oder Banken gemietete hoch bewertete Aktien, um sie später an der Börse billig zurückzukaufen. Nicht immer geht die Strategie auf. Der Leerverkäufer wird auf dem falschen Fuß erwischt.

Short-Strategie. Untergangspropheten schüren Crashangst. Manch einer sichert sich mit Short-Produkten ab, um im fallenden Markt Geld zu verdienen. Die durch die Absicherung anfallenden Gebühren schwächen die Gewinnentwicklung.

Beim Anschlag auf den Mannschaftsbus von Borussia Dortmund im April 2017 kaufte der Täter zuvor Tausende von Short-Optionsscheinen und Short-Derivaten, um durch Tod und Verletzung von BVB-Spielern den Aktienkurs in die Tiefe zu treiben. Statt aus 80.000 € Gewinne von 4 Mio. € zu machen, winkt langer Knast.

Solarstrom. Darunter verstehen wir die aus Sonnenenergie gewonnene erneuerbare Energie. Diese Energiequelle ist nahezu unerschöpflich. Photovoltaik gilt als die wichtigste Form der Solarstromerzeugung. Solar- und Windenergie sind die Grundpfeiler künftiger Energiequellen. Allerdings ist die Produktion von Solarstrom abhängig von zahlreichen äußeren Faktoren wie Jahres- und Tageszeit, Wetterlage, Beschattung usw. Deutschland spielt im Gegensatz zu den Anfängen 2004/2005 im weltweiten Solarmarkt nur noch eine untergeordnete Rolle. Der Wechselrichterspezialist SMA Solar musste seinen TecDAX-Platz räumen und ist nur noch im SDAX gelistet. Lediglich das Windkraftunternehmen Nordex ist im TecDAX notiert.

Sparplan. Berufsstarter sollten für Vermögensaufbau und Altersvorsorge einen Sparplan über preiswerte Indexfonds (ETF) mit niedrigen Gebühren abschließen und den Cost-Average-Effekt nutzen. Bei gleich hohem Monatseinsatz werden bei sinkenden Preisen mehr und bei steigenden Kursen weniger Anteile eingebucht.

Spekulationsblase. Die Börse neigt zu Über- und Untertreibungen, angeheizt durch Gier und Panik. Es türmen sich Spekulationsblasen auf, die irgendwann platzen. Der Mensch lernt kaum aus Fehlern und zeigt wiederkehrende Verhaltensweisen. Die Frage lautet nur: Wann, wie heftig, wie lange dauert der nächste Crash?

Split/Splitt. Mithilfe eines Aktiensplit(t)s wirkt der Titel optisch billiger. Zuvor teure Papiere sind durch Stückelung im Verhältnis von 1:2, 1:3, 1:5 usw. besser handelbar. Der Wert ändert sich dadurch nicht. Ein Vergleich: Ich kann eine Torte in mehrere Stücke aufteilen. Solange ich sie nicht aufesse, bleibt die Gesamtmenge gleich. Ein Split(t) signalisiert, dass der Vorstand mit weiterem Wachstum rechnet.

Spread. Bei Zertifikaten bedeutet der Spread die Spanne zwischen dem aus Anlegersicht etwas höheren Briefkurs beim Kauf (Ask) und dem niedrigeren Geldkurs beim Verkauf (Bid). Dafür entfällt ein Ausgabeaufschlag.

Squeeze-out. Die Regelung erlaubt es, bei feindlichen Übernahmen verbleibende Aktionäre mit einer dem tatsächlichen Wert entsprechenden Zwangsabfindung herauszudrängen. Der Bieter muss 95 % der Anteile kontrollieren.

Stammaktien. Stämme (St) verbriefen volle Stimmrechte bei der HV. Die früher wegen der oftmals höheren Dividende beliebten Vorzüge (Vz) lehnen insbesondere Großaktionäre wegen der verminderten Rechte ab. Die Deutsche Börse berücksichtigt nur eine Aktienart bezüglich Indexaufnahme und Gewichtung.

Stoppkurs, Stop-Loss-Order. Um bei einem Kurssturz glimpflich davonzukommen, werden Stop-Loss-Orders zur Gewinnabsicherung und Verlustbegrenzung eingesetzt und bei Bedarf nachgezogen. Dies kann im Abwärtstrend oder bei längerer Abwesenheit funktionieren. Beim Minuten-Blitzcrash am 6. Mai 2010 wurden die Depots leergefegt mit unübersehbaren Folgen. Frust kommt auf, wenn die Aktie kurz vor der Gewinnausschüttung ausgestoppt wurde oder vor 2009 den Aufbau steuerfreier Altbestände verhinderte. Beim DAX-Absturz auf 8.200 Punkte um 40 %, dem stärksten Einbruch dieses Jahrtausends zu Beginn des Corona-Crash im März 2020, sorgten Computerabverkäufe für großen Schaden bei Privatanlegern. Wer hier auf Stoppkurse vertraute, hatte keine Aktien mehr. Bei Bluechips kann die Spanne knapper, bei volatilen Titeln weiter sein. Marktkundige Aktionäre verkaufen, wenn Fundamentaldaten enttäuschen und die Charttechnik Verkaufssignale liefert. Bei Hebelzertifikaten und hochspekulativen Aktien sind Stop-Loss-Orders unverzichtbar.

Strafzölle. Die von Donald Trump verhängten Strafzölle und Sanktionen vor allem gegen China und Russland, aber auch die Europäische Union und Deutschland betreffend, führten zum weltweiten konjunkturellen Abschwung mit nachlassendem Weltwirtschaftswachstum. Insbesondere die deutsche Exportwirtschaft zählt zu den Leidtragenden. Gäbe es bei den Null- und Strafzinsen eine Alternative zur Aktienanlage, hätten wir vermutlich schon längst vor Corona einen Crash. Aber wohin mit dem Geld aus Aktien, wenn danach Strafzinsen drohen? Der Schaden durch die Corona-Pandemie mit all ihren Einschränkungen und Verboten zur Eindämmung der Infektionsherde führt zu solch hohen Umsatz-, Ertragseinbußen und immensen Verschuldungen, dass Strafzölle derzeit kein Thema sein sollten.

Strategie. *„Für einen Seemann, der nicht weiß, welches Ufer er ansteuern soll, ist kein Wind der richtige."* Nur wer sich über Anlageziel, Risiko, Anlagezeitraum usw. klar ist, findet das für ihn passende Konzept. Sonst stochert er im Nebel.

Streubesitz. Damit ist der nicht im festen Besitz befindliche Aktienanteil gemeint. Für die DAX-Gewichtung gelten Börsenwert und frei handelbare Stücke, Free Float genannt. Bei hohem Streubesitz steigt die Gefahr feindlicher Übernahmen, wenn ein verlässlicher Ankeraktionär bzw. „weißer Ritter" fehlt.

Substanz- bzw. Buchwert. Er bezieht sich auf Immobilien, Fuhrpark, Anlagen, Maschinen. Liegen Aktienkurs und Buchwert nahe beieinander, ist die Bewertung angemessen. Übertrifft der Buchwert den Kurs, erscheint der Titel unterbewertet.

S&P 500. Der bei Profis geschätzte S&P 500 umfasst 500 der größten US-Firmen. Niemand ist fähig, selbst die 20 oder 30 besten Aktien aus dem riesigen Index herauszufiltern. Ein aktiv gemanagter S&P-Aktienfonds ist chancenreicher als ein ETF, der den Index abbildet und auch die Schwächlinge aufnehmen muss.

Swaps. Es handelt sich um Austauschgeschäfte der Fondsmanager mit Großbanken. Es geht um derivative Techniken mit dem Ziel, Verluste durch veränderte Wechselkurse bei Währungen oder schwankenden Rohstoffpreisen auszugleichen. Bei aktiv gemanagten Aktienfonds sind Derivate mit festgelegten Obergrenzen zulässig. Sie werden genutzt, um Kursschwankungen zu verringern. Sie zu verteufeln, ist der falsche Ansatz. Aber es ist schwierig, verfestigte Vorteile abzubauen.

TecDAX. Im Frühjahr 2003 wurde der skandalumwitterte Neue Markt durch den TecDAX ersetzt. Er umfasst die 30 größten AGs nach dem DAX aus dem Hightechsektor und schneidet im Mehrjahresvergleich etwa dreimal so gut wie der DAX ab. Die Indexanpassung erfolgt halbjährlich. Zunächst dominierten die Solarstromtitel. Vom „Sonnen-DAX" war die Rede. Von elf Titeln blieb nicht einmal mehr SMA Solar, Weltmarktführer für Wechselrichter, übrig, sondern lediglich das Windkraftunternehmen Nordex. Biotech-, Medtech- und Software-/IT-Aktien bringen den Index nun nach vorn. Die Neuordnung der Indizes Ende September 2018 bewirkte, dass vom Leitindex die Dt. Telekom, Infineon und SAP in den TecDAX einzogen und DAX-Aufsteiger Wirecard auch im TecDAX verbleibt. Es fragt sich nur, wie lange noch Wirecard wegen der vielen Beschuldigungen dem Leitindex angehört. Von den übrigen 26 TecDAX-Aktien zogen die 17 größten Werte zusätzlich in den MDAX und die restlichen 9 Titel in den SDAX ein. Es ist für mich absolut unverständlich, wegen dieser Doppelnotiz den TecDAX in den Tageszeitungen und der Wirtschaftspresse im Printbereich überhaupt nicht mehr zu veröffentlichen.

Technische Wertpapieranalyse. Charttechniker richten ihr Augenmerk auf die Entwicklung von Wertpapieren, Rohstoffen, Währungen usw. Sie stellen Kursverläufe grafisch mittels Linien, Balken, Kerzen dar. Langzeitcharts erlauben Rückschlüsse auf künftige Entwicklungen von Aktien, Indizes, Branchen usw. Da das menschliche Verhalten Regelabläufen unterliegt, ziehen technische Analysten aus den Charts der Vergangenheit Erkenntnisse für die Zukunft. Trend und Trendumkehr, Unterstützungs- und Widerstandslinien sind wegweisend. Dabei werden vor allem die 80- und 200-Tage-Linie beachtet. Hauptvorteil ist der schnelle Überblick.

Themen-Aktienfonds. Sie investieren in Industrie 4.0, Robotik, Digitalisierung, Internet der Dinge, vernetzte Welt, Umweltschutz, Klimawandel und Künstliche Intelligenz. Breit gestreut und geschickt ausgewählt winken attraktive Renditen.

Thesaurierung. Dies trifft zu, wenn Fondshäuser bei ETFs und Aktienfonds die Dividende nicht auszahlen, sondern den Ertrag in neue Anteile investieren. Bei langem Anlagezeitraum erhöht sich die Anteilsmenge. Der für den Vermögensaufbau wichtige Zinseszinseffekt wird bei dividendenstarken Fonds ideal umgesetzt.

Trading, Day-Trading. Der Zugriff auf die sekundenschnell arbeitenden elektronischen Handelssysteme ermöglicht es, auf kleinste Kursbewegungen blitzschnell zu reagieren. Die Handelsplattformen zeigen Privatanlegern, wie dies funktioniert.

Trend, Trendkanal. *„Der Trend ist dein Freund"* zeigt, dass es unklug ist, sich gegen den vorherrschenden Trend zu stemmen. Mutiges antizyklisches Handeln heißt, entgegen dem Herdentrieb frühzeitig auf Trendwenden zu reagieren.

Turnaround. In Kürze sollte der Boden gebildet sein und die Firma schwarze Zahlen schreiben. Bleibt die Rückkehr in die Gewinnzone aus, droht ein erneuter Kurssturz. Auf Turnaround-Storys zugeschnittene seriöse Börsenbriefe sorgen für Informationen, die über marktenge Titel sonst nur schwer zu beschaffen sind.

Übernahme. Feindliche Übernahmen drohen Unternehmen, die keinen treuen Ankeraktionär, aber einen hohen Streubesitz (Free Float) haben. Freundliche Übernahmen sind üblich, wenn das Zielunternehmen gut zur Bieterfirma passt.

Überzeichnung. Bei begehrten Neuemissionen sind Zeichnungsgewinne zu erwarten. Der Ausgabepreis dürfte am oberen Ende der Bookbuilding-Spanne liegen. Ein Blick auf außerbörsliche Kurse macht Chancen berechenbar. Wer bei der Zeichnung leer ausgeht, sollte Geduld üben. Oft geht der Kurs später zurück.

Ultimo. Zum einen läuft die Kauf- oder Verkaufsorder bis zum Monatsende. Zum anderen ist damit der letzte Börsentag in dem laufenden Monat gemeint.

Umkehrformation. Dies sind Chartformationen, die auf eine Trendumkehr hinweisen, wie die M-, W-, Schulter-Kopf-Schulter- und Untertassenformation.

Unterstützungslinie. Wird sie nach unten durchbrochen, ist dies ein Verkaufssignal. Hält sie, deuten Chartexperten dies positiv und raten zum Kauf.

Value-Aktien. Ab 2000, als die Kurse weltweit in den Keller rauschten, erntete Warren Buffett, der alles, was er nicht kennt und versteht, verschmäht, neuen Ruhm. Value ist auf defensive, substanzstarke, nachhaltige Aktien zugeschnitten. Die Corona-Krise 2020 mit dem zunächst heftigsten Kurseinbruch auch beim Leitindex DAX in diesem Jahrtausend hat aber gezeigt, dass auch die niedrig bewerteten Value-Aktien keineswegs vor hohen Verlusten geschützt sind.

Verkaufssignale entstehen, wenn der Aktienkurs an der oberen Widerstandslinie abprallt. Dies gilt ebenso, wenn die untere Unterstützungslinie nicht hält.

Verlustbegrenzung. Vernünftig ist es, Gewinne substanzstarker Aktien laufen zu lassen und bei schlechten Nachrichten Verluste beherzt zu begrenzen. Das Geheimnis des Börsenerfolgs liegt darin, dass es nach oben keine Grenzen gibt.

Verzinsliche Wertpapiere. Dazu zählen Staats- und Unternehmensanleihen, auch Schuldverschreibung, Rentenpapiere, Bonds oder Obligation genannt. Es sind Gläubigerpapiere mit festem oder variablem Zinssatz, vereinbarter Laufzeit und Tilgungsform. Gläubiger sind Käufer von Schuldtiteln.

Videokonferenzen. Wegen der heutzutage allgemeinen Verfügbarkeit von Computern bzw. Smartphones und eines gut ausgebauten Internets sind Videokonferenzen vor allem in den Zeiten eingeschränkter bzw. immer noch verbotener Großveranstaltungen nicht mehr wegzudenken. Webinare sparen Reise- und Beherbergungskosten einschließlich Autofahrten der Besucher. Sie sind leicht abzuhalten, zumal die entsprechenden Dienste für private Nutzer großteils kostenlos angeboten werden. Hier leisten die börsennotierten Unternehmen Microsoft (Skype) sowie die Neuemissionen von 2019 Zoom und Teamviewer gute Dienste. Diese Aktien befinden sich seit dem Corona-Crash in einem robusten Aufwärtstrend.

Volatilität. Hightechaktien und marktenge Werte sind schwankungsfreudig. Wer das heftige Auf und Ab nervlich nicht aushält, vertraut lieber auf große Standardwerte oder investiert in Fonds. Es ist unsinnig, Kursschwankungen zu verteufeln. Sie bieten für engagierte, marktkundige Anleger beste Chancen, zu niedrigen Kursen preisgünstig einzusteigen und zuzukaufen. Umgekehrt bieten unerwartete, plötzliche Jahres- und Allzeithochs die Chance für lukrativen Teil- und Komplettverkauf.

Volumen Fondsvermögen. Es gibt alteingeführte Misch-, Renten- und Aktienfonds mit einem Fondsumfang im zweistelligen Milliardenbereich. Demgegenüber stehen Winzlinge, die nicht einmal einen zweistelligen Millionenbetrag aufweisen. Dies ist nicht beunruhigend, wenn der Fonds erst vor einem Jahr aufgelegt wurde.

Vorzugsaktien. Sie sind wegen fehlender Stimmrechte nicht beliebt. Da tröstet die oft höhere Dividende kaum. Manchmal werden Vorzüge in Stämme umgewandelt, weil für Indexgewichtung und Indexaufstieg nur eine Aktiengattung zählt.

Wachstumswerte. Dazu zählen Hightech-, Biotech-, Medtech-, Internet-, Nanotechnologie- und Medienwerte. Growth-Aktien sind attraktiv, wenn die Konjunktur anzieht und die Eroberung neuer Märkte zum Umsatz- und Gewinnanstieg führt.

Wall Street. Dies ist die Straße, in der die amerikanische Leitbörse New York Stock Exchange (NYSE) ihren Hauptgeschäftssitz hat.

Wandelanleihen. Die Aktionäre können bei den von der AG ausgegebenen Wandelanleihen wählen, Einsatz und Zinsen ausgezahlt zu bekommen oder die vereinbarte Anzahl von Aktien zum angegebenen Kurs zu nehmen. Wandelanleihen sind mit einem eher niedrigen Zinskupon ausgestattet und gelten als fair wegen der angebotenen Wahlmöglichkeit zwischen Auszahlung und Aktienerwerb.

Wertgesicherte Fonds. Die bei vielen Privatanlegern weiterhin beliebten Garantiefonds sind strukturierte Fonds mit Kapitalgarantie. Die Rendite überzeugt momentan nicht. Im Durchschnitt erzielten wertgesicherte Fonds pro Jahr ein leichtes Minus – das schlechteste Ergebnis unter allen Fondsarten. Dabei wollen wertgesicherte Fonds grundsätzlich ansehnliche Renditen erwirtschaften und besser abschneiden als Lebensversicherungen. Sie mischen Aktien, Anleihen sowie sonstige Produkte und sichern mit Derivaten ab.

Wertpapier-Kenn-Nummer (WKN). Wer Aktien telefonisch oder online ordert, verwendet gern die sechsstellige WKN. Die zwölfstellige ISIN ist schwer zu entziffern und verleitet zu Fehlern bei **O** und **D**, bei **G**, **6**, **8**, **B**, bei **L**, **I**, **J** sowie **M** und **N**.

Widerstandslinie. Charttechnisch wird die Ampel auf „Grün" gestellt, wenn die Widerstandszone nachhaltig nach oben durchstoßen wird. Größere Barrieren liegen psychologisch bedingt bei runden Zahlen und früheren Indexhochständen.

Xetra. Das vollelektronische Handelssystem der Deutschen Börse AG in Frankfurt macht den Parketthandel entbehrlich. Xetra führt Aufträge über Computer blitzschnell zusammen. Der Xetra-Handel beginnt um 9:00 und endet um 17:30 Uhr. Regionale Börsenplätze nehmen Orders ab 8:00 Uhr entgegen und sind bis 20:00 Uhr, teilweise sogar wie Tradegate und Börse Stuttgart bis 22:00 Uhr aktiv.

Zeichnung. So heißt die Abgabe eines Kaufangebots für neue Aktien zum Ausgabepreis. Hohe Zeichnungsgewinne am ersten Börsentag sind im Gegensatz zu den Zeiten des Neuen Marktes heutzutage nur bei attraktiven Titeln zu erwarten.

Zinspolitik. Ab 2006 war Ben Bernanke Notenbankchef der US-Fed. Sein langjähriger Vorgänger Alan Greenspan ging erst mit 79 Jahren in den Ruhestand. Ab Februar 2014 führte Janet Yellen die Geschicke der US-Notenbank Fed. Seit 2. November 2017 ist Jerome Powell im Amt. Mit der schwersten Finanz- und Weltwirtschaftskrise 2008/09 seit über 80 Jahren sowie dem Überschuldungsszenario wurde zur Stabilisierung des Finanzsystems eine Niedrigzinspolitik eingeläutet.

Die Tiefstände lagen in den USA anfangs bei 0,0 % bis 0,25 %, wurden im März 2017 auf 0,75 % bis 1,00 % und bis 2018 auf 2,25 bis 2,50 % angehoben. Danach gab es drei Zinssenkungen, zuletzt im Oktober 2019, Zinskorridor 1,25 bis 1,50 %.

Die Europäische Zentralbank (EZB) mit ihrer neuen Präsidentin Christine Lagarde (Vorgänger Mario Draghi) legt den Leitzinssatz für die Länder der EU fest. Der Leitzinssatz wurde am 10. März 2016 auf glatte 0,0 % abgesenkt – schlecht für Sparer, positiv für Kreditschuldner. Daran hat sich bislang nichts geändert. Vorerst ist nicht mit Plus-, sondern als Folge der Corona-Pandemie mit weltweiter Verschuldung im hohen Billionenbereich und eher steigenden Minuszinsen zu rechnen.

Zukunftsmärkte. Der demografische Wandel mit ungebremst steigender Lebenserwartung in den Industrienationen führt weltweit zu gewaltigen gesellschaftlichen und wirtschaftlichen Veränderungen. Einerseits sterben etliche Geschäftsfelder und Berufe aus. Andererseits kommt es durch die Digitalisierung zu neuen Höhenflügen in bestimmten Branchen und dort tätigen innovativen Unternehmen. Der Nachhaltigkeitstrend wird sich im Kampf gegen den Klimawandel weiter verstärken.

Zu den großen Zukunftsmärkten gehören das Gesundheitswesen mit Altenpflegeeinrichtungen, Kliniken, Pharmazeutik, Biotechnologie und Medtech. Kein Weg führt vorbei an Industrie 4.0, Künstlicher Intelligenz, Internet der Dinge, digitaler Transformation mit vernetzter Welt, siehe fortschreitende Robotik, Drohnen, selbst fahrende Autos. Die Werbung verführt zu neuen Produkten und Verfahren. Nicht alles, was möglich ist und angeboten wird, tut uns gut. Branchen-ETFs und innovative Aktienfonds bilden große Zukunftsmärkte rund um den Globus chancenreich ab.

Immer beliebter werden bei institutionellen wie bei privaten Anlegern Einzelaktien und Fonds mit Schwerpunkt Ethik, Nachhaltigkeit, Sozialkompetenz. Aktien aus MDAX, TecDAX und SDAX sowie noch kleinere Nebenwerte vor allem aus dem Prime Standard schneiden häufig besser als die meisten DAX-Dickschiffe ab.

Zykliker, zyklische Aktien. Dieser Begriff bezieht sich auf konjunkturabhängige Unternehmen und trifft zu für Maschinen- und Autobauer, Chiphersteller, Stahl-, Bergbau,- Biotech- und Chemiekonzerne. Beim Konjunkturaufschwung werden zyklische, offensive, wachstumsstarke Titel (Growth) favorisiert. Ist der Hochpunkt überschritten, nehmen vorsichtige Anleger am liebsten nichtzyklische, defensive, fair bewertete, dividendenstarke Titel (Value) wie Versorger, Pharma-, Konsumgüter-, Versicherungs-, Immobilien- und Energiewerte in ihr Depot.

10.2 Die wichtigsten Indizes weltweit für den raschen Überblick

Hier sehen Sie die Kursentwicklung deutscher und international führender Börsenbarometer. Die sechsstellige Wertpapierkennnummer (WKN) ist unverzichtbar beim Suchen und Finden.

Globale Indexübersicht November 2019: Punkte & Kurse				
Index/Börsen-Barometer	WKN	Kurs am 01.11.19	Kursentwicklung 1, 3, 5, 10 Jahre	Hoch/Tief 52 Wochen
DAX Performance	846 900	12.907 P.	+12/+21/+38/+138 %	12.986/10.279
DAX Kursindex	846 744	5.761 P.	+9/+11/+20/+75 %	5.798/4.734 P.
MDAX	846 741	26.379 P.	+9/+24/+63/+290 %	26.482/21.162
TecDAX	720 327	2.817 P.	+6/+62/+125/+285 %	2.971/2.376 P.
SDAX	965 338	11.481 P.	+4/+23/+72/+234 %	11.780/9.264 P.
DivDAX Perform.	A0C 33D	347 P.	+15/+26/+41/+150 %	351/277 Punkte
DAXplus Family	A0Y KTN	6.325 P.	+11/+27/+77 %	6.344/4.991 P.
GEX	A0A ER0	2.194 P.	+12/+31/+90/+61 %	2.204/1.583 P.
Euro Stoxx 50	965 814	3.616 P.	+13/+18/+16/+31 %	3.638/2.909 P.
Stoxx 50	965 816	3.278 P.	+11/+16/+9/+36 %	3.300/2.674 P.
Dow Jones	969 420	27.046 P.	+8/+49/+56/+178 %	27.399/21.713
S&P 500	A0A ET0	3.038 P.	+12/+43/+51/+193 %	3.050/2.347 P.
Nasdaq 100	A0A E1X	8.084 P.	+16/+68/+94/+385 %	8.120/5.895 P.
Nikkei 225	A1R RF6	22.851 P.	+5/+31/+39/+128 %	23.008/18.949
Hang Seng China	145 733	27.083 P.	+8/+17/+12/+23 %	30.133/24.583
RTX Russland	965 707	2.142 P.	+28/+56/+37/+7 %	2.168/1.538 P.
CAC Frankreich	969 400	5.894 P.	+15/+31/+39/+55 %	5.906/4.556 P.
SMI Schweiz	969 000	10.253 P.	+13/+31/+16/+63 %	10.288/8.139 P.
FTSE London	969 378	7.274 P.	+2/+4/+11/+42 %	7.728/6.537 P.
MIB Italien	145 814	23.490 P.	+22/+40/+22/+1 %	23.585/17.914
ATX Wien	969 191	3.228 P.	+1/+30/+46/+25 %	3.309/2.675 P.
MSCI WORLD	A0M E4F	7.215 P.	+13/+42/+55/+184 %	7.238/5.695 P.

Was hat sich in dieser globalen Indexübersicht innerhalb eines Zeitraums von über einem halben Jahr geändert? Die Zwischenbilanz macht wenig Freude. Grund ist der Börsencrash seit März 2020 als Folge der weltweiten Corona-Pandemie. Nutzen Sie Ihre Chancen auch bezüglich des Nachhaltigkeitstrends!

Globale Indexübersicht Juni 2020: Punkte & Kurse
Stärkerer Absturz der Value- als der Growth-Aktien

Index/Börsen-Barometer	WKN	Kurs am 19.06.20	Kursentwicklung 1, 3, 5, 10 Jahre	Hoch/Tief 52 Wochen
DAX Performance	846 900	12.415 P.	+-0/-4/+11/+98 %	13.795/8.256 P.
DAX Kursindex	846 744	5.422 P.	-2/-11/-3/+47 %	6.137/3.670 P.
MDAX	846 741	26.313 P.	+2/+4/+34/+210 %	29.438/17.715
TecDAX	720 327	3.012 P.	+6/+33/+84/+288 %	3.303/2.128 P.
SDAX	965 338	11.475 P.	+3/+3/+36/+193 %	13.089/7.841 P.
DivDAX Perform.	A0C 33D	321 P.	+2/-3/+11/+105 %	360/206 Punkte
DAXplus Family	A0Y KTN	6.505 P.	+5/+9/+44/+177 %	7.107/4.337 P.
GEX	A0A ER0	2.744 P.	+14/+4/+51/+63 %	3.077/1.957 P.
Euro Stoxx 50	965 814	3.290 P.	-6/-8/-6/+19 %	3.867/2.303 P.
Stoxx 50	965 816	3060 P.	-5/-5/-9/+22 %	3.540/2.260 P.
Dow Jones	969 420	26.080 P.	-1/+22/+44/+150 %	29.569/18.214
S&P 500	A0A ET0	3.115 P.	+7/+28/+47/+179 %	3.394/2.192 P.
Nasdaq 100	A0A E1X	10.012 P.	+31/+76/+121/+423 %	10.155/6.772 P.
Nikkei 225	A1R RF6	22.479 P.	+5/+12/+11/+125 %	24.116/16.358
Hang Seng China	145 733	24.632 P.	-11/-5/-9/+20 %	29.001/21.681
RTX Russland	965 707	1.717 P.	-17/+25/+23/-17 %	2.410/1.088 P.
CAC Frankreich	969 400	5.023 P.	-10/-6/+3/+35 %	6.111/3.632 P.
SMI Schweiz	969 000	10.278 P.	+2/+14/+15/+58 %	11.270/7.650 P.
FTSE London	969 378	2.800 P.	-24/-28/-21/+1 %	3.761/2.246 P.
MIB Italien	145 814	19.075 P.	-8/-7/-13/-6 %	25.483/14.153
ATX Wien	969 191	2.334 P.	-22/-25/-5/-4 %	3.262/1.623 P.
MSCI WORLD	A0M E4F	621 P.	+3/+15/+25/+98 %	682/460 P.

10.3 Gastbeitrag Dr. Halit Uenver: Welchen Nachhaltigkeitsbeitrag können Menschen wie Sie und ich leisten?

Nachhaltige Entwicklung ist kein Selbstläufer. Klimawandel und globale Erderwärmung zählen zu den größten Herausforderungen unserer Zeit. Es ist wichtig, sich bewusst zu machen, was zu einer nachhaltigen Lebensweise gehört und hinführt. Es ist möglich, den Klimawandel zu bekämpfen und die natürlichen Ressourcen der Erde zu schonen.

Erfreulicherweise gibt es den einzig richtigen nachhaltigen Lebensstil nicht. Viele Wege führen nach Rom. Die unterschiedlichsten Merkmale beschreiben den Lebensstil eines Menschen. Vermögen, Einkommen, Bildung, Gesundheit und die Zugehörigkeit zu sozialen Netzwerken spielen dabei eine führende Rolle. Die Art und Weise, wie wir in Gruppen von Menschen zusammenleben, hat rückwirkend Einfluss auf das Verhalten von Personen und der Gesellschaft als Ganzes. Luftverschmutzung, Bodenerosion, Wasserknappheit und Dürreperioden, Abholzung der Regenwälder, Artensterben, Überfischung, Plastikmüll usw. sind Probleme mit drastischen Folgen für Mensch und Natur. Die Corona-Krise gibt uns Anlass und vielleicht etwas Zeit zum Nachdenken. Vor diesem Hintergrund stellen sich einige entscheidenden Fragen für jeden Einzelnen und für Unternehmen bezüglich der Möglichkeiten für eine nachhaltige Zukunft.

Was ist unter einem nachhaltigen Lebensstil zu verstehen? Wie sind künftig die Lebensbedürfnisse von zehn Milliarden Menschen weltweit zu decken? Wie lassen sich die unterschiedlichen Interessen dieser Menschen in Wirtschaft und Gesellschaft unter einen Hut bringen? Gelingen dabei der Umweltschutz und ein sozialer Ausgleich? Vernünftige Lösungen und Antworten auf diese Fragen werden entscheiden darüber, ob und in welchem Grad sich Nachhaltigkeitsgedanken umsetzen lassen. Falsche Lösungen und Antworten führen zu nicht wünschenswerten Ergebnissen. Ein ökologischer Kollaps oder weiterhin zunehmende soziale Ungleichheiten sind ebenfalls denkbar und realistisch.

Was wir von Konzepten wie virtuelles Wasser, ökologischer Rucksack und Fußabdruck lernen können

Es ist offensichtlich, dass zunehmend mehr Menschen bei immer besseren Lebensbedingungen die Produktion und den Konsum weltweit steigern werden. Dies führt zwangsläufig zu einem erhöhten Ressourcen- und Rohstoffverbrauch.

Die drei Konzepte virtuelles Wasser, ökologischer Rucksack und ökologischer Fußabdruck wurden entwickelt, um den Ressourcenverbrauch eines Menschen, einer Gruppe von Personen, Unternehmen oder ganzen Ländern zu veranschaulichen.

Virtuelles Wasser: Die wichtigste natürliche Ressource ist Wasser. Denn Wasser bedeutet Leben.

Menschen, Tiere und Pflanzen brauchen Wasser, um zu überleben. Ohne Wasser gibt es kein Leben. Bei uns gelangt das Wasser bis in die Wohnungen. Es handelt sich um sauberes Trinkwasser. In manchen trockenen und heißen Gebieten laufen Menschen stundenlang bis zur nächsten Wasserquelle. Dabei ist es häufig nicht einmal sauberes Trinkwasser.

Der weltweite durchschnittliche Wasserverbrauch liegt bei 1.240 Kubikmetern pro Kopf und Jahr. Etwa 85 % davon fallen auf Nahrungsmittel und landwirtschaftliche Produkte. In Deutschland verbrauchen wir pro Person täglich im Schnitt etwa 100 bis 130 Liter Wasser. Es läuft primär direkt aus dem Wasserhahn. Das meiste Wasser wird im Bad bzw. in der Dusche, für die Toilettenspülung, für die Waschmaschine und den Geschirrspüler, zum Reinigen und zum Kochen oder auch für die Autowäsche benötigt. Zum Trinken braucht eine Person nur zwei bis drei Liter.

Diese Zahlen umfassen allerdings nur einen sehr geringen Teil des tatsächlichen Wasserverbrauchs. Beziehen wir das gesamte Wasser von unseren Produkten und Dienstleistungen mit ein, liegt der Wasserverbrauch in Deutschland bei etwa 4.000 Litern täglich pro Person. Das Konzept des „virtuellen Wassers" veranschaulicht diesen Sachverhalt. Nahezu jedes Produkt verbraucht Wasser bei der Herstellung.

Der virtuelle Wasserverbrauch einiger ausgewählter Produkte:

- ¼ Liter Bier verbraucht etwa 75 Liter virtuelles Wasser. Der Anbau von Weizen und Gerste benötigt durchschnittlich 1.300 Liter Wasser pro kg. Hinzu kommt das Wasser für den Hopfenanbau und Brauvorgang.
- ¼ Liter Tee beansprucht etwa 27 Liter virtuelles Wasser und ¼ Liter Kaffee ungefähr 280 Liter Wasser.
- 1 Ei verbraucht 200 Liter virtuelles Wasser. Dieser Wert ist primär durch das Futter für die Hühner (z.B. Weizen) bedingt.
- In einem Blatt Papier DIN A4 stecken 10 Liter Wasser. Bei recyceltem Altpapier sind es dagegen nur noch 1,6 Liter.
- Baumwolljeans haben einen Bedarf von 8.000 Litern virtuelles Wasser. Etwa 80 % entfallen dabei auf die Bewässerung der Baumwollfelder und der Produktion. Der Rest wird für die Stoff- und Jeansherstellung benötigt.
- 1 kg Rindfleisch verbraucht 15.000 Liter, ein Hamburger 2.200 Liter Wasser.

Dies hängt weniger davon ab, wo das Tier lebt, sondern wo und wie das Futter produziert wurde, mit dem es gemästet wird.

- Smartphone: 900 Liter virtuelles Wasser fallen an für das Herstellen der Mikrochips, das Formen und Fertigen der Metalle und anderer Rohstoffe sowie die Herstellung der Batterien bis zum Touchscreen.
- Computer: Hier werden 20.000 Liter virtuelles Wasser benötigt.
- 1 PKW Mit 20.000 bis 300.000 Litern virtuelles Wasser geht es hier richtig zur Sache.

Diese Liste ließe sich beliebig weiterführen. Dabei ist zu bedenken, dass ein erwachsener Mensch in Europa im Schnitt etwa 8.000 bis 10.000 Gegenstände besitzt. Sammler, Privathändler und Vielleser verfügen über deutlich mehr Sachen. Der tatsächliche Wasserverbrauch eines modernen Menschen ist also enorm.

Die gute Nachricht: Wasser ist genügend vorhanden. In den Weltmeeren finden sich 97 Prozent der gesamten Wassermenge auf der Erde. Die restlichen 3 % entfallen auf Seen und Flüsse. Der Großteil der Süßwassermenge ist in Gletschern, Permafrost und als Grundwasser gespeichert. Die absolute Wassermenge auf der Erde ist unvorstellbar groß, denn das Volumen der Weltmeere beträgt ungefähr 1,3 bis 1,4 Milliarden Kubikkilometer.

Die schlechte Nachricht: Das Meerwasser ist für Mensch, Tier und Landwirtschaft ohne Aufbereitung nicht geeignet. Wo liegt die Hoffnung? Anlagen für die Meerwasserentsalzung sind technisch möglich. Allerdings ist die Meerwasserentsalzung ein sehr energieintensiver und kostspieliger Prozess, den sich die ärmsten Länder nicht leisten können.

Mit anderen Worten: Wasserknappheit ist ein Energieproblem. Mit genügend preiswerter klimaneutraler Energie lässt sich das Problem der Wasserknappheit weltweit lösen. Ozeane und Wasser spielen also eine entscheidende Rolle für Mensch, Natur und Technik. Wasser ist aber nicht der einzige wichtige natürliche Rohstoff, weshalb sich das folgende Konzept auf den „Naturverbrauch" konzentriert.

Wie viel „Natur" steckt in einem Produkt oder einer Dienstleistung? Der ökologische Rucksack hat die Gesamtmenge aller natürlichen Rohmaterialien im Blick, die in Produkten und Dienstleistungen stecken – von der Wiege bis zur Bahre.

Dabei stehen die Rohstoffe im Fokus, die für Herstellung, Nutzung und Entsorgung von Produkten und Dienstleistungen verbraucht werden. Der sogenannte „Material-Input pro Serviceeinheit" gibt in Kilogramm an, wie viel Stoffe aus der Natur entnommen werden müssen, um ein Kilogramm des Zielprodukts herzustellen.

Der ökologische Rucksack setzt sich insgesamt aus fünf Material-Inputkategorien zusammen:

1. Nachwachsendes Rohmaterial:

- pflanzliche Biomasse aus Bewirtschaftung
- Biomasse aus nicht bewirtschafteten Bereichen (Pflanzen, Tiere)

2. Nichtnachwachsendes Rohmaterial:

- mineralische Rohstoffe (z. B. Erze, Sand, Kies, Schiefer, Granit)
- fossile Energieträger (z. B. Kohle, Erdöl, Erdgas)
- bewegte Erde (z. B. Aushub von Erde oder Sediment)

3. Bodenbewegungen in der Land- und Forstwirtschaft:

- mechanische Bodenbearbeitung
- Erosion

4. Wasser:

- Oberflächenwasser
- Grundwasser
- Tiefengrundwasser

5. Luft:

- Verbrennung
- chemische Umwandlung
- physikalische Veränderung (Aggregatzustand)

Aus dieser Perspektive wiegt dann beispielsweise ein Auto 50 bis 70 Tonnen, statt nur 1 bis 2 Tonnen. Ein Handy, das im Schnitt unter 100 Gramm wiegt, hat einen ökologischen Rucksack von mehr als 70 kg.

Der ökologische Rucksack stärkt das Nachhaltigkeitsbewusstsein. Zusammengefasst lässt sich sagen, dass er dazu dient, die Masse zu berechnen, die für ein Produkt bewegt werden. Dabei kann es beispielsweise darum gehen, die benötigte Landfläche für den menschlichen Konsum zu berechnen und daraus die Einsicht abzuleiten, nicht grenzenlos zu konsumieren, nur weil es andere Leute so machen und möglicherweise dadurch Ansehen und Wertschätzung steigen.

Der ökologische Fußabdruck berechnet die Landfläche, die für ein Produkt oder Dienstleistung benötigt wird. Welche Fläche auf der Erde ist notwendig, um den Lebensstil und Lebensstandard der Menschen dauerhaft zu sichern? Das schließt Flächen ein, die zur Produktion von Kleidung und Nahrung, zur Bereitstellung von Energie, aber auch zum Abbau von Müll beansprucht werden.

Der ökologische Fußabdruck informiert über die benötigte Fläche für Ackerbau und Viehzucht, Holzabbau, Regeneration von Wäldern, Verbrennung fossiler Brennstoffe, Platz für Häuser, Einkaufszentren, Büro- und Fabrikgebäude, Lagerhallen und Straßen. Die biologische Qualität der Böden und Flächen ist ein entscheidendes Merkmal. Wüsten sind weniger fruchtbar als Wiesen, Äcker oder Regenwald. Nach diesem Konzept benötigten wir 2,5 Erden, wenn alle Menschen so leben würden wie wir in Deutschland.

Ansatzpunkte für die Ermittlung des ökologischen Fußabdrucks eines Menschen liefern die vier Bereiche Wohnen, Mobilität, Ernährung und Konsum.

Überlegen Sie, wo Sie ohne große Einbußen Ihrer Lebensqualität mehr Nachhaltigkeit verwirklichen können, indem Sie z. B. Energie und Wasser sparen sowie Abfälle und Schadstoffe verringern können. Auch bei gutem Willen können Sie nicht alles verändern. Es ist ein großer Unterschied, ob Sie Eigentümer oder Mieter einer Wohnung sind, ob Sie in der glücklichen Lage sind, selbst ein Haus zu bauen oder ob Sie bereits in ein fertiggestelltes Anwesen einziehen. Ein Architekt erkennt andere Gestaltungs- und Veränderungsmöglichkeiten als ein Software-Ingenieur; ein Mensch mit hohem Einkommen hat andere Vorstellungen als ein Niedriglohnempfänger.

Wohnen:

- Nutzen Sie neben Ihrem Hauptwohnsitz noch einen weiteren Wohnsitz?
- Wie groß ist Ihre Wohnung?
- Wie viele Personen nutzen diese Wohnfläche?
- Wann wurde das Gebäude errichtet? Wurde es thermisch saniert?
- Wie beheizen Sie Ihre Wohnung?
- Wie erzeugen Sie Ihr Warmwasser?
- Wie gehen Sie an Ihrem Wohnsitz mit Wasser um?
- Wie viel Strom verbrauchen Sie?
- Wie wird dieser Strom erzeugt?

Ernährung:

- Ernähren Sie sich gänzlich ohne tierische Produkte, also vegan?
- Bevorzugen Sie bei Ihren pflanzlichen Lebensmitteln Bioprodukte?
- Wie viel und wie oft essen Sie wöchentlich Milchprodukte oder Eier?
- Wie oft und wie viel essen Sie in der Woche Fleisch oder Wurst?
- Wie oft und wie viel essen Sie pro Woche Fisch und Meeresfrüchte?
- Welche Getränke konsumieren Sie am häufigsten?
- Welche Verpackungen bzw. Flaschen verwenden Sie?

- Vermeiden Sie Verpackungen?
- Achten Sie darauf, Lebensmittel nicht zu verschwenden?
- Kaufen Sie vor allem regionale und saisonale Lebensmittel?

Mobilität:

- Wie viele Fahrzeuge besitzen Sie?
- Wie viele Kilometer fahren Sie pro Jahr?
- Haben Sie einen Benzin-, Diesel- oder Elektroantrieb?
- Wie viel Liter/Strom verbraucht Ihr Fahrzeug pro 100 km?
- Wie viele Personen benutzen dieses Fahrzeug?
- Wie oft fliegen Sie? Welche Strecken betreffen diese Flüge?
- Wie viele Stunden verbringen Sie im öffentlichen Nahverkehr innerhalb der Stadt und Region in der Woche?
- Wie viele Stunden nutzen Sie den Fernverkehr pro Woche oder Monat?

Konsum:

- Wie gehen Sie mit Haushaltsgeräten, Möbeln, Innenausstattung, Feucht-raumausstattung und Großgeräten um?
- Welche Nutzungsdauer haben diese Geräte im Durchschnitt?
- Wie sind Sie mit Unterhaltungselektronik und IT ausgestattet?
- Wie viel Papier verbrauchen Sie im Jahr? Gibt es Einsparmöglichkeiten?
- Wie sieht Ihr Konsumverhalten bei Kleidung, Textilien und Schuhen aus?
- Wie sieht Ihr Konsumverhalten im Alltag aus? Dazu zählen Waschmittel, CDs, Kinokarten, Kosmetika, Spielwaren, Friseurbesuch usw.
- Welche Hobbys betreiben Sie?
- Wie gestalten Sie Urlaub und Reisen? Welche Art von Unterkunft, Verpfle-gung und Aktivitäten wählen Sie?
- Welche Haustiere haben Sie?

Den einen nachhaltigen Lebensstil gibt es nicht. Nachhaltigkeit ist mehr als nur ein Umwelt- und Naturschutzanliegen. Das Leitmotiv einer nachhaltigen Entwicklung bezieht sich auf Ökonomie, Ökologie und Soziales. Menschen mit einem höheren Vermögen und Einkommen haben im Durchschnitt höhere CO_2-Emissionen als Men-schen mit geringeren wirtschaftlichen Tätigkeiten.

Mentalität, Motivation und Disziplin sind entscheidend, wenn Ihr Ziel ein nach-haltiger Lebensstil ist. Die freiwillige Selbstverpflichtung ist ein wichtiger Aspekt beim Erfüllen nachhaltiger Leitlinien. Sie eröffnet individuellen Freiraum, bietet fle-xible Gestaltungsmöglichkeiten und motiviert mitzumachen. Es gilt, den nachhaltigen Lebensstil so umzusetzen, dass daraus ein positives Lebensgefühl entsteht.

Jeder Einzelne sollte über seine Lebensbedingungen und Umwelt nachdenken. Der private Haushalt und Konsum sind für mehr als ein Viertel aller Treibhausgasemissionen in Deutschland verantwortlich. Zielstrebigkeit und Disziplin sind gefragt. Wir müssen wissen, wo wir stehen und wo wir hinwollen. Nachhaltigkeit heißt, mit vielen kleinen Schritten in Richtung des großen Ziels zu marschieren und sich Tag für Tag aufs Neue für einen nachhaltigen Lebensstil zu entscheiden.

Die sieben Kategorien von einem nachhaltigeren Lebensstil beispielhaft mit Anregungen für den Alltag zusammengefasst

1. Bildung und globale Empathie

Bildung ist eine ganz wesentliche Grundlage für Orientierung und Lebensgestaltung in guten und schlechten Zeiten. Bildung ist für den Einzelnen, die Familie, die Arbeitswelt und die Gesellschaft ein tragender Faktor für Ideenreichtum, Wohlstand und ein sinnerfülltes Leben.

Bildung befähigt Menschen zu verantwortungsvollem Denken und Handeln und ermöglicht es jedem Einzelnen, die Auswirkungen des eigenen Lebensstils und Handelns auf seine Umgebung und Welt zu erkennen und sein Handeln darauf auszurichten. Es empfiehlt sich, Sachbücher, Zeitungsartikel, Magazine zu den Themen Globalisierung, Nachhaltigkeit und Zukunft zu lesen. Das Internet liefert die aktuellen Informationen zu wichtigen Themen und die weltweiten Entwicklungen in den Bereichen Ökonomie, Ökologie und Soziales zu verfolgen und zu verstehen. Nachhaltigkeit betrifft alle Lebensbereiche. Der Weg dorthin umfasst theoretische Grundlagen und gelebte Praxis. Jeder Einzelne kann mit seinem Beitrag Nachhaltigkeit zum wesentlichen Bestandteil von Lebensstil und Kultur machen.

2. Ernährung und Gesundheit

Unsere Ernährung hat großen Einfluss auf Gesundheit und Wohlbefinden. Gesamtgesellschaftlich hat die Ernährungs- und Gesundheitsthematik einen hohen Stellenwert mit Einfluss auf regionale und globale Wertschöpfungsketten. Jeder sollte auf eine gesunde Ernährung achten und viel Wasser trinken. In Deutschland kann es unbedenklich das Leitungswasser sein. So vermeiden Sie Plastik, sparen Energie bei Herstellungsprozessen, Abfüllanlagen und Transport. Sie sollten ökologische Getränke bevorzugen wie biologische, regionale Obst- und Gemüsesäfte, auch Tee. Sorgen Sie auch, soweit möglich, für einen gesunden Schlaf. Sie fühlen sich wohler und stabilisieren Ihr Nervensystem.

Ein totaler Verzicht auf Fleisch und Fisch muss nicht sein; aber Sie sollten davon weniger essen. Früher gab es Fleisch lediglich an bestimmten Tagen für besondere Anlässe. Heute ist es für viele Menschen ein alltägliches Lebensmittel.

In Deutschland beträgt der Fleischkonsum etwa 60 Kilogramm pro Kopf und Jahr. Der Gesamtverbrauch einschließlich der Herstellung von Tierfutter, industrieller Verwertung und Verlusten liegt bei rund 90 Kilogramm pro Kopf. Vegetarische oder vegane Kost helfen, den Fleischkonsum erheblich zu verringern, und schützen damit Gesundheit, Tiere, Natur und Klima zugleich.

Bevorzugen Sie saisonale Lebensmittel aus der Region. Die Energiebilanz ist geringer; denn energieintensive Lagerungszeiten, Kühlprozesse und lange Transportwege entfallen. Bei regionalen Äpfeln sieht die CO_2-Bilanz besser aus als bei importierten Äpfeln. Erntefrisches Obst und Gemüse weisen wegen geringerer Lagerzeiten in Kühlhäusern niedrigere CO_2-Werte auf als außersaisonale Waren.

Kaufen Sie Bioprodukte und Fair-Trade-Artikel. Biosiegel kennzeichnen umweltverträgliche Produktionsweisen und ökologischen Anbau. Bei Fair Trade stehen bessere ökonomische und soziale Lebens- und Arbeitsbedingungen im Fokus. Somit konzentriert sich Fair Trade auf soziale und wirtschaftliche Nachhaltigkeitsaspekte und mehr Handelsgerechtigkeit.

Kochen Sie häufiger selbst, statt Fertiggerichte zu essen. Kochen mit Deckel spart Energie und Zeit. Bei geringeren Wassermengen sollten Sie den Wasserkocher verwenden. Entsorgen Sie unempfindliche Nahrungsmittel nicht ungeprüft, wenn das Haltbarkeitsdatum überschritten ist. Schauen Sie genau hin, und riechen Sie vor dem Wegwerfen. Sie sparen Geld, verschwenden nichts und helfen mit, die riesigen Müll- und Abfallberge zu verringern.

3. Wohnen, Mode und alltäglicher Tagesablauf

Ökologischer zu wohnen, lässt sich mit einer modernen Lebensweise verknüpfen. Smart-Home-Lösungen und digitale Vernetzung können helfen, Energie zu sparen und Ressourcen zu schonen. Haus- und Wohnungseigentümer haben mehr Möglichkeiten als Mieter. Ein Nachteil von smarten Lösungen ist der zusätzliche Strom, der für die zusätzlichen Geräte und deren Regulierung benötigt wird. Auch Reparaturen können unangenehm und kostspielig sein.

Sollten Sie kein Freund von moderner Haushaltstechnologie und -elektronik sein, können Sie dennoch nachhaltiger wohnen und leben. Achten Sie überall auf einen sparsamen Verbrauch von Strom, Öl, Gas und Wasser. Bevorzugen Sie Anbieter, die erneuerbare Energie generieren, idealerweise in der Region. Verwenden Sie Energiesparlampen. Starten Sie die Geschirrspül- und Wachmaschine erst dann, nachdem sie aufgefüllt ist. Waschen Sie bei geringen Temperaturen und verzichten Sie möglichst auf Vorwäsche. Lassen es Ihre Raumverhältnisse und Zeit zu, trocknen Sie Wäsche an der Luft. Achten Sie in Küche, Bad und Toilette auf undichte Wasserhähne. Bei 10 Tropfen Wasser pro Minute gehen jährlich 2.500 Liter verloren.

Verwenden Sie die Sparfunktion bei der WC-Spülung. Beim Duschen sollten Sie das Wasser nicht unnötig lange laufen lassen.

Wärmedämmung und Sanierung sind insbesondere in Altbauten wichtig, aber nicht für jedermann veränderbar. Schlecht gedämmte Häuser verbrauchen unnötig viel Energie. Oft entscheiden Eigentumsverhältnisse und Geldbeutel, was geht und worauf leider verzichtet werden muss.

Haushaltsgeräte wie Kühlschrank, Gefrierschrank, Backofen, Herd und Waschmaschine mit hoher Energieeffizienzklasse und niedrigem Stromverbrauch sind gut fürs Klima. Dabei müssen sie nicht teurer sein. Kleinere Haushaltsgeräte wie Wasserkocher, Toaster, Staubsauger, Bügeleisen oder Föhn mit entsprechender Effizienzklasse sparen ebenfalls Energie. Sofern eine Reparatur nicht möglich ist, muss richtig entsorgt werden. Ausrangierte Elektrogeräte gehören nicht in den Restmüll – ein berechtigtes Verbot.

Möbel sind ein elementarer Bestandteil unserer Häuser, Wohnungen und Büros. Nachhaltiges Wohnen setzt auf nachwachsende Rohstoffe wie Holz, Bambus und Baumwolle, die mit Lasuren, Ölen und Wachsen auf natürlicher Basis behandelt wurden. Manche Siegel kennzeichnen Schadstofffreiheit. Soweit es Licht, Lage und Himmelsrichtung zulassen und Sie über den sogenannten „grünen Daumen" verfügen, stellen Sie regionale Pflanzen in der Wohnung auf.

Achten Sie beim Einkauf auf nachhaltige Textilien. Die Kleidung sollte möglichst aus natürlichen Stoffen wie Biobaumwolle, Leinen, Wolle oder Hanf bestehen und umweltfreundlich gepflegt werden. Werfen Sie gut erhaltene Klamotten nicht gewohnheitsmäßig in den Container. Vielleicht können Sie damit jemanden erfreuen. In Deutschland kauft eine Person durchschnittlich 50 bis 60 Textilstücke pro Jahr. Ein voller Kleider- oder Schuhschrank sollte kein Statussymbol sein. Rennen Sie nicht jedem Trend blindlings hinterher.

4. Abfall und Entsorgung

Am wichtigsten ist das Vermeiden von Abfällen durch Verpackungsverzicht. Wenn Abfall nicht entsteht, gibt es kein Wegwerfen. Ist Abfall unvermeidbar, hilft Mülltrennung als Vorstufe für Recycling, also Wiederverwertbarkeit. Trennen Sie Müll richtig am besten direkt am Ort des Entstehens. Gelber Sack, Papiertonne, Biotonne, Glascontainer, Sondermüll sind sinnvoll. Sie helfen mit, Müllberge abzubauen, indem Sie Lebensmittel möglichst verpackungsfrei einkaufen, richtig lagern und Ihren Haushalt auch unter Nachhaltigkeitsgesichtspunkten führen. Wählen Sie Mehrweg- statt Einwegprodukte. Pro Jahr werden in Deutschland fast drei Milliarden Einwegbecher insbesondere für Kaffee verbraucht. Dazu kommt nicht selten ein Plastikdeckel. Weggeworfene Plastikbecher verschmutzen die Städte und Natur.

5. Unternehmenskultur und Arbeitsplatz

Es gilt, eine Unternehmenskultur aufzubauen, in der Nachhaltigkeit als Wert fest verankert ist. Gesundheitsschutz und Arbeitssicherheit sind wichtige Aspekte, ebenso Fort- und Weiterbildung sowie lebenslanges Lernen.

Wird die Belegschaft für das Thema Nachhaltigkeit interessiert, sind positive Wirkungen möglich – beruflich und privat. Sorgen Sie mit dafür, dass Laptops und PCs nach der Nutzung runtergefahren werden. Sparen Sie Strom, wo immer es geht. Schalten Sie das Licht aus, wenn Sie Ihre Arbeitsstelle verlassen. Sparen Sie Papier und drucken Sie nur aus, wenn es wichtig ist. Verwenden Sie für den gewöhnlichen innerbetrieblichen Bedarf Recyclingpapier.

Geschäftsreisen sollten nur stattfinden, wenn sie nicht anders zu organisieren und die persönlichen Kontakte wichtig sind. Die Corona-Pandemie zeigt mit den modernen digitalen Möglichkeiten in Form von Homeoffice, Videokonferenzen und Webinaren, wie Kommunikationslücken geschlossen und dies voll zufriedenstellend funktionieren kann. Reisen verursachen einen großen ökologischen Fußabdruck. Reisen Sie klimafreundlicher mit Bus und Bahn statt Auto und Flugzeug.

6. Konsum und Einkauf

Nachhaltiger Konsum betrifft den Einkauf von Gebrauchs- und Verbrauchsgütern des täglichen Bedarfs. Es lohnt sich, neue Wege des Einkaufens zu erproben. Regionale Wochenmärkte, Bauernhöfe, Weltläden oder Biomärkte sind gute Möglichkeiten dafür. Kaufen Sie möglichst langlebige Produkte. Wenn möglich, reparieren statt wegwerfen oder Neukauf. Verwenden Sie Stoffbeutel oder Rucksack, Obst- und Gemüsenetze statt Plastiktüten. Wählen Sie verpackungsarme Produkte, Pfandglas oder generell Glas statt Plastik.

7. Mobilität und Reisen

Laufen Sie innerorts und kurze Strecken zu Fuß, oder nehmen Sie das Fahrrad. Nutzen Sie auch den öffentlichen Nahverkehr. Verzichten Sie, soweit möglich, auf das Auto, wenn Sie innerorts unterwegs sind. Sie sparen Zeit und schonen Ihre Nerven, wenn Sie Fuß, Fahrrad und Nahverkehr kombinieren. Fahren Sie das Auto möglichst spritsparend. Vermeiden Sie schnelles Beschleunigen und abruptes Bremsen. Entscheiden Sie sich für ein Auto mit geringem Treibstoffverbrauch oder alternativen Antrieben. Gestalten Sie auch Ihren Urlaub klimafreundlich.

Fazit: Nachhaltigkeit ist kein Selbstläufer. Seien Sie aktiv mit dabei. Nachhaltigkeit schafft einerseits positive Lebensgefühle und Zuversicht, bedeutet aber auch, Verantwortung zu übernehmen – für sich selbst, für Mensch, Umwelt, Tier- und Pflanzenwohl.

10.4 Gastbeitrag Dr. Halit Uenver: Wie können Unternehmen Geschäftsmodell und Firmenkultur nachhaltig ausrichten?

Nachhaltigkeit lohnt sich. Klimawandel und globale Erderwärmung sind für die langfristigen Aussichten von Unternehmen entscheidende Herausforderungen. Die Mobilisierung des privaten Sektors zur Lösung des Klimaproblems ist zwingend notwendig. Ohne Firmenmitwirkung lässt sich eine nachhaltige Welt kaum realisieren. Unternehmerische Aktivitäten, technischer Fortschritt und wirtschaftliche Entwicklung müssen die absoluten Belastungsgrenzen der Natur und des Menschen berücksichtigen. Zukunftsfähigkeit für alle muss das weitumspannende Ziel sein.

Die globale Durchschnittstemperatur darf um maximal 2°C bis zum Jahr 2100 ansteigen, wenn wir schlimme Folgen von Klimawandel und Naturkatastrophen abwenden wollen. Es ist nicht sicher, ob dieses Ziel überhaupt erreichbar ist. Vielleicht ist es schon zu spät dafür. Oder diese Begrenzung reicht nicht aus. Wir dürfen also keine Zeit mehr verlieren und müssen den Prozess der globalen Erderwärmung bremsen. Dazu ist es notwendig, deutlich weniger CO_2 auszustoßen.

Die Bekämpfung des Klimawandels braucht einen neuen unternehmerischen Denkrahmen. Aber auch die Politik und private Akteure müssen sich engagieren. Um das Zwei-Grad-Ziel möglicherweise noch zu erreichen, sind etwa 500 Milliarden Euro pro Jahr weltweit aufzubringen und zu investieren. Freiwillige unternehmerische Selbstverpflichtung bezüglich Nachhaltigkeit ist ein Schlüsselfaktor für das Zwei-Grad-Ziel.

Was ist unter einer nachhaltigen Unternehmensführung zu verstehen? Warum brauchen wir die Firmen, um eine nachhaltige Entwicklung voranzutreiben? Wie lassen sich wirtschaftlicher Erfolg und Nachhaltigkeit unter einen Hut bringen? Gelingen dabei Umweltschutz und sozialer Ausgleich?

Nachhaltigkeit auf unternehmerischer Ebene bedeutet, im Einklang mit den Menschen und der Natur zu sein. Die Gestaltung und Umsetzung von Nachhaltigkeit sind keine einfache, aber spannende Aufgaben. Unternehmen sind meistens branchenbezogen aufgestellt. Wirtschaftliche, soziale und ökologische Nachhaltigkeitsansprüche unterscheiden sich auch bei der Wertschöpfung. Erfreulicherweise fühlen sich viele Unternehmen dem Leitgedanken einer nachhaltigen Entwicklung verpflichtet.

Nachhaltigkeit ist in das Kerngeschäft einzugliedern.

Unternehmerische Nachhaltigkeit bedeutet mehr, als Absichtserklärungen zu verkünden oder Veranstaltungen mit Naturschutzorganisationen durchzuführen. Die Erfahrung der letzten Jahre zeigt, dass gut strukturierte Nachhaltigkeitsaktivitäten und -strategien über Wachstumschancen verfügen.

Ökologische Nachhaltigkeit orientiert sich vorrangig am Erhalt der Natur und einem schonenden Umgang mit Ressourcen. Umweltschutz muss ein wesentlicher Aspekt der Unternehmensstrategie sein. Natürliche Ressourcen und Rohstoffe sollten sich beim Verbrauch daran orientieren, wie schnell diese nachwachsen oder sich regenerieren können. Also nur so viele Bäume fällen, wie nachwachsen können. Raubbau an der Natur ist tabu. Kernelemente einer ökologisch nachhaltigen Unternehmensführung sind ein sparsamer Verbrauch von Energie, Verwendung erneuerbarer Energien, Vermeidung bzw. Verringerung von Gefahren- und Giftstoffen sowie umweltfreundliche Herstellungsverfahren. CO_2-Emissionen sollten, wo immer es möglich ist, vermieden oder zumindest reduziert werden.

Ökonomische Nachhaltigkeit: Unternehmen müssen erfolgreich sein, um überleben und wachsen zu können. Wettbewerbsfähigkeit ist also entscheidend. Eine „gesunde" Bilanz mit ausreichend Eigenkapital und vertretbaren Schulden sind wichtige Voraussetzungen. Moderne Maschinen und Anlagen, leistungsfähige IT-Infrastruktur, gut ausgebildete und motivierte Mitarbeiter sowie Investitionen in Forschung und Entwicklung sind wichtige Elemente. Das Management darf nicht nur auf Profitmaximierung ausgerichtet sein. Wirtschaftliche Aktivitäten sollten im Einklang mit ökologischer Selbstverpflichtung und sozialer Verantwortung stattfinden.

Soziale Nachhaltigkeit: Unternehmen übernehmen gesellschaftliche Verantwortung und zeigen soziales Engagement. Dies betrifft sowohl den Umgang mit Mitarbeitern als auch die Beziehungen zu Kommunen, Verbänden, Kunden, Lieferanten, Partnern und zur Politik. Soziale Nachhaltigkeit betrifft neben leistungsgerechtem Einkommen, tariflichen Löhnen und Lohnzuschlägen die Einhaltung von Arbeitsrechten, Gesundheitsschutz, allgemeinen Sozialstandards, angemessenen Arbeitszeiten, flexiblen und modernen Arbeitsmodellen, Sportkursen und Veranstaltungen zur Gesundheitsförderung. Zu den Sozialleistungen zählen auch die betriebliche Altersvorsorge und Hilfen bei der Kinderbetreuung. Die Beteiligung der Mitarbeiter am Firmenerfolg, z. B. über Belegschaftsaktien oder genossenschaftliche Modelle sind förderlich. Gute Ausstattung in Büros und Pausenräumen sorgt für ein freundliches Betriebsklima. Weitere soziale Maßnahmen betreffen Datenschutz und Datensicherheit. Zusammenarbeit mit Bildungseinrichtungen, Unterstützung von Kultur- und Sportveranstaltungen sind Merkmale gesellschaftlicher Verantwortung.

Adidas (WKN: A1E WWW) ist der zweitgrößte Sportartikelhersteller der Welt mit Sitz in Deutschland. Das DAX-Unternehmen stellte 2019 den ersten vollständig recyclingfähigen Laufschuh vor. Insgesamt produzierte Adidas bislang mehr als 11 Millionen Paar Schuhe aus recyceltem Plastikmüll von Stränden und aus Küstenregionen. Ein Tenniskleid aus nachwachsenden Rohstoffen und natürlichen Materialien wurde 2019 vorgestellt. Adidas bezieht nachhaltige Baumwolle für seine Produkte. Das Unternehmen sponsert globale Laufveranstaltungen gegen die Verschmutzung der Weltmeere. Adidas verzichtet seit Ende 2017 bis zu 99 % auf die Nutzung von poly- und perfluorierten Chemikalien und führt seit vielen Jahren wegbereitende Sozial- und Umweltprogramme weltweit durch.

Allianz SE (WKN: 840 400) ist einer der weltweit führenden Versicherungs- und Finanzdienstleister. Der DAX-Konzern bietet allgemeine Lebens-, Haftpflicht-, Kranken- und Autoversicherungen, Reise- und Kreditversicherungen an. Zudem gilt die Gesellschaft weltweit als viertgrößter Vermögensverwalter. Die Gruppe bietet ein umfassendes Nachhaltigkeitsmanagement und entsprechend viele Projekte an. Allianz unterstützt den Wandel hin zu einer kohlenstoffarmen Wirtschaft und bereitet seine Kunden auf mögliche Folgen des Klimawandels vor. Das Unternehmen hat sich verpflichtet, seine CO_2-Emissionen bis 2020 um ein Drittel pro Mitarbeiter zu reduzieren. Waldschutzprojekte in Kenia und Indonesien neutralisieren die verbliebenen CO_2-Emissionen. Bis 2023 steigt der Konzern komplett auf Strom aus erneuerbaren Quellen um. Mit der Finanzierung von Wind- und Solarparks über 4 Milliarden Euro ist die Allianz ein führender europäischer Investor im Bereich erneuerbare Energie. Zudem beschloss die Konzernleitung im Jahr 2015, aus der Finanzierung von Kohle-basierten Geschäftsmodellen auszusteigen. Die Partnerschaft mit SOS-Kinderdörfern zählt zur Nachhaltigkeitsstrategie.

Autodesk (WKN 869 964) ist ein amerikanisches Hightechunternehmen für digitales 2-D- und 3-D-Design. Es stellt Software für computergestützte Anwendungen (CAD) und Computeranimation in den Bereichen Architektur, Gebäudetechnik, Hoch- und Tiefbau, Automotive und Transportwesen, Mechanik und Maschinenbau, Medizin, Medien und Unterhaltung sowie Versorgung und Telekommunikation her. Autodesk entwickelt Softwaretechnologien, die Energie- und Materialproduktivität in verschiedenen Bereichen verbessern und Kunden dabei helfen, ihre Geschäfts- und Nachhaltigkeitsziele zu erreichen. Gebäude, Rechenzentren und Cloud-Services werden mit 100 % Erneuerbaren Energien versorgt. Seit 2009 wurden die eigenen Treibhausgasemissionen um knapp die Hälfte verringert.

Ab 2021 werden sämtliche Geschäftsaktivitäten klimaneutral gestaltet. Das Unternehmen hilft beispielsweise auch bei der Verbesserung der Lebensbedingungen in einigen Flüchtlingslagern.

Ballard Power (WKN: A0R ENB), **ein kanadischer Wasserstoffhersteller, verfasste im April 2020 seinen ersten ESG-Bericht.** Die Kombination aus emissionsfreien Brennstoffzellenprodukten, umweltfreundlichem Geschäftsmodellen und nachhaltiger Unternehmenskultur macht es möglich, langfristig Wert für die Aktionäre zu schaffen und gleichzeitig zur Harmonisierung der Weltwirtschaft beizutragen. Im Jahr 2019 startete Ballard Power eine Null-Kohlenstoff-Initiative. Der Konzern will bis 2030 kohlenstoffneutral sein.

Christian Hansen (WKN: A1C ZWD) **aus Dänemark ist ein globales Biotechnologieunternehmen, das nachhaltige Lösungen für die Lebensmittel-, Ernährungs-, Pharma- und Landwirtschaftsindustrie entwickelt.** Etwa vier Fünftel der Einnahmen unterstützen direkt die Nachhaltigkeitsziele der Vereinten Nationen. Der Konzern erfüllt hohe Umweltleistungen, insbesondere im Bereich Energie, CO_2, Wasser und Abfall. Es stellt seine dänischen Betriebe auf 100 % erneuerbaren Strom um. Das Unternehmen beschäftigt einen verhältnismäßig hohen Anteil weiblicher Führungskräfte. Das Thema Nachhaltigkeit wird mit fairen und ausgeglichenen Gehaltsstrukturen verknüpft.

Cisco Systems (WKN: 878 841) **ist ein amerikanischer IT-Konzern und zählt zu den weltweit führenden Anbietern von Netzwerktechnologien wie Router und Switched für das Internet.** Rechenzentren verbrauchen große Mengen an Energie, insbesondere für Kühlprozesse. Intelligente hybride Verbrauchsmodelle und Zahlungsverfahren senkten in Cisco-Rechenzentren die Netzstrom- und Kühlkosten um neun Zehntel. Etwa vier Fünftel des weltweiten Stromverbrauchs werden durch erneuerbare Energien gedeckt. Der Cisco-Campus wird begrünt mit dem Ziel Nullabfall und Wasserneutralität. Seit 2019 werden jede Woche über 10.000 Kunststoffartikel vermieden und somit etwa drei Tonnen Plastik im Jahr eingespart. Cisco behandelt das zurückgewonnene Wasser aus den Kühltürmen der Rechenzentren mit einer pflanzlichen Wasseraufbereitungslösung anstelle von Chemikalien. Wassersanierungsprojekte in North Carolina und im Südosten der USA stellen Feuchtgebiete wieder her und füllen das Grundwasser auf. Cisco bietet den Kunden die kostenlose Rücknahme ihrer Geräte am Ende des Lebenszyklus an.

Coloplast (WKN: A1K AGC) **ist ein dänisches Gesundheitsunternehmen, das sich auf die Entwicklung und Herstellung von medizinischen Produkten sowie Service spezialisiert hat.** Das Kerngeschäft liegt in den Bereichen Intimkrankheiten, Urologie, Wund-, Haut- und Stomaversorgung sowie Inkontinenz.

Der Konzern nutzt erneuerbare Energien für 100 % des Stromverbrauchs in der Produktion. Er unterstützt Abfallentsorgungsunternehmen beim Umdenken in Richtung Kreislaufwirtschaft. So wird beispielsweise Silber aus Abfällen gewonnen, die in der Wundversorgungsproduktion entstehen. Damit wird auch Silikon, das früher als Abfall galt, wiederverwendet. Insgesamt senkte die Produktionsstätte in Mordrup in einem Jahr die Kosten pro Tonne Abfall um über ein Drittel. Coloplast verwendet teilweise neue Verpackungen ohne Aluminium. Dadurch verringert sich der CO_2-Fußabdruck der Produkte. Darüber hinaus sind einige Produkte frei von Kunststoff. Der Gütertransport per Luftfracht wird von derzeit 5 % auf unter 3 % reduziert. Das Unternehmen engagiert sich in vielen Ländern der Welt für eine bessere Gesundheitsversorgung der Bevölkerung.

Geberit (WKN: A0M QWG) ist europäischer Marktführer und globaler Anbieter von Sanitärtechnik für Neubauten, Renovierungen und Modernisierungen. Das Unternehmen verfügt über eine umfassende Produktpalette mit niedrigem Energie- und Wasserverbrauch sowie ökologisch verträglichen Materialien. Schallschutz oder Entsorgung der Produkte gehören ebenfalls zum Nachhaltigkeitskonzept. Geberit übernimmt Verantwortung und zeigt weltweites Engagement für das Menschenrecht auf sauberes Trinkwasser und eine sanitäre Grundversorgung. Ein nachhaltiges Energiekonzept wurde im Werk Ruše in Slowenien verwirklicht. Die Abwärme der Maschinen ist für die Beheizung des gesamten Gebäudes nutzbar. Auf fossile Brennstoffe wird komplett verzichtet. Während das Grundwasser zur Kühlung dient, wird das gesammelte Regenwasser für die Sanitärräume gebraucht. Die Zulieferer werden zum umfassenden Verhaltenskodex verpflichtet. Dazu gehört, im Bereich Umweltschutz sozialverträgliche Arbeitsbedingungen zu schaffen und faire Geschäftspraktiken einzuhalten.

Mowi ASA (WKN: A2P BD2) ist ein norwegisches Nahrungsmittelunternehmen mit dem größten Zuchtlachs- und Meeresfrüchtekonzern der Welt. Das Unternehmen verfolgt das Thema Nachhaltigkeit aus verschiedenen Perspektiven wie Klimawandel und Energie, Lachsfutter und Fischwohlbefinden, Schädlingsbekämpfung, Plastikverzicht, Süßwassergewinnung und Einsatz für Menschenrechte. Die Treibhausgasemissionen werden bis 2050 um ein gutes Drittel und bis 2030 um nahezu 75 Prozent verringert. Bis 2025 sollen sämtliche Kunststoffverpackungen wiederverwendbar, recycelbar oder kompostierbar sein. Das Nachhaltigkeitskonzept umfasst auch eine Effizienzsteigerung bei der Süßwassernutzung in Verarbeitungsanlagen. Der Antibiotikaeinsatz wurde seit 2015 reduziert, lässt sich aber verständlicherweise nicht gänzlich vermeiden. Der Umstieg auf Lachsfutter aus nachhaltigem Anbau wird vorangetrieben. Das Unternehmen ist auch auf einem guten Weg zu einem geringeren CO_2-Fußabdruck von Futtermittelrohstoffen.

Nel ASA (WKN: A0B 733) ist ein norwegisches Unternehmen, dass Lösungen für die Herstellung, Speicherung und Verteilung von Wasserstoff aus erneuerbaren Energien anbietet. Durch die Produktion von Wasserstoff auf Abruf lässt sich der Bedarf an gespeichertem Wasserstoff verringern und die Anlagensicherheit erhöhen. Die Kombination von Netzintelligenz mit erneuerbaren Ressourcen und einer Energiespeicherlösung bietet eine zuverlässige, umweltfreundliche, kostengünstigere Energieversorgung und reduziert den CO_2-Fußabdruck. Das Unternehmen bietet auch kompakte Wasserstofftankstellen an.

Neste (WKN: A0D 9U6) aus Finnland hat sich auf die Herstellung von Kraftstoffen spezialisiert und ist der weltweit größte Anbieter von erneuerbarem Diesel, gewonnen aus Abfall- und Entsorgungswirtschaft. Das Unternehmen arbeitet mit McDonald's an einem Kreislaufsystem, in dem das für Pommes Frites genutzte Speiseöl recycelt und in erneuerbaren Diesel umgewandelt wird. Der Kraftstoff wird in Lastwagen verwendet, die McDonald's beliefern. Auf diese Weise werden die Treibhausgasemissionen im Vergleich zu fossilem Diesel um bis zu 90 % reduziert. Neste arbeitet mit der Chemieindustrie an der Entwicklung nachhaltiger Kunststoffe aus erneuerbaren und wiederverwertbaren Rohstoffen für Autoscheinwerfer, LED-Leuchten, elektronischen und medizinischen Geräten. Neste verringert mit regenerativen Produkten auch klimaschädliche Emissionen ihrer Kunden.

Novozymes (WKN: A1J P9Y) ist ein dänisches Unternehmen im Bereich Biotechnologie und hat sich auf die Erforschung, Herstellung und den Vertrieb von Enzymen und Mikroorganismen spezialisiert. Die hergestellten Enzyme und Organismen werden im Haushaltsbereich, in der Lebensmittel- und Gesundheitsindustrie sowie bei Biokraftstoffen benötigt. Novozymes bietet nachhaltige Lösungen für die Landwirtschaft an und hilft beim Abbau von CO_2-Emissionen in der Nutzviehhaltung. Das Unternehmen sorgt in der Landwirtschaft für weniger Düngemittel und Futterzusätze bei gleichzeitig höherem Ertrag.

Orsted (WKN: A0N BLH) aus Dänemark ist Weltmarktführer im Bereich Offshore-Windenergie und zählt zu den nachhaltigsten Unternehmen der Welt. Noch vor 10 Jahren hatte sich Orsted auf die Verstromung von Kohle konzentriert und galt global als Technologieführer. Mittlerweile wurde der Bau neuer Kohlekraftwerke komplett eingestellt. Das Unternehmen geht weg von der Nutzung fossiler Energieträger hin zur Stromproduktion aus erneuerbaren Energiequellen. Seit 2006 hat der Konzern die eigenen CO_2-Emissionen um über 80 % gesenkt. Der Hauptanteil der CO_2-Emissionen stammt aus der Stromerzeugung und dem Verbrauch von fossilen Brennstoffen für den Betrieb bei Schiffen und der Wartung von Windparks auf See. Der gesamte CO_2-Fußabdruck soll bis 2040 klimaneutral gestellt sein.

SAP (WKN: 716 460) ist der größte europäische Softwarekonzern mit Sitz in Hoffenheim und Deutschlands wertvollstes Unternehmen nach Marktkapitalisierung. Kerngeschäft ist die Entwicklung von Software zur Abwicklung sämtlicher Geschäftsprozesse wie Buchführung, Controlling, Vertrieb, Einkauf, Produktion, Lagerhaltung und Personalwesen. SAP unterstützt seine Kunden mithilfe von Software dabei, selbst nachhaltiger zu wirtschaften. Der Konzern will bis 2025 vollkommen klimaneutral aufgestellt sein. Dazu werden auch bis zu 5 Millionen Bäume gepflanzt.

SAP ist einer der ersten Partner in der *„Allianz für Entwicklung und Klima"*, die das Bundesministerium für wirtschaftliche Zusammenarbeit und Entwicklung (BMZ) gründete. Alle SAP-Rechenzentren und Bürogebäude werden seit 2013 mit Ökostrom betrieben. Weltweit wurde SAP als hervorragender Arbeitgeber ausgezeichnet. In Südafrika analysiert SAP mit Drohnen die Elefanten- und Nashornbestände in Naturschutzgebieten. Der DAX-Konzern arbeitet auch mit einem japanischen Unternehmen an der Überwachung von Erdbeben zusammen. Und SAP-Lösungen sammeln für Landwirte Daten über die Bepflanzung, Bodenbearbeitung, Düngung und Ernte, um die Betriebe erfolgreicher zu verwalten.

SolarEdge (WKN: A14 QVM) zählt als israelischer Anbieter von Solaranlagen zu den weltweit führenden Herstellern von Solarwechselrichtern mit nachhaltigem Kerngeschäft. Der erzeugte Photovoltaikstrom wird in das Netz eingespeist. Das Unternehmen verkauft dazu auch die passende Software, Energiespeicher, Ladelösungen für Elektroautos und Anlagen zur unterbrechungsfreien Stromversorgung. SolarEdge ergreift Maßnahmen, um die CO_2-Bilanz weiter zu verbessern und mit weniger Abfall auszukommen. Viele Materialien für die Produktion stammen aus sozial und ökologisch einwandfreien Quellen. Zudem setzt sich SolarEdge für eine nachhaltige Politik in den Bereichen Internationale Charta der Menschenrechte, Korruptionsbekämpfung, Umweltschutz, ethisches Geschäftsverhalten, faire Wettbewerbsmethoden und soziale Verantwortung ein.

Stora Enso (WKN: 871 004) ist ein finnisch-schwedischer Konzern und das zweitgrößte Forstunternehmen der Welt. Zum Kerngeschäft zählt die Herstellung von Papier, Zellstoffen, Verpackungen, Biomaterialien und Holzprodukten. Zum Kundenstamm gehören Verlage, Papierhändler, Druckereien, Tischlereien und Bauunternehmen. Der Konzern setzt auf erneuerbare Materialien und nachhaltige Produktionsketten. Das Holz stammt von Waldbesitzern, Staatswäldern und Firmen aus Skandinavien, den Baltischen Staaten, Kontinentaleuropa und Russland. Stora Enso berät in Fragen nachhaltiger Forstwirtschaft. Die Produktionsprozesse erzeugen Abfälle wie Asche, Schwarzlauge, Sägemehl, Rinde und Klärschlamm. Solche Materialien werden bei der internen Bioenergieerzeugung und Zellstoffproduktion verwendet oder an Partner in Landwirtschaft oder Straßenbau geliefert.

Die Mühlen benötigen große Wassermengen, wobei jedoch nur etwa 4 % des Wassers tatsächlich verbraucht wird. Das Prozesswasser wird in Kläranlagen gereinigt und sauber in die Umwelt zurückgeführt. Der Konzern setzt sich für Verbesserungen der Energieeffizienz ein. Biomassebrennstoffe und andere kohlenstoffarme Energieformen haben Vorrang. Ein Investitionsfonds für Energieeffizienz bildet den Eckpfeiler von Stora Ensos nachhaltiger Unternehmensstrategie.

Tomra Systems (WKN: 872 535) **ist ein norwegischer weltweiter Anbieter nachhaltiger Konzepte für Materialverwertung und Recycling von Getränkeverpackungen.** Dazu gehören Systeme für Leergutrücknahme, Materialtransport und -verarbeitung, Abfallerkennungs- und Abfallsortieranlagen. Das Unternehmen bietet Lösungen für Prozessanalysen in der Nahrungsmittel-, Bergbau- und Recyclingindustrie an. Das Kerngeschäft ist nachhaltig aufgestellt. Tomra-Maschinen helfen dabei, Müll zu vermeiden oder das Recycling zu fördern. Die Produkte verfügen über einen hohen Umweltnutzen und fördern die Kreislaufwirtschaft.

UPM-Kymmene (WKN: 881 026) **ist ein finnischer Konzern, der Papier, Zellstoff und Holzprodukte herstellt.** Er zählt weltweit zu den führenden Forst- und Papierunternehmen. Das Kerngeschäft basiert auf Magazin- und Zeitungsdruckpapier, Fein- und Spezialpapier, Etiketten und Aufklebern, Furnier- und Sperrholzprodukten sowie Veredelungs- und Holzerzeugnissen für Innen- und Außenräume. Die Produkte sind während ihrer gesamten Lebensdauer nachhaltig, von den Bäumen bis hin zur Wiederverwertung. Die Produktionsprozesse werden so weit wie möglich mit Bioenergie versorgt. Negative Auswirkungen der eigenen Forstwirtschaft auf die Wasserressourcen werden verringert und mit dem Ziel einer Kreislaufwirtschaft verknüpft. Der Einsatz gefährlicher Chemikalien und anderer Schadstoffe wird minimiert. Auf besonders besorgniserregende Stoffe wird bei der Herstellung von Zellstoff, Papier, Sperrholz und Schnittholz verzichtet. Der Konzern ist ein Vorreiter für eine nachhaltige Zukunft in der Forst- und holzverarbeitenden Industrie.

VESTAS Wind Systems (WKN: 913 769) **ist ein dänisches Unternehmen und weltgrößter Hersteller von Windkraftanlagen.** Zum nachhaltigen Kerngeschäft gehören Entwicklung, Produktion, Vertrieb und Instandhaltung von Technologien, die Windenergie in elektrischen Strom umwandeln. VESTAS berät die Kunden bei der Entwicklung, Finanzierung und in Eigentumsfragen zum Thema Windenergieprojekten. Der Konzern will seine CO_2-Emissionen bis 2025 um über die Hälfte und bis 2030 vollständig abbauen. Ab 2040 sollen VESTAS Windturbinen keinen Müll mehr produzieren. Damit ist VESTAS der erste Windturbinenhersteller, der an einer Wertschöpfungskette ohne Abfall arbeitet. Die Kreislaufwirtschaft bildet ein Kernelement von VEESTAS Nachhaltigkeitsstrategie.

10.5 Sachwortverzeichnis: Wo steht was?

Schwerpunktwissen: fett gedruckt

Schwerpunktthemen: farbig

Begriffserklärungen Lexikon/Glossar: kursiv

Alles übrige: Normalschrift

Der Aktien- und Börsenführerschein – Jubiläumsausgabe

Beate Sander

Mit der 10., komplett neu bearbeiteten Auflage erscheint der mehr als 50.000-fach verkaufte Bestseller neu mit Musterdepots für erfolgsorientierte Anleger (Aktien und EFTs) und weiterhin großem Frage- und Antwortteil für Selbsttests zum Thema Börsenwissen. Vom Portfolio-Management über unterschiedliche Anlageklassen bis hin zu ETFs, Fundamentalanalyse, Charttechnik und Börsenpsychologie deckt *Der Aktien- und Börsenführerschein* von Beate Sander alle wichtigen Bereiche ab und gibt viele ganz konkrete Tipps für einen erfolgreichen Start als Börsenanleger oder Trader.

336 Seiten | Softcover | 29,99 € (D) | 30,90 € (A) | ISBN 978-3-95972-279-7

Das neue große Buch der Börsenkolumnen

Beate Sander

Seit Frühjahr 2016 schreibt Beate Sander allwöchentlich Börsenkolumnen für Medien, Verlage und Institutionen. Diese Kommentare auf wenigen Seiten spiegeln das Markt- und Börsengeschehen wider, greifen aber auch immer neue Themen auf, sei es aktuelle Trends, Kennzahlen, Psychologie, Branchenrotation und Strategietipps sowie Fehler, die es zu vermeiden gilt.

Nach dem erfolgreichen Vorgängerband Das große Buch der Börsenkolumnen folgt nun Band 2 mit den knapp 100 besten Kolumnen aus den Jahren 2019/20. Enthalten sind hier u. a. neue Themen wie nachhaltige Geldanlage, ein Notfallplan bei starker Korrektur und sinnvolles Verhalten im Crash.

272 Seiten | Softcover | 29,99 € (D) | 30,90 € (A) | ISBN 978-3-95972-331-2